Marlite Halbertsma

Wilhelm Pinder
und die deutsche Kunstgeschichte

Marlite Halbertsma

Wilhelm Pinder

und die deutsche Kunstgeschichte

Wernersche Verlagsgesellschaft

Aus dem Niederländischen übersetzt von
Martin Püschel

Gesamtherstellung: Verlag
Druck: Druckhaus Beltz, Hemsbach
ISBN 3-88462-062-2
Printed in Germany

Inhalt

Vorwort 1985

Niemand schreibt ein Buch wie dieses völlig allein. Trotzdem bin ich allein für den Inhalt verantwortlich.

Bei diesem Projekt erfuhr ich von allen Seiten Unterstützung. Besonders will ich meinem Mentor Prof. Dr. H. W. van Os für das Vertrauen danken, das er von Anfang an zu mir und meinen Forschungen hatte. Alle Versuche und ersten Entwürfe wurden von ihm mit nicht nachlassendem Enthusiasmus und Optimismus aufgenommen, wodurch ich immer aufs Neue die Kraft fand, weiterzuarbeiten. Seine Bemerkungen und Ratschläge waren für mich von unschätzbarem Wert.

Ich wählte Prof. Dr. Heinrich Dilly als zweiten Mentor, weil seine Dissertation *Kunstgeschichte als Institution* mich 1979 sehr beeindruckt hatte, und sie ließ mich die Richtung für meine eigenen Forschungen finden. Obwohl dieses Buch auf den ersten Blick nur wenig Berührungspunkte zu dem seinen aufweist, war sein Buch zusammen mit den Ratschlägen, die ich später von ihm erhielt, Leitfaden und Prüfstein für meine eigene Arbeit.

Die Mitglieder der Promotionskommission, Prof. Dr. J. L. Locher, Prof. Dr. E. R. M. Taverne und Prof. Dr. W. Schönau haben mir jeder sehr wertvolle Ratschläge gegeben, besonders was die Klarheit und Genauigkeit der Formulierungen anging. Dr. F. R. Ankersmit hat eine erste Fassung des zweiten Kapitels kritisch durchgesehen, was zu einer neuen und verbesserten Version führte.

In Berlin war es Dr. Ulrike Stelzl, die mich einführte, mich anhörte und mir zu einer Unterkunft verhalf. Ihr ist es zu danken, daß ich in Berlin optimal arbeiten konnte. Die Informationen, die ich von Dr. Tillmann Pinder erhielt, erwiesen sich für meine weiteren Forschungen als sehr wertvoll. Aus Hamburg erreichten mich durch das freundliche Eingreifen von Dr. Enno Kaufhold verschiedene antiquarische Pinderania und die Literatur über die Geschichte der *Blauen Bücher*.

Eine Literaturforschung wie diese wäre ohne die Universitätsbibliothek der Rijksuniversiteit Groningen, die Kunstbibliothek in Berlin und das Bundesarchiv in Koblenz nicht durchführbar gewesen. Für die Hilfsbereitschaft der Angestellten dieser Einrichtungen bin ich sehr dankbar.

Den Studenten und Kollegen von der Akademie Minerva in Groningen will ich für das Interesse danken, das sie stets für meine Forschungen zeigten.

Zum Schluß möchte ich all jenen danken, die es möglich machten, daß aus einer Sammlung dicht beschriebener Blätter ein Buch wurde: Hanneke Dantuma, der Stiftung Gebrüder De Jong's Leen und Egbert Forsten.

Marlite Halbertsma

Vorwort zur deutschen Ausgabe

Wer nach so vielen Jahren wieder mit einer alten Arbeit konfrontiert wird, seufzt. Es ist ein Seufzer der Erleichterung, daß die deutsche Ausgabe endlich Wirklichkeit ist, ein Seufzer der Zufriedenheit damit, daß bei erneutem Lesen nicht allzu viele Fehler zu entdecken sind, aber auch ein Seufzer der Resignation. Seit ich 1985 in Groningen über ›Wilhelm Pinder und die deutsche Kunstgeschichte‹ promovierte, bin ich nicht untätig gewesen. Auch durch meinen neuen Arbeitsbereich, die Fachgruppe Kunst- und Kulturwissenschaften der Erasmusuniversität Rotterdam, erweiterte sich mein Blick auf die Kunstgeschichte und deren Geschichte.

Die Versuchung umzuschreiben, ist groß, aber dies hätte aller Wahrscheinlichkeit nach nicht zu einem besseren Buch geführt, sondern nur zu einem anderen. Das Buch ist gut, so wie es ist. Wo offensichtliche Fehler standen, habe ich sie verbessert, und in den Anmerkungen habe ich die seit 1985 erschienene relevante Literatur verarbeitet. Als ich Pinder in den frühen achtziger Jahren erforschte, wurde nicht viel über ihn geschrieben, und was über ihn erschien, war im allgemeinen sehr auf Pinders politische Haltung fixiert, oder auf das, was man dafür hielt.

Nachdem meine Dissertation erschienen war, ließ sich in allen Kritiken eine Änderung dieser Auffassung feststellen. Arie Jan Gelderblom hebt im *Cultureel Supplement NRC Handelsblad* vom 7. 2. 1986 hervor, daß Pinders Leben dem Werdegang vieler Intellektueller in der Zeit zwischen den beiden Weltkriegen entspricht. Heinrich Dilly definiert mein Buch in der *Kunstchronik* Nr. 40, 1987 (S. 444-450), als in erster Linie wissenschaftstheoretisch und nicht biographisch. Er ist der Auffassung, daß man, von der theoretischen Stellungnahme ausgehend, weiterführende Fragen stellen muß, Fragen zu Macht und Machtbewußtsein. Diese Fragen können jedoch nur beantwortet werden, wenn man außer Pinders Büchern noch andere Quellen zugrundelegt.

Heinrich Dilly hat diesen fehlenden Teil geschrieben, in seinem Buch *Deutsche Kunsthistoriker 1933-1945*; Berlin 1988. Aber die Diskussion über Pinder wurde schon früher zu neuem Leben erweckt. Robert Suckale schrieb über Pinder in den *Kritischen Berichten* 14, 1986, 4, ›Wilhelm Pinder und die deutsche Kunstwissenschaft nach 1945‹ (S. 5-18); er versucht, von Pinders Werk das zu retten, was seiner Meinung nach einer Prüfung standhält. Klaus Heinrich Meyer in den *Kritischen Berichten* 15, 1987, 1 (S. 41-49) und Norbert Schneider in *Forum Wissenschaft* 5, 1988, 1 (S. 26-28) widersprachen den Auffassungen Suckales heftig; Pinders Nähe zum Nationalsozialismus bildete dabei den Stein des Anstoßes.

Der Nationalsozialismus ist eine dunkle Wolke, die immer noch ihren Schatten über die deutsche Geschichte wirft. Aber Pinder ist für uns nicht darum wichtig, weil er das Nazi-Regime unterstützte, sondern weil er ein großer Kunsthistoriker war. Wenn man zu Pinder Fragen stellt, so wird man meiner Meinung nach stets von der Geschichte des Faches ausgehen müssen, und nicht von der Geschichte Deutschlands, so sehr diese beiden auch miteinander verbunden sind, und so sehr auch Pinder selbst sie miteinander verband.

An jenem denkwürdigen 16. Juli 1987 in München, als das auditorium maximum fasziniert den sprechenden und gestikulierenden Pinder auf der Leinwand erlebte, war Pinder der Kunsthistoriker anwesend. Die zu diesem Anlaß von Prof. Dr. Hans Belting und von mir gesprochenen Worte sind in geänderter Form in der *Frankfurter Allgemeinen Zeitung* vom 2. 9. 1987 wiederzufinden, ›Stil als Erlösung. Das Erbe Wilhelm Pinders in der deutschen Kunstgeschichte‹, und außerdem in der von Heinrich Dilly redigierten Sammlung *Altmeister moderner Kunstgeschichte*, Berlin 1990, S. 235-251: ›Wilhelm Pinder‹.

Dem jungen Pinder begegnen wir in dem Artikel von Thomas Lersch wieder, ›Der Taufstein der Anti-Kunst: Wilhelm Pinder schüttelt den ›Flaschentrockner‹ (26. Juli 1914)‹, in der *Kunstchronik* Nr. 42, 1989, S. 691-703. In Silvana Giordanis »Tesa di Laurea«, *Nikolaus Pevsner come storico dell'architettura,* Bologna 1989, wurde ein Anfang gemacht mit der Erforschung des Einflusses, den Pinder auf seine Schüler ausgeübt hatte. 1988 schrieb ich für die Zeitschrift *Jong Holland,* Nr. 4, 1988, 2, einen Artikel über den Einfluß Pinders auf die niederländische Kunstgeschichte: »Hans Jaffé, seine Auffassung von moderner Kunst und moderner Kunstgeschichte« (S. 22-31).

Diese zweite Phase der Pinderforschung unterscheidet sich von der ›politischen‹ Forschung der siebziger und frühen achtziger Jahre durch eine stärkere Betonung der Theorie und der Methode. Meine Dissertation aus dem Jahre 1985 kann man nachträglich als eine Art Bindeglied zwischen beiden Perioden betrachten, weil sie sowohl die kunsthistorische Methode als auch Pinders politische Parteinahme zum Gegenstand hatte.

Ich möchte all jenen danken, die sich in den vergangenen Jahren die Mühe machten, in Sachen Wilhelm Pinder mit mir in Kontakt zu treten: Prof. Dr. Hans Belting danke ich für die wohlwollende Aufmerksamkeit, die er meiner Dissertation seit 1985 widmete, Prof. Dr. J. A. Schmoll gen. Eisenwerth für die Erinnerungen an seinen Lehrer Wilhelm Pinder, die er mir in vielen freundlichen Briefen mitteilte, Frau Sybille Dürr für die Zusendung ihrer Magisterarbeit über das Kunsthistorische Institut in München, und ich danke Frau Dr. Marie Roosen-Runge-Mollwo, die mich in Bezug auf Adolph Goldschmidt korrigierte. Ich hoffe, daß die Leser mich auch in Zukunft auf Fehler und Versäumnisse hinweisen werden. Ein besonderes Wort des Dankes gebührt Dr. jur. Wolfgang Pinder dafür, daß er mir die Einsichtnahme in das Familienarchiv ermöglichte, und für seine Zustimmung zur Abbildung der Fotos auf dem Umschlag.

Eine Dissertation ist nicht die Krönung einer wissenschaftlichen Laufbahn, sondern nur die Meisterprüfung. Aber auch danach kann der Forscher nicht ausschließlich aus eigener Kraft weiterarbeiten. Ich stehe daher tief in der Schuld bei Frau Dr. Josine Blok, die mir ein neues Gebiet historischer Fragestellungen erschloß, und bei Frau Dr. Kitty Zijlmans, die mich nach Jahren der Entfremdung wieder mit der Kunstgeschichte versöhnte.

Marlite Halbertsma
Rotterdam im Herbst 1991

Einführung

Nachdem ich 1972 mein Studium der Kunstgeschichte abgeschlossen und im Gefolge der Aufzeichnungen zu meiner Doktorschrift zwei kleine Artikel veröffentlicht hatte, beendete ich meine wissenschaftliche Tätigkeit. Ich fand eine Anstellung bei einer Kunstakademie und mußte mich völlig einer Sache widmen, die ich niemals gelernt hatte: unterrichten. Die Energie, die mir daneben noch blieb, verwendete ich für feministische Aktivitäten. Gegen Ende der 70er Jahre glaubte ich jedoch, die beiden Aspekte meines öffentlichen Lebens verbinden zu können, indem ich publizierte zum Thema Frauen in der Kunst.

Ausgangspunkte und Zielstellungen des Feminismus haben die Emanzipation der Frau im Auge: Frauen dürfen nicht länger andere für sich sprechen lassen, sondern sie müssen selbst das Wort ergreifen. Als weibliches Subjekt hat man die Möglichkeit zu einer weitgehenden Identifikation mit Kunst von und für Frauen, und man kann das Zum-Objekt-machen von Frauen durch Männer in der Kunst durchbrechen und zur Diskussion stellen. Ich warf mich zum »idealen Betrachter« feministischer Kunst auf, zur feministischen Kritikerin. Nach einer Periode des Enthusiasmus wurde ich immer unzufriedener mit meiner Rolle, weil ich die kunsthistorischen Methoden, die ich stillschweigend weiterhin anwandte, nicht zur Diskussion stellte.

Vielleicht war diese Phase der Theoriebildung zum Thema Frauen und Kunst notwendig. Jedenfalls beschloß ich etwa 1980, meine Aktivitäten auf diesem Gebiet einzuschränken, weil ich diese Rolle nicht länger spielen konnte und wollte.

Wenn ich als Kunsthistorikerin etwas aussagen wollte, warum dann nicht über die Tätigkeit, die ich ausübe, die Kunstgeschichte? Ein Gegenstand war schnell zur Hand: die Auffassungen über Ekkehard und Uta in der deutschen kunsthistorischen Literatur zwischen 1900 und 1945 in Beziehung zu den Mann-Frau-Auffassungen dieses Zeitabschnittes. Hatte ich früher Kunstwerke und Künstler einer feministischen, kritischen Analyse unterworfen, so mußten nun die Kunsthistoriker herhalten!

Nach ein paar Monaten der Lektüre erwies sich, daß meine geplante Forschung auf große Schwierigkeiten stieß. Das Material war überwältigend und vielfältig. Die vielen Texte, die ich gefunden hatte, konnten zwar mit einiger Mühe einer feministischen Analyse unterworfen werden, aber diese Texte erwiesen sich als Bestandteil eines ganz anderen Komplexes, der erst erforscht werden mußte, bevor ich mit meiner feministischen Analyse beginnen konnte.

Die Texte führten auf eine Diskussion, die ich anfänglich nicht verstand. Sie waren Teil eines noch viel größeren Ganzen an Veröffentlichungen, die gemeinsam auf Ausgangspunkte und Methoden verwiesen, welche zwischen 1900 und 1945 in den deutschsprachigen Ländern im Schwange waren oder heftig diskutiert wurden.

Ich ließ ab von Ekkehard und Uta[1], um mich danach in eine Anzahl Fragestellungen zu vertiefen, die viel näher bei der Kunstgeschichte als *Wissenschaft* lagen als bei einer kritischen Behandlung der Auffassungen zu einem einzelnen Kunstwerk innerhalb einer Periode[2].

Aber hier tauchte wieder ein neues Problem auf. Wer etwas über die Geschichte der Kunstgeschichte in den deutschsprachigen Ländern zwischen 1900 und 1945 erfahren will, muß alles selbst lesen. Es gibt kein einziges Buch, das auf irgend eine Weise die ganze Periode behandeln würde, und das auf den Zusammenhang zwischen Methodik, Thematik und den gesellschaftlichen Entwicklungen einginge. Eine integrale Behandlung war also ausgeschlossen, ich war jedoch durch den Gegenstand derart gefesselt, daß ich auf jeden Fall einige seiner Aspekte behandeln wollte. Aber welche Aspekte?

Publikationen jüngeren Datums behandeln diese Periode ausgehend von dem Wissen darüber, was nach 1933 in Deutschland geschehen ist, und sie suchen in der davorliegenden Periode nach faschistischen Aussprüchen in der Kunstgeschichte[3]. Andere Publikationen gehen auf bestimmte Kunsthistoriker ein, aber sie lassen den gesellschaftlichen Kontext nahezu völlig außerhalb ihrer Betrachtung[4]. Ich suchte nach einem Weg, wie ich typische Aspekte der ganzen Periode behandeln könnte, sowohl biografischer, methodischer, thematischer als auch gesellschaftlich-politischer Art, ohne in der überwältigenden Stoffülle, die für mich bereitlag, unterzugehen. Ich entschied mich für einen monografischbiografischen Ansatz, um, ausgehend von *einem* Kunsthistoriker, in meinen Erörterungen einen großen Teil des Gebietes ins Bild zu bringen. Ich möchte nachdrücklich sagen, daß diese Studie nicht komplett ist, oder das letzte Wort zu dieser Materie beinhaltet: in ihrer Art ist sie eine der ersten Publikationen auf diesem Gebiet, und ich hoffe, daß später aufgrund anderer Publikationen jemand das Wagnis eines Werkes beginnen wird, das die ganze Periode integral erforscht.

Ich habe die deutschsprachigen Länder zwischen 1900 und 1945 gewählt, weil diese Periode meiner Meinung nach in der Geschichte unseres Faches eine der wichtigsten war. In dieser Periode sehen wir Wölfflin, Riegl und Schmarsow noch an der Arbeit, und um die Zeit des Ersten Weltkrieges erleben wir das Aufkommen einer jüngeren Generation mit Dvořák und Pinder. In den 20er und 30er Jahren meldet sich eine noch jüngere Gruppe zu Worte, mit Sedlmayr, Frey und Panofsky, um nur einige Namen zu nennen. Deutschland und Österreich bildeten damals gemeinsam das absolute Zentrum der kunstwissenschaftlichen Forschung; eine Position, die sie nach 1933 und besonders nach 1945 an andere Länder abgeben mußten.

1933 und 1945: zwei seltsame Jahreszahlen, die nicht nur für Deutschland, sondern für ganz Europa eine tragische Episode umfassen. Jüngere Publikationen tendieren dazu, die erste Jahrhunderthälfte von den Ereignissen her zu interpretieren, die zwischen 1933 und 1945 geschahen. Ich habe jedoch versucht, die Periode als ein Kontinuum zu sehen. Solange wir noch so wenig von der Entwicklung unseres Faches wissen und solange die Fragestellungen nur die Stellungnahme der Kunsthistoriker und den Platz der Kunstgeschichte angesichts des Faschismus betreffen, gehen wichtige Nuancen verloren. Meiner Meinung nach muß man das intellektuelle Klima der ersten Jahrhunderthälfte in Deutschland sehen als eine Gesamtheit von Auffassungen, in der die Kunstgeschichte eine eigene Position einnimmt. Es geht mir um eine Rekonstruktion dieser Position, und um eine Einsicht in die Diskussionen, die damals über die Möglichkeiten und Zielstellungen des Faches geführt wurden. Darum behandle ich sowohl verschiedene Autoren, die keine Kunsthistoriker waren, als auch Kunsthistoriker, die für den heutigen kunsthistorischen Betrieb nicht mehr wichtig sind[5].

Ich kann nicht alles behandeln: ich habe mich auf Wilhelm Pinder und die deutsche Kunstgeschichte beschränkt. ›Deutsche Kunstgeschichte‹ muß hier auf drei Arten gelesen werden: Kunstgeschichte, wie sie in Deutschland und den deutschsprechenden Ländern zwischen 1900 und 1945 ausgeübt wurde; Geschichtsschreibung der deutschen Kunst; Kunstgeschichte und Kunstwissenschaft, die nach dem deutschen Wesen der deutschen Kunst suchen. Auch dieses Paradigma ›Deutsche Kunstgeschichte‹ ist so breit, daß ich mich einigermaßen beschränke und innerhalb dieses Paradigmas Wilhelm Pinder gewählt habe[6].

Was Pinder als Vertreter der »Deutschen Kunstgeschichte« zusätzlich interessant macht als Untersuchungsgegenstand, ist seine Vielseitigkeit. Pinder war nicht nur ein großer Gelehrter und Kenner auf dem Gebiet der deutschen gotischen Bildhauerkunst, sondern er war auch ein Anstifter und Inspirator für neue Forschungsgebiete, und durch seinen Stil im Schriftlichen und sein Auftreten in der Öffentlichkeit war er ein Popularisierer der Kunstgeschichte. Er erreichte mehr als nur die kunsthistorische Welt: zwischen den beiden Weltkriegen war er in Deutschland eine Figur des öffentlichen Lebens. Er war auch außerhalb des Universitätskreises ein gefeierter Sprecher, und er schrieb in der Zeitung unterhaltende Artikel. Im kleinen Kreise war er ein virtuoser Schnelldichter, und er wußte Menschen stundenlang mit Wortspielen und Witzen aus den verschiedenen deutschen Landesteilen zu amüsieren[7].

Wilhelm Pinder wurde am 25. Juni 1878 in Kassel als Sohn des Museumsdirektors Eduard Pinder geboren. Die Familie war sowohl von der väterlichen als auch von der mütterlichen Seite her eng verwandt mit der Malerfamilie Tischbein. Obwohl Wilhelm Pinder musikalisch sehr begabt war, beschloß er doch, Kunstgeschichte zu studieren. 1896 schrieb er sich in Göttingen als Student ein. Nach einigen Jahren in München und Berlin promovierte er 1903 in Leipzig bei August Schmarsow über den rhythmischen Charakter romanischer Innenräume in Kirchen der Normandie. 1905 habilitierte er zu demselben Gegenstand, und von 1905 bis 1911 bekleidete er die Professur für Kunstgeschichte an der Universität Würzburg. Danach war er bis 1916 Hochschullehrer an der Technischen Hochschule in Darmstadt und anschließend bis 1920 Hochschullehrer in Breslau, nachdem er 1918 kurz in Straßburg Professor war. 1921 ist es kurze Zeit im Gespräch, daß Pinder in Wien die Nachfolge Dvořáks antreten soll, aber Pinder entscheidet sich im selben Jahr für Leipzig, wo er bis 1927 bleibt.

Seit der Würzburger Zeit, bis einschließlich der Leipziger Zeit, beschäftigt sich Pinder in erster Linie mit der deutschen Bildhauerkunst des 14. Jahrhunderts. Außerdem macht er sich in kleineren Publikationen zum Verfechter des deutschen Barocks, für den damals fast niemand Interesse hatte (Gurlitt ist eine Ausnahme). Als Niederschlag methodischer Einsichten, die er während Übersichtsvorlesungen in Leipzig entwickelt hatte, veröffentlicht er 1926 das damals vielbesprochene Büchlein *Das Problem der Generation in der Kunstgeschichte Europas*.

Pinders Stern steigt ständig, und befördert durch seine große allgemeine Bekanntheit (die Einleitungen zu den Büchern der Reihe *Die blauen Bücher*) und durch sein beeindrukkendes Auftreten während der Vorlesungen, sehen wir ihn 1927 als Professor in München und 1935 in Berlin. Außerdem machte sich Pinder innerhalb der kunsthistorischen Welt für die Gründung eines zentralen kunsthistorischen Instituts stark, und er gehörte zu den Initiatoren der Zeitschrift *Kritische Berichte*.

In den späten 30er Jahren und zu Beginn der 40er Jahre schreibt Pinder ein mehrteiliges Werk, das für das große Publikum gedacht ist, *Vom Werden und Wesen deutscher Formen*. In Lesungen und Artikeln äußert Pinder in jenen Jahren vorsichtige Kritik am nationalsozialistischen Regime, aber er erweist demselben Regime manchmal auch Unterstützung. Seine Position ist jedoch so unantastbar, daß ihm, von einigen Drohungen abgesehen, nichts widerfährt. Im Ausland bleibt Pinder auch nach 1933 auf Kongressen und Vortragsreisen ein gesehener Gast.

Nach 1945 wurden an der Berliner Universität vorläufig alle Professoren des Dienstes enthoben, damit ihre Vergangenheit überprüft werden konnte. Pinder wird nicht wieder berufen, aber er behält seinen Anspruch auf Pension. Pinder ist noch nicht 70 Jahre alt, und er reagiert auf Angebote anderer Universitäten (Göttingen und Hamburg), seine Universitätslaufbahn abzurunden. Die Kontakte mit Göttingen und Hamburg führen jedoch zu nichts, weil die Britischen Behörden ihn nicht aus Berlin weggehen lassen wollen.

Pinder wurde nämlich mit dem Kunsthändler Binder verwechselt, der während der Kriegsjahre in Polen wahre Raubzüge veranstaltet hatte. Diese Verwechslung führt schließlich zu Pinders Festnahme und zu einer kurzen Haft. Das strenge Regime in dem Berliner

Gefängnis untergräbt Pinders Gesundheit derart, daß er, erst 68 Jahre alt, am 13. Mai 1947 in Berlin stirbt[8].

Pinder war mehr als nur ein Kunsthistoriker: er war eine Figur des öffentlichen Lebens. Gerade dieser letzte Aspekt reizte mich, weil es dadurch möglich wurde, die gesellschaftlichen Implikationen der Ausübung von Kunstwissenschaft in Deutschland zwischen 1900 und 1945 zu erforschen.

Bei Pinder ist es möglich, das Verhältnis zwischen Methode, Thematik und gesellschaftlicher wie politischer Stellungnahme zu untersuchen. Diese politische Stellungnahme ist viel weniger deutlich, als man angenommen hat[9]. Pinder ist dadurch meiner Meinung nach für Handel und Wandel des durchschnittlichen deutschen Kunsthistorikers zwischen den beiden Weltkriegen viel repräsentativer als die bekannten schwarzen Schafe Frey oder Schrade.

Eine Erforschung von Pinders gesellschaftlicher Stellungnahme bedeutet daher auch eine Erforschung der Haltung vieler durch die Universität geprägter Intellektueller zu dieser Zeit. In dieser Untersuchung wird denn auch, abgesehen von Pinder, der Position des deutschen Intellektuellen ausführlich Raum gegeben.

Obwohl Wilhelm Pinder im Mittelpunkt meiner Untersuchung steht, richten meine Fragestellungen sich auf die Art und die Ursache von methodischen Veränderungen innerhalb der kunsthistorischen Disziplin. Außerdem habe ich am Beispiel Pinders untersucht, wie die Beziehung zwischen intellektuellen Ideen und politischen und gesellschaftlichen Auffassungen sein könnte. Ich habe diese Studie nicht als eine nachträgliche Rechtfertigung meiner eigenen demokratischen, unchauvinistischen und neomarxistischen Sicht auf Kunstgeschichte geschrieben. Ich habe versucht anzugeben, welche Möglichkeiten damals für einen Kunsthistoriker wie Pinder bestanden, und wie diese Möglichkeiten mit der Sicht des deutschen Intellektuellen auf seinen Platz in der Gemeinschaft und seinen Beitrag zur Gemeinschaft übereinstimmten. Die Möglichkeiten von damals sind lange nicht mehr die von jetzt. Was das betrifft, gehört Pinder definitiv zur Vergangenheit, wenn man sich auch, um den Ausspruch Hegels zu paraphrasieren, fragen könnte, ob die Kunstgeschichte mit Pinder ihre »höchste Bestimmung« gefunden hat.

Man kann sich übrigens überhaupt fragen, inwiefern die Kunstgeschichte zu einem Stück Vergangenheit geworden ist. Es kann auch die Frage gestellt werden, ob die Kunstgeschichte von heute einen historischen Zusammenhang mit dieser Vergangenheit hat. Wenn diese Untersuchung bei dem kunsthistorischen Leser von heute – und ihm und ihr habe ich dieses Buch zugedacht – Erstaunen weckt und ein Bild von Diskontinuität wachruft, so weiß ich meine Absicht verwirklicht.

Es geht mir nicht um die Wiederherstellung der Ehre der deutschen Kunstgeschichte von damals, es geht mir nicht um eine Verteidigung oder eine Verurteilung von Pinder. Es geht mir um die Rekonstruktion eines Teils unserer kunsthistorischen Vergangenheit, der unwiderruflich vorbei ist. Pinder und die deutsche Kunstgeschichte von damals waren eine Endphase in einer langen Entwicklung bestimmter Auffassungen über Kunstgeschichte und Deutschland. Diese Kunstgeschichte und jenes Deutschland bestehen nicht mehr. Wollen wir jedoch jemals die Geschichte unseres Faches ernst nehmen, dann müssen wir alles erforschen, auch Perioden, die aus unserer heutigen Sicht irrelevant sind für die moderne kunsthistorische Forschung, oder die uns zuweilen mit Scham erfüllen.

Die von mir angewandte Arbeitsweise ist folgende. Ich gehe von einer Besprechung und Interpretation der Schriften Wilhelm Pinders aus. In diesem Rahmen kann ich nicht alle Veröffentlichungen Pinders besprechen. Ich habe jene Veröffentlichungen gewählt, die nach meiner Auffassung für ihn repräsentativ sind, weil sie den Zusammenhang zwischen Thema, Methode und gesellschaftlicher Stellungnahme am besten zeigen. Ich beginne mit Pinders ältesten Publikationen und ende mit seinem Spätwerk.

Pinders Oeuvre vergleiche ich dann mit dem Werk anderer Kunsthistoriker derselben Zeit. Danach gehe ich über zu einer Besprechung von Pinders Publikationen im Vergleich mit wissenschaftstheoretischen Auffassungen seiner Zeit. Dabei suche ich stets das Verhältnis zwischen Thema und Methode festzustellen. Zum Ende eines jeden Kapitels verbinde ich Thema, Methode und Wissenschaftstheorie mit einer ideologiekritischen Betrachtung des Denkens des deutschen Intellektuellen jener Epoche[10].

In den letzten zwei Kapiteln lockere ich diese strenge Einteilung, und ich verwebe die methodische Diskussion, die gesellschaftliche Konstellation und die kunsthistorischen Veröffentlichungen direkter miteinander. Das habe ich getan, um die Lesbarkeit zu erhöhen, und weil die Methodendiskussion der 20er und 30er Jahre zusammen mit der sich verändernden politischen und gesellschaftlichen Situation Pinder und seine Zeitgenossen in einen größeren Rahmen einordnen.

In den ersten beiden Kapiteln steht Pinder im Mittelpunkt; in den beiden letzten wird Pinder mehr als Vertreter seiner Zeit behandelt. Im Titel dieser Abhandlung, »Wilhelm Pinder und die deutsche Kunstgeschichte«, ist diese Verschiebung auch sichtbar gemacht. Ich möchte nochmals betonen, daß mit ›deutscher Kunstgeschichte‹ ein Konglomerat an Auffassungen und Ausgangspunkten gemeint ist, das nicht ohne weiteres mit den kunsthistorischen Aktivitäten in Deutschland identisch ist. Kunsthistorisches Schaffen, das sich nicht speziell mit der deutschen Kunst oder dem Wesen der deutschen Kunst beschäftigt, wird von mir natürlich, wenn nötig, behandelt, aber es steht nicht im Mittelpunkt. Die wichtigen Verschiebungen und Erneuerungen in diesem Schaffen wurden zum Teil bereits von anderen behandelt, oder sie würden gewiß eine Darstellung verdienen[11].

Ein Aspekt, der leider auch nicht dargestellt werden kann, ist Pinder als Literat. Ich kam manchmal in Versuchung, ganze Teile dieser wunderbaren Prosa einfach aufzunehmen, nur weil ich dem Leser so gern zeigen wollte, worauf Pinders damalige Popularität zum Teil beruhte. Vielleicht kann irgendwann ein germanistisch besser beschlagener Kunsthistoriker einmal ein Lesebuch mit den schönsten Passagen aus der kunsthistorischen Literatur zusammenstellen. In dieser Hinsicht kann Pinder es mit Winckelmann und Burckhardt aufnehmen. Ich kann mich unmöglich mit Pinders kunsthistorischen Auffassungen identifizieren, aber was seine Sprache betrifft, habe ich im Laufe der vergangenen Jahre begonnen, ihn sehr zu schätzen.

Kunstgeschichte als Geistesgeschichte

A) Pinders Veröffentlichungen über romanische Innenräume und über spätgotische deutsche Plastik

1904 und 1905 erschienen in Straßburg Pinders Dissertation und seine Habilitationsschrift »Einleitende Voruntersuchung zu einer Rhythmik romanischer Innenräume in der Normandie«. Es sind zwei dünne Büchlein, die nicht über den Umfang eines ausführlichen Zeitschriftenartikels hinausgehen, und die als eine Einheit gelesen werden können. Im Vergleich mit Pinders späteren Arbeiten nehmen diese Veröffentlichungen eine Sonderstellung ein, weil sie von Architektur handeln; weil sie keinen deutschen Gegenstand haben und nicht sehr flüssig lesbar sind. Bei anderen Autoren werden sie kaum erwähnt[1], auch Pinder verweist später niemals auf seine Erstlingswerke. Trotzdem will ich im folgenden auf beide Bücher eingehen, weil die Grundlagen von Pinders Methode darin bereits sichtbar werden.

Aus dem Text geht nicht hervor, ob Pinder das Objekt seiner Forschung in Wirklichkeit besucht hat. Als Illustrationsmaterial dienen Stiche aus älterer Literatur. Was Datierungsfragen angeht, hält Pinder sich an die Datierungen Anderer, namentlich Dehio's und Ruprich-Roberts. Pinders Problemstellung ist nicht eine inventarisierende Denkmalsbeschreibung, sondern sie ist stilkritisch: inwiefern ist es möglich, lediglich aufgrund einer formalen Analyse eine historische Entwicklung zu rekonstruieren?

In dieser Analyse geht Pinder aus von einer rhythmischen Auffassung der romanischen Innenräume, die seiner Meinung nach eine Entwicklung zeigen von einem kaum artikulierten Raum über einen überartikulierten Raum zu einer Raumauffassung, die ein harmonisches Gesamterlebnis wachruft.

Pinder macht es sich sehr schwer mit der Einführung des Begriffes ›Rhythmus‹. In seiner Definition stützt er sich auf Autoren mit einem experimentellen psychologischen Hintergrund, Wundt und Meumann. Sie führten Versuche durch, bei denen Versuchspersonen in Folgen von Geräuschen Rhythmen feststellen mußten. Dabei stellte sich heraus, daß Rhythmus eine sehr subjektive Erscheinung ist, denn auch in Geräuschfolgen, die unregelmäßig waren, hörte man rhythmische Muster.

Pinder sucht diese psychologischen Tatsachen, die auf dem Erleben des Rhythmus in der Zeit beruhen, auf das Erlebnis des Rhythmus im Raum zu übertragen. Er kommt dabei zu der These, daß Raum ebenso wie Zeit erlebt werden kann, jedoch mit dem Unterschied, daß die Zeit als linearer Gegenstand nur begrenzt (rhythmisch eingeteilt) werden kann, wenn etwas anderes die Zeit begrenzt, während Raum durch Raum bestimmt und eingeteilt werden kann. »Teile der Zeit müssen überhaupt erst durch begrenzende Eindrücke zur Wahrnehmung gebracht werden. (...) Die Zeit wird wirklich in *einer* Dimension erfahren. Aber der Raum? (...) Aus der notwendigen Mehrdimensionalität aller Raumeindrücke folgt aber nun, daß auch die trennenden Glieder, die in Raumflächen eingeführt werden müssen, eine eigene Existenz mit sich bringen, eine Existenz, die von gleicher Art ist, wie jeder der getrennten Absätze selbst. Getrenntes und Trennendes im Raume sind immer schon *zwei* Glieder *räumlicher*, gleichartiger Vorstellungsweise.«[2] Pinder erläutert dies mit dem Beispiel des Abstandes zwischen den Säulen einer Säulenreihe: das Geteilte und das Trennende sind beide räumlich.

Pinder will die Entwicklung der Basilika unter dem Aspekt rhythmischer Gesetzmäßigkeiten betrachten. Die Baukunst der Normandie hat er gewählt, weil er in diesen Bauformen eine starke »Lust an der Bewegung« entdeckte, die sich in einer Vorliebe für rhythmische Anordnungen von Räumen äußerte. »Ein großer Teil ihres Werkes ist dadurch seinem Wesen nach im engeren Sinne *rhythmisch*.«[3]

In den letzten Sätzen seiner Einleitung schreibt Pinder, daß er die Leistungen der historischen Individuen lediglich unter dem Aspekt des Rhythmus behandeln will. Er möchte nicht auf die Namen der Architekten eingehen, auch da nicht, wo Namen genannt werden könnten. Denn, so schreibt er, es geht nicht um die Absichten der Künstler, sondern um die Wege der Kunst[4].

Das rhythmische System entsteht seiner Auffassung nach durch ein Zusammenspiel der drei Dimensionen. In der frühchristlichen Basilika war die lineare Tiefendimension die beherrschende. Während des Romanischen dagegen funktionieren die Breite und die Höhe als Widerstände. Die Entwicklung von der ungegliederten Wand zur Wand mit Bogengerüst, Galerie, Triforium und Fenster bedeutet eine größere Selbständigkeit dieser Wand und einen Widerstand gegen die Tiefenrichtung. So entsteht die Travée. Der primäre Raum – das Mittelschiff – wird in zunehmendem Maße durch den sekundären Raum von Seitenschiffen und Travéewand beeinflußt. »Immermehr sammelt sich die Energie der Widerhaltsträger. Der sekundäre Raum – die Raumkraft des Wandkörpers samt seinen Durchbrechungen – stellt sich immer wieder dem Subjekt entgegen, zwingt es immer wieder, für Augenblicke ihm eine gleiche feste Richtung zuzugestehen, wie sie von Anfang an der Hauptraum in seinem Bewußtsein erzeugt. (...) Was in der zunehmenden Kräftesammlung des sekundären Raumes sich äußert, (ist) (...) die Entstehung der *Travée*.«[5]

Mit der Ausformung der Travée ist das Auftreten von Halbsäulen verbunden. Die Linien, welche der Betrachter sich vorstellen kann, um den einen Raum vom anderen zu unterscheiden, werden an der Wand als Halbsäule konkret sichtbar. Die Höhenrichtung erhält dann einen eigenen Widerstandswert gegen die Tiefe. Durch das Zusammenspiel von Bogenansatz, Halbsäule und Kranzgesims wird auch die Breite extra betont. Das wirklich Neue, so behauptet Pinder, ist das Entstehen einer Gruppierung selbständiger Wandflächen zwischen Bogen und Halbsäulen. Die Halbsäulen bilden dann mit dem Pfeiler ein Säulenbündel.

Die identischen Wandflächen zwischen den Säulenbündeln begrenzen zu beiden Seiten des Mittelschiffs Räume. Dadurch wird die Breite des Mittelschiffs besonders betont. So erhält die Travée einen eigenen Wert, und sie wird zu einem eigenen Raum, der durch den räumlichen Kontrast zur Längsachse auf den Betrachter eine rhythmische Wirkung ausübt.

Der Übergang vom Romanischen zur Gotik findet in dem Moment statt, wo die Halbsäulen an den sich gegenüberliegenden Wandflächen einander zu suchen beginnen. Anfänglich geschieht das mit einem Gürtelbogen, später mit den Rippen der Kreuzgewölbe. Die Längsachse wird nun noch stärker unterdrückt. Das Mittelschiff wird zu einer Aufeinanderfolge von Portalen. Aber in dem Maße, wie die Energie der Verbindungen größer wird, muß, so Pinder, die Energie der Wandflächen abnehmen. Der Höhepunkt der Travéeausbildung, der vollkommen selbständige Raum auf der Längsachse, bildet zugleich den Anfang von ihrem Ende. Die Galerien verschwinden zugunsten des Triforiums, da sie die Breitenachse zu sehr betonen und neben der Travée sekundäre Räume mitspielen lassen. Das Triforium bietet weniger Raum als die Galerie; dadurch wird die Wandfläche weniger akzentuiert. Die Triforien verbinden sich dann bald unterhalb der Halbsäulen mit den Triforien der folgenden Travée. Sie bilden »eine Verschmälerung der Gestaltungsbreite für die Einheitsgruppen, ein schnelleres Tempo ihrer Reihung, ein leichteres Entgegenkommen gegen eine neue und höhere Einheit.«[6] So betonen sie schließlich die Längsachse.

Bei den frühgotischen Mittelschiffen liegt das Zentrum des Widerstandes gegen die Längsachse nicht länger in den Wandflächen, sondern im Schiff selbst. Das Erlebnis besteht nicht länger aus einer Summe von Einzelteilen, sondern es ist eine simultane Erfahrung. Mit diesem Moment beginnt eine neue Entwicklung zu einer höheren Einheit. Die Wand als selbständiges Element muß zugunsten der räumlichen Elemente zwischen den Wandflächen zurücktreten: Halbsäulen und Gewölberippen. Die Einheit der Travée wird in der Gotik nicht mehr durch die Breitenachse, sondern durch die Höhenachse bestimmt. Die Entwicklung von der frühchristlichen Basilika zur Gotik kann zusammengefaßt werden in Länge, Breite und Höhe.

Auf den letzten Seiten seiner zweiten Veröffentlichung aus dem Jahre 1905 verbindet Pinder die Formgebung und das Erleben von Räumen mit fundamentalen Sehensweisen des Subjekts: von einer linearen, wenig räumlichen Art des Sehens zu einem räumlichen Erlebnis im Romanischen. Darauf folgt erneut ein lineares, »zeitliches« Erleben des Raums während der Gotik, bis in der Renaissance das Räumliche wieder in den Vordergrund tritt. Pinder stellt sich die Frage: »Welcher Wandel der Kultformen steht hinter dem Wandel der Raumgestaltung? Ja welcher *religiöse* Wandel verrät sich unter dem geheimnisvollen zweimaligen Auftauchen der zeitlichen Bewegung im Wechsel mit der Bevorzugung räumlicher Ruhe? (...) Hat dieses Hineinarbeiten der Zeit in den Raum einen Zusammenhang mit der starken religiösen Erregung, die jene beiden derartig schaffenden Perioden beherrschte? Und vernehmen wir nicht in der massiven Einheitsgruppe der reifen Romanik ebenso den dumpferen Vorklang der Renaissance, wie wir in den trotzigen Gestalten der Erobererzeit das größere Vorbild der Renaissancemenschen erkennen?«[7]

Pinder hat auf diese Fragen keine Antwort, und er hofft, so schreibt er, von der Geistesgeschichte eine Erklärung zu erhalten. Die Kunstwissenschaft muß seiner Auffassung nach lediglich die Fakten liefern, die dann durch eine philosophische Interpretation erklärt werden können. Als spezifische Zielstellung der Kunstwissenschaft nennt Pinder das Ordnen der optischen Erfahrungen.

Pinders nächste Publikation stammt aus dem Jahre 1911. In *Mittelalterliche Plastik Würzburgs. Ein Versuch einer lokalen Entwicklungsgeschichte vom Ende des 13. bis zum Anfang des 15. Jahrhunderts* geht es nicht um ein eng formalistisches Problem und ein Wursteln mit einem treffenden Begriffsapparat. Pinder kennt sein Material aus eigener Anschauung, aufgrund seiner Anstellung als Hochschullehrer vor Ort. Seine Problemstellung entstand aus dem Material selbst und wurde diesem Material nicht aufgestülpt.

Das Buch über die Bildhauerei von Würzburg beginnt mit einer Einleitung, in welcher Pinder feststellt, daß die Plastik dort gerade im 14. Jahrhundert ihre reichste Entwicklung nahm. Das haben bisher nur wenige Menschen gesehen, auch weil Riemenschneider alle Aufmerksamkeit auf sich zieht, und weil das 14. Jahrhundert überhaupt zu den weniger geschätzten Epochen der Kunstgeschichte gerechnet wird. Nur mit einem historischen Bewußtsein, so sagt Pinder, das neben den Zeichen von Verfall auch die progressiven Entwicklungen sieht, ist es möglich, dem 14. Jahrhundert zu geben, was ihm zukommt.

Nach einer kurzen Aufzählung anderer Publikationen auf dem Gebiet der Plastik des 14. Jahrhunderts und einer Übersicht über das Quellenmaterial kommt Pinder auf sein eigentliches Thema zurück. Er beschränkt sich geografisch auf Würzburg, weil die Kunst außerhalb dieses Gebietes entweder in starkem Maße anderen Einflüssen unterlag oder von provinziellem Niveau war. Als feste Punkte für die Datierung nimmt Pinder schriftliche Quellen, Grabdenkmäler der Bischöfe von Würzburg und Bischofssiegel. Es gelingt Pinder im Rest des Buches, mit diesen drei historischen Fakten so zu operieren, daß die Rekonstruktion der stilistischen Entwicklung den historisch bekannten Fakten nicht widerspricht. Siegel und Grabdenkmäler werden auch selbst in die Stilanalyse einbezogen.

Pinder behauptet: in der ersten Hälfte des 14. Jahrhunderts vollzieht sich ein Prozeß, in dessen Verlauf der monumentale Stil des 13. Jahrhunderts langsam einer entgegengesetzten Stilauffassung weicht. Diese Veränderung dürfen wir nicht als einen geradlinigen Prozeß ansehen, sondern als einen Prozeß, in dessen Verlauf die Stile einander nicht folgen; sie bestehen nebeneinander und bedingen einander.

Als Beispiel benutzt Pinder die Gruppe der drei Könige im Dom zu Würzburg (Abb. 1) Die Könige selbst und auch die Madonna gehen zurück auf ältere Vorbilder aus Amiens (die Könige) und auf eine Madonna aus Mainz. Bei der Plastik des 13. Jahrhunderts folgt die Draperie dem Körper; im 14. Jahrhundert nicht mehr. An der Altargruppe sehen wir nach Pinders Auffassung, daß die Draperie sich, trotz aller Übereinstimmungen mit dem 13. Jahrhundert, verselbständigt. Pinder spricht hier von einer neuen ›kalligrafischen‹ Auffassung der Draperie gegenüber der älteren ›logischen‹.

Die Gruppe läßt sich ins erste Jahrzehnt des 14. Jahrhunderts datieren. Diese Datierung wird durch das Grabdenkmal von Bischof Mangold von Nauenburg gestützt, der 1303 starb. An diesem Grabdenkmal ist trotz späterer Veränderungen und Restaurationen die Beziehung zur Plastik des 13. Jahrhunderts noch erkennbar. (Abb. 2) Pinder denkt hierbei besonders an Naumburg, namentlich was den recht melancholischen Gesichtsausdruck angeht. Aber in der Draperie wird der neue Stil schon sichtbar. Noch immer wird das Ganze durch die plastische Lebendigkeit des 13. Jahrhunderts geprägt und bleibt der Körper unter der Kleidung sichtbar. Aber die Oberfläche ist dichter geworden, sie hat einen eigenen, dekorativen Wert. Pinder spricht von einer »Emanzipation der Saumlinien«. »Der stilistische Kern ist noch Dreizehntes, an der Oberfläche kräuselt sich schon das Leben des neuen Jahrhunderts.«[8]

Danach kommt es plötzlich zu einer Umkehr: das Denkmal von Bischof Gottfried von Hohenlohe, der von 1314 bis 1322 regierte (Abb. 3). Ältere Literatur datierte das Grabmal ohne zu zögern in das 12. Jahrhundert, so archaisch wirkte es. Pinder erklärt diesen archaischen Stil mit einer Übergangsphase der bildnerischen Vorstellungskraft zwischen zwei Stilen. Formal hat das Denkmal keine Beziehungen mit anderer Steinplastik, aber wohl mit Grabplatten aus Metall (Pinder verweist auf ein Beispiel aus Amiens). Die Steifheit dieser Platten paßt seiner Meinung nach besser zu dem neuen Geschmack. Die Starrheit dieses neuen Typs wird durch die architektonische Umrahmung mit einem Baldachin unterstrichen. Dasselbe Baldachinmotiv trifft man auch auf den Siegeln an.

Einen Höhepunkt erreicht dieser Stil im Christus der Neumünsterkrypte in Würzburg, etwa um 1340 (Abb. 4). Der Körper ist mager und eckig: »Es ist ein Typus der dreißiger bis vierziger Jahre, der von dem Dreizehnten nichts mehr weiss, von einer neuen, seltsamen Primitivität.«[9] Diese Primitivität wird von Pinder positiv gedeutet, weil sie etwas auszudrücken vermag, was die plastische, naturalistische Kunst des 13. Jahrhunderts nicht ausdrücken konnte: das Übersinnliche. »Die ernste Wirkung dieses Kruzifixus liegt doch nicht nur in der Schauderlichkeit des Motivs oder der mystischen Dämmerung des Gruftraumes; diese von neuem primitive Kunst, die den schönen Schwung der Körperformen, das Reiche, Gesunde, Diesseitige der alten Großplastik verlernt, diese gotische Verneinung, die den Körper aller wohligen Vertrautheit entrückt hat, gewinnt doch in der flächigen Architektur der Gliedmaßen eine andere Möglichkeit für den Ausdruck des Übersinnlichen. (...) Sie liegt in dem neuen Wollen, das von der unerreichbaren früheren Idealschönheit von vorneherein absieht, das wie auf einen Schlag nackt und arm dem Leiblichen gegenübertritt und dafür alle Elemente der Form zu starrer, in glücklichen Augenblicken aber starker Feierlichkeit zusammentreten lässt.«[10]

Worin unterscheidet sich nun das Kalligrafische, Ornamentale der ersten Hälfte des 14. Jahrhunderts vom Stil des 12. Jahrhunderts? Die Linien des 12. Jahrhunderts bewegten sich auf Figuren, die selbst in Ruhe waren, oder um diese. Das 14. Jahrhundert jedoch, so faßt Pinder zusammen, »wollte gleichsam mit ganzen Figuren schreiben«[11]. Darum müssen Körper und Draperie zu einer neuen Einheit verschmelzen, während im 13. Jahrhundert der Körper gerade zur Draperie kontrastierte. Folgendes geschah im 14. Jahrhundert: »Die ›Versteinerung‹ der Formen hat einen Zweck gehabt, den erst die Folgezeit klarlegte: sie hob die alte Bewegung auf, erstickte sie gewissermaßen, um eine neue möglich zu machen; sie gestaltete die Figur neutral, damit die nächste Generation diese ganz auf den Charakter einer architektonischen Hauptachse beruhigte Gestalt nunmehr biegen konnte, wohin sie wollte.«[12] So erklärt Pinder eine bis dahin als minderwertig eingeschätzte Periode für notwendig für den neuen Stil des späteren vierzehnten Jahrhunderts: den bewegten Stil mit der prononcierten S-Linie.

Nach Pinders Aussage entwickeln sich diese Stile innerhalb sehr kurzer Zeit nebeneinander. Um 1330 stoßen in Würzburg drei Stilrichtungen aufeinander die letzten Ausläufer der früheren monumentalen Plastik, die ›primitive‹ Kunst und die ersten Zeichen des bewegten Stils. Tonangebend für die weitere Entwicklung ist das Grabdenkmal von Bischof Otto von Wolfskehl (gestorben 1345; Abb. 5). Im Denkmal Otto von Wolfskehls wird mit der Kleidung so umgegangen, daß sie in einer fließenden Bewegung zu einem von der Figur relativ weit entfernt liegenden Punkt geführt wird. Die Kleidung wird über einem Arm angehoben, und zwischen den Beinen entsteht eine trichterförmige Falte. Am Wolfskehlgrab wird deutlich, was beim etwas älteren Wolfram-von-Grumbach-Denkmal (gest. 1333, Abb. 6) noch unsicher war. Der das Denkmal begrenzende Rahmen ist jetzt verschwunden. Als Erinnerung an den Baldachin sind nur noch die Wappen übriggeblieben. Die ganze Figur Wolfskehls bewegt sich mit dem Faltenwurf mit. Der Gegensatz wird durch die ungleichmäßige Stellung von Füßen und Händen unterstrichen. Auch die Schultern stehen schief in der Fläche. »Die Schiefstellung der Schultern ist schon am Wolfram da jetzt offenbart sie einen wirklichen Sinn: sie dient nun dazu, eine asketischaristokratische Menschenform zu schaffen.«[13]

Die Grabdenkmäler von Wolfram von Grumbach und Otto von Wolfskehl verbindet Pinder – obwohl er diese Verbindung nicht wirklich beweisen kann – mit einem Portal der Bürgerspitalkirche in Würzburg und mit dem Grabmonument von Friedrich von Hohenlohe in Bamberg. Pinder nennt diesen Künstler den eigentlichen Befreier der Reliefplastik, welcher sie aus dem Bann der tektonischen Starre befreite, »der feinste und bewegteste Künstler seiner Gegend, der die besondere Formenrasse des 14. Jahrhunderts am reinsten ausgeprägt hat«[14]. Pinder schreibt ihm eine individuelle Sensibilität zu, die im späteren Mittelalter seiner Auffassung nach nur noch selten vorkommt, »ein fein empfindliches Gehirn«, das die Seelentiefen der Zeit sichtbar werden läßt. Die von Wolfram von Grumbach über Otto von Wolfskehl bis zu Friedrich von Hohenlohe zunehmende Emotionalität verbindet Pinder mit den Ereignissen der Zeit nach 1348. Als Reaktion auf die Pest kam es damals zu Judenverfolgungen, bei welchen laut Pinder psychopathische Revolutionssehnsucht und religiöser Wahnsinn mitspielten. 1349 wurden die Juden verfolgt, und in Würzburg und Bamberg tauchten die ersten Flagellanten auf.

Danach beschreibt Pinder das Entstehen des »zweiten bewegten Stils«, der ein Widerhall der ruhigeren Zeiten nach 1360 ist. Ein erstes Dokument dieses neuen Stils ist die Madonna aus der Deutschhauskirche (Abb. 7). An dieser Madonna entdeckt Pinder ein gewisses Gefühl für das Organische. Die Madonna ist weniger asketisch als die frühere Gruppe von Grabdenkmälern. Der Bauch zeichnet sich vorsichtig durch die Falten der Kleidung hindurch ab, und anstelle der alten Symmetrie entsteht eine neue Aufmerksamkeit für das Zentrum. Das Kind ist lebendig und natürlich wiedergegeben. Stark mit dieser Madonna verwandt ist die sogenannte Madonna von Oberzell, die noch organischer aufgefaßt ist und neben einer plastischen Bauchpartie unter der Kleidung auch Brüste sehen läßt. Pinder datiert diese letzte Madonna etwa um 1370, und er meint, daß das Grabdenkmal von Albert von Hohenlohe (gestorben 1372, Abb. 8) von derselben Hand ist.

Bei diesem Grabdenkmal tritt das Körperliche mehr und mehr in den Vordergrund, und die Brustpartie zeigt dieselben kleinen Falten wie die vorigen zwei Stücke. Vom Typ her paßt das Grabdenkmal ausgezeichnet zu Otto von Wolfskehl: der Baldachin istverschwunden, und die Wappen oberhalb des Denkmals fallen fast mit der Grundfläche zusammen. Es gibt eine Entwicklung, welche von Wolfram von Grumbach über Otto von Wolfskehl zu Albert von Hohenlohe führt, in deren Verlauf der Körper sich immer mehr vom Block löst. Bei dem letzten Grabdenkmal ist der Baldachin verschwunden, und die Figur steht auf dem sehr plastisch wiedergegebenen Löwen.

Zum Ende des 14. Jahrhunderts und zu Beginn des 15. sieht Pinder eine neue Entwicklung, welche er die malerische nennt. Die Bewegung der Kleidung und der Figur wird größer, und die Wiedergabe der Wirklichkeit direkter. Diese Entwicklung zeigt Pinder anhand der Reliefs der Marienkapelle in Würzburg und anhand des Grabdenkmals von Gerhard von Schwarzburg, der 1400 starb. (Abb. 9) Bei diesem Grabdenkmal sind die große Beugung der Hüfte und der damit zusammenhängende asymmetrische Faltenwurf verschwunden. Die Falten fallen lose über den Körper und übereinander. Es scheint, als stünde die Figur fest, aber ein Rest der alten S-Linie ist in dem leicht gedrehten Oberkörper noch vorhanden. Die Kleidung ist jedoch symmetrisch geworden, und der Schwerpunkt, der früher in der Hüftpartie lag, wurde unter der regelmäßig fallenden Kleidung versteckt. »Ihre Behandlung« (der Hüftgegend) vor allem erreicht, daß die gesamte Form nicht mehr wie früher gleichsam von links nach rechts *gelesen*, sondern symmetrisch von unserer Vorstellung auf die Seiten verteilt und von dorther *aufgebaut* wird.«[15]

Die Draperie wird plastisch, wie ein »vom Winde geblähtes Segel«. Nach 1420 stockt die Entwicklung jedoch, um dann nach 1440 überhaupt kein qualitatives Niveau mehr zu erreichen. Pinder erklärt dies mit den internen Fehden in Würzburg, welche zu Plünderung und Verwüstung führten. Das Grabdenkmal für Gerhard von Schwarzburg war die letzte große Arbeit der Würzburger Schule. Das Handwerkliche wird nun zur Regel. Während die bischöflichen Siegel früher den Entwicklungen in der monumentalen Plastik folgten, wird es jetzt umgekehrt: Die Plastik folgt den Siegeln. Das Grabdenkmal von Johann von Brunn (gest. 1440, Abb. 10) zeigt eine harte, steife geometrische Figur, und es ist mit Münzen aus dieser Zeit verwandt.

Im Schlußwort seines Buches betont Pinder den eigenen Stil und die eigene Entwicklung der Würzburger Bildhauerei. Das 14. Jahrhundert ist alles andere als ein Jahrhundert des Stillstandes, es ist eher ein andauernder Strom von Veränderungen. Diese stilistischen Veränderungen können laut Pinder nicht direkt von der Kulturgeschichte her erklärt werden, aber vielleicht aus einer anderen Weise des Verarbeitens sinnlicher Erlebnisse. »Wir haben ein wirkliches Gebiet geschichtlicher Tatsachen, für das die besondere Methode unserer Wissenschaft geprägt worden ist. Wir können wahrnehmen, wie innerhalb der Einheit gewisser geschichtlicher Körper – nicht etwa der Folge der Jahrhunderte oder Jahrtausende an sich, aber anthropologische Einheiten, wie das neue Europäertum des Karolingerstaates eine ist – eine bestimmte verschiebung stattfindet in den Rücksichten, mit denen die künstlerische Produktion dem menschlichen Organismus, seinen verschiedenen Fähigkeiten der Raumwahrnehmung entspricht.«[16] Kunstwerke lassen nach Pinders Auffassung erkennen, wie man wahrnahm. Nicht, daß die Augen im medizinischen Sinne anders funktionierten, aber die Verarbeitung der sinnlich wahrgenommenen Fakten war anders. Pinder spricht von einer »Kraft des Gehirns«, die sich im Laufe der Zeit ändert.

Was geschehen ist, faßt Pinder folgendermaßen zusammen. Die Bildhauerei des 14. Jahrhunderts nimmt einen besonderen Platz ein, weil sie ›malerische‹ Eigenschaften hat. Diese Bildhauerei kündet eine neue Epoche in der Kunstgeschichte an, in welcher die Malerei die tonangebende Disziplin wird. Es kann, was die Plastik des 14. Jahrhunderts angeht, keine

Rede sein von einem Verlust oder Rückgang an Qualität (verglichen mit dem 13. Jahrhundert), aber von einer Verschiebung in eine neue Richtung. Man darf nicht vom Früheren, sondern man muß vom Späteren ausgehen.

Inhalt und Ausdruck der Bildhaukunst ändern sich: »nicht mehr der schöne summarische Begriff ›Leben‹, den das Dreizehnte, sondern der geistig ausgehöhlte ›Seele‹, den das Vierzehnte versteht.«[17] Das neue Interesse des 14. Jahrhunderts für das Irdische, Organische bedeutet keine Rückkehr zum Körperlichen: »Das schwellende Leben taucht um so entschiedener in der weiteren Einheit der Gewandmassen unter.«[18] Es entsteht ein viel allgemeineres Gefühl für die Übergänge und Verbindungen, das über die Wiedergabe einer lebensechten Figur hinausgeht. »Die neue Auffassung alles Gegenständlichen, die allen Zustand zur Handlung, alles; Symbol zum Erlebnis machen, alles Verharrende zum Fließen bringen, unaufhaltsam über die Grenzen der festen Form hinausströmen will, ist untrennbar mit der sinnlichen Fähigkeit der Formververbindung im Malerischen verknüpft.«[19]

Plastiken werden zu Gemälden. Die Plastik kann sich laut Pinder nur weiter entwickeln, wenn sie sich mit der aufkommenden Disziplin des Malens verbindet. Verliert die Bildhauerkunst die Verbindung zur Malerkunst nicht, so wie in Neurenberg und Mainz, dann entwickelt sie sich weiter; verliert sie die Verbindung, wie in Würzburg, so geht sie unter.

Zu dieser Entwicklung des Plastischen zum Malerischen haben die Franzosen laut Pinder wenig beigetragen, wohl jedoch die »konzentrierte Kraft des eigentlich engeren Europas«, die Niederländer und die Deutschen innerhalb des alten Kerngebietes des Reichs von Karl dem Großen.[20]

Zwischen 1914 und 1928 erschien in Berlin in der Reihe *Handbuch der Kunstwissenschaft* in mehreren Lieferungen Pinders *Die Deutsche Plastik, vom ausgehenden Mittelalter bis zum Ende der Renaissance.*

Das Vorwort ist von 1914, das Schlußwort von 1928. Pinder gesteht darin ein, daß Absicht und Inhalt des Buches ungleich sind, und daß die Herausgabe in Lieferungen dem Ganzen nicht gut getan hat. Und dies wird während der Lektüre des umfangreichen Werks (513 Seiten Großes Oktav-Format) auch deutlich. Mehr historischbeschreibende, inventarisierende Teile wechseln ab mit beschaulich-theoretischen. Das Buch kennt keine strenge Einteilung und keine durchgehende Darlegung.

Die allgemeine Anlage des Buches ist chronologisch. Zuerst eine Einleitung, die von der Notwendigkeit spricht, daß dieses Buch erscheinen mußte: man hatte in den letzten Jahren so viele neue Forschungen auf dem Gebiet der spätmittelalterlichen Bildhauerei durchgeführt, und es waren auch so viele neue Bildnisse verfügbar geworden, daß es notwendig wurde, alles einmal zusammenzufassen. Außerdem verweist Pinder auf die Parallelen zwischen der spätmittelalterlichen deutschen Kunst und der eigenen modernen Kunst von 1914 und auf seine Liebe für die deutsche Kunst und das Deutsche im Allgemeinen.

Nach dieser Einleitung folgen ein paar Kapitel, die zum Besten gehören, was das Buch zu bieten hat. Pinder behauptet, daß man zum Betrachten der Plastik des 14. Jahrhunderts eine andere Weise des Schauens und Fühlens braucht als die heutige. Was man früher in dieser Skulptur sah, ist für den heutigen Betrachter nicht direkt einfühlbar. Außerdem darf der moderne Betrachter nicht davon ausgehen, daß die Kunstgeschichte von der Weise berichtet, auf welche man früher die Natur abzubilden suchte. Darum ging es bei der mittelalterlichen Plastik nicht. Für die mittelalterliche Bildhauerei brauchen wir einen neuen Begriff von dem, was Plastik bedeutete, und der unterscheidet sich von dem heute gängigen. Unser heutiger Begriff ist an dem des Altertums und der Renaissance orientiert, und er geht von der Nachahmung der Natur aus.

Aber im Mittelalter »geht die deutsche Plastik genau nach der anderen Seite; sie sucht sehr oft gerade den Ausdruck alles an sich Unsichtbaren, den höchsten Ausdruck gerade des Veränderlichen, das hinter der Erscheinung lebt, des Geistigen.«[21]

Die Formen, die wir in der spätgotischen Plastik unter der Kleidung sich abzeichnen sehen, dürfen wir nicht als wirkliche Körper auffassen. Sie haben eine eigene Dynamik, die von der Bewegung der dargestellten Figur unabhängig ist. Pinder definiert als »erweiterten Begriff des Plastischen«: »alle in sich selbst gelungene tastbare Form, die menschlich verstanden wird.«[22]

Pinder ist nicht damit einverstanden, daß die mittelalterliche Kunst in erster Linie einen religiösen Inhalt transportieren wolle: dann würde die Ikonografie der Kern der mittelalterlichen Kunst sein. Es geht laut Pinder um die Art und Weise. »Gerade, *wie* man das tat, das eben ist in diesem Falle der eigentliche Inhalt der Kunstgeschichte.«[23]

Im darauffolgenden Kapitel beschreibt Pinder den Prozeß des Übergangs vom Stil des 13. zu dem des 14. Jahrhunderts, so wie wir das auch schon aus dem Buch über die Bildhauerei von Würzburg kennen. Die Kunst nimmt Abstand von ihrem plastischen Charakter, zugunsten einer größeren Spiritualität. Die Bildhauerkunst löst sich von der Kathedrale und wird zu selbständiger, freistehender Plastik, die den Gebäuden später hinzugefügt wird; sie wird auf Altäre gestellt, Altarteilen hinzugefügt, oder sie ist Teil freistehender Altarretabeln.

Diese stilistischen und funktionellen Veränderungen verbindet Pinder mit dem Übergang von der Bauhütte zur Gilde. Bauhütten sind international, und sie scharen sich um einen Meister. Gilden sind lokal, und sie sind eine Verbindung zwischen individuell arbeitenden Meistern. Die Bauhütte arbeitet in Stein, die Gildenmeister arbeiten lieber in weicheren Materialien, wie Sandstein oder Holz.

Diese Entwicklung fügt sich in den großen Prozeß ein, in welchem die Plastik ihren tonangebenden Platz der Malerei räumen muß. »Die überwiegende Macht der Steinplastik am Anfange, die der Holzplastik am Ende (...), der Weg von der Arbeit für den Baumeister zu der Arbeit mit dem Maler (...); der Ersatz härterer Bildstoffe durch weichere, ja im tiefen Sinne, der physischen Energie des Plastikers durch eine immer geistigere Verfeinerung der Arbeit (...). So wird die Geschichte des Stiles die Geschichte der Arbeitsverbände mit zum Ausdruck bringen.«[24]

Den Übergang von der Bauhütte zur Gilde kann man als Zeichen für den Übergang von einer elitären, ritterlichen Gesellschaft zu einer bürgerlichen ansehen. In diesem Sinne, so behauptet Pinder, ist die spätmittelalterliche Bildhauerei deutsche *Volks*kunst. Nicht länger mit einer übernationalen, elitären Künstlerund Adelsklasse verbunden, ist diese Kunst ganz speziell *deutsche* Kunst, die sich neben der Bildhauerei anderer Völker sehen lassen kann.

Im darauffolgenden Kapitel wird auf diesen letzten Punkt tiefer eingegangen. Die vollplastische Kunst des 13. Jahrhunderts ist die Kunst einer kirchlich-aristokratischen Epoche, die nicht nur durch die Form an das Altertum erinnert, sondern mit diesem auch innerlich verwandt ist. »Man war ihr innerlich nahe in der Form, so nahe wie die ritterliche Weltanschauung des hohen Mittelalters der athletischen Griechen sein konnte, nahe und zugleich vollkommen anders.«[25]

Den Übergang von der Kunst des 13. zu der des 14. Jahrhunderts vergleicht Pinder mit dem von der spätantiken Plastik zur frühchristlichen. Er nennt die moderne Kunst seiner Zeit als drittes Beispiel. »Alle drei Male handelt es sich um eine ähnliche Wendung vom persönlich Betonten zum allgemein Gesetzten, vom ›Natürlichen‹ zum Abstrakten.«[26]

Die Kunst des 14. Jahrhunderts ist eine dynamische, keine statische Kunst. Das Auge wird nirgends hingeführt, sondern es wird einen Weg *entlang*geführt. Die Kunst des 14.

Jahrhunderts verbindet die der Architektur nahe Kunst des 13. mit dem mehr auf malerisches Sehen eingestellten 15. Jahrhundert. Pinder verweist hier auf die für das 14. Jahrhundert typischen erzählenden Reliefs mit ihrem größeren Hang zu Direktheit und Realismus, ein Wort, das er lieber durch ›Vergegenwärtigung‹ ersetzt. Die Figuren bewegen sich in einem sphärisch umschriebenen Raum, und sie funktionieren nicht länger – wie im vorhergehenden Jahrhundert – als Repräsentanten einer als bekannt vorausgesetzten Geschichte. Bewegung und Raum werden ›echt‹ – Pinder verweist auf Parallelen zu dem viel späteren Barock.

Außerdem behandelt Pinder die neue Ikonografie des 14. Jahrhunderts: Reitergruppen, die Pietà, die Frauen am Grabe, die Kreuzigung, den Schmerzensmann und den Kreuzweg. All diese Vorstellungen sind aus dem Passionszyklus gelöst. Daneben entstehen auch neue Typen von Marienvorstellungen, wie die Schutzmantelmadonna. Pinder bringt diese neuen Gegenstände mit dem allgemeinen Gefühl für das Dramatische und das Emotionale in Zusammenhang, das für diese Periode so typisch ist. Das 14. Jahrhundert wählt aus den Zyklen jene Passagen, welche die Gefühle am stärksten ansprechen. »Die Leistung des 14. Jahrhunderts liegt in der Herauslösung des Gefühlsgehaltes aus der szenischen Folge, in der Sichtbarmachung isolierter Gefühlsgehalte.«[27]

Als ausschließlich deutscher Leistung huldigt Pinder die Pietà.[28] Diese Vorstellung gibt es als gesonderte Geschichte in der Literatur und im kirchlichen Theater schon früher. Die Umformung vom literarischen Thema zum künstlerischen Typus geschieht nur in der deutschen Kunst.

Das 14. Jahrhundert ist für Pinder eine äußerst wichtige Epoche, die in dem Prozeß der Stilentwicklung vom 13. zum 15. Jahrhundert notwendig war. Für Pinder ist das 14. Jahrhundert eine Art Reformationsepoche, weil die Individuen direkt auf die Kunstwerke und ihren Inhalt reagieren konnten. Aus den Laien, welche man früher von der Kunst ferngehalten hatte, ist jetzt eine Gruppe entstanden, welche die Kunst trägt. »Die Rechte der Einzelseele sind es, die die neuen Formen forderten, die die neuen Motive schufen, von denen alle Folgezeit zehrte, bis gegen die Mitte des 16. jahrhunderts hin. Einzelseelen – aber im täglich sich weitenden Bewusstsein einer ungeheuren Welt, eines weitgespannten Zusammenhangs, ein innerliches und sich durchbildendes Volk. (...) Die tiefste künstlerische Wandlung aber (...) ist der Weg von der Kathedralenkunst zu der des Altares, vom Gesamtkunstwerke, das ich unmittelbar wandelnd um mich herum erlebe, zu einem Jenseits, das mit gegenüber ist, vom gestalteten wirklichem Raume der Phantasie.«[29]

Der Abschnitt über das 14. Jahrhundert ist in sich geschlossen geschrieben, und er hat einen klaren Aufbau, der sich nicht in Details oder summarischen Beschreibungen verliert. Das Stück, welches hierauf folgt, ist viel brüchiger. Dies kann eine Folge der Tatsache sein, daß Pinder sein Herz nun einmal dem 14. Jahrhundert geweiht hat. Aber auch Umstände wie der Erste Weltkrieg, die Inflation und die Herausgabe in Lieferungen können die Ursachen dafür sein, daß alles so verzögert wurde und der Autor die Übersicht verlor.

Anstelle eines Ansatzes nach allgemeinen Merkmalen (Form, Funktion, Inhalt) geht Pinder zu einer Besprechung der Kunstwerke nach Landschaften über. Die Seiten weisen ein anderes Bild auf: der großgedruckte Text mit den kleiner gedruckten Beispielen und Literaturhinweisen weicht jetzt dichtgedruckten Seiten, gefüllt mit Fakten und Jahreszahlen.

Dieser andere Ansatz läßt sich vielleicht auch aus Pinders Auffassung erklären, daß nach 1400 von einer allgemeinen deutschen Kunst keine Rede mehr sein könne, infolge des Auftretens der lokalen Gilden. Dadurch werden die lokalen Unterschiede immer größer. Diese städtische Kunst ist der Ausdruck des Selbstbewußtseins des deutschen Bürgers.

Nach dem ruhigen, kühl-bewegten Stil der ersten dreißig Jahre des 15. Jahrhunderts bricht nach Pinders Auffassung zwischen 1430 und 1470 die ›dunkle Zeit des 15. Jahrhunderts‹ an. Pinder hängt sehr an dieser Periode, weil er es, ebenso wie bei der Kunst des 14. Jahrhunderts, nicht verwinden kann, daß dieses Stück Kunstgeschichte so vernachlässigt wurde. Für die Kunst des 15. Jahrhunderts ist das erklärlich, weil Aufkommen und Blüte der Malerei die Aufmerksamkeit auf sich ziehen. In den umliegenden Ländern kommt die Kunst der Malerei zu großer Blüte, während in Deutschland die Bildhauerei in der zweiten Jahrhunderthälfte einen letzten Höhenflug nimmt. Die großen Altäre des 15. Jahrhunderts sieht Pinder in Verbindung mit Albrecht Dürers Holzschnitten; er betrachtet sie als einen Abschied von der Welt der Bildhauer und als Beginn einer neuen Epoche.

Diese ›dunkle Zeit‹ erklärt Pinder mit dem Entstehen eines zweiten gotischen Formgefühls. Diese ›neue Gotik‹ entdeckt Pinder auch beim älteren Donatello, bei Verrocchios David oder bei Petrus Christus, verglichen mit Jan van Eyck. Kennzeichen dieser ›zweiten Gotik‹ ist die Eckigkeit der Form, im Gegensatz zur ununterbrochenen Linie und zur plastischen Form des ›Weichen Stils‹ um 1400. Pinder deutet den Anbruch der neuen Gotik als einen Widerstand gegen den Weichen Stil, so wie man sich auch in Florenz mit dem Auftreten der Frührenaissance gegen denselben Weichen Stil zur Wehr setzte.

Der Weiche Stil wird strenger, der Block wird schwerer und die Linienführung grafischer. Der Weiche Stil war ein kompakter Stil, der innerhalb des Bildes keinen Raum zuließ. Als Beispiel für diese Epoche nimmt Pinder die Madonna von Jakob Kaschauer vom Freisinger Hauptaltar (Abb. 11). Die große Form und die Lieblichkeit sind die der Schönen Madonna vom Beginn des 14. Jahrhunderts, aber die eckigen Bewegungen des Kindes, welche den Umriß durchbrechen, sind typisch für die ›dunkle Zeit‹. Die große Beweglichkeit des Ganzen, besonders im Faltenwurf, und die sogenannten ›Ohrenfalten‹ sind ein Vorgriff auf das spätere 15. Jahrhundert. Die Datierung, 1443, schließt an den Prozeß des sich wandelnden Weichen Stils an.

Pinder nennt diese Entwicklung aus dem Weichen Stil, die dem, was später kommt, vorhergeht, eine »barocke Antwort« auf den Weichen Stil. Es gibt auch eine viel kantigere Reaktion auf den Weichen Stil, welche Pinder die manieristische Antwort nennt. Pinder führt hier zwei Begriffe ein, die für den Leser von damals einer Erklärung bedurften. Pinder vergleicht das, was im 15. Jahrhundert in der deutschen Bildhauerei geschah, mit den Entwicklungen im 16. Jahrhundert nach der Hochrenaissance in Italien. Es gibt eine barocke Entwicklung, die zu Rubens und Bernini führt. Aber es gibt auch eine manieristische, die mit El Greco endet. Nach Pinders Auffassung verdrängt das Manieristische anfänglich den Barock, aber um 1600 übernimmt der Barock als ›Hoch-Barock‹ wieder die Führung[30].

Der ›barocken‹ Freisinger Madonna steht dann die ›manieristische‹ Grabplatte von Johann von Brunn (Abb. 10) aus dem Würzburger Dom gegenüber. Pinder revidiert dabei seine Meinung zu dieser Plastik, wie er sie in seinem Buch aus dem Jahre 1911 über die Plastik von Würzburg formuliert hatte: er spricht nicht mehr vom Verfall lokaler Kräfte, sondern von einer selbständigen Stilentwicklung. Pinder betont, daß wir uns davor hüten müssen, mit Begriffen wie ›Verfall‹ zu operieren. Je länger man sich mit so einer Periode beschäftigt, desto mehr beginnt man das eigene Kunstideal dieses Zeitabschnittes zu begreifen.

Trotz ihrer Unterschiede haben Johann von Brunn und die Freisinger Madonna einen gemeinsamen Ursprung: sie bringen die Krise zum Ausdruck, die nach der Aufgabe des Weichen Stils entstand. Das eine ist Flucht in eine neue Regelmäßigkeit, das andere in eigenwillige Lebendigkeit. Das eine steht der organischen Form feindlich gegenüber, das andere neigt dazu, die große Form aufzugeben. Manierismus und Barock sind zwei Pole der bildnerischen Arbeit, »Grundmöglichkeiten des Verhältnisses von All und Ich, die – in sich verschieden – gemeinsam den Zeiten der klaren Selbstbejahung des Körperlichen gegenüberstehen, wie es die um 1400 und 1500 waren. Es sind Pole von Möglichkeiten; vom Körperlichen ins All oder vom All auf das Körperliche zu sehen.«[31] Das passierte im 15. wie im

16. Jahrhundert. Die zwei besprochenen Statuen verbergen hinter Eingezogenheit und Ernst eine ›Bronzinostimmung‹.[32]

Weil über das späte 15. Jahrhundert schon so viel geschrieben wurde, will Pinder sich auf das Wichtigste beschränken. Raum und Block, welche einander in der vorhergehenden ›dunklen Zeit‹ feindlich gegenüberstanden, werden jetzt aufeinander losgelassen in einer Bildhauerei, die »ebenso Hohlraum wie Körper ist.«[33]Als Beispiel hierfür nennt Pinder die Büsten von Nicolaus Gerhart aus der Straßburger Kanzlei (Abb. 12). Die Gliedmaßen durchkreuzen den Raum in einem ›Zirkulationsstil‹.

Die Kunst von vor 1470 ist noch stark an den Block gebunden. Etwa um 1470 ist die barocke Tendenz zur führenden geworden, wie bei Nicolaus Gerhart zu sehen ist. Der Stil der achtziger Jahre ist zirkular und polyphon, eine Verflechtung, die jedoch nicht verwechselt, sondern entwirrt werden will, so beschreibt es Pinder. Der Höhepunkt dieses Stils ist der Wolfgangsaltar von Michael Pacher in Sankt Wolfgang. Am Ende dieser Dekade steht der Krakauer Altar von Veit Stoss.

Der letzte Teil des Buches ist der ersten Hälfte des 16. Jahrhunderts gewidmet. Pinder benennt diese Epoche, in Übereinstimmung mit seiner Vorstellung vom Verlauf der Kunstgeschichte, nicht länger nach der Bildhauerei, sondern nach Dürer. Die Maler beginnen den Ton anzugeben.

Pinder beginnt mit der Aufzählung der sich kreuzenden und miteinander vermischenden Richtungen: eine spätgotische in den 90er Jahren, noch stets linear und manieristisch; eine monumentale und naturalistische im ersten Jahrzehnt des 16. Jahrhunderts, die parallel zu den italienischen Entwicklungen verläuft; eine barocke Richtung in den zwanziger Jahren und dann eine unverkennbar manieristische in den Dreißigern. Außerdem gibt es seit dem zweiten Jahrzehnt eine renaissancistische Strömung. Pinder behauptet, daß diese Strömungen manchmal in einem Bild oder bei einem Meister gleichzeitig auftreten können. Er gibt den Richtungen die Namen spätgotisch, frühklassisch, frühbarock, frühmanieristisch und renaissanceartig.

Diese Vielseitigkeit ist charakteristisch für eine Übergangsepoche. Die Formenvielfalt ist nicht die Folge des wachsenden Einflusses aus Italien, sondern das Resultat der deutschen Kunst selbst. Auch in der italienischen Kunst sind verschiedene Strömungen gleichzeitig zu erkennen (Pinder gebraucht hierbei die Generationstheorie, zu der wir im folgenden Kapitel ausführlicher kommen werden). Die Entwicklungen in der deutschen und italienischen Kunst laufen mehr oder weniger parallel, und darum scheint es, als sei die deutsche Kunst durch die italienische beeinflußt. Aber die klassischen Strömungen in der deutschen Kunst erweisen sich neben der gotischen und der italienischen Kunst als zu schwach. »Also nicht die ›zerstörende Kraft‹ der Renaissance für die Gotik, sondern die Schwäche unserer eigenen Renaissance oder Klassik macht das Entscheidende aus.«[34]

Die großen Meister jener Zeit sind Maler: Dürer, Grünewald, Holbein. Das Ende der großen Zeit der Bildhauerei und etwas später der deutschen Kunst im allgemeinen betrachtet Pinder als symbolisch für einen europäischen Prozeß, in welchem die Bildhauerei erst der Malerei weichen muß, und diese dann ihrerseits den nichtbildenden Künsten wie Musik und Literatur. In Deutschland setzt dieser Prozeß eher ein als im übrigen Europa. Was an bildender Kunst übrigbleibt, ist eine formale, nichtreligiöse Kunst, die weit vom Volk entfernt ist. »Für sie ist Kunst nicht mehr Sprache für das Gotteserlebnis. In ihr bildet sich der Begriff der ›modernen Kunst‹, die eine Angelegenheit der Könner und der Kenner ist.«[35] Die »seelische Kraftquelle der deutschen Form« trocknete aus. Weil die deutsche Kunst nichts mehr zu sagen hatte, wurde sie schwach. Dies ist nach Pinders Auffassung das Schicksal der deutschen Kunst im allgemeinen, denn »immer will die deutsche Kunst etwas sagen. Das ist ihre Schwäche und ihr ewiger Vorzug.«[36]

In seinem Schlußwort wehrt Pinder sich gegen die Auffassung, die deutsche Kunst sei ärmer und weniger wert als die Kunst anderer Länder: gerade zu dem Zeitpunkt, als die deutsche Kunst blühte, hatten die übrigen europäischen Völker nichts vergleichbares oder eigenes. Mit der ottonischen Kunst steht Deutschland allein da, im 13. Jahrhundert kann nur Frankreich sich mit Deutschland messen (denn was ist Niccolo Pisano gegen Naumburg, Chartres, Straßburg, Reims und Bamberg?). Die Italiener holen natürlich schnell auf im 14. Jahrhundert, mit Giotto und Giovanni Pisano, aber Deutschland hat dann etwas einzigartiges: die Pietà. Und so weiter. Als die deutsche Kunst im 16. Jahrhundert zu einem vorläufigen Ende kommt (die Gotik lebt laut Pinder mit dem Barock noch einmal auf), geschieht das nicht, weil die deutsche Kunst schwach ist, sondern weil das deutsche Volk diese Kunst nicht länger wollte. »Die altdeutsche Plastik (...) ist höchste europäische Kunst, erster europäischer rang – so gut, wie später die deutsche Literatur, ja vielleicht so gut wie die deutsche symphonische Kunst.«[37]

Pinder prophezeit in den letzten Sätzen seines Buches, daß wir auf dem Weg in ein neues Europa sind, ein ›Gesamteuropa‹, in dem Deutschland einen zentralen Platz einnehmen wird. Darum muß dieses deutsche Volk seine eigene Geschichte und seine eigene Kunst besser kennen, damit es sich den übrigen europäischen Völkern ebenbürtig fühlen kann.

Pinders Ausgangspunkte und seine Methode lassen sich folgendermaßen zusammenfassen:

1. *Ein streng formal-analytischer Ansatz.* Die formalen Aspekte der Kunstwerke sind das wichtigste: Kunstwerke werden nach formalen Begriffen wie »Rhythmus«, »bewegter Stil«, »strenger Stil« und ähnlichen geordnet. Einflüsse durch die Entwicklungen in der Konstruktionstechnik, die verfügbaren Materialien und die sozialen Bedingungen sind weniger wichtig. Das Kreuzrippengewölbe ist nach Pinders Auffassung keine technische Neuerung, sondern eine Folge einer formalen Entwicklung. Die Formveränderungen im 14. Jahrhundert sind nicht die Folge von politischer und sozialer Auflösung, sondern sie können als mehr oder weniger selbständige stilistische Entwicklungen betrachtet werden.

Es ist zum Beispiel typisch, wie Pinder 1911 das Grabdenkmal für Johann von Brunn zum Teil noch interpretiert von einem Rückschritt der Kunst in Würzburg her, infolge politischer Unlust, während er später dasselbe Denkmal als Beispiel anführt für die manieristische Richtung in der dunklen Zeit des 15. Jahrhunderts. Der Übergang von der Bauhütte als künstlerischer Organisation zur Gilde ist bei Pinder nicht die Ursache für eine andere Arbeitsweise und also einen anderen Stil, sondern er ist die Folge einer viel größeren Veränderung in der bildenden Kunst vom Plastischen zum Bildlichen.

Diese formalen Veränderungen werden bei Pinder nämlich an psychische Prozesse gebunden, die längere Zeit andauern. Die künstlerische Produktion läuft parallel zu Veränderungen im menschlichen Bewußtsein, welche die Verarbeitung sinnlicher Eindrücke betreffen. Die lineare und wenig naturalistische Kunst des 14. Jahrhunderts hat Beziehungen zur spirituellen Haltung der Menschen jener Zeit. Die deutschen Bürger haben – im Gegensatz zu den Feudalherren davor – einen Hang zum Individuellen, Mystischen und Emotionalen beim Erleben des Göttlichen und des Göttlichen in der Wirklichkeit.

2. *Eine genetische Auffassung der Kunstgeschichte.* Stile gehen einer aus dem anderen hervor. Jeder Stil ist das Ergebnis von Aspekten und Trends, die bereits im vorhergehenden Stil vorhanden waren. Die Aufeinanderfolge der Stile ist dialektisch. Gegensätze eines Stils zu einem anderen, oder entgegengesetzte Tendenzen innerhalb eines Stils werden letztlich zugunsten einer neuen Einheit aufgehoben. Stile, welche zueinander im Widerspruch stehen, haben eine katalysatorische Wirkung für das Erreichen der neuen Harmonie. Man kann übrigens niemals von einem tonangebenden Stil sprechen; bei näherer Betrachtung zeigt sich, daß innerhalb einer Epoche immer mehrere Stile zugleich existieren.

Früher unterschätzte Perioden der Kunstgeschichte erweisen sich bei näherer Betrachtung als notwendige Entwicklungsphasen. ›Häßliche‹ oder ›Verfalls‹-Perioden sind Phasen, in denen eine Kunstauffassung durch eine andere ersetzt wird. Damit die bewegte Skulptur des 14. Jahrhunderts entstehen konnte, mußten erst Körper und Kleidung in eine Einheit gebracht werden, was zu dem scheinbar altmodischen, archaischen Stil des frühen 14. Jahrhunderts führte.

Diese Stilgenese im engeren Sinne ist Teil eines viel größeren Prozesses, in welchem die bildenden Disziplinen einander abwechseln. Kunstgeschichte ist bei Pinder die Geschichte einer andauernden Veränderung, wobei mal die eine, dann wieder eine andere Disziplin die Kunstauffassungen der jeweiligen Epoche besonders gut verkörpert. Stilveränderungen sind diesem Prozeß untergeordnet, und sie sind untereinander ebenbürtig.

3. *Wiederherstellung der Ehre der deutschen Bildhauerei des 14. Jahrhunderts.* Durch eine verfeinerte formale Analyse erweist sich die herrschende Auffassung von der niederen Qualität der Plastik des 14. Jahrhunderts als falsch. Dieses Jahrhundert ist kein Jahrhundert des Stillstandes oder Rückschrittes, sondern es besitzt, wie sich herausstellt, eine große Formenvielfalt und Selbständigkeit, wie unter anderem aus den ikonografischen Neuerungen deutlich wird. Im Lichte der genetischen Auffassung von Kunstgeschichte wird das 14. Jahrhundert zum notwendigen und unverzichtbaren Bindeglied zwischen der Kunst des 13. und der des 15. Jahrhunderts. Außerdem spielt das 14. Jahrhundert offenbar eine große Rolle beim Übergang vom plastischen zum bildlichen Sehen.

Wiederherstellung der Ehre der Bildhauerei des 14. Jahrhunderts bedeutet auch Wiederherstellung der Ehre der deutschen Kunst im allgemeinen. Deutschland weist zu dieser Zeit eine Entwicklung auf, wie sie in anderen Ländern nicht zu beobachten ist. Die Entwicklungen im späten Mittelalter sind mit Entwicklungen der deutschen Kultur von einer höfischen, feudalen, internationalen Elite-Kunst zu einer typisch deutschen, bürgerlichen Kunst verbunden. Die Tendenzen zum Nicht-Naturalistischen und Spirituellen in der deutschen Kunst sind ein Teil des spezifisch Deutschen. Man kann in ihnen eine grundlegend andere Auffassung von Gestalt und Bedeutung skulptureller Formen erkennen.

Gemäß Pinders Auffassung vom Wandel der Bildenden Disziplinen erweist sich denn auch der Niedergang der deutschen Kunst im 16. Jahrhundert als ein Vorbote eines allgemeinen europäischen Prozesses. Eher, als dies bei anderen Völkern der Fall ist, wird im spirituellen Deutschland der Schritt zum Abstrakt-Literarisch-Musikalischen gegangen.

B. Die Behandlung der Kunst des 14. Jahrhunderts in der älteren kunsthistorischen Literatur

Pinders Darstellung der Bildhauerei des 14. Jahrhunderts weicht in zwei Hinsichten von der bis dahin in Nachschlagewerken angewandten Methode ab. Erstens stehen bei ihm nicht die allgemeinen Betrachtungen über Ästhetik oder Kulturgeschichte im Mittelpunkt, und zweitens wiegt bei ihm das Hervorheben des Entwicklungscharakters schwerer als das Qualitätsurteil.

Er läßt die Kunstwerke selbst ihre Geschichte erzählen. Pinder kann auch keine festen Maßstäbe benutzen, da er der Kunst des 14. Jahrhunderts einen Platz geben will, der ihr von einer früheren Generation von Kunsthistorikern gerade verweigert worden war. Die neue Würdigung der Kunst des 14. Jahrhunderts bedeutet zugleich eine neue Bewertung der bis dahin angewandten Methoden. In den Nachschlagewerken des 19. und frühen 20. Jahrhunderts verfuhr man üblicherweise so, daß die allgemeinen Betrachtungen im Mittelpunkt standen und die Kunstwerke angehängt wurden. Punkt für Punkt summarisch behandelt, waren sie gleichsam die »Beweise« für die zuvor ausführlich erläuterte Anschauung von einem Problem oder einer Epoche. Diese Arbeitsweise beobachten wir schon bei Schnaase und Kugler, und diese Methode hatte Nachfolger bis ins 20. Jahrhundert.

Das Handbuch von Georg Dehio, *Geschichte der deutschen Kunst* von 1919 ist zwar anders, wenn man es mit der älteren Literatur vergleicht, weil es den Kunstwerken Raum gibt, aber auch bei ihm sind die allgemeinen und die speziellen Kapitel getrennt. In dieser Hinsicht ist Pinders Buch über die deutsche Plastik des späten Mittelalters eine Novität, weil es – bei aller Brüchigkeit – eine durchgehende Geschichte zu erzählen sucht, wobei alle Aspekte rein kunstwissenschaftlicher Art, gesellschaftliche Faktoren, stilistische und ikonografische Aspekte durcheinander angeboten werden. Das Buch über die Bildhauerei von Würzburg im 14. Jahrhundert ist vielleicht durch die Beschränkung des Gegenstandes noch gelungener zu nennen, weil im Rahmen einer historischen Behandlung, zugleich mit einer neuen Sicht auf das 14. Jahrhundert, die individuellen Kunstwerke den Ausgangspunkt bilden.

Die Entwicklung der Illustrationstechniken hatte hierauf natürlich Einfluß. In den oben besprochenen Büchern von Pinder kann man diesen Prozeß wie in der Nuß verfolgen: in der Dissertation und in der Habilitation stehen im Anhang noch Holzschnitte; in dem Buch über die Bildhauerei von Würzburg sind die Illustrationen einzelne Fotoseiten zwischen den Textteilen, und im Handbuch über die deutsche spätgotische Bildhaukunst sind Fotos in den Text aufgenommen. Als Hypothese könnte man behaupten, daß es mit der Zunahme der Illustrationen und der Verbesserung der Drucktechniken für den Autor immer weniger notwendig ist, das ›Allgemeine‹ ausführlich zu behandeln, da der Leser dank der ausführlichen Illustrationen kleinere Verschiebungen und Ausnahmen von einem allgemeinen Muster bequem wahrnehmen kann. Überhaupt war die Entwicklung der fotografischen Reproduktion, sowohl der Dias, als auch der Fotos für die Herausbildung eines formalistischen Herangehens an die Kunst eine conditio sine qua non.[39]

Namentlich Pinders Buch über die Kunst von Würzburg gehört zu einem neuen Herangehen an die mittelalterliche Kunst, welches etwa um 1900 einsetzte. Die genetische Auffassung Pinders kann man mit dem bahnbrechenden Werk Wilhelm Vöges von 1894 vergleichen, *Die Anfänge des monumentalen Stiles im Mittelalter*.[40] Das Neue an Vöges Buch war, neben den für diese Zeit sehr reichen Illustrationen (Fotos zwischen den Textteilen), die Auffassung, daß man die Anfänge der Gotik am Westportal von Chartres nicht als einen Neubeginn, sondern als Nachfolge der monumentalen Fassaden der romanischen Kirchen betrachten müsse, und speziell als Nachfolge der Portale in der Provence, wo die klassische Tradition niemals völlig verschwunden war.

Ein anderer Aspekt ist die Beschränkung des Gegenstandes auf eine geografische Einheit. Ab 1900 erscheint eine große Anzahl Bücher über mittelalterliche Kunst, die alle um eine geografische Einheit (meistens eine deutsche Stadt) aufgebaut sind. Pinders Buch über Würzburg von 1911 paßt genau in diese Welle, die kurz vor dem Ersten Weltkrieg zu einem Höhepunkt kommt.[41] In den zwanziger Jahren nimmt das Interesse für diese Art von Publikationen ab. Man kann diese Veröffentlichungen auch als Teil der Inventarisierung der deutschen Denkmäler betrachten, die zu dieser Zeit in Gang kommt, und wovon Dehios Inventarisierung[42] die bekannteste ist. Bei Pinder sehen wir jedoch das Phänomen, daß eine Inventarisierung zugleich eine stilkritische Behandlung und eine neue Sichtweise beinhaltet.

Denn der wichtigste Aspekt von Pinders Veröffentlichungen über die spätgotische Bildhauerei liegt meiner Meinung nach in dem Platz, den er dem 14. Jahrhundert einräumt. Darum werde ich jetzt die Geschichte der Würdigung des 14. Jahrhunderts in der deutschen Kunstgeschichtsschreibung aus der Vogelperspektive darstellen.

Schnaase[43] fand die Formen der Plastik des 14. Jahrhunderts zwar lebendiger und zierlicher als die der vorhergehenden Zeit, aber seiner Meinung nach sind sie untereinander einförmiger, da sie nicht auf Naturstudium beruhen. Schon bei Schaase begegnen wir dem Phänomen Übergangsstil: Die Bildhauerei hat sich mehr von der Architektur gelöst, aber diese Entwicklung ist nicht ohne weiteres positiv. Die ›einfache Reinheit‹ und die Harmonie der früher so eng mit der Baukunst verbundenen Plastik sind verschwunden. Erst später wird dies durch ein naturalistischeres Herangehen wiedergutgemacht. Die Kunst des 14. Jahrhunderts ist in den Augen Schnaases konventionell, manieristisch und von ungleichmäßiger Qualität.

Die neuen Formen des 14. Jahrhunderts führt Schnaase auf die neue Betriebsführung zurück: die Gilden übernehmen die Arbeit der Bauhütten. Schnaase sieht darin eine negative Entwicklung, was die Qualität angeht. »Das ausgebildete Zunftwesen lähmte den Verkehr der Meister mit den gelehrten Vertretern der Kirche und trennte die verschiedenen Kunstzweige.«[44] Der einzelne Meister hat seiner Auffassung nach weniger einen Blick für den großen Zusammenhang, und die Gildenorganisation brachte Kunst und Handwerk auf dasselbe Niveau. Schnaase entdeckt sogar eine Neigung zum rein Mechanischen, und er verdächtigt die auf Geldverdienen ausgerichtete Betriebsführung, höheren und mehr auf geistige Ziele gerichteten Werten gleichgültig gegenüberzustehen. Schnaase nennt die Bildhauerei des 14. Jahrhunderts charakterlose Machwerke, geometrisch, regelmäßig, einförmig, unvollkommen in ihrer Kenntnis der Natur.

Schnaase verhehlt seinen Hegelschen Hintergrund nicht, wenn er bei aller Kritik auch einige positive Punkte sieht: gerade die in der Gilde hergestellte enorme Anzahl »geistlose(r) Machwerke« gab jedermann die Möglichkeit, ein Kunstwerk zu kaufen. Auf diese Weise konnte auf einer breiten Basis ein neuer, höherer Kunstsinn keimen. Die Gildenproduktion stellte eine solide, konstruktive Grundlage für die spätere Kunst dar, welche sich aus der Umarmung des Handwerks befreien würde. Die Zusammenarbeit in der Gilde verlieh den Meistern Disziplin und lehrte sie Bescheidenheit. Die Einförmigkeit und Regelmäßigkeit bedeuteten für die Lehrlinge und die minder begabten Meister eine feste Richtschnur und sie waren ein Muster, gegen das sich die begabten Künstler absetzen konnten. Die gehauenen, steinernen Bildnisse weichen geschnittenen und bemalten Bildern, welche unabhängig von der Architektur einen eigenen Platz einzunehmen beginnen, bis die Plastik ihren ersten Platz an die Malerei abgeben wird.

Sogar die unvollkommene Kenntnis der Natur bietet noch einen Lichtblick: die Gefühle können so eine größere Rolle spielen. Die einförmigen Figuren, das reine Oval der Gesichter, die feine Ausarbeitung der Details, die Schlankheit der Körper, das »Biegen und Neigen« – alles dient dazu, so schreibt Schnaase, uns in einem andere Welt zu versetzen, wo die schwere Materie nicht drückt. Als neue Gefühle in der Kunst registriert Schnaase »religiöse Sehnsucht, Innigkeit, Andacht, Zärtlichkeit, anmuthige Naivetät oder ritterliche Eleganz und Kühnheit.«[45] Dabei verweist Schnaase auf die Mystiker des 14. Jahrhunderts. Trotzdem ist die Kunst nicht antiweltlich, denn die Kunst will uns die Freuden des Himmels vor Augen führen, und darum »(braucht) sie dazu die Züge irdischer Anmuth.«[46] So entwickelt sich die Bildhauerei zu mehr Naturalismus.

Dieser Naturalismus, so behauptet Schnaase, läßt sich letztlich nicht mit plastischen Qualitäten in Übereinstimmung bringen. Auch läßt sich das Interesse für das Emotionale und Spirituelle besser in die Kunst der Malerei übersetzen. Letzten Endes wird die Bildhauerei ihren ersten Platz an die Kunst der Malerei Abgeben müssen.

Dieses in Grundzügen hegelianische Muster – Verlust bringt auch Gewinn, und die Aufeinanderfolge der Disziplinen im Zusammenhang gesehen mit der Entstehung der Gilden – kehrt später auch bei anderen Autoren wieder, wenn auch viel vager und nicht so schön dialektisch ausgearbeitet wie bei Schnaase. Typisch für das Herangehen des 19. Jahrhunderts ist, daß die Ideen und allgemeinen Beobachtungen mehr Raum und Aufmerksamkeit erhalten als die Analyse der Kunstwerke selbst. Die besteht lediglich aus einer Aufzählung von Orten und Jahreszahlen. Schnaase, und ebenso Kugler, sind Kulturhistoriker, die der Kunst in ihren Darlegungen Aufmerksamkeit widmen. Kugler widmet der Bildhauerkunst des 14. Jahrhunderts übrigens viel weniger Seiten.[47] Er schreibt, daß die Skulptur sich von der Architektur löst, und er ordnet dies ein in eine Entwicklung der Kunst zu einer »geläuterten Vollendung«, bei welcher Entwicklung jede Disziplin selbständig wird.[48] Die Bildhauerei des 14. Jahrhunderts nennt er manieriert, affektiert und verzerrt.[49]

Wilhelm Lübke erkennt dem 14. Jahrhundert wenig Wert zu.[50] In seinen Augen kommt die Bildhauerei, verglichen mit der Architektur, nicht mehr zu großen Ensembles. In einigen Werken weist die Bildhauerkunst »eine große Innigkeit der Empfindung« auf, und eine größere Aufmerksamkeit für Details. In seiner *Geschichte der Plastik* geht er tiefer auf diese Materie ein. Im 14. Jahrhundert beginnt seiner Auffassung nach der Niedergang der mittelalterlichen Gesellschaft, nach dem Höhepunkt im 12. und 13. Jahrhundert. Was in dieser Gemeinschaft noch gesund ist, geht in dem zur Blüte gelangenden Bürgertum auf.[52] Lübke bringt das Auftreten des bürgerlichen Elements in der mittelalterlichen Kunst in Zusammenhang mit einem größeren Hang zur »Schwärmerei«, er ist größer als zuvor in der Scholastik. Genau wie Schnaase betrachtet auch er das Emotionale als eine Folge des Malerischen. Die Bildhauerkunst des 14. Jahrhunderts ist jedoch trotz ihres emotionalen Charakters der des 13. Jahrhunderts nicht ebenbürtig. Das hängt mit dem Auftreten des Gildenmeisters als Künstler zusammen. Erst im 15. Jahrhundert kommt es durch die Entwicklung des Naturalismus zu einer neuen Blüte. Die Macht der Kirche war dann schon so geschwächt, daß der Mensch die Natur so wiedergeben konnte, wie sie war. Wirklich begeistert kann Lübke erst wieder über die Bildhauerei im Norden zwischen 1450 und 1550 schreiben. Ihm gefällt ihre Naturtreue, und die Tatsache, daß die drei Disziplinen sich voneinander emanzipiert haben. Ständig trifft den bürgerlichen Gildenmeister Lübkes Vorwurf, daß die Kunst des späten Mittelalters wenig Niveau habe. Die Meister seien in ihrer Entwicklung und in ihrem Geschmack beschränkt, so behauptet er, und darum hätten die Kunstwerke des 14. und 15. Jahrhunderts nur allzu häufig einen groben und burlesken Charakter, und einen Hang zum Emotionalen. Er bezeichnet die Meister nicht als wirkliche Künstler, sondern als »ehrsame Handwerksmeister«.[53]

In Lübkes *Geschichte der deutschen Kunst* kehren diese Darlegungen in verkürzter Form noch einmal wieder: die Blütezeit ist vorbei, das Bürgertum entsteht, die Gildenproduktion führt zu »spießbürgerliche(n) Zügen«.[54] Das Süße und Emotionale sind für ihn der Beweis für Verfall und Niedergang des mittelalterlichen Denkens, die »erst mit dem Beginn der neuen Zeit durch ein völlig neues Prinzip, die unbedingte Rückkehr zur Natur, ihr Ende finden«.[55]

Lübke bringt den Charakter der Plastik des 14. Jahrhunderts in viel stärkerem Maße, als Schnaase dies tat, in Zusammenhang mit dem bürgerlichen Element in der mittelalterlichen Kultur. Außerdem bemerken wir, daß Lübke viel stärker vom Naturalismus ausgeht als Schnaase.

Wilhelm Bode geht in dieser Hinsicht noch einen Schritt weiter als Lübke.[56] Sein Kriterium für die Kunst ist grundsätzlich die Wiedergabe der Natur. Darum hat die mittelalterliche Bildhauerei nur zwei Höhepunkte: das 13. und das 15. Jahrhundert. Es ist jedoch auffallend, daß Bode die mäßige Qualität der mittelalterlichen Bildhauerkunst durch ihre Verbundenheit mit der Architektur erklärt. Die Gotik ließ der Bildhauerei nur wenig Raum, und sie verurteilte die Bilder zum »ducken und bücken«, damit sie noch einen Platz fanden.[57] Daher kämen auch die merkwürdig verdrehten Haltungen. Der unnatürliche Charakter der Plastik des 14. Jahrhunderts wird nach Bodes Auffassung durch die im Überfluß vorhandene Emotionalität, die aus den Gesichtern Karikaturen macht, noch verschlimmert. Bode kritisiert ältere Kunsthistoriker, die in einem größeren Gefühl für Details und einem aufblühenden Materialismus doch einen gewissen Fortschritt sahen: das ist seiner Auffassung nach falsch, er sieht in der ganzen Richtung nur Rückschritt. Als Erklärung bringt Bode wiederum die Geschichte vom Übergang von der Bauhütte zu den Gilden, seiner Meinung nach »Ausdruck des politischen und sozialen Rückganges und Verfalls.«[58]

Erst etwa um 1450 sieht Bode eine Verbesserung. Er nennt das Kapitel denn auch bezeichnenderweise »Zweite Blüte der deutschen Plastik (um 1450-1530)«. In dem jungen Naturalismus sieht er eine Parallele zur Renaissance in Italien. Die Emanzipation der Bildhauerei, weg von der Baukunst, datiert Bode denn auch erst in diesen Zeitabschnitt. Die Bildhauerei wird jedoch weniger Möglichkeiten zur weiteren Entfaltung haben als die Malerei, weil man Monumentalität im späten Mittelalter anderenorts suchen muß als in Deutschland, wegen der zunehmenden Verbürgerlichung und politischen Zersplitterung Deutschlands. Darum zeigen die Plastiken einen »ausgesprochenen kleinbürgerlichen Zug, der Monumentalität und Breite der Auffassung von vorneherein ausschloß«.[59] Die loser werdende Verbindung zwischen Bildhauerei und Malerei läßt die Bildhauerei ohne Halt und ohne Sinn für Proportionen zurück.

Der neue Naturalismus hatte allerdings einen positiven Einfluß auf die Darstellung von Gefühlen. Bode erschöpft sich in Umschreibungen wie »zum Herzen sprechende Innerlichkeit und Empfindung«, »Regungen des Gemütes«, »Äußerungen der mütterlichen Liebe des Leidens und des Mitgefühls« und ähnlichen. »Diese Tiefe der Empfindung in den Bildwerken, gepaart mit der Naivetät und einer gewissen behaglichen Breite, mit welcher sie vorgetragen ist, ist ein treuer Ausdruck der Blüte des deutschen Bürgertums«.[60] Der Mangel an Monumentalität wird durch die malerischen Qualitäten ausgeglichen.

Bei Bode beobachten wir, daß die negative Beurteilung des 14. Jahrhunderts bestehen bleibt, und daß die positiven Seiten dieser Periode durch einen Kunstgriff mit Bodes naturalistischem Kriterium in Zusammenhang gebracht werden. Bode verlegt nämlich eine Anzahl der Kennzeichen des 14. Jahrhunderts (auch die neue Ikonografie) ins 15.! So gelingt es Bode nicht nur, das 15. Jahrhundert im Norden mit der Renaissancekunst in Italien in eine Reihe zu stellen, sondern er kann so auch den sozialen Kontext der Florentiner Situation ähnlich erscheinen lassen. Ein für das 19. Jahrhundert typischer Standpunkt: Naturalismus ist bürgerliche Kunst, wird von Bode auf die Vergangenheit projiziert.[61]

Franz Xaver Kraus widmet dem 14. Jahrhundert wenig Aufmerksamkeit.[62] Mit dem Untergang des Deutschen Kaiserreiches sinkt auch das Niveau der Bildenden Kunst. Aber wir treffen bei Kraus auf ein neues Element. Kraus sieht nämlich den Rückschritt der deutschen Kunst mit einem größeren Einfluß der französischen Kunst einhergehen.

Bei Karl Woermann finden wir zum ersten Mal ›das Deutsche‹ als Komponente in der Kunst.[63] Das 13. Jahrhundert ist das Jahrhundert des Internationalismus, das 14. Jahrhundert zeigt, wie dieser Internationalismus dem Individualismus der verschiedenen Völker weichen muß. Woermann spricht von einer »Befreiung der Volksseele«, die, von Kirche und Ritterschaft gelöst, sich äußert in einer neuen Kunst in der Stadt, mit Bürgern als Auftraggebern.[64] Von diesem Zeitpunkt an ist der Individualismus in der Kunst zu erkennen: mehr Porträts, mehr Kunst, die von Nicht-Geistlichen gemacht wurde. Auch bei Woermann finden wir die Geschichte des Übergangs von der Bauhütte zu den Gilden. Woermann betrachtet das 14. Jahrhundert zwar als qualitativ minderwertig gegenüber dem 13., aber den Hang zum Emotionalen und den zunehmenden Naturalismus deutet er postiv. Als Höhepunkt dieser Periode nennt er die Kunst von Neurenberg, im 14. Jahrhundert die blühendste Reichsstadt bürgerliche Prägung.

Woermann bringt den Naturalismus und das Individuelle der spätmittelalterlichen Kunst mit der deutschen Volksseele in Zusammenhang, mit dem Bürgerlichen und Städtischen. ›Bürgerlichkeit‹ erhält hier eine ›deutsche‹ Konnotation, weil Bürger, Stadt und Deutsch als nicht-international, als Verselbständigung der deutschen Volksseele verstanden werden. Trotzdem kann Woermann sich nicht völlig der negativen Epitheta enthalten, wie »Spießbürgerlichkeit«.

Woermann gebraucht ›deutsch‹ als eine Stilkategorie. In denselben Jahren, in welchen Woermanns Handbuch erscheint (sechs Teile zwischen 1904 und 1922), erscheint auch das vierteilige Handbuch von Georg Dehio, *Geschichte der deutschen Kunst* (1919-1926).[65] Bei Dehio ist ›deutsch‹ ein positives Werturteil, wenn auch für ihn die ›deutschen‹ Perioden nicht dieselben sind wie für Woermann.

Dehio beginnt sein Kapitel über die spätgotische Kunst mit einem Zitat von Goethe: »Auf dem Gipfel der Zustände hält man sich nicht lange«. Den Untergang der Stauffischen Kaiser und den allgemeinen politischen Niedergang sieht Dehio im Zusammenhang mit einem Rückschritt der Kultur. »Alles, was adlig, stolz und hochgesinnt im Phantasieleben des deutschen Volkes war, war davon mitgetroffen: – wenn der Blitz den Gipfel zerschmettert, erzittert der Baum in allen Fasern.«[66] Die Kunst nach den Stauffern findet Dehio armselig, da der aristokratische Geist verschwunden sei. Die feudale Struktur muß einer auf das Geld orientierten städtischen Gemeinschaft weichen. Das könne man erkennen, behauptet Dehio, wenn man den Bamberger Reiter mit den Figuren des Schönen Brunnens in Neurenberg vergleiche. Auch die Kirche hat auf religiösem und kulturellem Gebiet keine Macht mehr, weil die Kirche durch den Streit um die Bischofssessel völlig politisiert ist. Das einzige, was blüht, sind die Städte, aber dort herrschen Fehden und eine ungesunde religiöse Schwärmerei. Dehio stellt sich die Frage, ob die Mystik und die Ketzerbewegungen überhaupt einen Einfluß auf die bildende Kunst hatten.

Seiner Auffassung nach unterliegt die Kunst des 14. Jahrhunderts einem starken Einfluß aus Frankreich. Im 11. und 12. Jahrhundert existieren die nationalen Kunstrichtungen nebeneinander, im 13. Jahrhundert beeinflussen sie einander. Aber im 14. Jahrhundert herrscht laut Dehio ein Hang zum Universellen, und das ist französisch. »Sooft im europäischen Leben diese Tendenz obsiegt, die Tendenz, die beiden großen Gruppen der Germanen und Romanen das sie Trennende vergessen zu lassen und in einer Geistesgemeinschaft höherer Ordnung (...) ihr Heil zu suchen: ebensooft schlägt damit eine große Stunde für die Franzosen.«[67]

Die Franzosen sind die Meister der »formalen Kultur«. Sie sind eher orientiert auf den Erhalt des bekannten (hier also der Gotik) als auf das Neue. Die Franzosen fassen zusammen, was andere beigetragen haben – sie sind Enzyklopädisten, und sie haben eine Vorliebe für an Regeln gebundene Kunst. Die Gotik in Deutschland wird nach Dehios Meinung von zwei einander widersprechenden Faktoren beherrscht: an den Wurzeln der Gotik liegt das Germanische, aber es wurde den Deutschen in französischer Form serviert. Der Volkscharakter konnte sich nicht durchsetzen, und er ist höchstens in Nebenströmungen und zu Beginn und am Ende der Epoche zu erkennen.

Dehio liefert hier eine Variante von dem, was ich das ›Bode-Modell‹ nennen würde. Das 13. und das 15. Jahrhundert sind der Höhepunkt der deutschen mittelalterlichen Gotik. Nicht, weil sie naturalistisch sind, wie bei Bode, sondern laut Dehio, weil sie den deutschen Volkscharakter am besten zum Ausdruck bringen. Dazwischen liegt das 14. Jahrhundert, welches universell und also von ›französischem‹ Einschlag ist. Dehio beschreibt die Kunst dieses Jahrhunderts als formalistisch, schematisch, regelmäßig, routiniert und dekorativ. Den Übergang von der Bauhütte zur Gilde schätzt Dehio negativ ein, und er verbindet damit einen Rückgang der Qualität. Dehio sieht als Neuerung im 14. Jahrhundert die Ausbreitung der ikonografischen Themen. Aber die große Emotionalität führt seiner Auffassung nach nicht zu einer besseren Form, sondern zur Formlosigkeit, die das Zuviel an Gefühl ausdrücken muß.

Der wahre Volkscharakter kommt dann wieder im 15. Jahrhundert zum Ausdruck. Dehio will von einer Benennung wie ›nördliche Renaissance‹ nichts wissen. Das 15. Jahrhundert ist ein ausgesprochen *deutsches* Jahrhundert. Und zwar ist diese deutsche Kunst des 15. Jahrhunderts eine bürgerliche. »Der ›deutsche Mensch‹ des späten Mittelalters, gleichviel welchem Stande er angehört, ist ein exemplarisch bürgerliches Wesen.«[68]

Genau wie Bode, datiert Dehio bestimmte Entwicklungen in Form, Funktion und Produktionsweise der Bildhauerei um hundert Jahre zu spät, um auf diese Weise spezifisch deutsche Charakteristika in Zusammenhang bringen zu können mit dem in seinen Augen bürgerlichen Charakter dieses Jahrhunderts. Daher wird der Kunst des 14. Jahrhunderts kein eigener Platz zugeordnet. Die Kunst dieser Periode ist eine Art französisches Intermezzo zwischen der deutschen feudalen Kunst des 13. Jahrhunderts und der deutschen bürgerlichen Kunst des 15. Jahrhunderts. Wie das ›Deutsche‹ sich vom Feudalen jetzt plötzlich dem Bürgerlichen zuwenden konnte, bleibt dabei undeutlich.

Dehio schreibt ohne nähere Erklärung, daß die Gotik germanischen Ursprungs sei. Diese Verbindung hat eine lange Tradition, man denke nur an Goethe im Straßburger Münster. Zu Beginn dieses Jahrhunderts erscheint jedoch ein Buch, welches das Germanische nachdrücklich mit der Gotik identifiziert – Wilhelm Worringers *Formprobleme der Gotik* von 1910.[69] Worringers These ist einfach: gotisch ist germanisch. Worringer verficht ein »stilpsychologisches« Herangehen an die Kunst, bei dem nicht das Können, sondern das Wollen des Menschen studiert wird. Die gotische Kunst verbindet er mit dem »germanischen Menschentyp«, der charakterisiert wird als lebendig, spirituell, dynamisch und mit einer »geistige(n) Willenstätigkeit« versehen.[70]

Im Mittelalter ist das Germanische der entscheidende Einfluß auf die gotische Kunst. Diese Kunst steht dem Leben nicht feindlich gegenüber, wie die primitive Kunst, sie ist auch nicht antropomorph wie die klassische oder transzendentallinear wie die orientalische, sondern sie strebt etwas völlig anderes an. Die gotisch-germanische Kunst ist auf die Verbindung des Sichtbaren mit dem Übernatürlichen aus, und sie will eine Beziehung zwischen dem Erlebnis des eigenen dynamischen Ichs und der Lebendigkeit der Natur herstellen. Worringer spricht von der »konzentrierte(n) Darstellung geistiger Energien«.[71]

Das Wort ›geistig‹ fällt bei Worringer ständig, wenn er versucht, das Wesen der Gotik zu fassen. In der gotischen Kunst geht es seiner Meinung nach um das Sichtbarmachen von Prozessen des Geistes. Es geht um eine permanente Konfrontation des Geistes mit der Materie, wobei die Materie einen spirituellen Charakter erhält (»vergeistigt«). Das Göttliche wird nicht länger in Abstraktionen gesucht, sondern im eigenen Ich, im »Brennpunkt des eigenen Ichs, im Spiegel der inneren Kontemplation, im Rausch der seelischen Verzükkung.«[72] Das eigene Ich ist der Sitz des Göttlichen.

In den Augen Worringers bricht durch diese mystische Beziehung zwischen Gott und Ich, und zwischen Wirklichkeit und Ich, eine Art nördlicher Renaissance an, die später zum Protestantismus führen wird. Bei Worringer finden wir auch die Neigung, der deutschen Kunst eine eigene Renaissance zuzuerkennen, die anders ist als die italienische, und dieser doch ebenbürtig. Worringer hebt die Unterschiede zwischen diesen beiden Renaissancen hervor. Der Norden kennt zwar nicht die »Persönlichkeit«, wie Burckhardt diese beschrieben hat, aber wohl das »Individuum«. Dieses Individuum weiß sich bei allen Unterschieden doch mit dem als Organismus aufgefaßten Volk verbunden. Das nordländische Individuum gibt seine Individualität auf, sobald es sie gefunden hat, »besinnt sich nur auf sein Ich, um es gleich wieder in brünstigem Gottessuchertum aufzugeben.«[73]

Im »germanische(n) Norden« liegt der Ursprung der Gotik. Die Gotik ist ihrem tiefsten Wesen nach denn auch kein Periodenbegriff, sondern eine »Rasseerscheinung«. Überall, wo die germanische Rasse sich mit anderen Völkern mischt, entsteht gotische Kunst[74].

Die Diskussion über Platz und Bedeutung der Kunst des 14. Jahrhunderts kann man im Zusammenhang sehen mit der etwa um 1900 stark auf lebenden Renaissance-Interpretation. Die Frage war damals wann genau beginnt die Renaissance? Wo liegt die Grenze zwischen Renaissance und Mittelalter? Was sind die spezifischen Merkmale des Mittelalters und der Renaissance? Huizingas Beitrag zu dieser Debatte bestand darin, daß er das 15. Jahrhundert im Norden zum Mittelalter rechnete. Die Merkmale dieser Kunst und Kultur betrachtete er als Ausläufer der mittelalterlichen Kultur und nicht als parallele Erscheinung zur italienischen Renaissance.[75]

Für die Kunstgeschichte bedeutete dies, daß die Kunst des 15. Jahrhunderts im Norden erneut betrachtet werden mußte. Wenn man die Kunst des 15. Jahrhunderts nicht länger als eine Art Renaissance interpretierte, so folgte daraus, daß die Kunst des vorhergehenden Jahrhunderts auch einen anderen Platz erhalten mußte. Die traditionell positive Würdigung des 15. Jahrhunderts, die in der neuen Interpretation bestehen blieb, hatte eine Rückwirkung auf das 14. Jahrhundert. Das 14. Jahrhundert hatte man früher als das Ende des Mittelalters betrachtet, nach welchem das 15. Jahrhundert einen neuen Beginn bedeutete. Da das 15. Jahrhundert nun jedoch als ein Ende, als ›Herbstzeit‹ interpretiert wurde – aber was für ein glanzvolles Ende war dies –, bedeutete dies auch eine neue Wertschätzung für das 14. Jahrhundert. Pinder schrieb: »Alles, was im 14. Jahrhundert geschieht, ist Voraussetzung der kommenden Kunst, alles was diese voraussetzt, ist im 14. jahrhundert geschehen.«[76] Max Dvořák stellte schon 1904 fest: »Vielleicht am stiefmütterlichsten unter allen Kunstperioden wird jene des Trecento behandelt, obwohl aus ihr die wichtigsten Aufgaben und Ziele aller späteren Kunst, wenn nicht den Anfang, so doch eine entscheidende Umgestaltung genommen haben.«[77]

Schlußfolgerung

Es stellt sich heraus, daß Pinders Auffassung des 14. Jahrhunderts eine Zusammenfassung der älteren Literatur ist, und daß sie auch ein neues Herangehen liefert. Der eigene Charakter des 14. Jahrhunderts zwischen dem 13. und dem 15.: der Spiritualismus, der sich entfaltende Naturalismus, die Beweglichkeit, die Gefühlsbetontheit – wir haben erlebt, wie sie mal negativ, mal positiv bewertet wurden. Wir treffen auch überall auf den ›Bürgerlichen Charakter‹ dieser Kunst und (dies ist schon fast ein Topos) auf den Übergang von der Bauhütte zur Gilde. Seit dem Anfang des 20. Jahrhunderts wird zwischen gotisch, deutsch und germanisch stets eine Verbindung hergestellt. Pinder weiß dieses allgemeine Herangehen jedoch zu ergänzen durch eine Vielfalt von Fakten und eine sehr ausführliche formale Analyse der stilistischen Entwicklungen in der spätmittelalterlichen Bildhauerei. Bei Pinder wird außerdem alles, was vorher als negativ betrachtet wurde, positiv bewertet. Spiritualität, Linearität, Gefühle, Mystik, Gilden, Bürger und der deutsche Volkscharakter: alles ist bei Pinder zusammengefaßt zu einer positiven Interpretation des 14. Jahrhunderts. Bei Pinder werden wir Zeuge der höheren Wertschätzung des Bürgerlichen im Vergleich mit dem Aristokratischen; des Spirituellen, verglichen mit dem Naturalistischen; des Lokalen, verglichen mit dem Internationalen und des Deutschen im Vergleich zum Italienischen oder Französischen.

Diese positive Einschätzung ist eingebettet in eine Forschungsmethode, die von den Objekten ausgeht, und nicht von einem universell-historischen Herangehen (wie bei Schnaase), oder von einem Herangehen, das den Kunstwerken feststehende Kriterien aufpfropft (wie z. B. bei Bode oder Dehio). Es ist jedoch nicht so, daß dieser neue methodische Ansatz ohne weiteres diese neue Einschätzung hervorgebracht hätte. Zwischen der angewandten Methode und den damit erzielten Resultaten besteht eine Beziehung der gegenseitigen Beeinflussung, die ich auf den folgenden Seiten erläutern werde.

C. Pinder und die neue Orientierung in den Geisteswissenschaften um 1900

1. *Die post-hegelianische Ästhetik: Fiedler, Wundt und Wölfflin*

Hegels Satz, daß die Kunst in ihrer höchsten Bestimmung für uns ein Stück Vergangenheit geworden sei und daß sie uns nicht länger die intellektuelle Befriedigung geben könne, wie dies früher geschah, hing wie ein Machtspruch über der Ästhetik des 19. Jahrhunderts.[78] Hegel entwickelte eine Sichtweise auf Kunst und Kunstgeschichte, die dialektischer Natur war. Auf der einen Seite, der der Vergangenheit, ist Kunst der höchste und wahrhaftigste Ausdruck dessen, was der Mensch in einer bestimmten Phase seiner Entwicklung gewollt und gedacht hat; auf der anderen Seite, der der Gegenwart, braucht die Kunst diese Rolle nicht länger zu spielen. Diese Aufgabe wurde jetzt vom zu sich selbst gekommenen Denken übernommen. Die Kunst kann jetzt endlich in Freiheit ihr eigenes Wesen entfalten und sich nach ihren eigenen Gesetzen entwickeln.

Für Kunst und Kunstgeschichte bedeutete die Annahme dieser Sicht eine schwere Aufgabe. Künstler und Kunsthistoriker wollten die Kunst sehr wohl die Rolle spielen lassen, die sie auch früher gespielt hatte. Sie lasen in der Kunst der Vergangenheit den Ausdruck einer ganzen Epoche, und sie dichteten der zeitgenössischen Kunst einen Platz an, den diese Kunst nur mit Mühe ausfüllen konnte. Solange die Kunsthistoriker sich jedoch nahezu ausschließlich auf das Studium der alten Kunst beschränkten, konnte man mit den Hegelschen Auffassungen sehr gut arbeiten.

Trotzdem ließ sich der zweite Aspekt von Hegels Sehweise auf Kunst nicht völlig aus der Ausübung von Kunstgeschichte im 19. Jahrhundert heraushalten. Schnaase verarbeitete beide Aspekte. In seinem Handbuch[79] ging er von einem hegelianischen Schema aus, nach welchem die Kunst der Spiegel der ganzen Kultur ist. Die Entwicklung der verschiedenen Kunstdisziplinen, eine aus der anderen und eine neben der anderen, widerspiegelten die Evolution der menschlichen Bildung. In seiner Einleitung schrieb Schnaase jedoch, daß die Suche nach dem Schönen allen Zeiten und allen Menschen eigen sei. Kunst entstände aus dem Spiel der Phantasie, angespornt durch die Betrachtung der Natur. »Die Phantasie also, aber belehrt und gezügelt durch die Wirklichkeit, ist die innere Werkmeisterin der Kunst.«[80] Bei Schnaase trug die Kunst beide Aspekte, einen historisch und einen immanent, zugleich in sich. Der Drang zur Kunst war allen Zeiten und allen Menschen eigen, die Formen jedoch waren historisch bestimmt.

Die Ästhetik nach Hegel ließ einen Wandel hin zu absoluten Schönheitskategorien erkennen, die nicht länger an Hegels historische Auffassung gekoppelt waren. Friedrich Theodor Vischer gab der Schönheit einen Platz in der modernen Welt nach der Aufklärung[81]. In seinen Augen wurde die Verfremdung in der modernen Welt nicht durch Religion oder Philosophie aufgehoben, sondern durch Schönheit. Bei Hegel war das Schöne mit allen historischen Phänomenen verbunden, und es entwickelte sich in und mit ihnen. Das Schöne, die Kunst, waren bei Hegel eine andere Form des Historischen an sich. Vischer dagegen ging von einer autonomen Entwicklung des Schönen aus, von der in der Geschichte Momente zu erkennen seien. Die gebrochene Beziehung zwischen Kunst und Gesellschaft im 19. Jahrhundert wurde so auf eine Philosophie des Schönen projiziert, die Geschichte und Kunst nicht als identisch ansah, sondern als einander manchmal ergänzende, dann wieder einander entgegenarbeitende Kräfte.[82]

Die Frage ist dann, worauf der Begriff des Schönen beruht: wenn das Schöne sich nicht aus der Gesamtheit der historischen und kulturellen Phänomene konstituiert, dann muß es eine Quelle haben, der sich zwar mit dem historischen Prozeß verträgt, aber zugleich außerhalb desselben steht (oder in gewisser Distanz dazu). Diese Quelle sah Vischer im menschlichen Bewußtsein als solchem: die Schönheit, sie zu erkennen und ihr in der Kunst nachzustreben, haben als einzigen Bezugspunkt den menschlichen Geist und nicht den Absoluten Geist im Hegelschen Sinne.

Konrad Fiedler sah Kunstwerke als ein Moment in der Aktivität des menschlichen Geistes, der sich so ein Bild von der Wirklichkeit machen konnte. Seiner Auffassung nach war der schöpferische Geist des Künstlers ständig damit beschäftigt, Bilder zu schaffen, um sich so die Natur anzueignen. Der Mensch schuf die Welt de facto erst im Moment der Formgebung und Bildvorstellung: »Anfang und Ende ihrer (der Kunst, M. H.) Thätigkeit liegt in der Schaffung der Gestalten, die durch sie überhaupt erst zum Dasein gelangen, (...) sie ruft überhaupt erst die Welt durch und für das künstlerische Bewußtsein hervor.«[83]

Fiedler schrieb, daß im Laufe der Jahrhunderte eine enorme Anzahl an Kunstwerken entstanden sei. Für den einzelnen sei es schon lange nicht mehr möglich, alle Kunstwerke und alle ihre Aspekte zu kennen. Wissenschaftliche kunsthistorische Forschung sollte sich laut Fiedler auf die Kunstwerke beschränken: »Alles ist für solche Forschung wichtig, was nur an irgend einem Punkte mit dem künstlerischen Schaffen zusammenhängt (...). Die vorhandenen Kunstwerke bilden nur zum kleinen teil die Quellen für dieses Studium; alles was an schriftlichen Urkunden vorhanden ist, wird hervorgesucht, um über die Entstehungsgeschichte und die Schicksale der Kunstwerke, über Leben und Charakter der Künstler, über die Technik ihres Verfahrens u.s.w. Licht zu verbreiten.«[84]

Wo blieb dann das Interesse für das Kunstwerk selbst? Viele kunsthistorische Studien ließen sich laut Fiedler nicht auf ein Interesse für die Kunst zurückführen. Vieles, was man für wissenswert hielt, verdüsterte den Blick auf das Kunstwerk als Kunstwerk. »Die Überhandnahme jener Studien ist keineswegs das zeichen einer gesteigerten Regsamkeit des Interesses für die Kunst, vielmehr gerade das Zeichen dafür, daß ganz andere Interessen viel reger sind, als die künstlerischen.«[85] Fiedler warf den Kunsthistorikern einen oberflächlichen Kunstbegriff vor, der sich auf allerlei Äußerlichkeiten beschränkte, auf Aufzählungen und Zusammenstellungen endloser Kunstfakten.

In etwas anderer Form sehen wir hier einen Prozeß, der in mancher Hinsicht analog verläuft zu dem, was hundert Jahre zuvor in Rom geschah. Mit Winckelmann wichen die Geschichten der Kunstwerke der Geschichte der Kunst.[86] Unabhängig vom zufälligen Aufbewahrungsort des Kunstwerkes, und gelöst von späteren Funden und Zuschreibungen, entwickelte Winckelmann ein System, in dem die bloßen Fakten einen Platz finden konnten. Bei Winckelmann ging es jedoch sehr wohl um die Geschichte der Kunst als eine Form der Geschichte der menschlichen Entwicklung. Die Kunst war bei Winckelmann (und später bei Hegel) die Form, welche die Geschichte annahm, das ›Bild‹ der Geschichte. In dem Moment, wo die Geschichte als solche für das sich emanzipierende Bürgertum nicht mehr begreiflich war, mußte die Kunst die Geschichte vor Augen führen.[87]

Bei Fiedler, im letzten Viertel des 19. Jahrhunderts, wurden Kunst und Geschichte getrennt, gerade weil die Kunst zu sehr zum Vehikel der Geschichte geworden war. Mit anderen Worten, Fiedler rettete die Kunst aus der tödlichen Umarmung der Geschichte. Fiedler schloß aus, daß ein Kunstwerk überhaupt eine direkte, meßbare Beziehung zu einer objektiven historischen Wirklichkeit haben könnte. Er stellte sich die Frage, ob Kunst verglichen werden könne mit anderen Formen menschlicher Tätigkeit und Produktion. Für Fiedler war das Kunstwerk die sichtbare Form des menschlichen Vorstellungsvermögens, und nicht die Interpretation einer objektiven Wirklichkeit. Kunsthistorische Fragen nach den biografischen Hintergründen, der politischen Situation oder dem kulturhistorischen Kontext waren für Fiedler unsinnig, weil das Kunstwerk außerhalb des menschlichen Denkens nichts abbildet.

Die Erforschung der Funktionsweise des menschlichen Vorstellungsvermögens ist Aufgabe der Psychologie. Die Psychologie machte in den letzten Jahrzehnten des 19. Jahrhunderts eine große Umwälzung durch. Die wichtigsten Namen in der Entwicklung der Psychologie von einer Abteilung der Philosophie zu einer selbständigen, empirischen Wissenschaft sind die Leipziger Forscher Fechner, Ebbinghaus, Meumann und Wundt (von Pinder alle in seiner Dissertation zitiert).

Von dieser Gruppe ist Wilhelm Wundt (1832-1920) der bekannteste und wichtigste.[88] Mit Wundt begann ein neues Kapitel in der Geschichte der Psychologie. Er untersuchte in Experimenten, gestützt auf naturwissenschaftliche Methoden, die psychischen Prozesse des Menschen. So studierte er die physiologischen und psychischen Reaktionen auf physische Reize, und er suchte für die Beziehungen zwischen beiden Arten von Reaktionen Gesetzmäßigkeiten aufzustellen. Seine Forschungsmethode beruhte auf dem psychologischen Experiment, und sein Institut in Leipzig (gegründet 1881) war das erste dieser Art und lange Zeit das größte und am besten ausgerüstete Europas.

Die Psychologie vor Fechner und Wundt war in starkem Maße beeinflußt von spekulativen und metaphysischen Auffassungen über Natur und Funktion der menschlichen Psyche. Wundt gelang es, der Psychologie als Wissenschaft einen eigenen Platz zu erkämpfen, der die Psychologie näher an die Naturwissenschaften heranrückte. Wundt selbst kam aus der medizinischen Wissenschaft. Das neue, nicht-metaphysische und nicht-spekulative Herangehen hatte es nicht schwer, Anerkennung zu finden. Die Erneuerung in den Forschungsmethoden der jungen, selbständigen psychologischen Wissenschaft, beeinflußt durch den medizinisch-physiologischen Bereich, verhalf der Psychologie zu einem Ansehen, auf welches diese Disziplin früher, unter den Fittichen der Philosophie, kaum hatte Anspruch erheben können.

Andererseits profitierte die Philosophie stark von den neuen Ergebnissen, welche die Psychologie hervorbrachte. Wegen eines Mangels an verfügbaren Lehrstühlen für Physiologie nach 1860 besetzten Physiologen die philosophischen Lehrstühle in Deutschland. Die Philosophie hatte durch die Entwicklung der Naturwissenschaften gegen 1860 viel von ihrem alten Ansehen als ›Super-Wissenschaft‹ verloren. Zwischen den Naturwissenschaften und den Ausläufern des deutschen Idealismus kam es im späten 19. Jahrhundert zu einer Diskussion über die Wissenschaftlichkeit der Philosophie. Durch die Argumente aus der Psychologie erhielt die Philosophie neue Impulse, und es wurde sogar möglich, die alten spekulativen Voraussetzungen mit den neuen empirischen Forschungsergebnissen zu versöhnen.

Die Wissenschaft Kunstgeschichte hatte sich zu derselben Zeit von der Philosophie gelöst, weil die historischen Wissenschaften ein solideres Fundament zu bieten schienen.[89] Dank der neuen Impulse aus der Psychologie konnte die Kunstgeschichte zur Philosophie und zur Ästhetik zurückkehren. Eine Verschiebung des wissenschaftlichen Paradigmas kann offenbar erst auftreten, wenn das neue Paradigma nicht nur neu ist oder neue Perspektiven bietet, sondern wenn der wissenschaftliche Ansatz auch deutlich von der alten Praxis abweicht.[90] Die Kunstgeschichte hatte sich im 19. Jahrhundert zu einer selbständigen Wissenschaft emanzipiert, weg von der Ästhetik. Dies geschah durch die Einführung von historischen Forschungsmethoden, die ›härter‹ waren als die alten ästhetisch-spekulativen. Zu Ende des 19. Jahrhunderts erkannte die Kunstgeschichte die Ästhetik wieder an, weil diese Ästhetik ihre Voraussetzungen in der neuen Psychologie hatte.

Was beinhaltete diese neue Psychologie nun genau? Wundt mußte sich in zwei Richtungen verteidigen: erstens gegen die alten metaphysischen Auffassungen und zweitens gegen die ›vulgär-materialistischen‹ Auffassung, daß eine direkte Beziehung besteht zwischen physischen Reizen und ihrem psychischen Erleben. Wundt behauptete, daß die Ordnung wahrgenommener Elemente durch das Individuum keine Eigenschaft der Elemente selbst ist (analog zu der Beschaffenheit oder der Intensität dieser Erfahrungen), sondern daß die Ordnung das Resultat des Zusammentreffens dieser Erfahrungen mit bereits vorhandenen

»psychischen Inhalten« ist.[91] Der Gesamteindruck, den das Individuum von etwas hat, würde dann einen neuen »psychischen Inhalt« darstellen, der nicht identisch ist mit den Elementen, die wir erfahren oder wahrnehmen. Wundt nannte hier als Beispiel das Einschätzen von Kunstwerken.[92]

Wundt nahm psychologische Beobachtungen in sein philosophisches System auf. Seine Philosophie stand in der Tradition des deutschen Idealismus, aber Wundt suchte die Identität der Absoluten Idee mit den psychischen Prozessen aufzuzeigen. Natur und Geist stehen bei Wundt einander nicht gegenüber, sondern sie sind identisch. In der Nachfolge Fechners sah Wundt die physische Welt voll von psychischem Leben. Das Materielle und das Intellektuelle waren in seinen Augen nur verschiedene Aspekte der Wirklichkeit.[93] Naturgesetze und psychische Gesetze vervollkommnen einander: das eine ist eine andere Form des anderen. Auf diese Weise konnte Wundt die Wirklichkeit definieren, indem er die psychischen Prozesse beim Menschen studierte, und indem er die Prozesse in der Natur studierte. Die psychische Welt steht der physischen gleichberechtigt gegenüber. Sie bilden gleichsam eine für die andere den Rahmen, in welchem sie funktionieren. Beim Menschen bilden Physis und Psychologie eine untrennbare Einheit, oder, wie Wundt es formuliert: »in diesen Eigenschaften spiegelt sich nur das thatsächliche Verhältnis des natürlichen und des geistigen Lebens, welche beide nicht als disparate Erscheinungen einander gegenüberstehen, sondern Glieder eines Ganzen sind, das uns auf den unteren Stufen vor allem von seiner objectiven oder Naturseite, auf den oberen von der subjectiven, geistigen Seite aus, die ihre Resonanz in unseren eigenen inneren Erlebnissen findet, erkennbar ist.«[94]

Wundt hatte eine dynamische Auffassung von der Ganzheit, in welcher der Mensch lebt und funktioniert. Er sah einen Zusammenhang zwischen den physikalischen und den psychischen Gesetzen. Das physikalische Gesetz ist dann die Erhaltung der Energie, das psychische die Verbindung von Energie–Erlebnissen Das Individuum kann letztlich nicht mehr Energie erfahren, als in der physischen Welt vorhanden ist.[95]

Daher war die Psychologie bei Wundt die Verbindung zwischen den Naturwissenschaften und den Geisteswissenschaften. Auf dieses letztere Gebiet begab sich Wundt zwischen 1900 und 1920, mit der Publikation von zehn dicken Bänden *Völkerpsychologie*. Die Entwicklung des Menschen mußte seiner Auffassung nach ebenso wie die Entwicklung des menschlichen Denkens als eine ständig fortschreitende Interpretation der uns umgebenden Natur verstanden werden. Die Aufgabe der Geschichtsschreibung war es laut Wundt, die verschiedenen Ideenkomplexe zu erforschen, mit denen die Menschen ihre Tätigkeit rationalisieren.[96] Geschichte war in seinen Augen Geistesgeschichte: die Entwicklung der Positionen, die der Mensch gegenüber der ihn umgebenden Wirklichkeit einnahm.

Für die Kunstgeschichte wurden Ästhetik und Psychologie von Heinrich Wölfflin zum ersten Mal in das Gebiet der Kunstwissenschaft eingebracht. Er schrieb 1886 als Dissertation die *Prolegomena zu einer Psychologie der Architektur*.[97]

In dieser Publikation sind die Auffassungen vieler Denker des 19. Jahrhunderts wiederzufinden, wie Friedrich Theodor Vischer, Robert Vischer, Johannes Volkelt und Wilhelm Wundt.[98] Die zentrale These ist, daß unsere ästhetische Reaktion auf architektonische Formen zum Erlebnis unseres Körperbaues in Beziehung steht. Hierbei war besonders die ›Einfühlungspsychologie‹ von Robert Vischer von maßgeblichem Einfluß. Vischer ging nämlich von einer Übereinstimmung zwischen formalen und anthropomorphen Strukturen aus. Wölfflin schreibt: »Ich werde nun zeigen, daß die Grundelemente der Architektur: Stoff und Form, Schwere und Kraft sich bestimmen nach den Erfahrungen, die wir an uns gemacht haben; daß die Gesetze der formalen Ästhetik nichts anderes sind als die Bedingungen, unter denen uns allein ein organisches Wohlbefinden möglich scheint, daß endlich der Ausdruck, der in der horizontalen und vertikalen Gliederung liegt, nach menschlichen (organischen) Prinzipien gegeben ist.«[99]

Wir erkennen laut Wölfflin in den Kräften, die in einem Bauwerk herrschen, die Kräfte und die Energie wieder, die auch in unserem Körper herrschen. Wölfflin glaubt, daß in dem formlosen Stoff ein Wille zur Form lebt, eine Art Lebenskraft. Diesen Willen zum Leben haben wir auch in unserem eigenen Körper. So erkennen wir denn Bauwerke als lebendig, als einen Kampf zwischen Stoff und Geist. Dies letzte erinnert an Schopenhauer. Typisch für Wölfflin ist jedoch, daß er von den Denkern, die ihn beeinflußt haben, zwar einige Elemente, aber nicht das ganze philosophische System übernimmt.[100]

Um Wundts Einfluß auf Wölfflin ist es folgendermaßen bestellt: Wölfflin nennt als einen der Beweise für seine Theorie Wundts Experimente, bei denen das Auge beispielsweise Wellenlinien leichter verfolgen kann als eckige, oder die Analogien zwischen niedrigen Tönen, dunklen Farben und bestimmten Gefühlen.[101]

Kunstwerke können nur aus psychischen Prozessen grundlegend erklärt werden. Kunstgeschichte ist der Niederschlag davon, wie Menschen sich in einer bestimmten Periode fühlen: »Ein architektonischer Stil gibt die Haltung und Bewegung der Menschen seiner Zeit wieder.«[102]

Am Ende seiner Dissertation hält Wölfflin ein Plädoyer für eine neue Kunstwissenschaft: die Kunstpsychologie. Er zeigt Interesse für die Psychologie, weil sie eine exakte Wissenschaft ist. »Eine Geschichte, die nur immer konstatieren will, was nacheinander gekommen ist, kann nicht bestehen; sie würde sich namentlich täuschen, wenn sie glaubte, dadurch ›exakt‹ geworden zu sein. Man kann erst da exakt arbeiten, wo es möglich ist, den Strom der Erscheinungen in festen Formen aufzufangen. Diese festen Formen liefert der Physik zum Beispiel die Mechanik. Die Geisteswissenschaften entbehren noch dieser Grundlage; sie kann allein in der Psychologie gesucht werden. Diese würde auch der Kunstgeschichte erlauben, das einzelne auf ein allgemeines, auf Gesetze zurückzuführen.«[103]

Wir sehen, daß sowohl durch die post-hegelianische Ästhetik als auch durch die neue experimentelle Psychologie der Weg für ein anderes Herangehen an die Kunst freigemacht wird. Der Schwerpunkt in der Kunstgeschichte liegt nicht länger auf dem historischen Aspekt. Es ist nicht mehr die Aufgabe des Kunsthistorikers, die Formen und die Inhalte vom historischen Kontext aus zu erklären, der für den heutigen Betrachter schwer zu begreifen ist. Die Betonung liegt jetzt auf dem einfühlenden Betrachter, der sein ästhetisches Vermögen schärfen muß, um durch das direkte Einleben und die Reflexion dieses Einlebens mit dem Kunstwerk Kontakt zu bekommen – unabhängig von irgendwelcher historischen Information. Nach Wölfflin muß das Kunstwerk definiert werden als eine Weise des Sehens, Fühlens, des Erlebens und Verarbeitens.

2. August Schmarsow

Neben Wölfflin muß auch Pinders Lehrmeister August Schmarsow genannt werden. Schmarsow war seit 1893 Hochschullehrer in Leipzig, wo zu dieser Zeit Wundt und die experimentelle Psychologie ihre größten Triumphe feierten.

Schon vor seiner Zeit in Leipzig beschäftigte Schmarsow sich neben der Kunstgeschichte mit Ästhetik.[104] Wer sich die Mühe macht, sich in das Werk Schmarsows zu vertiefen, wird mit einem sehr vielseitigen Kunsthistoriker konfrontiert, der manchmal stark an Wölfflin, dann wieder an Riegl erinnert. Außerdem hat Schmarsow Interesse für Gegenstände, die damals nicht sehr üblich waren: den Barock, Künstler und Kunsttheorie des 19. Jahrhunderts. Schmarsows Spezialgebiet war die Kunst des 15. Jahrhunderts in Italien. Für uns ist jetzt seine Auffassung vom Wesen der Kunst wichtig.

1893 trat Schmarsow in Leipzig sein Lehramt an mit der Rede: »Das Wesen der architektonischen Schöpfung«. In dieser Rede setzte er sich gegen eine rein materielle oder funktionale Annäherung an Bildende Kunst zur Wehr, wie sie z. B. von Semper praktiziert wurde. Schmarsow wollte nur eine Art der Erklärung akzeptieren, die von der inneren Organisation des Menschen und seiner Psychomotorik ausging.

Schmarsows These lautet, daß alles, was gebaut ist, von der einfachsten Hütte bis zum kompliziertesten Bauwerk, »Raumgebilde« ist und Eigenschaften besitzt, die vom Raum-Erlebnis des Menschen abgeleitet werden können. »Sobald aus den Residuen sinnlicher erfahrung, zu denen auch die Muskelgefühle unseres Leibes, die Empfindlichkeit unserer Haut wie der Bau unseres ganzen Körpers ihre Beiträge liefern, das Resultat sich zusammenschließt, das wir unsere räumliche Anschauungsform nennen (...), sobald wir uns selbst und uns allein als Centrum dieses Raumes fühlen gelernt, dessen Richtungsaxen sich in uns schneiden, so ist auch der wertvolle Kern gegeben, das Kapitel gleichsam des architektonischen Schaffens begründet.«[105]

Dasselbe Thema kehrt drei Jahre später in einem Artikel wieder, »Der Wert der Dimensionen im menschlichen Raumgebilde.«[106] Darin setzt er die drei Dimensionen in Beziehung zu den Dimensionen, die es in unserem Körper gibt. Die Höhe korrespondiert mit unserer Länge, die Breite mit unserem Gefühl von dem, was neben uns und außerhalb von uns ist und mit den Breitenachsen von Hüften, Schultern und Armen. Die Tiefenachse ist unsere Erfahrung von Tiefe und der Bewegung unseres Körpers. Schmarsow bringt diese Dimensionen mit der Bildhauerei, der Malerei und der Architektur in Zusammenhang. Die Disziplinen sind miteinander verwandt und können voneinander Eigenschaften übernehmen. Als Beispiel nennt Schmarsow die Vorliebe der Renaissance für den Zentralbau, die mit der Betonung der Höhe übereinstimmt, die zur Bildhauerei gehört. Die Bildhauerei gab laut Schmarsow damals den Ton an. Im Barock sieht er eine Vorliebe für die Breitenachse in der Baukunst, die mit der zweiten Dimension der Malerei korrespondiert (als der führenden Disziplin des 17. Jahrhunderts).[107] Kunst, so schreibt Schmarsow 1903, ist »eine Auseinandersetzung des Menschen mit der Welt«.[108] Jeder Kunstgenuß geht auf einen inneren Neuerschaffungsprozeß zurück.

1905 schreibt Schmarsow *Grundbegriffe der Kunstwissenschaft*.[109] Dieses Buch war als Antwort auf Riegls *Spätrömische Kunstindustrie* von 1901 gemeint. Schmarsow rüttelt nicht an Riegls Begriff des ›Kunstwollens‹, aber er sucht – im Unterschied zu Riegl – diesen Begriff zu definieren. Schmarsow nähert sich diesem Begriff von seiner physisch-psychologischen Kunstauffassung her.

Schmarsow findet Riegls Definition des Kunstwollens, als »bestimmt und zweckbewußt«, nicht richtig, weil sie zu sehr das Verstandesmäßige betont. Er dagegen sieht die Wurzeln der Kunst eher im Gefühlsmäßigen. Schmarsow wiederholt dazu seine eigene Definition von Kunst: »eine Auseinandersetzung des Menschen, das heißt seiner leiblichen und psychischen oder geistigen Anlage, mit der Welt, in die er gestellt ward.«[110]

Schmarsow kann mit Riegls Gegensatz: optisch-haptisch wenig anfangen. Seiner Auffassung nach gibt es drei Dimensionen, die aus unserer körperlichen und psychischen Organisation entstehen. Und es gibt drei »Gestaltungsprinzipien«, Symmetrie, Proportion und Rhythmus, die mit diesen Dimensionen korrespondieren.[111] Diese Prinzipien sind ihrerseits wieder mit den drei Kunstdisziplinen verbunden.

Schmarsow sieht in der Geschichte des Menschen eine Entwicklung von der Bildhauerkunst und Mimik zur Architektur und Poesie. Im Altertum wurde zwar gemalt, aber man konnte das große Maß an Abstraktion, welches das Denken in optischen Werten verlangt, noch nicht aufbringen. Nach Schmarsows Auffassung gehen die haptischen Werte allmählich in optische über. Die wirklich große Zeit der Malerei kommt erst tausend Jahre später.

Stets gibt eine Disziplin den Ton an, und diese verbindet sich mit anderen künstlerischen Disziplinen. Es gibt jedoch nur drei Hauptrichtungen, die auf der Anlage der menschlichen Natur beruhen. Aber jede Disziplin hat ein eigenes Kunstwollen. Daher kann keine Rede davon sein, daß ein Kunstwollen allen Disziplinen seinen Willen auferlegt, man kann höchstens von Einfluß sprechen. »Über das herrschende Kunstwollen einer Zeit orientiert uns aber nur die Kontrolle im Vergleich mit der Wesensbestimmung der Einzelkünste, die Eigenart ihrer Stellung im Organismus der menschlichen Anlage und die genaue Beobachtung des Wechsels im Haushalt der Kräfte«, schließt Schmarsow.[112] Die psychische Entwicklung des Individuums – vom Konkretesten zum Abstraktesten – überträgt Schmarsow auf die Entwicklung der Künste. Er betrachtet die Entwicklung als ein Fortschreiten vom Tastbarsten (Plastik und Theater) über Architektur und Poesie zum Abstraktesten, zur Malerei und der Musik.[113]

Wo Schmarsow vom Rhythmus spricht, kommen seine Auffassungen denen Pinders in dessen Dissertation nahe. Schmarsow zitiert Pinder auch.[114] Schmarsow unterscheidet das Erleben des Rhythmus in der Zeit vom Erleben des Rhythmus im Raum. Seiner Auffassung nach nehmen wir Rhythmus im räumlichen Sinne in der Tiefe wahr, und nicht auf der Fläche, wie Riegl behauptete. Ein Erleben des Rhythmus auf der Fläche würde ein chronologisches RhythmusErleben liefern. Rhythmus bedeutet für Schmarsow die Vervollkommnung von Symmetrie und Proportion. Bei Rhythmus ist der Körper in totaler Bewegung, parallel zur Baukunst als »Raumgebilde«.[115] Schmarsow formt Riegls vages Kunstwollen nach seinem eigenen Standpunkt um. In der Baukunst des späten Altertums und des Mittelalters sieht er ein rhythmisches Kunstwollen am Werke. Rhythmus ist für ihn ein- und ausatmen, sich bewegen in der Tiefe und gesunde Tätigkeit.[116] Dieses rhythmische Kunstwollen sorgt dafür, daß aus der massiven Bauweise des späten Altertums die rhythmisch gegliederten Räume der Romanik hervorgehen.

1918 bringt Schmarsow seine »Grundbegriffe« auf den Nenner der von der Soziologie übernommenen Idealtypen.[117] Schmarsow entwirft eine Art Kunstgeschichte, bei welcher zwischen den empirischen Fakten und den theoretischen Voraussetzungen keine Unterschiede mehr bestehen. Er spricht jetzt von »Gattungstypen«, womit die Disziplinen gemeint sind. Diese Gattungstypen/Disziplinen sind die Ideale einer bestimmten Epoche; in diese Ideale sind die individuellen Beiträge der Künstler aufgenommen. Diese Ideale sind nicht abstrakt, wie Ziele, die man anstrebt, sondern sie sind ganz konkret der Ausdruck der Veränderungen in der menschlichen Wahrnehmung, im Erlebnis und seiner Verarbeitung.[118] Schmarsow hofft auf eine Kulturgeschichte, in welcher die Begriffe des Historikers, des Soziologen, des Philosophen und des Kunsthistorikers sich miteinander zu allgemeinen Typen verbinden.

Zum Schluß müssen wir noch bei einer kleinen Publikation Schmarsows aus dem Jahre 1891 verweilen, bei der *Kunstgeschichte an unseren Hochschulen*.[119] Schmarsow plädiert darin für eine Kunstgeschichte, die allen Perioden gleich viel Aufmerksamkeit schenkt. Er möchte eine Kunstgeschichte, die den Studenten anhand der in ihrer nächsten Umgebung verfügbaren Kunstwerke vermittelt wird. Nichts geht seiner Meinung nach über den direkten Kontakt zu den Kunstwerken, auch wenn das bei weitem nicht immer Meisterwerke sind.

Man kann Schmarsows Anschauungen betrachten als eine Verbindung zwischen den Auffassungen der post-hegelianischen Ästhetik des 19. Jahrhundert, der empirischen Psychologie und moderneren Auffassungen der Kunstgeschichte des 20. Jahrhunderts, wie wir sie bei Pinder gefunden haben. Natürlich war Schmarsow nicht der einzige Einfluß auf Pinder. Pinder ist bei allen Übereinstimmungen ein viel stilkritischerer Forscher, und er ist weniger theoretisch orientiert. Worin beide übereinstimmen, ist ihr formales Herangehen an die Kunstwerke, sie gehen aus von zuvor genau beschriebenen Begriffen wie Symmetrie, Proportion, Rhythmus und ähnlichen. Ihre formale Analyse beruht auf der Überzeugung, daß es zwischen den formalen Eigenschaften der Kunstwerke und der menschlichen physischen Motorik und psychischen Erlebnissen Übereinstimmungen gibt. Beide Kunsthistoriker kennen die Lehre von der Aufeinanderfolge der Disziplinen, wenn auch die Reihenfolge bei Pinder eine andere ist als bei Schmarsow. Diese Reihenfolge ist mit Entwicklungen im Sehen, Fühlen und Erleben der Menschheit verbunden, und mit Entwicklungen im Verarbeiten des Erlebten. Die Entwicklung der Disziplinen ist eine selbständige, und sie ist unabhängig von historischen und gesellschaftlichen Prozessen.

Sowohl Schmarsow als auch Pinder betrachten alle Perioden in der Kunstgeschichte als gleich wichtig. Sie interessieren sich besonders für die Kunst in ihrer unmittelbaren Umgebung.[120]

3. Max Dvořák

Die Beziehungen zwischen Pinder und Dvořák sind nicht so offensichtlich wie zwischen Pinder und Schmarsow. Jeder kannte das Werk des anderen, und jeder hatte eine hohe Meinung vom Ansatz des anderen. Dies zeigte sich, als Julius Schlosser 1921 gebeten wurde, nach Dvořáks Tod dessen Lehrstuhl zu übernehmen. Schlosser lehnte anfänglich ab und schlug Pinder vor, weil Dvořák Pinder so geschätzt hatte. Pinder wollte zuerst zusagen, lehnte dann aber ab und blieb in Leipzig, wo er gerade berufen worden war.[121] Später bezeichnete Pinder sich selbst als eine mit Dvořák verwandte Seele: »... tief vereinigt mit Max Dvořák, dessen geistige Bruderschaft, in Dvořáks letzter Lebenszeit noch von beiden Seiten ausgesprochen, ihm (Pinder M.H.) ein besonderes Vermächtnis bleibt.«[122]

Dank des gründlichen Artikels von Otto Benesch haben wir einen guten Einblick in die wissenschaftliche Entwicklung Dvořáks, besonders was seine letzten Jahre nach 1914 betrifft.[123] Die Beziehung zwischen Riegl und Dvořák läßt sich in mancher Hinsicht mit der zwischen Pinder und Schmarsow vergleichen. Riegls Theorie beruht auf einer psychologischen Grundlage, nämlich den Haltungen optisch und haptisch, die der Mensch zu der ihn umgebenden Welt einnimmt. Genau wie Schmarsow gebraucht Riegl eine sehr begrenzte Anzahl von Begriffen, die er in einen ungefähren historischen Rahmen einordnet. Anders als Schmarsow kennt Riegl aber eine Regelungsinstanz, die doch außerhalb unserer Psychomotorik liegt und die nicht ohne weiteres mit Kunst verbunden werden kann, oder innerhalb der Kunst mit nur einer Disziplin: das Kunstwollen. »Das bildende Kunstwollen regelt das Verhältnis des Menschen zur sinnlich wahrnehmbaren Erscheinung der Dinge: es gelangt darin die Art und Weise zum Ausdruck, wie der Mensch jeweilig die Dinge gestaltet oder gefärbt sehen will. (...) Der Charakter dieses Wollens ist ist beschlossen in demjenigen, was wir die jeweilige Weltanschauung (...) nennen: in Religion, Philosophie, Wissenschaft, auch Staat und Recht (...).«[124]

Veränderungen in diesem nebelhaften, irgendwo im Menschen angesiedelten Kunstwollen bringen Veränderungen in Kunst und Kultur mit sich.

Bei Riegl ist jede Periode den anderen gleichwertig, wenn auch das Kunstwollen ein anderes geworden ist.[125] Auch Schmarsow sah alle Perioden als gleichwertig an, weil die körperliche Organisation des Menschen für die Formgebung und für das Erleben der Formen verantwortlich ist. Ein Werturteil, welches die eine Periode über die andere stellt, würde dann bedeuten, daß die Menschen in einer bestimmten Periode minderwertig waren.

Riegl erläutert seine Theorie anhand der spätantiken und frühchristlichen Kunst, die bis zu der Publikation Franz Wickhoffs als unwichtig angesehen wurde, und der man jede Qualität absprach.[126] Riegl betrachtet diese Periode als eine notwendige Phase, in welcher der menschliche Geist suchte, von einem »rein mechanischen, reihenweisen, gleichsam in die Ebene projizierten Zusammenhang der Dinge zu derjenigen eines allverbreiteten chemischen, gleichsam den Raum nach allen Richtungen durchmessenden Zusammenhanges zu gelangen«.[127] Er hält Perioden des ›Niederganges‹ für notwendige Phasen in der Entwicklung von einer Kunst zur anderen. Für diese Entwicklung sind nicht-mechanische, nicht-materielle »chemische« Faktoren ausschlaggebend. Um seine Theorie zu erläutern, wählt er eine Periode, die nicht gerade bedeutende plastische oder monumentale Kunst hervorgebracht hat. In den Schriften Riegls besteht eine enge Beziehung zwischen seiner Auffassung von den Ursachen für Veränderungen und seinem Forschungsgebiet.

Dvořák teilt mit Riegl die genetische Auffassung von Kunstgeschichte, die besagt, daß jede Periode das Verbindungsglied zur folgenden darstellt. Auch betonen beide das Primat der menschlichen Psyche vor kulturhistorischen und materiellen Ursachen für Stilveränderungen. Dvořák schreibt, daß Riegl psychologisch–historischen Auffassungen vor älteren Sichtweisen den Vorzug gab: Riegl stellt die Geschichte der Kunst und die künstlerischen Probleme in den Mittelpunkt, anstelle der Geschichte der Künstler.[128]

Trotzdem sind Dvořáks Auffassungen und seine Arbeitsweise nicht völlig dieselben wie die Riegls. Riegls Ausgangspunkt, das Kunstwollen, das pendelt zwischen haptisch und optisch, ist seinem Wesen nach ziemlich starr und begrenzt. In einem Artikel aus dem Jahre 1914[129] sagt Dvořák, daß die Kunstgeschichte die beengenden Bande zur Ästhetik durchschneiden müsse. Dies bedeutet, daß er von einem großen Teil der psychologischen Grundlagen von Riegls Theorie Abstand nehmen muß, die genau so gut zu einer neuen absoluten, nicht historischen Theorie führen können.

Die Kunstgeschichte ist für Dvořák eine historische Wissenschaft, während die Ästhetik nach ihren Zielstellungen eine systematische Disziplin ist. Allgemeine ästhetische Standpunkte können niemals der Ausgangspunkt kunsthistorischer Forschung sein, denn diese Standpunkte sind selbst historisch determiniert. Die Kunstgeschichte erzählt von den ständig wechselnden Auffassungen in der Kunst. »Nur die historischen Ereignisse und Vorgänge auf dem Gebiet der Kunst sind der Gegenstand der kunsthistorischen Forschung, und historisch ist (...) alles, was wirksam ist oder gewesen ist. Da es keine Kunstperiode, kein Kunstgebiet, keine künstlerische Strömung gibt, die nicht wirksam waren, sind oder in Zukunft sein könnten, muß jede pragmatische Höherstellung oder Mißachtung von Kunstperioden oder Kunstgebieten, wie auch jede systematische Abgrenzung oder Zergliederung des Begriffes des Künstlerischen von vornherein aus der Kunstgeschichte ausgeschaltet werden.«[130]

Müßte die Kunstgeschichte dann alles gleichermaßen objektiv behandeln? Dvořák schreibt, daß man eine gewisse Subjektivität nicht ausschließen kann. Dvořák macht das Subjektive im Umgang mit Kunst zur Grundlage seiner Methode: »Denn es handelt sich eben nicht darum, eine subjektive Auffassung zu einer kunstwissenschaftlichen Norm zu erheben, sondern eine subjektiv und zeitlich bedingte Wirkung auf ihre historischen Ursachen zurückzuführen und sie dadurch in historische Erkenntnisse zu verwandeln.«[131]

Kunst ist ein eigenständiges Phänomen, das nicht bestimmte gesellschaftliche Strukturen ausdrückt. Obwohl Kunst mit dem intellektuellen Leben einer Epoche verbunden ist, behält sie ihre Selbständigkeit. Die Entwicklung der verschiedenen Formen der Kunst ist eine Entwicklung »selbständig(er) genetisch(er) Entwicklungsreihen.«[132] In der Kunst einer Epoche ist die ›Weltanschauung‹ dieser Epoche enthalten. Man kann diese Weltanschauung über andere Wissenschaften untersuchen, aber auch direkt anhand der Kunst.

Die Methode, welche sich hierfür besonders gut eignet, ist die Methode der modernen Stilkritik. Der stilkritische Aspekt der Kunstwerke stellt einen direkten Niederschlag der jeweiligen Periode dar: » – das untrüglich Spontane, Unbewußte, Unnachahmbare. (...) Da der stilistische Charakter eines Kunstwerkes das ewig fließende, tausendfach sich in verschiedenen künstlerischen Individualitäten verschiedenartig spiegelnde und doch unlösbar und unnachahmlich mit einer bestimmten Zeit und mit bestimmten lokalen und persönlichen Abwandlungen der Kunst verbundene Merkmal der Kunstentwicklung bedeutet, muß ihm eine viel größere, ich möchte sagen, unmittelbarere Beweiskraft zugesprochen werden, als etwa technischen oder ikonographischen Momenten oder Ähnlichkeiten der Motive.«[133]

Die Entwicklung der Kunst vollzieht sich nicht völlig selbständig, sondern sie ist mit der Kultur der Zeit verbunden, ohne ein Spiegel dieser Kultur zu sein. 1914 sah Dvořák die Kunst noch stark als Niederschlag der Stimmung, der »Psyche« einer Periode. 1920 relativiert er dies jedoch und tendiert zu einer Auffassung, die man ikonologisch nennen könnte: »Die Kunst besteht nicht nur in der Lösung und Entwicklung formaler Aufgaben und Probleme; sie ist auch immer und in erster Linie Ausdruck der die Menschheit beherrschenden Ideen, ihre Geschichte, nicht minder als die der Religion, Philosophie oder Dichtung, ein Teil der allgemeinen Geistesgeschichte.«[134] Man beachte, daß auch in diesem Zitat die Kunst nicht Ausdruck der Religion, der Philosophie oder der Literatur ist, sondern der *Ideen* einer Epoche. Diese Ideen können ausgedrückt werden in Kunst, in Religion, Philosophie und Literatur. Die Geschichte dieser Aktivitäten ist dann die »Geistesgeschichte«: wie der Geist, wie die Ideen im Laufe der Geschichte ihren »Ausdruck« finden in der Bildenden Kunst, der Religion usw.

Diese »Kunstgeschichte als Geistesgeschichte« ist nicht, wie bei Riegl, ein System, innerhalb dessen die Kunst sich zwischen zwei feststehenden Polen hin und her bewegt. Dvořáks Begriffspaar Idealismus - Realismus bedeutet für ihn, wie Benesch schreibt, »Orientierungsmöglichkeiten.«[135] Außer diesem einen können auch noch andere Begriffspaare auftreten. Letztendlich liegen diese Gegensätze im menschlichen Geist begründet. Dvořák faßte die menschliche Natur als dualistisch auf, er sah sie in einem ständigen Streit zwischen dem Geistigen und dem Materiellen begriffen. Benesch beschreibt Dvořáks Auffassung folgendermaßen: »Das einzig Wertvolle, Erhabene, den Menschen Adelnde ist das Reich des Geistes, das Reich der spirituellen Güter, der ewigen Wahrheiten. (...) So merken wir auch in seiner ganzen Geschichtsauffassung der letzten Zeit, wie seine Wertung jener Perioden sinkt, in denen der Geist sich selbst entfremdet ist, in denen er sich unter die Herrschaft der Materie beugt.«[136]

Zwischen der angewandten Methode und der Vorliebe für bestimmte Forschungsgebiete besteht bei Dvořák also eine direkte Beziehung. In seinen letzten Jahren wurde die Neigung zum Spirituellen immer stärker. Benesch erklärt dies damit, daß Dvořák nach der Tragödie des Ersten Weltkrieges auf eine neue Welt hoffte, in welcher die intellektuellen Ideen immaterieller Art einen neuen Wert erhalten würden. Er hoffte auf eine Welt, in der die Geisteswissenschaften die Führung unter den Wissenschaften übernehmen würden. Dvořáks Auffassungen sind letzten Endes ethischer Natur.

Pinder und Dvořák stimmen überein in ihrer genetischen Auffassung der Kunstgeschichte, für die alle Perioden gleichwertig sind. Sie arbeiten beide mit klar definierten Begriffen, die nicht beschränkt und schematisch sind wie bei ihren Lehrmeistern Schmarsow und Riegl, sondern sehr variantenreich, bei einer Vorliebe für das Antithetische. Beide bejahen die Wichtigkeit der Stilkritik als der hervorragendsten kunsthistorischen Methode. Stilkritische Beschreibungen bilden den Ausgangspunkt ihrer Betrachtungen, und sind nicht bloße Illustration zu vorher aufgestellten Kriterien. Diese stilistischen Entwicklungen werden als mehr oder weniger eigenständige Prozesse angesehen. Sie sind direkte Folgen von Veränderungen im menschlichen Denken. Diese Veränderungen müssen nicht – wie bei Wölfflin, Riegl und Schmarsow – mit physisch-psychologischen Entwicklungen des Menschen verbunden werden, sondern mit dem menschlichen Geist. Pinder und Dvořák haben denn auch beide eine Vorliebe für Perioden, in denen das Vergeistigte, Spirituelle im Vergleich zum Direkt-Sinnlichen stärker in den Vordergrund tritt. Pinder beschreibt die Kunst des 14. Jahrhunderts, Dvořák die des Manierismus.

Sowohl Pinder als auch Dvořák gehören zu dem, was man die ›psychologische‹ Richtung in der Kunstgeschichte nennen kann. Im Unterschied zu ihren Lehrern nimmt dieser psychologische Aspekt immer mehr spirituelle Züge an.

4. *›Kunstgeschichte als Geistesgeschichte‹*

Im 19. Jahrhundert wurde der Platz, den die Naturwissenschaften im gesamten Wissenschaftsgeschehen einnahmen, immer wichtiger. Die Naturwissenschaften wandten Methoden an, die stark empirisch und quantifizierend waren, und die dazu dienten, allgemeine Gesetzmäßigkeiten über Erscheinung und Daseinsweise der anorganischen und organischen Materie zu formulieren. Der Erfolg der Naturwissenschaften veranlaßte die Vertreter der Nicht-Naturwissenschaften, sowohl selbst zu experimentieren, mit Methoden und Auffassungen aus den Naturwissenschaften, als auch die Grenzen zwischen den Naturwissenschaften und den seither sogenannten ›Geisteswissenschaften‹ zu untersuchen.

Wilhelm Windelband unterscheidet die beiden Arten von Wissenschaft folgendermaßen:[137] Die Naturwissenschaften nennt er nomothetisch, weil sie auf der Suche sind nach Gesetzen. Diejenigen, welche sie ausüben, denken in Reduktionen, Abstraktionen, Analysen und Begriffen. Die Geisteswissenschaften dagegen (besonders die Geschichte) sind ideografisch: die Fakten werden nicht zu zusammenhängenden, logisch-kausalen Ganzheiten zusammengetragen, sondern sie bleiben für sich selbst bestehen. Der Historiker sucht nach dem tieferen Sinn hinter den Fakten. Dieser tiefere Sinn kann auf eine rationale, quantifizierende Weise nicht gefunden werden, nur auf dem hermeneutischen Wege, über die »Anschauung«. Zwischen den Fakten lassen sich laut Windelband zwar Verbindungen und Regelmäßigkeiten nachweisen, aber immer stößt der Forscher auf Dinge, die sich nicht erklären lassen, »ein Rest von Unbegreiflichkeit – etwas Unaussagbares, Undefinierbares.«[138]

Dilthey sieht ein anderes Verhältnis zwischen den beiden Wissenschaftsauffassungen: seiner Meinung nach liegt der Unterschied nicht so sehr in den unterschiedlichen Methoden, als in den unterschiedlichen Objekten der Wissenschaft.[139] Dilthey benutzt hier das ziemlich verwirrende Wort »Inhalte«. Er betrachtet das Gebiet der Naturwissenschaften als eine Art tragendes Fundament für das von ihm höher geschätzte Gebiet der Geisteswissenschaften. Denn die beschäftigen sich schließlich mit dem Denken und Handeln des Menschen. Die Naturwissenschaften erforschen die geografischen und klimatologischen Umstände und die biologischen Eigenschaften, die auf das menschliche Dasein Einfluß haben. Beide Gebiete durchdringen einander zum Teil. Der logische Zusammenhang in der uns umgebenden Natur und unser logisches Denkvermögen sind ihrem tiefsten Wesen nach Wiederspiegelungen voneinander.

Dilthey nimmt an, daß die Ordnung, die wir um uns her wahrnehmen, ein Resultat des Aufbaues unseres Denkvermögens ist. Seiner Auffassung nach ist die Psychologie, die sich mit dem Aufbau und der Arbeitsweise unseres Geistes befaßt, die »Grundwissenschaft« der Geisteswissenschaften.[140]

Die Methoden der Naturwissenschaft und der Geisteswissenschaft weisen Übereinstimmungen auf: die Wissenschaft wird wie eine Art Netz über die Fakten gebreitet. Auf diese Weise werden die Fakten in Subsysteme eingeordnet (z. B. Ökonomie, Recht, Religion und noch speziellere Unterabteilungen dieser Disziplinen). Die Naturwissenschaften jedoch, so schreibt Dilthey, sind abstrahierende Wissenschaften, wo die Geisteswissenschaften transponieren. Damit meint Dilthey, daß es in den Geisteswissenschaften letztlich darum geht, den Sprung vom Allgemeinen zum Besonderen zu schaffen. Dilthey betrachtet es als die Aufgabe des Historikers, vom allgemein Menschlichen ausgehend, Einsichten über das Individuelle zu erhalten. Dies ist nur möglich, wenn wir von unserem eigenen Mensch-Sein aus interpretieren.

Auch das individuellste Ich ist mit allgemeinen Werten verbunden, mit Normen, die den Handlungen des Menschen zugrundeliegen. Das Ausüben der Geisteswissenschaften ist letzten Endes ethisch.

Das endliche Ziel der Geisteswissenschaften ist es, Einsicht in das Wesen des Menschen und in das von ihm gebrauchte NormenWertesystem zu erhalten. Zu dieser Einsicht können wir gelangen, wenn wir von unserer eigenen Psyche aus interpretieren. ›Geschichte‹ ist dann nicht etwas uns Umgebendes, das sich fern von uns abspielt, sondern etwas sehr Nahes, von ungekannter Aktualität. Geschichte ist nicht ein sich gesetzmäßig und auf ein bestimmtes Endziel hin vollziehender Prozeß, sondern sie ist ohne Sinn oder Ziel. Geschichte ist der Niederschlag der menschlichen Psyche in der Zeit, und sie kann nur vom menschlichen Denken her begriffen werden.

Dieses menschliche Denken ist laut Dilthey um das Rätsel des Lebens geordnet. Die Lösungen, welche der Mensch hierfür gefunden hat, kann der Forscher in der Philosophie antreffen, in der Kunst und in den Institutionen einer Epoche. Die Aufgabe des Historikers ist es, die »Weltauffassungen« des Menschen aufzuspüren und sie zu rubrizieren, »gewisse Grundzüge des menschlichen Geistes herauszuheben.[141] Dilthey sieht in der Geschichte drei Haltungen, welche einander abwechseln: eine naturalistische (der Mensch fühlt sich eins mit der ihn umgebenden Welt; es gibt keinen Unterschied zwischen Subjekt und Objekt), eine idealistische (der Mensch ist unabhängig von seiner physischen Existenz) und eine objektiv-idealistische (der Mensch betrachtet die Resultate seines historischen Handelns und die Resultate der Naturwissenschaften in Kontemplation).

Diltheys Wissenschaftsphilosophie zeichnet sich einerseits durch die Betonung des Systematischen und Begrifflichen, andererseits durch eine psychologisch-hermeneutische Grundlage aus.

Derartige Auffassungen finden wir um die Jahrhundertwende auch bei anderen Gelehrten. Karl Lamprecht, Professor für Geschichte zu Leipzig, entwickelte ein Modell für »Sozialpsychologie«, in dem jede der verschiedenen Perioden der Geschichte durch einen bestimmten psychischen Prozeß determiniert wird. Lamprecht sprach von der Geschichte als angewandter Psychologie. Für ihn war die Geschichte der Prozeß einer ständigen Vertiefung und Erweiterung des Bewußtseins.[142] Er berief sich hierbei auf Psychologen wie Ebbinghaus und Wundt.

Max Weber suchte einen Zwischenweg zwischen dem Viel-zu-Allgemeinen der Naturwissenschaften und dem Viel-zu-Speziellen der Geisteswissenschaften zu finden. Er suchte diesem Dilemma auszuweichen, indem er Idealtypen aufstellte.

Idealtypen sind klar umrissene Begriffe, die mit dem verfügbaren Faktenmaterial verglichen werden. Es sind keine Hypothesen, die als eigene Wirklichkeiten funktionieren, und ebenso wenig bilden sie die Wirklichkeit ab, oder geben sie eine letzte Erklärung der Wirklichkeit. Es sind rein methodologische Hilfskonstruktionen, die zwischen der konkreten Wirklichkeit und dem allgemeinen Begriff stehen. Das Ziel besteht darin, die ideale Form, die essentiellen Kennzeichen der beschriebenen Erscheinung festzustellen, wenn auch manche konkreten Aspekte dieser Erscheinung nicht alle festgestellten Merkmale aufweisen. Der Forscher arbeitet auf eine hermeneutische Weise: mit Hilfe der objektiv definierten Idealtypen geht es um das »Verstehen« und »Erklären« der Erscheinungen. Ziel der Forschungen ist also nicht das Aufstellen von Idealtypen.[143] Ziel ist es eher, zu erforschen, worin die historische Wirklichkeit sich von den Idealtypen unterscheidet.

Fakt und Idealtyp fallen nicht zusammen. Im Gegensatz zu den aprioristischen Begriffen sind die Idealtypen unendlich variabel, und sie stehen stets in einer adäquaten Beziehung zum Forschungsobjekt. Auf diese Weise bilden die Idealtypen die Brücke zwischen der nomothetischen und der ideografischen Methode.

Das ethische Moment, wie wir es bei Dilthey fanden, gibt es bei Weber in seiner Auffassung von der wertfreien Wissenschaft.[144] Weber verfolgt hierbei denselben umgekehrten Weg der Beweisführung wie bei der Definition der Idealtypen. Genau wie die Abweichungen der historischen Fakten vom Idealtyp die Geschichte erklären (ja erst Geschichte hervorbringen), muß die Trennung von wissenschaftlichem Urteil und Werturteil unsere Wertorientierung schärfen.[145]

Weber geht von der Auffassung aus, daß die Bildung ein fortschreitender Rationalisierungsprozeß ist, die »Entzauberung« der Gesellschaft. Die wertfreie Wissenschaft, die er verficht, ist die moderne, zu sich selbst gekommene Wissenschaft, die von ihrer reinen Wissenschaftlichkeit aus das Außerwissenschaftliche in eine Ordnung bringen kann. Es geht Weber nicht darum, unsere Werte zu verbannen, sondern darum, sie zu objektivieren. Seiner Meinung nach gibt es eine hauchdünne Grenzlinie, welche die Wissenschaft von den Werten trennt. Im Grunde lassen sich wissenschaftliches Urteil und Werturteil (»bewertende Beurteilung«) nicht voneinander trennen, man kann höchstens versuchen, sie auseinanderzuhalten. Die wertfreie Wissenschaft hat die Aufgabe, uns unsere Maßstäbe bewußt zu machen. Die Normen und Werte sitzen nicht in den Erscheinungen, sondern in uns selbst. Wir messen der Geschichte Werte bei. Die Geschichte selbst ist ohne Sinn oder Ziel, »Kultur ist ein vom Standpunkt des *Menschen* aus mit Sinn und Bedeutung bedachter endlicher Ausschnitt aus der sinnlosen Unendlichkeit des Weltgeschehens.«[146]

Die Beschäftigung mit Geschichte – durch die Geisteswissenschaft – dient letztlich dem Gewinnen von Einsicht in das Normensystem des Menschen in der Geschichte. Um dieses Normensystem sichtbar zu machen, kann man (wie bei Dilthey) von einer sich stark an die Psychologie anlehnenden philosophischen Introspektion ausgehen, die mit aprioristischen Begriffen arbeitet, oder man kann mit einer mehr umfassenden Bewegung beginnen, die mit einem feineren Begriffsapparat vom empirischen Material her ebenso auf die letzten Normen und Werte des Menschen abzielt. Diese letzten Wahrheiten sind von einer dermaßen unstofflichen, beinahe ungreifbaren Art, daß die psychologische Annäherung (wie bei Dilthey) mit ihrer physischen Seite und der Tendenz zu einfachen Grundprinzipien am Ziel vorbeischießt. Die vom Menschen angewandten Normen und Werte können aus den verschiedenen kulturellen Äußerungen des Menschen gewonnen werden. Die Kunst liefert so die Einsicht in die verschiedenen Normen, die der Mensch mit Bezug auf die formalen Eigenschaften der Dinge geschaffen hat. Schließlich kann man diese Normen auf einer grundlegenderen Ebene mit den Normen und Werten vergleichen, die der Mensch für sich selbst und die ihn umgebende Wirklichkeit hat. Es geht hier um autonome geistige Prozesse. Die Produkte dieser Prozesse haben an sich keinen Wert, aber sie drücken Werte aus. Ernst Cassirer sagt es später noch prägnanter: die Zeichen, die der Mensch (in Kunst, Religion und Mythos) setzt, bedeuten nichts, sie verhüllen nur.[147] Es könnte die Aufgabe der Philosophie sein, den »Schleier«, welcher die Bilder umgibt, wegzufegen. Aber gerade die Philosophie kann das nicht, weil sie aus dem Gebiet des diskursiven Denkens kommt, wo diese Bilder auch ihren Ursprung haben. Die Aufgabe der Philosophie wird dann eine andere sein müssen: »Wenn alle Kultur sich in der Erschaffung bestimmter geistiger Bildwelten, bestimmter symbolischer Formen wirksam erweist, so besteht das Ziel der Philosophie nicht darin, hinter all diese Schöpfungen zurückzugehen, sondern vielmehr darin, sie in ihren gestaltenden Grundprinzipien zu verstehen und bewußt zu machen. (...) Wenn es der Philosophie der Kultur gelingt, solche Grundzüge zu erfassen und sichtbar zu machen, so hat sie damit ihre Aufgabe, gegenüber der Vielheit der *Äußerungen* des Geistes die Einheit seines *Wesens* zu erweisen, in einem neuen Sinne erfüllt.«[148]

Die Losung ›Kunstgeschichte als Geistesgeschichte‹ steht nichts für eine Art ›intellectual history‹ (um einen modernen Ausdruck zu gebrauchen), sondern sie bedeutet die Aufstellung von ›Grundprinzipien‹, die aus der formalen Analyse der Kunstwerke gewonnen werden. Diese Prinzipien oder Typen reflektieren die möglichen Haltungen des Menschen angesichts der ihn umgebenden Wirklichkeit. Hermann Nohl beruft sich 1908 bei seinem Versuch, Kunstwerke anhand ihrer formalen Eigenschaften auf drei Grundhaltungen zurückzuführen, ausdrücklich auf Dilthey: »Der Kern ist: der einen sichtbaren Welt gegenüber sehen wir die Maler drei verschiedene Standpunkte einnehmen, die ihre Wurzel letztlich in einem metaphysischen Realitätsgefühl dreifacher Art haben und zu drei ganz verschiedenen Bildgestaltungen führen, von denen jede, bis ins Einzelne anders organisiert, eine eigene Ästhetik hat.«[149]

Später, im Jahre 1930, formuliert es Walter Passarge in seiner Übersicht der kunsthistorischen Auffassungen folgendermaßen: »Das Problem der Form entwickelt sich zum Problem des Sinnes.«[150] Und ausführlicher: »Ausdruck und Erlebnis sind die Grundformen dieser Kunstbetrachtung: nicht die Form, sondern der Sinn, der sich in einer bestimmten Form verwirklicht, die seelische Grundhaltung, die im Kunstwerk und speziell seiner formalen Gestalt zum Ausdruck kommt, sollen erforscht werden. So wird hinter der Sache die Person wieder sichtbar, hinter dem Kunstwerk der Schöpfer – aber nicht im individuellen, sondern im überindividuellen Sinne, als seelische Haltung oder geistiges Prinzip. (...) An dieser Stelle setzt die neue, geisteswissenschaftliche Methode ein, für die nicht die Gesetzmäßigkeit der Formentwicklung, sondern der Formwandel in seinem Verhältnis zur Entwicklung der Weltanschauungen zum Zentralproblem wird.«[151]

Die formale Analyse ist beim typologischen Ordnen von Kunstwerken der erste Schritt. ›Kunstgeschichte als Geistesgeschichte‹ bedeutet nahezu immer, daß nach Begriffen gesucht wird, die zu Paaren von antithetischen Idealtypen geordnet werden. Riegls Gegensätze »optisch« und »haptisch« sind Idealtypen, ebenso wie Wölfflins »kunstgeschichtliche Grundbegriffe«, die auch Gegensatzpaare sind. Die Gegensätze drücken keine höhere oder mindere Wertschätzung aus, sie sind, im Weberschen Sinne, ›wertfrei‹: sie drücken mögliche Haltungen aus, die der Mensch einnehmen kann.

Bei der älteren Generation Schmarsows, Wölfflins und Riegls sind die Idealtypen stark ästhetisch und physisch-psychologisch gefärbt. Die Begriffe sind dadurch nur wenig flexibel. Ein Begriff Dvořáks wie »Idealismus« läßt viel mehr Möglichkeiten offen als z. B. »optisch« bei Riegl. Das Verhältnis der Idealtypen zu den Fakten wird dadurch oft flach und spannungslos, und die Darlegungen können den Charakter einer Einsetzübung erhalten.

Pinder arbeitet in seinem Buch über die spätgotische Bildhauerei mit einer breiten Skala an Idealtypen. Einer davon ist der »erweiterte Begriff des Plastischen«, den er dem Begriff des Plastischen in Klassik und Renaissance gegenüberstellt. Dies wird nicht durch immer neue bestätigende Beispiele erläutert, sondern durch das systematische Untergraben der letztgenannten Norm. Darum ist seine Entscheidung für das 14. Jahrhundert eine so glückliche: die *Abweichungen* von der gangbaren Norm tragen bei zu einem besseren Begriff von dem, was eigentlich deutsche spätgotische Plastik ist. Das Buch über Würzburg vergrößert unser Wissen gerade dadurch, daß es dieses Wissen auf ein begrenztes geografisches Gebiet beschränkt.

Dieser Ansatz hat den Vorteil, daß zwischen der formalen Analyse der Objekte und den Idealtypen eine ständige Spannung bestehen bleibt, und genau das ist es, was bei dem Werk Wölfflins, Schmarsows und zum Teil auch bei Riegl so fehlt.

Mit Hilfe einer Anzahl begrenzterer Typen (Bauhütte und Gilde; Adelskunst und Volkskunst; »Weicher Stil« und »Dunkle Zeit«), die auch in Gegensätzen aufgeführt werden, baut Pinder an dem alles umfassenden »Deutschen« (im Unterschied zum Französischen oder Italienischen) dieser Kunst. Dieses ›Deutsche‹ ist auch ein Idealtypus. Das Spirituelle, Lineare, Emotionale ist ebenso deutsch wie die Nichtmonumentalität des 14. Jahrhunderts und wie die Gilden in den deutschen Städten. Die stilistischen, ikonografischen, geografischen und funktionalen Typen sind stets direkt mit den Kunstwerken selbst verbunden. Trotzdem decken sie sich nicht völlig mit ihnen. Das Ganze verweist auf das ›Deutsche‹.

Dieser Ansatz läßt sich nicht als eine Methode der Deduktion oder Induktion fassen. Es ist so etwas wie eine Methode des Gang- und gäben, wobei die niederen Begriffe einen höheren Idealtyp unterstützen. Zugleich hat jedes Kunstwerk eine unaufdringliche Beziehung zu den Idealtypen.

Dadurch erhalten die Bücher von Pinder (und das gilt auch für Dvořák), verglichen mit den Werken ihrer Lehrmeister, einen etwas sprunghaften Charakter. Es wird kein Modell oder System erläutert. Die Kunstwerke stehen für die Idealtypen, und die Idealtypen zeigen sich in den Kunstwerken. Es ist auch nicht erforderlich, daß die Idealtypen einigermaßen regelmäßig erläutert werden: bei Pinder und Dvořák ist es normal, daß theoretische Teile sich mit stilkritischen Analysen abwechseln. Diese ausführlichen stilkritischen Analysen sind die Embryos der Idealtypen. Die Idealtypen sind, wie schon früher gesagt wurde, Weisen des In-der-Welt-Stehens. ›Kunstgeschichte als Geistesgeschichte‹ berichtet davon, wie sich der Mensch an verschiedenen Zeitpunkten der Geschichte zur Welt verhielt. Pinder nannte die Geistesgeschichte »historische Psychologie.«[152]

Diese Psychologie wurde durch die Generation Wölfflins, Schmarsows und Riegls vor allem in physischem Sinne gedeutet. Pinder und Dvořák gebrauchen das psychologische Moment eher auf eine spirituelle Weise, und sie haben bei ihren Forschungsgebieten auch eine Vorliebe für ›spirituelle‹ Perioden.[153] Dieser Wandel zu einer weniger tastbaren Ausfüllung der Begriffe ist auch in Pinders eigenem Werk nachzuweisen: in seinen ersten Veröffentlichungen hat ›Rhythmus‹ eine Beziehung zum Erlebnis sichtbarer Formen, während es später um die »Rhythmen der Generationen« geht oder um Rhythmus als Wesensmerkmal der europäischen Kultur[154].

D. Die akademische Elite

Zum Abschluß dieses Kapitels will ich versuchen aufzuzeigen, daß zwischen den wissenschaftlichen Positionen, welche die Kunsthistoriker und die übrigen Vertreter der Geisteswissenschaften um 1900 einnehmen, und ihrer Stellung in der damaligen Gesellschaft eine Verbindung besteht. Ich beschränke mich hierbei auf Deutschland. Wenn wir die Intelligenz als eine spezifische Gruppe mit akademischer Bildung definieren, die Positionen auf dem Gebiet der Verwaltung, des Unterrichts und der Kultur bekleidet – Positionen, die durch nachgewiesene Kenntnisse und Fähigkeiten erworben wurden und nicht durch erbliche Vorrechte oder Geld –, so ist es möglich, eine Geschichte der Intelligenz zu schreiben. Dies hat namentlich Karl Mannheim unternommen.[155] Für diese Untersuchung interessiert uns der deutsche Intellektuelle zum Beginn des 20sten Jahrhunderts, und von allen Intellektuellen speziell die akademische Elite, oder, wie Ringer sie in einem etwas gekünstelten Vergleich nennt, die Mandarine.[156]

Diese Elite besteht aus Doktoren, Advokaten, Pfarrern, Beamten, Gymnasiallehrern und Professoren. Gegen Ende des 18. Jahrhunderts wird diese akademische Elite als eine deutliche Gruppe mit einem eigenen Gruppenbewußtsein sichtbar. Für diesen Prozeß sind zwei Faktoren wichtig, die eng miteinander zusammenhängen. Da ist erstens das Entstehen einer Amtsbürokratie, die unabhängig vom Monarchen operiert. Zweitens die Gründung neuer Universitäten, wo eine neue Art von Wissenschaftsauffassung gelehrt wird, die sich sowohl von der alten Vielwisserei der barocken Universität unterscheidet als auch von den rein pragmatischen Berufsausbildungen aus der Zeit der Aufklärung.

Mit dem langsamen Verschwinden des Feudalismus in Mitteleuropa entsteht eine neue bürgerliche Klasse, die als Alternative zum Machtmonopol des Adels Wissen besitzt. Wenn das Bürgertum zahlenmäßig wächst und sich sowohl politisch als auch ökonomisch zu emanzipieren versteht, wie in Westeuropa, so wird dieses Bürgertum und seine akademische Elite einen Fortschrittsglauben pflegen und Erneuerungen auf dem Gebiet der Produktion und der Gesellschaft zujubeln. Die Vergrößerung des Wissens und seine Anwendung außerhalb der Universitäten werden so Bestandteil eines viel weitergehenden Prozesses der bürgerlichen Emanzipation im 19. und 20. Jahrhundert.

Aber in einem Land – in Preußen – wo die Industrialisierung sehr langsam in Gang kommt (und dann nicht einmal durch rein private Initiative, sondern durch Anstrengungen des Staates), wird die Emanzipation des Bürgertums eine andere Form annehmen. Die bürgerliche Emanzipation ist hier nicht die Emanzipation einer Gruppe, einer Klasse, sondern die Emanzipation von Individuen, die sich aufgrund eines Wissensvorsprungs dem Adel ebenbürtig dünken, so sie sich nicht für besser halten.

In Preußen wurde im 18. Jahrhundert die Grundlage für eine effizient arbeitende Bürokratie gelegt, die dem Fürsten einen optimalen Geschäftsablauf in Justiz und Staatseinnahmen gewährleistete. Für diese Bürokratie waren gut ausgebildete Beamte die erste Voraussetzung: Beamte, die sich loyal verhielten zum fürstlichen Apparat und nicht gegenüber adligen Familieninteressen, die sich nun einmal von denen des Fürsten und der zentralen Obrigkeit unterschieden.

Beamte kamen beinahe per definitionem aus einem bürgerlichen Milieu. Die Ausbildung in der Verwaltungskunde (in Halle) war in dem ökonomisch und industriell weiterhin rückständigen Preußen für einen Bürgerssohn eine der wenigen Möglichkeiten, um voranzukommen, wenn er weder Titel, Boden noch Geld besaß.

Die Bürokratie wurde zum Bundesgenossen des Fürsten gegen den Adel – aber sie lag selbst auch im Kampf mit dem Fürsten. Eine gut funktionierende Bürokratie setzte selbständige Beschlußfassung ohne willkürliche Einmischungen des Fürsten voraus. Die Hardenberg-Steinschen Reformen vom Beginn des 19. Jahrhunderts kann man verstehen als die gesetzliche Grundlage für die Emanzipation der Bürokratie von den Grillen des Fürsten. Diese Emanzipation zielte darauf ab, den Fürsten in der Verwaltung überflüssig zu machen und die Bürokratie autonom.

In Ermangelung einer breiten öffentlichen Meinung, die von freien Bürgern getragen wird und mit einer parlamentarischen Demokratie verbunden ist, wurden die Konflikte zwischen den gesellschaftlichen Gruppierungen innerhalb der Bürokratie ausgefochten.[158] Die Bürokratie übernahm gleichsam die Funktionen der Demokratie. Als das preußische Bürgertum nach Reformen im Privatrecht nicht länger um seine ökonomischen Grundrechte fürchten mußte, wurden die noch ausstehenden politischen Rechte Vertretern des Bürgertums im bürokratischen Apparat überlassen. Die bürgerlichen Rechte wurden in die Hände ›unbestechlicher Beamter‹ und ›unabhängiger Richter‹ gelegt.

Der Bürokratie genügte der Besitz der Macht jedoch nicht. Die tägliche Routine konnte doch niemals Form und Inhalt ihrer Machtposition sein. Je mächtiger die Bürokraten wurden, so behauptet Ringer[159], desto mehr setzten sich ihre Führer gegen eine zu enge Auffassung ihrer Aufgaben zur Wehr. Etwa um 1800 versuchte man, ausgehend vom bürgerlich-protestantischen Ethos, das Fundament für das ethische Handeln der bürokratischen Elite zu legen, das die göttlichen Rechte des Monarchen und des Adels ersetzen sollte. In Preußen entstand so etwas wie eine bürokratische Staatsideologie, welche Preußen weder als Eigentum des Monarchen noch als mechanisch-utilitär regierte Republik betrachtete, sondern als Staat, in dem sich die Individuen frei entfalten konnten. Im Unterschied zum amerikanischen und französischen Aufklärungsideal sollte Preußen ein Staat werden, in dem Kultur, Freiheit und Moral als sittliche Ziele des Staatsbürgers gelten sollten. Diese Richtlinien wurden von den Dienern des Staates, den Beamten, aufgestellt und realisiert. Der Staat wurde also zu einem ›höheren Ziel‹, zu einer sittlichen Instanz. Die Beamten, selbst gut ausgebildet, verlangten denn auch vom Staat, daß Universitäten eingerichtet wurden, wo diese sittlichen Ziele studiert und festgelegt werden konnten. Hierfür sollte der Staat keine Gegenleistung verlangen dürfen, denn nur Wissen, das ohne Eigeninteresse erstrebt wurde, konnte die Existenz des Staates rechtfertigen. Der Auftrag des Staates sollte die sittliche Erhebung von Mensch und Gesellschaft sein, und nicht das Streben Einiger nach materiellen Vorteilen an Gütern oder Macht.

Die einzigen, die von diesem letzten und höchsten Auftrag des Staates Kenntnis hatten, waren natürlich die Beamten. Diese bürokratische Elite betrachtete sich selbst als das Gewissen der Nation. Das diesbezügliche Wissen würde mit Hilfe neuer Universitäten auf die folgende Generation übertragen werden müssen.

Gegen Ende des 18. Jahrhunderts waren in Preußen neben den alten, schlecht funktionierenden Universitäten, wo man sich mit zum größten Teil überholtem theoretischem Wissen vollaufen ließ, verschiedene neue Ausbildungsstätten gegründet worden, im Zusammenhang mit der Nachfrage nach Beamten mit guten praktischen Kenntnissen. So entstanden beispielsweise eine Bergbauakademie, eine Militärakademie, eine Forstwirtschaftliche Ausbildungsstätte, eine Bauakademie und ähnliches. Es schien eine Entwicklung in Gang gekommen zu sein, in deren Verlauf die alten Universitäten den kürzeren ziehen würden gegen das, was wir jetzt Höhere Berufsausbildung nennen würden.

Die Gründung der Friedrich-Wilhelm-Universität in Berlin im Jahre 1809 ist eine Überraschung: diese Universität ist nicht vergleichbar mit den alten Universitäten, und ebenso wenig mit den neuen Berufsausbildungsstätten.[160]

An dieser Universität wird gelehrt und geforscht nach Gesichtspunkten, die anhand der idealistischen Philosophie Kants, Fichtes und Hegels entwickelt wurden. Ihre Philosophie zielt nicht auf die Trennung der Disziplinen, sondern auf deren Einheit. Im Mittelpunkt steht nicht eine direkt anwendbare Wissensübertragung, sondern eine Auffassung vom Menschen, die Einsicht, Kenntnis und Sittlichkeit vereint. »Also der Gelehrte (...) soll der sittlich beste Mensch seines Zeitalters sein«, fordert Fichte.[161] Die Universität stellt sich jenseits von direkten politischen Problemen und ökonomischen Erfordernissen. In absoluter Einsamkeit und Freiheit (der Ausdruck stammt von Humboldt) wird hier an der Vervollkommnung der menschlichen Einsicht in Wissenschaft und Sittlichkeit gearbeitet. Das reine Wissen, das hier angesammelt wird, ist nicht sofort von Nutzen für Staat und Gesellschaft, aber sehr wohl indirekt. Darum ist dieses Wissen laut Humboldt und Fichte langfristig nützlicher als direkt anwendbares Wissen.[162]

In dem Moment, wo der Staat die »Idee der Vernunft und der Sittlichkeit« als höchstes Ziel auf seine Fahne schreibt, wird die Ausbildung in der reinen Wissenschaft, in der idealistischen Philosophie, der vornehmste Weg, um über die Universität das Endziel von Mensch und Staat zu erreichen.[163] Der Zusammenhang, der zwischen dem besser ausgebildeten Bürgertum, das die Ämter bekleidet und den Studenten an der Universität besteht, wird auch aus den Zahlen deutlich: 1830 kam die Hälfte der Studenten aus den höheren Beamtenfamilien und ein Fünftel aus dem Stand der sogenannten ›mittleren Beamten‹, wie Lehrern und Pfarrern.[164] So entstand im Laufe des 19. Jahrhunderts eine homogene, gut ausgebildete Gruppe von bürgerlicher Herkunft, die die höchsten Ämter auf dem Gebiet der Verwaltung, des Unterrichts und in den freien akademischen Berufen bekleidete.

Diese Gruppe hatte auf moralischem und sittlichem Gebiet eine sehr hohe Ansicht von sich selbst. Sie waren der wahre Kern der Nation, in ihnen erfüllte sich die heimliche Sendung Preußens. Obwohl sie politisch und ökonomisch nicht so viel Macht hatten wie der Adel oder die sehr langsam entstehende Gruppe der Fabrikanten und Bankiers, sahen sie sich selbst doch als die Gruppe, die mehr als die anderen direkt mit den letzten Zielen des Staates verbunden war. Daher erkannten sie ihren Ideen und Schriften eine Macht zu, die zu ihrer wirklichen Macht oder dem Umfang und der Reichweite ihrer Gruppe in keinem Verhältnis stand.

Beamte und Professoren waren sowohl durch die von ihnen geteilte Ideologie als auch durch ihre tatsächliche Berufssituation eng mit dem Staat liiert. Mannheim sieht zu Beginn des 19. Jahrhunderts noch eine dritte Gruppe von Intellektuellen, die er mit dem Begriff »sozial freischwebende Intelligenz«[165] beschreibt.

Damit meint er die freien Literaten, die versuchten, von ihrer Feder zu leben. Sie waren in einer schwierigen Situation, durch das Fehlen von Auftraggebern und Mäzenen. Sie versuchten als Außenstehende, ihren Weg zurück in die geschlossene Gesellschaft zu finden. Obwohl sie eine völlig andere Stellung hatten als die zwei zuerst genannten Gruppen der Intelligenz, identifizierten sie sich auch mit dem Ganzen, mit dem Staat – und wenn es nur geschah, um die spärlichen Aufträge von Behörden an Land zu ziehen.

Gerade diese nicht-integrierte Intelligenz, die nirgends wirklich dazugehört und nicht ohne weiteres zu einer bestimmten Klasse zu zählen ist, so behauptet Mannheim, gerade diese entfremdete und entwurzelte Gruppe rechnete es im 19. Jahrhundert zu ihrer Aufgabe, die tiefsten Motive der sozial integrierten, aktiven und produzierenden Gruppen zu interpretieren.[166]

Dies führte zu einem Paradoxon: eine zahlenmäßig kleine, ökonomisch und politisch nur beschränkt einflußreiche Gruppe, die in sich gespalten ist, glaubt wie keine andere »über den Parteien« zu stehen. Ob sie nun zur Boheme gehören, ob sie in den Kanzleien arbeiten oder in den Vorlesungssälen vortragen: wie kein anderer kennen sie das Wahre, die tiefste Idee, das letzte Ziel, das sich hinter dem chaotischen Schein der täglichen Wirklichkeit verbirgt.

Solange Preußen ein Agrarstaat ohne politische Machtansprüche war, war diese Haltung nicht ohne Realitätssinn. Für das preußische Bürgertum, das sich gegen den Adel und gegen eine konservative Monarchie durchsetzen mußte, war der Ruf nach Unabhängigkeit der Verwaltung, der Universitäten, des Rechts und der Kunst äußerst sinnig, weil es innerhalb der damaligen Strukturen keinen anderen Weg zu Selbstachtung und Selbstentfaltung gab. Der Einsatz für das wissenschaftlich, kulturell und sittlich gebildete Individuum war eine Alternative zu Absolutismus und Obskurantismus, und er entsprang aus dem protestantisch-lutheranischen Ethos.

Aber die Zeiten änderten sich. 1848 schlug in ganz Deutschland der Kampf für mehr Freiheit und ein konstitutionelles Königtum fehl. Nach 1848 klammerte sich das Bürgertum hartnäckiger als früher an die Werte von damals: die individuellen Werte von ›Bildung‹. ›Kultur‹, ›Sittlichkeit‹ und ›Innerlichkeit‹. Die Ideologie von 1800, die progressiv war, weil sie eine wirkliche Alternative bot, konnte 1848 jedoch nicht mehr dieselbe sein, sie wurde konservativ.

Denn neben den traditionellen Machtblöcken von Bürgertum, Adel-Monarchie-Armee und Großgrundbesitz wuchs nach 1848 ein neuer Machtblock, der mitten in der gesellschaftlichen Realität stand. Da war die Macht der Industrie und der Banken (mit ihren Verbindungen zur Regierungsebene) und die Macht der Arbeiter (organisiert in Parteien und Gewerkschaften). Diese letzte Gruppe konnte ihre Ansprüche zwar nicht auf Regierungsebene zur Geltung bringen, aber sie verkörperte rein zahlenmäßig einen Faktor, mit dem gerechnet werden mußte.

Die akademische Elite befand sich gegenüber diesen neuen Machtkonstellationen im Nachteil. Sie war zahlenmäßig geringer, sie verkörperte ökonomisch nur wenig Macht, und ihre Mitglieder blieben ohne Zusammenhang. Es blieben Individuen. Ihre Ideen, wie nobel und überparteilich sie auch waren, blieben individuelle Aktionen in Worten, auf Papier.

Über die Ziele der Nation wurde allerdings mehr geredet und geschrieben. Gegen Ende des Jahrhunderts wurde die akademische Elite sich langsam ihrer prekären Situation bewußt. Dieses Bewußtsein wurde zum Motor bei der Suche nach einem neuen Identifikationsmodell für den Intellektuellen. Je mehr Macht die anderen Mächtegruppierungen für sich forderten, desto mehr strengte die Intelligenz sich an, um ihren eigenen Platz und ihre Funktion in der deutschen Gemeinschaft – die inzwischen größer war als nur Preußen – zu beschreiben.

Ihre Position war schwierig, weil sie von altersher gewohnt waren, das Sprachrohr der Nation zu sein. In den Äußerungen der Intelligenz um 1900 werden wir mit Ideen konfrontiert, die noch immer das Ganze im Auge haben, die aber von einer Gruppe getragen werden, die immer weniger in dieses Ganze integriert ist. Sie sprachen von ihrem Gruppeninteresse aus, behaupteten jedoch, ohne Gruppeninteresse zu sein. Sie glaubten, eine universelle, überparteiliche Aufgabe zu haben in einer Gemeinschaft, die immer vielgestaltiger wurde, aber durch eben diesen Prozeß wurden sie immer mehr zu einem Außenseiterstatus verurteilt.[167]

Von dem entwickelten, ›gebildeten‹ Individuum wurde übrigens keine gesellschaftsbezogene Haltung, kein entsprechendes Interesse erwartet. Der Intellektuelle mußte sich innerlich bilden. Diese ›Bildung‹ hielt man für viel höherstehend als das, was die Franzosen ›civilisation‹ nannten.[168] Das war in ihren Augen etwas oberflächliches, ein Firnis gebildeter Umgangsformen von Leuten, die sich, wenn nötig, doch mit der täglichen Wirklichkeit abgeben mußten. Das intellektuell entwickelte Individuum zog es vor, Außenstehender zu bleiben. Zugleich wurde der Staat jedoch als ein aktiv alles zusammenschließendes Organ gesehen, das die individuellen Interessen regulieren und versöhnen mußte. Der Staat sollte ›interesselos‹ sein. So wurde die individuelle politische Ohnmacht auf eine politische Allmacht des Staates projiziert. Von diesem nebulösen Staat erwartete man Unterstützung im Kampf für die höheren sittlichen Ziele. Der Staat bedeutete für die Intelligenz nicht Imperialismus oder Industrialisierung, sondern eine Instanz, die über dem stand.

Fern von den wirklichen Zentren der Macht, wußten die Intellektuellen kaum, wie Politik und Beschlußfassung funktionierten. Dadurch wurden ihre Betrachtungen noch einmal so vage. Begriffe wie ›Deutschland‹, ›Staat‹ und ›Volk‹ wurden auf eine kaum definierte Weise wie eine Art Zaubersprüche gebraucht, welche die Situation beschwören mußten.[169] Diese Begriffe waren reine Fiktion, die dazu diente, eine unangenehme Wirklichkeit akzeptabel zu machen. Man glaubte sich so verbunden mit dem, was man als reale Mächte sah, und wiegte sich in der Illusion, daß dieser ›Staat‹, dieses ›Volk‹ schließlich stärker sein würden als die von ihnen so verabscheute Parteipolitik, als ökonomische Machtgruppen oder Hofintrigen, die jeweils nur nach greifbaren Vorteilen für ihre eigene Gruppe suchten.

Dieser Welt stellte die Intelligenz die agrarische Gemeinschaft gegenüber oder das ›Volk‹, als Alternative zum Klassenkampf oder zum ökonomischen Imperialismus. Um die abgenutzten Begriffe von Tönnies zu gebrauchen: ›Gemeinschaft‹ im Gegensatz zu ›Gesellschaft‹. Je mehr die städtische moderne ›Gesellschaft‹ (wo die ›civilisation‹ ihre Zelte aufgeschlagen hat) in ihren Augen über die frühere ›Gemeinschaft‹ siegte (wo die ›Kultur‹ zu Hause ist), desto mehr lehnte die Intelligenz die moderne Welt als solche ab. Die Intelligenz tendierte um 1900 zu einer bewußt unmodernen und antimaterialistischen Einstellung.

Nehmen wir zum Beispiel eine Passage aus den Memoiren des Klassikers Ludwig Curtius. »Wer die jüngste nationalsozialistische Entwicklung Deutschlands verstehen will, muß mit der Jahrhundertwende anfangen. Ich und manche andere hingen durch Lagarde mit dieser Strömung zusammen, wieder andere durch den ›Rembrandtdeutschen‹. Auch unsere neue Kultur der deutschen Gotik gehörte dazu. Noch ehe 1905 der erste Band von Dehios Kunstdenkmälern erschienen war, pilgerten wir (...) zu den großen gotischen Schnitzwerken in Moosburg, Creglingen und St. Wolfgang, wollten sie anders sehen als die Romantiker und empfanden sie als eigentlich nationales Besitztum. Wenn ich mir nachträglich überlege, wer den neuen Lebenswillen dieser Generation, in dem sich politisches Ziel, dichterisch-künstlerische Empfindung und persönlich-moralische Haltung so eigentümlich durchdrangen, teils als Beobachter, teils als programmatischer Wegbereiter am meisten verstanden hat, so war das Alfred Lichtwark. Eben deshalb, weil Politik für uns kein Geschäft, kein Klasseninteresse, kein Stück persönlichen Ehrgeizes, sondern ein Teil unseres weltanschaulichen Idealismus war, wird man es verstehen, wie schwer uns die Tage Ende August 1903 wurden, in denen in Göttingen unsere nationalsoziale Partei sich auflöste. Nie war Naumann größer als damals, wo er in dem nüchtern häßlichen Versammlungssaal einer Bierbrauerei mit seinem kalten norddeutschen, leise von bläulichem Zigarettenrauch durchzogenenen Tageslicht uns nach seiner Niederlage in den Reichstagswahlen grausam-nüchtern vorrechnete, daß er sich, daß wir alle uns getäuscht hätten, daß es uns nicht gelungen sei, eine nationale, Arbeiter und Gebildete umfassende, tragfähige große politische Partei neben den schon bestehenden zu schaffen, daß unsere Organisation, daß unsere Geldmittel zu klein dafür seien, daß er für sich Anschluß an den linken Flügel der Liberalen suchen werde, seinen Anhängern aber die Freiheit der Entscheidung überlasse. (...) Über dem Ganzen lag etwas wie religiöse Trauer. Einige gingen zur Sozialdemokratie (...) Wie die meisten folgte auch unsere Münchener Gruppe Naumann. Aben wir kamen uns vor, als hätten wir unsere politische Keuschheit verloren. Plötzlich fanden wir uns wieder an die bürgerliche Welt gekettet, von der wir uns befreit glaubten. Was wir weiter mit ihren Politikern erlebten, war nur durch Humor zu ertragen, und wäre, wenn es nicht so kläglich gewesen wäre, auch nur mit Humor zu erzählen.«[170]

Der Autor dieses langen Zitats stellt sich selbst in sehr ›gebildeten‹ Ausdrücken dar, und er liebt die gotische Kunst als nationalen Besitz. Auch in den anderen Teilen des Textausschnittes, speziell bei der Beschreibung des Versammlungssaales, sehen wir den Intellektuellen am Werk, der zu allem Geschehen eine gewisse Distanz wahrt und dadurch die Atmosphäre so genau und plastisch zu beschreiben vermag. Bei Curtius sind politische Ziele verwoben mit literarischen und künstlerischen Ambitionen und moralischen Grundsätzen. Für ihn kann Politik also niemals ein »Geschäft« sein, oder ein Klasseninteresse, oder bestimmt sein von persönlichem Ehrgeiz. Politik ist Idealismus. Er und seine Mitkämpfer hofften auf eine Partei, die alle Gruppierungen, vom Arbeiter bis zum Gebildeten umfassen sollte. Diese Erwartung wurde in keiner Weise erfüllt, man hatte sich in den Chancen gewaltig verrechnet. In Nachfolge ihres politischen Anführers, Friedrich Naumann, schlossen sie sich dann bei den Linksliberalen an, aber Curtius schreibt, daß er dabei seine »politische Keuschheit« verlor. Durch ihre Mitgliedschaft bei den Linksliberalen würden sie deutlich zu einer *Klasse* gehören, und zwar zur bürgerlichen. Überhaupt hat Curtius von Politikern keine hohe Meinung, wie der letzte Satz beweist.

Um nach dieser Abschweifung den Faden unserer Darlegung wieder aufzunehmen: Menschen wie Curtius hatten eine höhere Einheit vor Augen, die nicht von Gruppeninteressen und materiellen Grundsätzen bestimmt war. Hiermit hängt laut Ringer auch die »Renaissance« der Kantianischen und Hegelianischen idealistischen Auffassungen um 1900 zusammen.[171] Die Rückkehr zur idealistischen Philosophie war offensichtlich ein Symptom eines allgemeinen Rückzuges zur Vergangenheit vor der Industriellen Revolution und der Entstehung des modernen Deutschlands.

Um diese Problematik in Worte zu fassen, bevorzugte man antithetische Begriffspaare, wobei der erste Teil immer für das harmonische, konfliktfreie, nichtmaterialistische Spirituelle und der zweite für das Gegenteil davon. Gemeinschaft – Gesellschaft ist uns gerade begegnet, aber diese Reihe kann beliebig fortgesetzt werden mit Geist – Materie, Kultur – Zivilisation, Volk – Masse, Deutsch – Französisch, Preußentum – Sozialismus etc. ...

Perioden, die als ›geistig‹ erlebt wurden, waren z. B. das späte Altertum, das Mittelalter oder der Manierismus.[172] ›Nordisch‹ oder ›Germanisch‹ wurde der mehr auf die sichtbare Wirklichkeit bezogenen Kunst der Franzosen oder Italiener gegenübergestellt. Sogar das ›Bürgerliche‹ wird als ein positives Ideal gebraucht, als Beispiel für eine verinnerlichte, ›geistige‹ Lebensweise in der Zeit des Idealismus, mit den Bürgern Kant oder Goethe. In der Mode herrscht ein Biedermeier-Revival. Das Idealbild für den Bürger ist nicht der Kosmopolit in der Großstadt, sondern der kleinstädtische Bürger, der mit einem Buch in seiner Zimmerecke sitzt. Gartenstädte wie Hellerau widerspiegeln dieses Verlangen nach der Norm einer übersichtlichen, noch nicht industrialisierten Gemeinschaft mit dem entwickelten Bürger.[173]

All diese Ideen fließen in dem Begriff »Deutsch« zusammen, in dem sowohl das Mittelalter als auch die Goethezeit, Dürer und die Topfbandkunst, Ritter und Bürger zusammengefaßt sind.[174] Die neue Würdigung der spätgotischen Kunst als typische Deutsche Kunst, wie in der Besprechung der kunsthistorischen Literatur zu diesem Gegenstand, und wie hier bei Curtius, hat damit zu tun.

In der kunsthistorischen Literatur des 19. Jahrhunderts gibt es verschiedene Auffassungen zum Verhältnis von Bürgerlichkeit und Kunst. Ziemlich liberale Kunsthistoriker wie Kugler und Schnaase finden den deutschen Bürger beschränkt, im Vergleich mit dem französischen oder englischen Bürger. Bei Bode dagegen wird das Bürgerliche eher patrizisch eingefärbt. Es muß im 19. Jahrhundert ziemlich schwierig gewesen sein, so etwas wie ›bürgerliche Kunst‹ zu definieren. Die niederländische Kunst des 17. Jahrhunderts wurde nicht umsonst als eine solche bürgerliche Kunst gepriesen, mangels eines eigenen zeitgenössischen Pendants. Das Problem liegt meiner Meinung nach in der Verbindung zwischen dem Bürgerlichen und dem Materiellen: steht man den materiellen Seiten des Lebens positiv gegenüber, dann ist bürgerliche Kunst naturalistische Kunst. Wenn nicht, dann wird der Begriff ›bürgerlich‹ entweder identisch mit spießbürgerlich und beschränkt, oder er muß mit einer ganz neuen Bedeutung versehen werden.

Das geschieht im späten 19. Jahrhundert in Deutschland. Der »deutsche Bürger« ist der »Bildungsbürger« und nicht der handeltreibende Engländer oder Niederländer und bestimmt nicht der auf Äußerlichkeiten bedachte Pariser Flaneur. Hier ein Zitat aus dem Jahre 1909 von Ernst Heidrich über die Kunst der Spätgotik in Deutschland: » In dieser vorwiegend nach innen gewandten Sonderexistenz der Gesamtheit entfaltet sich eine sehr eigentümliche Kultur des Geistes. In den Städten, vornehmlich den oberdeutschen, mit ihrem Reichtum und Selbstbewußtsein, entwickelt sich ein reges bürgerliches Leben: eng im Umkreis, aber ohne Engherzigkeit, trocken, aber dabei doch das Gegenteil aller geistlosen Pedanterie, in naiver, phantasievoller Fröhlichkeit, noch nicht erstarrt in der Abschließung vom Land und von der Natur.«[175] ›Bürgerlichkeit‹ bedeutet hier soviel wie Gesundheit an Körper und Geist, eine Art Harmonie zwischen Intellektueller und gesellschaftlicher Aktivität. Danach verlangt Hanno Buddenbrook in den *Buddenbrooks* von Thomas Mann aus dem Jahre 1900. Dieses Buch handelt vom Verlust der Bürgerlichkeit. Das Bürgerliche ist für den fin-de-siècle-Hanno das unerreichbar gewordene Gesunde.[176]

Diese neue Ausfüllung des Begriffes ›Bürgerlichkeit‹ hängt meiner Meinung nach zusammen mit der wachsenden Einsicht bei der Intelligenz, daß das Schicksal des Intellektuellen das Schicksal des Bürgertums ist. Ich spreche hier nicht so sehr vom Großbürgertum, sondern von dem, was man die Mittelklasse nennen kann. Aus ihr gehen die Angestellten hervor, sowie auch die weniger exponierten Beamten und Lehrer. Benjamin spricht später vom Intellektuellen als dem intellektuellen Ingenieur, als den Spezialisten, der eine typisch bürgerliche Spezialität beherrscht: das Monopol der bürgerlichen ›Bildung‹.[177]

Der Intellektuelle ähnelt einem kleinen Selbständigen, weil er seine eigenen Produktionsmittel besitzt: seinen Intellekt, sein Talent, seine Ausbildung und seine Bibliothek. Aber sosehr der Intellektuelle auch betont, daß er über dem Materiellen steht, so sehr er behauptet, daß er als »Geistiger« eine Position einnimmt, die zu den Zielen des Kapitalismus im Widerspruch steht, alles, was er erfindet, entwirft oder schreibt, ist ebenso wahrhaftig für die Konzerne da, für die Vergnügungsindustrie oder die Verlage.[178]

Die Position der Mittelklasse und des zu ihr gehörenden Intellektuellen ist nur scheinbar unabhängig von der materiellen Produktion. Die Position des akademisch ausgebildeten Intellektuellen weist spätestens nach dem Ersten Weltkrieg sozial und ökonomisch immer mehr Übereinstimmungen auf mit der Mittelklasse als Ganzem. Die strukturelle und existentielle Verflechtung der Intelligenz mit der Mittelklasse wird in der soziologischen Literatur der Weimarer Republik als ein Axiom angenommen.[179]

Nach 1918 wurde das ›Mittelklassebewußtsein‹ der Intelligenz schärfer als je zuvor. Manche sahen die Schwächung der Mittelklasse als die Ursache dafür an, daß das ›anonyme Kapital‹ und die ›organisierte proletarische Masse‹ an die Macht gelangten. Nach dieser Auffassung war die Mittelklasse durch Krieg und Inflation ökonomisch geschwächt und die Intelligenz ihrer Macht beraubt. Man gab jedoch den Kampf für die individuellen Freiheiten und für die Kultur nicht auf, und man warf sich zum Sprachrohr dieser Mittelklasse auf. Die Mittelklasse würde zur ›Zielgruppe‹ der Intelligenz werden müssen, und sie würde die auch dort lebendigen Gegensätze ausgleichen müssen. Mit einer homogenen und innerlich gestärkten Mittelklasse würde nach 1918 wieder ein starkes und gesundes Deutschland aufgebaut werden können, wobei die Intelligenz, als die Vorhut dieser Mittelklasse, die natürlichen Führer liefern würde.[180]

Im 19. Jahrhundert kommen die Intellektuellen zwar aus dem Bürgertum, aber sie kennen kein Gruppeninteresse und keine Gruppenideologie. Erst in dem Moment, wo es großen Teilen des Bürgertums schlechter geht, wird der ›Auftrag‹ des Intellektuellen aus dem frühen 19. Jahrhundert mit einer neuen Wertschätzung des ›Bürgerlichen‹ als dem Rückgrat der deutschen Nation verbunden.

Es bedarf, wie ich hoffe, keiner weiteren Darlegung, daß Pinders Thematik und seine Wertschätzung für die spätmittelalterliche Kunst passen zu dem, was man die ›Intelligenz-Ideologie‹ der akademisch gebildeten Elite um 1900 nennen könnte. Pinder war selbst ein ausgezeichneter Repräsentant dieser Klasse. Sein Vater war Museumsdirektor in Kassel, und verfolgen wir die Familiengeschichte noch weiter zurück, so gelangen wir zu jenem bürgerlichen und intellektuellen Milieu, das auf die Generation Pinders eine so große Vorbildwirkung ausübte. Sowohl von mütterlicher als auch von väterlicher Seite stammte Pinder von der Malerfamilie Tischbein ab.[181] Aber Pinders Methode? Kann die idealtypische, spirituell-psychologische ›Kunstgeschichte als Geistesgeschichte‹ auch mit derselben Intelligenz-Ideologie in Zusammenhang gebracht werden?

Wie wir schon früher festgestellt haben, beruht das Verhältnis zwischen Bürgerlichkeit und Spiritualität auf einer höheren Wertschätzung des Bürgerlichen im Vergleich zum Kapitalistischen und Sozialistischen. Das Bürgerliche ist auf spirituelle Werte aus, wo Kapitalismus und Sozialismus nur materiellen Gruppeninteressen nachstreben. Diese Wertschätzung des Anti-materiellen und Unproduktiven, des nicht direkt Anwendbaren, Brauchbaren versteckt sich auch in der Wertschätzung der ›Bildung‹ als Wissen, das nicht um eines praktischen Nutzens willen erworben wird, sondern als Wissen um des Wissens willen, als eine Art l'art-pour-l'art, die eng verbunden ist mit sittlichen Zielen[182].

Die Geisteswissenschaften, und innerhalb dieser die Kunstgeschichte, stellen ein Äußerstes dar an nicht direkt anwendbarem, aber sehr wohl bildendem und kulturvollem Wissen. Die ›Interesselosigkeit‹[183] der Kunst zu Beginn der industriellen Epoche bildet eine Parallele zur Abgrenzung eines Gebietes, zu dem die harten Gesetze von Gewinn und Gebrauchswert keinen Zugang haben. Dies ist ein Gebiet, wo nicht nur die Kunst verweilt, sondern unter der Obhut der akademischen Elite alle Geisteswissenschaften.

Die Stellung des Intellektuellen, fernab von der täglichen Produktion und den politischen Verwicklungen, verschafft ihm die Position eines Betrachters, der die Dinge von außen beobachtet, vom Reservat der geistigen Werte aus. Von seiner ›höheren‹, ›unparteilichen‹ Position aus kann er die Dinge begreifen oder hinter den wechselnden Geschehnissen das Grundmuster erkennen. So kann man die Idealtypen als Kriterien ohne eigene Bedeutung oder eigenen Wert auffassen, welche die Fakten und Kunstwerke ordnen können.

Mannheim schreibt von der »sozial freischwebenden Intelligenz« als einer Gruppe, die nicht gebunden ist und die ein äußerst feines Gefühl (»Sensibilität« – wie ein Kenner) für die kollektiven Vorstellungen einer Epoche besitzt. Die Mitglieder dieser Gruppe haben das Vermögen, sich darin einzuleben (»Einfühlen« – wie in ein Kunstwerk). »So wird denn auch die Eigenart dieses Denkstils durch die Sensibilität charakterisiert. Nicht Gründlichkeit ist ihre Tugend, sondern der ›gute Blick‹ für die Geschehnisse im geistig-seelischen Lebensraume. Ihre Konstruktionen sind deshalb immer falsch oder auch gefälscht; aber irgend etwas ist immer ›gut gesehen‹.«[184]

Obwohl Mannheim hier von der Intelligenz des frühen 19. Jahrhunderts redet, trifft seine Charakteristik meiner Meinung nach auch für die spätere intellektuelle Elite zu: sie haben keine direkte Beziehung zur Gesellschaft, sondern eine grundlegend *ästhetische*. Die Gesellschaft ist für ihn kein Objekt des Handelns und Reagierens, sondern ein Phänomen, das vom Subjekt betrachtet wird und das nur über ›Verstehen‹ oder ›Einfühlen‹ begriffen werden kann.[185]

Zwischen der distanzierten Haltung zur Gesellschaft und der psychologisch-spirituell orientierten Kunstgeschichte um 1900 besteht ein Zusammenhang. Auch in der modernen Kunst dieser Zeit finden wir das Verlangen nach dem ›Wesen‹, nach absoluten Werten, die von der sichtbaren und tastbaren Wirklichkeit losgelöst sind. Trotzdem akzeptiert man diese Wirklichkeit in der Kunst und in der Kunstgeschichte, weil sie letztlich auf einer Anzahl von Grundpositionen beruht, ›Grundbegriffen‹, die zwar nicht sichtbar sind, die aber durch langwierige Betrachtung und Kontemplation gewonnen werden können.[186]

Das Paradoxon liegt darin, daß gleichzeitig mit der Kritik an einer zu materiell eingestellten Gesellschaft diese Gesellschaft doch als ein sinnvolles Ganzes angesehen wird, weil sie auf einer Anzahl von Grundwahrheiten beruht. Dieses Paradoxon setzt sich in einer zunehmenden Subjektivierung der Wirklichkeitserfahrung fort: die Wahrheit über die Realität kann nicht außerhalb des Individuums gefunden werden, sondern sie kann nur im Individuum und durch Selbstreflektion und Introspektion gewonnen werden.

So kann auch das am stärksten verfremdete Individuum die fundamentalen Wahrheiten über das menschliche Handeln in sich selbst finden. Der Einfluß der Psychologie auf die Kunstgeschichte um 1900 ist nichts anderes als das Erheben des Individuellen zur gesellschaftlichen Norm. Die Geschichte des Menschen und seiner Kunst beruht auf einer Anzahl Grundhaltungen, die allen Menschen aller Zeiten eigen sind. Veränderungen in der Kunst lassen sich so zurückführen auf Veränderungen und Verschiebungen in diesen Grundhaltungen.

Die eigene Sensitivität, die eigene Selbstreflektion sind der einzige Zugang zur Einsicht in die Geschichte des Menschen und seiner kulturellen Hervorbringungen und zu ihrem Verständnis. Letztendlich wird die Gesellschaft nicht in ihrer Wirklichkeit erkannt, sondern sie wird nur als Emanation des menschlichen Geistes erfahren. Wer annimmt, daß nur das Spirituelle, subjektiv Erfahrene wirklich besteht, der wird die Wirklichkeit zur unvollkommenen Widerspiegelung eines vollkommenen Geistes ästhetisieren. Eine vollkommene Situation, die wir uns zwar vorstellen können, die aber sichtbar nicht zu finden ist – außer in der Kunst.

Die Wirklichkeit ist ein ästhetisches Phänomen. Ästhetische Phänomene sind formaler Natur, und sie ändern sich auf prozeßhaften Wegen, die mit den Prozessen des individuellen Geistes identisch sind.

Der Soziologe Georg Simmel betrachtete es als die Aufgabe der Soziologie, die Muster der gesellschaftlichen Prozesse zu unterscheiden und ihre interne Logik zu untersuchen. Zugleich zog er es vor, zu den gesellschaftlichen Prozessen auf Abstand zu bleiben. Er sah sich selbst und seine Zeitgenossen behaftet mit einem Gefühl der »Reizsamkeit«, von »Hyperästhesie«, »Berührungsangst« und mit dem Verlangen, sich aus der ständigen Verstrikkung in die Dinge des Alltags zu befreien.[187]

In einer Simmel gewidmeten Artikelsammlung sagt Sibylle Hübner-Funk, daß die isolierte Ausübung der Wissenschaft und die ästhetische Betrachtungsweise zusammenhängen.[188] Wollen die Betreiber der Wissenschaft ihren Verpflichtungen nachkommen, die Wirklichkeit intellektuell zu erforschen, so haben sie in der ästhetischen Betrachtungsweise eine Methode gefunden, die sowohl ihre Position widerspiegelt als auch ihrem Verlangen entgegenkommt, den materiellen Seiten dieser Wirklichkeit fernzubleiben. Simmel schreibt: »(die) ästhetische Einstellung des Blickes (...) beseitigt am gründlichsten die Schranken zwischen dem Ich und den Objekten; sie läßt die Vorstellung der letzteren so leicht, mühelos, harmonisch abrollen, als ob sie von den Wesensgesetzen des ersteren allein bestimmt wären. Daher das Gefühl der Befreiung, das die die ästhetische Stimmung mit sich führt, die Erlösung von dem dunpfen Druck der Dinge, die Expanision des Ichs mit all seiner Freude und Freiheit in die Dinge hinein, von deren Realität es sonst vergewaltigt würde.«[189]

Nur in der Kunst, so behauptet Simmel, ist es möglich, das wahre und im Grunde unbegreifliche Sein der Dinge zu begreifen: »Die Enttäuschungen und Rückschläge, die die Seele auf den Wegen der technik, der Wissenschaft, der Gesellschaftsverfassung zu jenem Ziele (alles Gegebene nach ihrem Bilde zu gestalten) unvermeidlich erfährt, haben die Sehnsucht nach der Kunst ins Ungemessene gesteigert, bis zu der Leidenschaft unser ganzes Milieu mit Kunst zu tränken. Denn in ihr allein scheint der Sieg des Geistes über den gegebenen Stoff des Daseins vollendet; oder vielmehr, diejenige Bethätigung heißt uns Kunst, in der das eigengesetzliche, uns im letzten Grunde unverständliche Sein der Dinge den innerlichen Bewegungen der Seele völlig nachgiebig geworden ist.«[190]

Bei Simmel klingt hier der Pessimismus durch, daß es im Grunde völlig unmöglich sei, das Sein zu begreifen. Die Kunst ist dann die Form, in der diese Unbegreiflichkeit für uns erträglich geworden ist.

Einsicht in das menschliche Handeln und in die Formen der menschlichen Geschichte kann nur aus dem menschlichen Geist gewonnen werden, ohne daß dabei das Rätsel des Lebens gelöst werden kann. Was bleibt, sind die Formen und Bilder, die der Geist immer wieder findet. Dies wird besonders in der bildenden Kunst sichtbar. So heißt es bei Dilthey: »Das typische Sehen und Darstellen ist ihr Kunstgriff, im Tatsächlichen die Regel des Geschehens zu geben. (...) Die Kunst versucht auszusprechen, was das Leben sei. (...) Und zwar ist das Mittel für die Darstellung des Gleichförmigen der Wiederkehr von Unterschieden, Abstufungen und Verwandtschaften das typische Sehen. (...) ... so umfaßt auch das typische Wahrnehmen der darstellenden Kunst, da es dieselbe Aufgabe (wie die Literatur, M.H.) zu lösen hat, gleichmäßig das Typische an Personen, Zuständen, Verhältnissen und Schicksalen.«[191]

Die hermeneutische Methode ist laut Dilthey der »Hauptbestandteil der Grundlegung der Geisteswissenschaften«,[192] und sie bildet das Bindeglied zwischen der Philosophie und den historischen Wissenschaften. Dies aus folgendem Grunde: In der Hermeneutik wird ständig ausgegangen vom eigenen Erleben der Wirklichkeit durch den Betrachter/Leser einerseits und von der Vorstellung von der Wirklichkeit durch den Künstler andererseits, und zwar von beidem als identischen Dingen. Der Interpret und der Autor stehen nicht einander gegenüber, sondern beide stehen auf dem Fundament der menschlichen Natur, welche die Grundlage bildet, auf der die Menschen miteinander kommunizieren können.[193]

Schlußfolgerung

Ich hoffe, mit dem Obenstehenden gezeigt zu haben, daß die psychologisch-stilkritische Methode der Kunstgeschichte in einer Haltung zu Wirklichkeit und Gemeinschaft wurzelt, die ästhetisch genannt werden kann, und die aufs engste mit der Psyche des betrachtenden Individuums verbunden ist. Dieses Individuelle steht über den historischen und gesellschaftlichen Prozessen und abseits von ihnen. Das Historische, Künstlerische und das Soziologische können auf Typen zurückgeführt werden, auf Idealtypen, die metahistorisch sind.[194] Geschichte wird so zu einer Bühne, auf der Typen in Variationen auftreten.

Die Handlungen sind eigentlich unfrei, weil der Mensch von psychischen, gegebenen Kategorien aus handelt. Der Mensch schöpft auf geistiger, nicht-materieller Grundlage, und seine Geschichte kann nur als spirituelles Phänomen erklärt werden. Eine ästhetische Distanz zur Wirklichkeit ist der einzige Weg, um zu Einsicht in diese Wirklichkeit zu gelangen. Hinter den gefundenen Grundhaltungen oder Typen steht jedoch ein ›Wesen‹, stehen Normen, die sich nicht mehr beschreiben lassen. Die Typen sind so etwas wie Widerspiegelungen oder Vorstellungen von den Normen. Die Aufgabe des Forschenden besteht darin, zu versuchen, diese Norm zu finden und sie von ihrer realen Erscheinung zu trennen, wie schwierig das auch ist.

Die posthegelianische Ästhetik, der Einfluß der Psychologie und der idealtypischen Methode, wie wir sie bei Pinder und seinen Kunsthistoriker–Kollegen um 1900 gesehen haben, lassen sich letztlich zurückführen auf eine bestimmte Sicht auf Mensch und Gesellschaft, die aufs engste verbunden ist mit der Position, die die Kunsthistoriker als Mitglieder der akademischen Elite selbst einnehmen. Geschichte und Kunstgeschichte werden zu zeitlosen Bildern, die sich auf eine Anzahl Grundkategorien zurückführen lassen, welche mit den Grundkategorien der menschlichen Psyche identisch sind. Zwischen individuellen und gesellschaftlichen Prozessen besteht so kein Gegensatz mehr.

DAS PROBLEM DER GENERATION

Einleitung

In diesem Kapitel wird nur ein Werk Pinders besprochen, *Das Problem der Generation*[1] aus dem Jahre 1926. Dieses Werk nimmt in Pinders OEuvre einen besonderen Platz ein, weil es die einzige Arbeit ist, die sich speziell mit Methode und Zielstellungen der Kunstgeschichte beschäftigt. Insofern könnte das Buch auch im dritten, hierauf folgenden Kapitel besprochen werden, das sich mit der Methodendiskussion in den deutschsprachigen Ländern in den 20er, 30er und 40er Jahren befaßt.

Ich habe dies nicht getan, und zwar aus folgenden Gründen. Erstens wird Pinders Buch von den Teilnehmern dieser Diskussion gar nicht oder kaum besprochen, und Pinder nimmt in *Das Problem der Generation* auch nicht klar zu dieser Diskussion Stellung. Zweitens sind Pinders Voraussetzungen und seine Zielstellungen nicht dieselben wie die der Methodendiskussion. Pinder ist nämlich noch stark auf die kunsthistorischen Methoden der Zeit vor dem Ersten Weltkrieg orientiert: in *Das Problem der Generation*sucht er die idealtypischen Methoden der Geistesgeschichte und das stilkritische Herangehen Wölfflins miteinander zu einem zusammenhängenden System für die ganze Kunstgeschichte zu verbinden, in dem Meister und Werke ihren Platz finden. In der Methodendiskussion will man jedoch, wie wir sehen werden, von diesen allumfassenden Systemen wegkommen, und man will sich gerade dem individuellen Kunstwerk direkter nähern, ohne systematischen Ballast. Trotzdem kommt Pinder in seinem Bemühen, ein allgemeines Gesetz, eine tiefere Erklärung hinter aller Kunst zu finden, in die Nähe der Methodendiskussion, wenn er auch viel ausdrücklicher ist als die Teilnehmer dieser Diskussion. Pinder kann dies auch sein, weil seine Erklärungsmodelle – wie für jemanden seiner Generation typisch - den Einsichten der Psychologie entlehnt sind. Die Verwandtschaft zur Psychologie ist etwas, das in der Methodendiskussion nahezu völlig fehlt (man ist dort eher der Phänomenologie verwandt). Pinders *Problem* steht, so könnte man es ausdrücken, zwischen der ›psychologischen‹ Generation von Kunsthistorikern, zu der Pinder selbst gehört, und einer späteren, ›phänomenologischen‹.

Ein dritter Grund für die gesonderte Behandlung von Pinders *Problem* liegt darin, daß das folgende, schon ziemlich lange Kapitel nicht ohne Not noch länger gemacht werden soll. Pinders *Das Problem der Generation* ist an sich interessant genug, um ihm eine eigene Besprechung zu widmen. In diesem zweiten Kapitel werde ich folgendermaßen vorgehen: zuerst gebe ich eine Zusammenfassung des Buches. Danach gehe ich auf die Frage ein, inwiefern dieses Buch vergleichbar ist mit anderen Publikationen aus dem kunsthistorischen, psychologischen, philosophischen Bereich im allgemeinen und mit anderen Generationstheorien im besonderen. In einem speziellen Paragraphen werde ich mich mit den Kritiken befassen, die Pinders Buch gefunden hat. Schließlich stelle ich die Frage nach dem gesellschaftlichen Kontext, in dem diese und andere Generationstheorien entstehen konnten, und warum sie eine so große Resonanz hatten. In den Schlußfolgerungen werde ich noch kurz auf die Frage eingehen, warum die Generationstheorie in der Kunstgeschichte keine Nachfolger hatte.

1. Das Buch

Im Vorwort zur zweiten Auflage von 1928 beschreibt Pinder seinen Ausgangspunkt folgendermaßen. Er ist sich bewußt, daß er seine Theorie nicht beweisen kann. Aber er ist der Auffassung, daß er mit seiner Generationenhypothese Einsichten und Resultate erhält, die anders nicht zu erreichen sind. Er sieht in der Kunstgeschichtete eine »Kausalität« am Werke, die er nicht erklären kann, die er aber akzeptieren muß. Seine Auffassung von Geschichte ist die, daß Geschichte keine Aufeinanderfolge loser Fakten ist, kein chaotisches Ganzes ohne Sinn, sondern etwas, das über den menschlichen Willen hinausgeht. Und das ist sichtbar, als »anschauliches Geschehen«. Für Pinder ist Wissenschaft nicht das Festhalten von Fakten, nur wenn sie zu erklären sind: für ihn geht es um das Festhalten des Unerklärlichen, weil es ein Fakt ist.[2]

Sein zweiter Ausgangspunkt liegt innerhalb der Kunstgeschichte. Pinder ist unzufrieden mit der »anonymen« Kunstgeschichte, die nur mit Stilbegriffen operiert. Das führt nach seiner Meinung zu einer Kunstgeschichte, aus der die individuellen Künstler verschwunden sind. Man kann sich fragen, ob Pinder hiermit auch seine früheren Werke kritisiert. Aber Pinder hat offenbar eher eine Wölfflineske Stilgeschichte im Auge, welche die Kunstwerke in ein straffes Schema preßt und sie in ein lineares System von aufeinander folgenden Stilen einordnet. Pinder will mit diesem »bequeme(n) Schema« und dem »starre(n) Denken« abrechnen.[3]

Pinder bietet nun eine Alternative für eine Übersicht der europäischen Kunstgeschichte. In der Einleitung beschreibt er, wie eindimensional der übliche Blick auf den historischen Verlauf ist. In der Kunstgeschichte reiht man eine Vielzahl von aufeinanderfolgenden Datierungen aneinander, wobei die Menschen, die die Kunstwerke schufen, hinter diesen verschwinden. »Indem notwendig in anonymer Kunstgeschichte die Menschen ins Dunkel treten, bilden sich Zahlenreihen als Namen unzulässig vereinfachter geistiger Lagen, die uns eine Folge eindeutiger, eindimensionaler Gegenwarten vorspiegeln.«[4]

Aber die Menschen, die in jenen Zeiten lebten, sahen die Kunstwerke nicht in einer solchen historischen Abfolge, wie: ›das ist altertümlich, das ist erneuernd, und das ist genau auf der Höhe der Entwicklung‹.

Pinder plädiert dafür, die Zeit als einen Raum mit mehreren Dimensionen zu sehen, als einen »Zeitraum: ein Koordinatensystem, das aus dem Nebeneinander im Zeitverlaufe (der Zeitfläche) senkrecht zum Übereinander der Lebensläufe und parallel zu jedem Nebeneinander darin sich bildet.«[5] Denn innerhalb einer Periode hat jeder eine andere Zeitperspektive, jeder erfährt einen Zeitpunkt subjektiv anders. Pinder nennt das die »Ungleichzeitigkeit des Gleichzeitigen.«[6]

Es ist jedoch nicht so, daß durch das Aufspalten in subjektive individuelle Erlebnisse jeder Zusammenhang aus einer Epoche verschwindet. Es bleibt laut Pinder sehr wohl möglich, in einer bestimmten Zeit bestimmte Zusammenhänge zu unterscheiden. Das sind die Stile mit ihren bestimmten charakteristischen Kennzeichen, den »Zeitcharakteren«.[7]

Diese Stile folgen einander nicht »im Gänsemarsch«, sondern sie schieben sich über- und nebeneinander. Als Beispiel verweist Pinder auf das Nebeneinanderbestehen von Manierismus (El Greco) und Hochbarock (Rubens). Man kann Künstler auch nicht losgelöst von ihrer Zeit betrachten. Sie sind an einem bestimmten Moment der Geschichte zu Hause und entfalten sich dort. Diese Entfaltung hängt mit ihrem Geburtsjahr zusammen. »Das Wesen der Künstler liegt also auch noch darin, wann sie geboren werden. Ihre Probleme werden mit ihnen geboren; sie sind schicksalsbestimmt.«[8]

Durch ihre Geburt werden sie in Generationen zu Gruppen vereinigt. So eine Generationsgruppe zeichnet sich durch ein gemeinsames künstlerisches Problem aus, das jeder auf seine eigene Weise zu lösen versucht. Pinder nennt das die ›Entelechie‹ jeder Generation.

Generationen, Entelechien und Stile wechseln einander ab. Diese Ablösung geschieht rhythmisch. Pinder spricht von einem ›Rhythmus der Generationen‹. Kunstgeschichte ist also nicht der Bericht von einer langandauernden Entwicklung, die an einem bestimmten Moment in einem Höhepunkt kulminiert, sondern sie ist ein rhythmischer Verlauf, eine beständige Wellenbewegung. Eine ältere Generation kann zwar an dem neuen Stil einer jüngeren Generation Anteil nehmen, nach Pinders Auffassung wird sie dies jedoch immer innerhalb der Grenzen der Problemstellung der eigenen Generation tun.

Außer den sich ständig wandelnden Merkmalen in der Kunstgeschichte gibt es jedoch auch relativ konstante. Dazu rechnet Pinder in erster Linie den europäischen Charakter unserer Kunst. Europäische Kunst als Ganzes unterscheidet sich wesentlich von der anderer Weltteile. Dieses spezifisch Europäische besteht gerade in der ständigen Änderung der Form. Darum kennt nur Europa einen Generations-Rhythmus.

Innerhalb dieser ständigen Veränderung lassen sich doch Konstanten aufzeigen: nationale Charakteristika, Charakteristika von Stämmen, Familiencharaktere und schließlich der Charakter des Individuum. Diese Konstanten darf man nicht als Beschränkungen auffassen. »Stetiger Faktor bedeutet ja eben nicht Unveränderlichkeit, sondern feste *Bahn* des Sichveränderns.«[9]

Und es gibt noch einen konstanten Faktor, der auf etwas zurückgeht, das sehr tief im Menschen verwurzelt ist (Pinder vergleicht es mit dem Faktor Rasse): den Gegensatz zwischen zwei Menschentypen.

Pinder schreibt, daß es zwei Grundtypen gibt (er stützt sich hier auf den Psychologen Kretschmer), die leptosom-schizothymen und die pyknisch-zyklothymen. »Wir werden sehen, daß sehr wahrscheinlich in den Typen die möglichen Träger polarer Gegensätze der künstlerischen Form gegeben sind, daß sie vielleicht als die prädestinierten Einzelvertreter der beiden Grundmöglichkeiten europäischer Kultur zu begreifen sind: Form aus Hingabe und Form als Auferlegung. Denn der eine ist milieufeindlich, gesetzgeberisch, auf Enthebung aus der *allgemeinen* Bedingtheit, der andere milieuempfindlich, einschmelzend, auf ihr gläubiges Hinnehmen bedacht.«[10]

Pinder meint hiermit Folgendes: der Europäischen Kultur liegen zwei Grundtypen des menschlichen Betragens (und der menschlichen Gestalt) zugrunde. Man kann ständig zwei Richtungen der Entwicklung unterscheiden; die eine ist auf Harmonie mit dem Bestehenden aus, während die andere gerade das Bestehende ablehnt und ihm eine eigene Wirklichkeit entgegensetzt. Diese zwei Typen lassen sich auch innerhalb jeder Generation nachweisen. Der Generation ist ein künstlerisches Problem auferlegt, aber dieses Problem kann wiederum auf zwei Arten gelöst werden. Später nennt Pinder in dem Buch zwei Maler der Generation von 1840 als Beispiele. Das Problem dieser Generation war die Wiedergabe der sichtbaren Wirklichkeit. Hans von Marées, als ›Schizothymer‹, sucht denn auch nach einer sehr geordneten, kristallklaren Wiedergabe, die das Bleibende, Beständige ausdrückt, während Monet, der zum entgegengesetzten Typ gehört, sich der sichtbaren Welt hingibt und so zum Impressionismus findet.[11]

Ein großer Teil des Buches ist einer Übersicht der europäischen Kunst gewidmet, nach Generationen geordnet. Die alten Stilperioden, werden völlig aufgebrochen, zugunsten kleiner Stile, die gleichlaufen mit den Generationen. Für die Periode von 1600 bis 1750 unterscheidet Pinder z. B. nicht weniger als acht barocke Stile, den »Hochbarock«, den »Fraglos(en) Hochbarock«, den »romantischen Barock«, »ersten Spätbarock«, »zweiten Spätbarock«, »dritten Spätbarock«, »vierten Spätbarock, Rokoko« und den »fünften Spätbarock« All diese Stile wechseln einander ab. Die vierte spätbarocke Phase (Tiepolo) greift zum Beispiel auf die zweite zurück (Rigaud), die fünfte (Gainsborough, Fragonard) auf die dritte (Watteau) usw.

Trotzdem gibt es auf längere Sicht eine gewisse Einheit. Pinder schreibt, daß man den Charakter der Generation von dem der Periode unterscheiden muß. Verschiedene Generationen können sich derselben Mittel bedienen. Dadurch entsteht der »Zeitcharakter«. Der späte Corinth z. B. bedient sich zwar der Stilmittel der Expressionisten, aber er geht doch von einer Auffassung der Natur aus, wie sie die Expressionisten nicht mehr haben.[12]

Die Disziplinen selbst kennen auch eine Bewegung. Diese Ablösung der Disziplinen geschieht in Wellen, die länger sind als die Generationswellen. Alle Disziplinen sind zwar gleichzeitig vorhanden, aber in der Kunst ist zu erkennen, daß erst die Baukunst, dann die Bildhauerei, später die Malerei und schließlich die Literatur den Ton angeben. Wir leben jetzt in der Epoche der Musik. »Das Entscheidende ist die *Abfolge der Führerschaft*, das Übereinanderragen der Entwicklungslinien, die Polyphonie der Künste selbst mit wechselnder Führerstimme, das gesetzmäßig gestaffelte Übergehen von der Sprache des Raumes durch die des Körpers und die des Bildes zur Sprache des übererscheinungsmäßigen und zuletzt auch übersprachlichen Klangkörpers in der Zeit. (...) Seit die Musik im Vordergrunde steht, ist das offensichtlich, ist das allgemeine zeitfärbung geworden, was Schopenhauer grundsätzlich gesagt hat: ›Alle Künste streben nach dem Zustande der Musik‹. Erst ein Mensch des 19. Jahrhunderts konnte das sagen! Unsere modernste Malerei teilt sich in vergeblichen Wettlauf mit der Absolutheit der Musik und im Versuche zur Regeneration des Eigenen. Maillol ist ein heroischer Patriot des Plastischen im Musikzeitalter.«[13]

Auf den letztem leiten betont Pinder nochmals die Zweipoligkeit der europäischen Kunst, die mit den zwei Grundtypen des Menschen übereinstimmt. Generationen, Stile und Epochen lassen ständig diese Abwechslung erkennen. Diese Abwechslung enthält die Sorge des Europäers, »das Bewußtsein, bedingt zu sein, und der Wunsch, es nicht zu sein. (...) Die Lösung ist mit Ja *oder* Nein nicht möglich, sondern mit Ja *und* Nein. Die geschichte der Künste wie die Kunstgeschichte zeigen, daß Ja und Nein auf diese Doppelfrage als *rhythmische Doppelantwort,* in alternierender Neigung bald zu diesem, bald zu jenem Pole gegeben werden. (...) Kunstgeschichte, sagten wir, ist nicht einfach Geschichte des Sehens, Kunstgeschichte, europäische nämlich, und nur sie, ist die ewig rhythmische, meerhaft wogende Bewegung unseres Schaffensdranges zwischen dem Ja und dem Nein zur Bedingtheit.«[14]

Zum Schluß greift er seine Ausgangspunkte wieder auf: das subjektive Erleben von Momenten kann objektive Geschichte werden, »das chaotische Nebeneinander wird rhythmisches Nacheinander«.[15] Die Stile der Kunstwerke will er nicht länger; als Abspiegelungen der Sehensweisen des Menschen als lebendem Wesen betrachten, sondern er will die »wirklichen Lebewesen« direkt betrachten. Schließlich hofft er, mit seiner Theorie das allzu Besondere eines biografischen Ansatzes mit dem allzu Allgemeinen des stilkritischen Ansatzes versöhnt zu haben. Die »anonyme« Kunstgeschichte hat die nicht-anonyme besser sehen gelehrt, so schreibt er, aber sie hat sie zugleich verdunkelt. Jetzt muß die nicht-anonyme Kunstgeschichte die anonyme erhellen.

2. Pinders ›Das Problem der Generation‹ im Vergleich mit anderen Publikationen

Es gibt zahllose Übereinstimmungen zwischen den Veröffentlichungen, die wir im vorigen Kapitel beschrieben haben, und diesem Buch aus dem Jahre 1926. Das ist natürlich nicht verwunderlich, denn man kann nicht erwarten, daß Pinder plötzlich all seine früheren Auffassungen über Bord wirft. Außerdem hatte Pinders Buch *Die deutsche Plastik vom ausgehenden Mittelalter bis zum Ende der Renaissance* einen Erscheinungszeitraum von 1914 bis 1928 (das Buch erschien in Lieferungen). Dadurch entstehen Überlappungen.

Fassen wir die Übereinstimmungen zusammen, so entsteht folgendes Bild. Rhythmus fanden wir auch in Pinders Dissertation und in der Habilitationsschrift über die romanischen Innenräume in der Normandie. Dort trafen wir auch auf das Interesse für Psychologie und für die Beziehungen zwischen Zeit und Raum. Die stark physiologisch orientierte Psychologie aus Pinders Erstlingswerken weicht im *Problem* jedoch etwas neueren Einsichten, nämlich Kretschmers Typenlehre, mit der wir uns im Folgenden beschäftigen werden.

Die Abfolge der Disziplinen ist ein Erbe, das Pinder von Schmarsow empfing. Wir haben Pinders diesbezügliche Ideen schon anhand seines Buches über die Bildhauerei Würzburgs im 14. Jahrhundert behandelt, und anhand seiner Veröffentlichung über die spätmittelalterliche deutsche Skulptur.

Die starke Zersplitterung, die Pinders Auffassung für die Stilgeschichte zur Folge hat, sahen wir auch schon in diesem Buch. Einerseits will Pinder nicht völlig mit dem Gänsemarsch der Stile brechen, wie er das nennt, andererseits liefert das neue Modell nicht gerade ein klares Bild.

Diese Zersplitterung ist ein Ergebnis der Arbeitsweise, wie wir sie im ersten Kapitel bei Dvořák und Pinder kennengelernt haben, die beide mit einer großen Vielzahl antithetischer Idealtypen Epochen charakterisierten. Diese Vielfalt war notwendig, um die beschränkten Begriffe Wölfflins, Schmarsows und Riegls zu umgehen. Pinder bringt eine große Zahl Variablen veränderliche und konstanter Art ins Spiel.

Die starke Betonung des Veränderlichen und des Gleichbleibenden ist verbunden mit der Sicht auf (Kunst-)Geschichte wie auf eine Bewegung ohne Ziel. Alle Perioden (Generationen) sind gleichwertig, aber jede ist anders geartet.

Pinder bleibt den Auffassungen der ›Kunstgeschichte als Geistesgeschichte‹ treu, indem er in der Kunst letztlich Haltungen des Menschen sieht. Er glaubt, daß er mittels seiner Methode dichter an den lebenden Menschen herankommt als durch das bloße stilkritische Ordnen der Kunstwerke. Die Haltungen des Menschen zu der ihn umgebenden Wirklichkeit sind schließlich zahlenmäßig begrenzt. Diese Erkenntnis kann nicht von einem naturwissenschaftlichen Ansatz her gewonnen werden, der mit großen Zahlen arbeitete, sondern nur auf hermeneutische Weise aus dem Individuellen, Besonderen. Pinder kommt durch die Anschauung zu dieser Erkenntnis, und nicht durch quantifizierende Forschung. Auch den Hang zum Individuellen, Menschlichen hinter den kulturellen Produkten kennzeichnet Pinder als einen Anhänger der Geistesgeschichte. Er selbst definiert Geistesgeschichte sehr schön als »historische Psychologie.«[16]

Bei der Unterscheidung zwischen anonymer und nicht-anonymer Kunstgeschichte schwingt etwas mit von der Zweiteilung, die zu jener Zeit und etwas später Kunsthistoriker wie Croce, Schlosser und Sedlmayr machten, aber es geht ihnen doch um etwas wesentlich anderes als das, was Pinder meint. In der Methodendiskussion geht es ständig um die Frage, was ein Kunstwerk zum Kunstwerk macht, wie man große Kunstwerke von kleinen unterscheiden kann und wie man Kunstwerke im strengen Sinne von allen anderen kulturellen Produkten unterscheiden kann. Schließlich konzentriert man sich auf das eine, einmalige Kunstwerk, gelöst von Zeit und Ort.

Davon ist bei Pinder keine Rede. Kunstwerke sind für ihn einfach vorhanden. Er betrachtet es als die Aufgabe des Kunsthistorikers, die Entwicklungen, welche die Kunstwerke in der Zeit durchmachen, so gut wie möglich zu beschreiben, und diese Entwicklungen in eine bestimmte Ordnung zu bringen. Dabei bedient er sich einer idealtypischen Methode, die er schließlich mit einer idealtypischen Haltung des Menschen zur Wirklichkeit verbindet. Von der späteren Verlagerung in der Methodendiskussion, in deren Verlauf das Individuum als Referenzpunkt aufgegeben wird, ist in dieser Publikation noch überhaupt nichts zu spuren. *Das Problem der Generation* gehört völlig zur ›Kunstgeschichte als Geistesgeschichte‹, wie wir sie im letzten Kapitel beschrieben haben. Im Laufe der 30er und 40er Jahre trennt sich Pinder wie viele deutsche Kunsthistoriker von den Voraussetzungen dieser Art Kunstgeschichte. Auch die Generationstheorie als solche und Pinders Lehre von den aufeinanderfolgenden Disziplinen kommen bei ihm in dieser Form nicht mehr vor.

Pinder ordnet sich selbst in eine kunsthistorische Tradition ein: in den Vorworten zur zweiten Auflage nennt er sich einen Schüler Schmarsows, er bezeichnet sich als verwandt mit Wölfflin und als Erben und »geistigen Bruder« Dvořáks. Außerdem nennt er neuere Publikationen Hamanns und Brinckmanns. Erstaunlich genug, daß er Riegl nicht nennt, obwohl Riegls Kunstwollen mit Pinders Entelechie-Begriff verwandt ist: jede Generation bekommt einen Auftrag, ein Problem mit auf den Weg, das eine Form erhalten muß. Die Künstler sind sich dessen nicht bewußt, und trotzdem findet man das ›Problem‹ in all ihren Werken wieder.

Wenn wir jedoch die Bücher Hamanns zur Hand nehmen[17], finden wir, daß die Generation darin als ordnendes Prinzip kaum eine Rolle spielt. Ab und zu wird in dem Text auf die gemeinschaftlichen Eigenschaften einer Künstlergeneration hingewiesen, aber es bleibt bei einer beiläufigen Bemerkung. Aber dem Text des Buches über die frühe Renaissance ist eine Übersichtstabelle der behandelten Maler beigefügt, die nach Generationen eingeteilt sind.

Eine vergleichende Analyse zwischen Pinder und Brinckmann ist ergiebiger.[18] Brinckmanns These lautet: das menschliche Leben hat zwei große Wendepunkte. Der eine liegt etwa beim fünfunddreißigsten Lebensjahr, der andere um das sechzigste. Diese Wendepunkte lassen sich auch in den Kunstwerken nachweisen. In der ersten Periode zeichnen die Werke sich aus durch eine deutliche Abgrenzung der Formen gegeneinander und gegen den Raum; in der letzten Phase dagegen verschmelzen die Formen im Raum. Brinckmann verwendet hierfür die Begriffe »Relation« und »Verschmolzenheit«. Brinckmann verbindet die Werke des Künstlers mit der Stilgeschichte, indem er den Kunstwerken eine direkte und eine indirekte Wirkung zuerkennt. Die direkte, vor allem auf sinnliche Effekte gerichtete Form der frühen Werke ist für den Zeitgenossen erkennbar, und sie hat Einfluß: die spätere, mehr »geistige« indirekte Form bleibt den Zeitgenossen verborgen. Darum läßt das Jugendwerk sich leichter in die allgemeine Stilentwicklung einordnen als das Spätwerk.

Auch Brinckmann beruft sich auf die Psychologie, so nennt er etliche Male den Namen Freuds,[19] ohne seine Theorien ausdrücklich zu erwähnen oder anzuwenden.

Die Übereinstimmungen zwischen Brinckmann und Pinder liegen besonders in der Anwendung zweier entgegengesetzter Merkmale auf das Werk einzelner Künstler. Pinder sieht die entgegengesetzten Tendenzen innerhalb einer Generation, Brinckmann bei einem Künstler. Außerdem liefern beide Kunsthistoriker eine Erklärung für die Tatsache, daß eine Stilperiode kein homogenes Bild ergibt. Weil Brinckmann mit nur zwei entgegengesetzten Begriffen operiert, die nur für junge und alte Künstler gelten, sind Möglichkeiten und Reichweite seiner Hypothese ziemlich beschränkt. Interessant ist jedoch, daß Brinckmann an Wölfflin nahezu dieselbe Kritik übt wie Pinder: die Gegensätze Wölfflins sind zu wenig individuell auf die einzelnen Meister zugeschnitten, und Wölfflins System ist zu eng. Brinckmann sagt es so: »Formal stilkritisch festgelegt, wurde er Gefangener seines eigenen Systembaus. Hier liegt der tiefe Gegensatz und die Eigenheit meiner Anschauung wird deutlich. Die Begriffspaare Wölfflins sind formale Klassifikationen innerhalb der Entwicklungsgeschichte der Kunst. Die Begriffe Relation und Verschmolzenheit sind im psychologischen Grund verankerbar und entsprechen den psychologischen Gegensätzen: Dynamik und Introversion oder äußere Interessenbeziehung und Zurückbiegung in sich. Die Begriffspaare suchen einen Stilwandel logisch zu fassen, unsere Begriffe bezeichnen eine individuelle Wandlung physio-psychologischer Art innerhalb der Lebensform des ästhetischen Menschen.«[20]

Brinckmann beschreibt hier genau das, was ich als den Abschied von der begrenzten, eng formalistischen Terminologie Wölfflins, Riegls und Schmarsows zugunsten einer viel flexibleren Terminologie zusammengefaßt habe, bei der die Begriffe sich mit Inhalten verbinden können, die außerhalb des direkt Künstlerischen liegen. Oder noch anders ausgedrückt: Wölfflin und die Seinen entwickeln einen Begriffsapparat, der geeignet ist, große Mengen von Kunstwerken in große Gruppen zu ordnen. Pinder und Brinckmann dagegen gebrauchen einen flexiblen Begriffsapparat, der geeignet ist, das Besondere und Individuelle zu erfassen. Bei der ersten Gruppe stehen die Kunstwerke im Mittelpunkt, bei der zweiten eher die Meister. Beide Gruppen haben jedoch gemeinsam, daß sie davon ausgehen, ein Kunstwerk müsse (könne) formal analysiert werden, und die Resultate der formalen Analyse ließen sich auf die eine oder andere Weise mit den Postulaten der Geistesgeschichte verbinden: es gibt eine bestimmte Anzahl psychischer Grundhaltungen des Menschen zu der ihn umgebenden Wirklichkeit, und diese Haltungen finden ihren Niederschlag in der Kultur.

So kommen wir zur Psychologie. Der Name Kretschmer fiel bereits. Ernst Kretschmer war Professor für Psychiatrie in Tübingen und Marburg, und er schrieb 1921 ein aufsehenerregendes Buch, *Körperbau und Charakter*.[21] Kretschmer behauptet, daß man die Menschen biologisch nach zwei Typen ordnen kann. Diese Typen korrespondieren mit bestimmten Charakterzügen, und letztlich mit der Anlage für bestimmte psychische Störungen. Zum schizothymen Typ gehören Menschen mit einem langen, schlanken, leptosomen Bau; zum zyklothymen Typ Menschen mit einem mehr gedrungenen, kurzen, pyknischen Bau. Der erste Typ ist von verschlossenem Charakter und in sich gekehrt. Im Extremfall neigen diese Menschen zur Schizophrenie.

Der zyklothyme Charakter dagegen ist offen, fröhlich, lebendig, und er neigt in extremer Form zu dem, was Kretschmer »zirkuläre Psychosen« nennt (was wir heute manisch-depressiv nennen). »Es ist also von Anfang an klar festzustellen, daß die Bezeichnungen schizothym und zyklothym mit der Frage: krank oder gesund gar nichts zu tun haben, sondern daß sie umfassende Kennworte für große, allgemeine Biotypen sind, die in sich die große Masse gesunder Individuen mit den ganz vereinzelt dazwischen gestreuten zugehörigen Psychosen erfassen«[22], warnt Kretschmer.

Interessant ist, daß Kretschmer seinem Buch ein Kapitel über die Kunst angefügt hat[23] unter dem Titel »Die Genialen«. Hans Thoma ist in seinen Augen ein pyknischer Zyklothymiker, genau wie Frans Hals; schizothym dagegen sind Grünewald, Michelangelo und Feuerbach. Den Expressionismus seiner Zeit stempelt Kretschmer zu einer »durch und durch schizothyme(n) Kunstform, die in allen wesentlichen Tendenzen mit dem künstlerichen Empfinden übereinstimmt, was wir in den Bildern begabter geisteskranker Schizophrenen wiederfinden«.[24] In einem späteren Buch, *Geniale Menschen*, arbeitet Kretschmer seine Typenlehre in bezug auf die Kunst noch weiter aus.[25] Pinder hat diese Typenlehre ohne weiteres von Kretschmer übernommen. Seine »Form als Hingabe« korrespondiert mit Kretschmers zyklothymem Typ, und »Form als Auferlegung« mit dem schizothymen.[26]

Pinder übernimmt also aus der Psychologie Begriffe, die er in sein historisches System einfügt. Diese Begriffe, diese Typen sind selbst nicht historisch, aber sie sind fundamental und unveränderlich. Pinder geht mehr oder weniger davon aus, daß man für die Geschichte Gesetzmäßigkeiten aufstellen kann, welche dieselbe Regelmäßigkeit kennen wie die Gesetze der Naturwissenschaften. Pinder schreibt darüber im Vorwort zur zweiten Auflage: »Dieses Buch will aber bewußt den Gegensatz von Natur- und Geisteswissenschaften überbrücken. Es mag das Schicksal meiner eigenen Generation sein, daß sie auf eine Einheit von Natur und Geist dringt (sie hat immerhin Goethe auf ihrer Seite), daß sie Physiognomik und Charakterologie treibt an Menschen, Völkern, Kulturen, Generationen, Erdperioden. Klages, Spengler, Dacqué, Nadler – lauter ›verdächtige‹ Namen. Ich glaube, daß sie eine höchst wertvolle Forderung einschließen und daß sie eine uns innerlich wahrheitsgemäße Gesamtanschauung vertreten, der auch die Männer der sogenannten reinen Fachwissenschaft sich auf die Dauer nicht entziehen können.«[27]

Im vorigen Kapitel haben wir festgestellt, daß es um 1900 eine Diskussion über Unterschiede und Übereinstimmungen zwischen Geisteswissenschaften und Naturwissenschaften gab. Man war sich der Diskrepanzen bewußt und suchte eine Methode zu entwickeln, die für beide Gebiete anwendbar wäre. Pinder geht über diese Diskussion hinweg und behauptet rundheraus, daß eine solche Übereinstimmung möglich ist; er spricht sogar von dem Versuch einer »geisteswissenschaftliche(n) Biologie«.[28] Um seinen Ausführungen Nachdruck zu verleihen, nennt er einige Namen.

Zu Dacqué und Nadler können wir uns kurz fassen. Dacqué schrieb 1925 ein Buch, *Urwelt, Sage und Menschheit*[29], in dem er erklärte, die biologische und die kulturelle Evolution des Menschen würden ineinander übergehen. In alten Mythen und Sagen wären seiner Auffassung nach Spuren der menschlichen Evolution zu finden. Er nahm eine Übereinstimmung an zwischen den äußeren historischen Fakten und unserem eigenen innerlichen Leben. Die Geschichte ist gleichsam eine symbolische Form für das wahre Wesen des Menschen. Das Ziel seiner Forschung beschrieb er als »de(n) Versuch eines wissenschaftlichen Weltbildes (...), in dem das äußere Geschehen als Abbild des wesentlich Wirklichen und Wirksamen erscheint. (...) Die alte tatsachenforschung wird bleiben (...). Aber hinzutreten wird ein inneres Sehen, das aus der Selbsterforschung und aus der Erkenntnis der ›Innenseite der Natur‹ fließt. Diese Innenseite sind wir selbst.«[30]

Josef Nadler war Professor der Germanistik, und er veröffentlichte zwischen 1912 und 1918 eine *Literaturgeschichte der deutschen Landschaften und Stämme*.[31] Nadler entwikkelte in diesem Buch eine ganze Typologie alter und neuer, westlicher und östlicher deutscher Stämme, die jeweils bestimmte literarische Genres hervorgebracht haben. Fakten aus der Geografie und der Rassenkunde wurden von ihm benutzt, um die Vielfalt der deutschen Literatur zu erklären. Rassenkunde mag zwar heute nicht mehr als Wissenschaft gelten; früher galt sie sehr wohl als solche, sie wurde als eine Naturwissenschaft angesehen, irgendwo zwischen Erdkunde, Humanwissenschaften und Biologie. Nadler verband in seinem Bemühen, die kulturellen Hervorbringungen des Menschen aus natürlichen Gegebenheiten zu erklären, die Geisteswissenschaften mit den Naturwissenschaften.

Pinders Auffassung, daß Geschichte ein Prozeß mit einer eigenen Gesetzmäßigkeit sei, mit einem eigenen Leben – Geschichte als Organismus mit einer eigenen Morphologie – hat Übereinstimmungen mit Spengler. Spengler schrieb 1918 (1923 erschien eine verbesserte und ausführlichere Ausgabe) *Der Untergang des Abendlandes, Umrisse einer Morphologie der Weltgeschichte*.[32] Spenglers umfangreiches Werk läßt sich natürlich nicht als Ganzes mit dem Pinders vergleichen. Spenglers Ziel bestand darin, eine Übersicht aller menschlichen Kultur zu geben (also nicht nur allein der europäischen Kultur), und Europas Zukunft zu skizzieren.

Man könnte eher von Verwandtschaft reden. Sowohl Spengler als auch Pinder glauben, in der Geschichte eine Regelmäßigkeit nachweisen zu können, wenn auch das Bild, das Spengler wachruft, viel zyklischer ist als das Pinders. Beide arbeiten mit biologischen Faktoren wie Rasse und Landschaft. Spenglers Auffassung der europäischen Kultur als »faustisch« stimmt überein mit Pinders Auffassung von dieser Kultur, er sieht in ihr eine ständige Veränderung und das Verlangen, Grenzen zu überschreiten. Anders als Pinder sieht Spengler in der europäischen Kultur und Geschichte dieselben Stadien wie in der nicht-europäischen. Die europäische Kultur wird schließlich verschwinden, wie auch die großen

Kulturen vor uns verschwanden. Spengler betrachtet Geschichte als einen Zyklus von Entstehen, Blüte und Verfall, in Parallele zum Leben des Menschen. »Das *Leben* ist das erste und das letzte, das kosmische Dahinströmen in mikrokosmischer Form. Es ist *die* Tatsache innerhalb der Welt als Geschichte. Vor dem unwiderstehlichen Takt der Geschlechterfolgen« – ein anderes Wort für Generationen – »schwindet zuletzt alles hin, was das Wachsein in seinen Geisteswelten aufgebaut hat. Es handelt sich in der Geschichte um das Leben und immer nur um das Leben, die Rasse, den Triumph des Willens zur Macht. (...) So schließt das Schauspiel einer hohen Kultur (...) wieder mit den Urtatsachen des Blutes, das mit den ewig kreisenden kosmischen Fluten ein und dasselbe ist.«[33]

Spengler schreibt, daß die historischen Geschehnisse sich »gleichzeitig« vollziehen: zu vergleichbaren Zeitpunkten geschehen in den großen Kulturen dieselben Dinge. Pinder dagegen spricht vom Ungleichzeitigen bei Geschehnissen, die sich zu ein und demselben Zeitpunkt ereignen. Pinders »Ungleichzeitiges des Gleichzeitigen« steht Spenglers »Gleichzeitigem des Ungleichzeitigen« gegenüber. Bei Spengler machen alle Kulturen dieselben Phasen durch. Dieselbe Geschichte wiederholt sich immer wieder, aber zu ungleichen historischen Zeitpunkten.

Diese Auffassung der historischen Zeit hat Spengler bei Nietzsche entlehnt.[34] Bei Nietzsches Philosophie steht der Begriff der ewigen Wiederkehr im Mittelpunkt. Diese ewige Wiederkehr ist verbunden mit Momenten der völligen Einsicht in das Handeln des Menschen. Nietzsche sieht keinen Unterschied zwischen Zeit und Ewigkeit: die Zeit ist, wirklich durchlebt, eine Offenbarung des Zeitlosen, der Ewigkeit. Nicht die Momente sind ewig, als ein statisches Ganzes, aber die Momente haben Teil an der Ewigkeit, gerade in ihrer zeitlichen und räumlichen Bestimmtheit. Die Ereignisse drücken die Zeit aus. Von den Momenten ist nicht das Was, sondern das Wie wichtig – die Ereignisse geschehen nicht in der Zeit, sondern *als* Zeit. Das ›Wie‹ ist die Ewigkeit, das Sein-an-sich, das sich in tausend Formen zeigt und doch dasselbe bleibt.

Nietzsches Auffassungen werden um die Jahrhundertwende in die sogenannte Lebensphilosophie aufgenommen, das deutsche Pendant zu Bergsons Vitalismus. Diese Lebensphilosophie ist der irrationale Ausläufer des deutschen Idealismus. Im Unterschied zum Idealismus geht diese Philosophie jedoch aus von einer grundlegend irrationalen Sicht auf Mensch und Welt. In der Nachfolge Diltheys, der als eine Art Zwischenglied aufgefaßt werden kann, wird das Unvermögen des Menschen, objektives Wissen zu erlangen, in den Vordergrund gestellt. In letzter Instanz ist Wissen subjektive ›Anschauung‹. Alles Wissen ist relativ, denn alles ist, wie im menschlichen Leben, ständig in Bewegung, in einem ständigen Prozeß begriffen. Die Auffassung, daß die menschliche Geschichte ein Prozeß ist, und daß es möglich ist, diesen Prozeß über philosophische, intellektuelle Reflexion anschaulich zu machen, ist idealistisch. Aber Nietzsche und Schopenhauer verliehen dieser Auffassung eine irrationale und pessimistische Färbung, die um 1900 von einer jüngeren Generation zu einer vitalistischen Auffassung umgeformt wurde. Die einzige Perspektive des Menschen besteht in einer vorbehaltlosen Hingabe an das Leben. Nur diese völlige Hingabe kann zu einem menschenwürdigen *Leben* führen, denn Rationalismus und Positivismus bedeuten Stillstand und Tod.

Ludwig Klages ist einer der wichtigsten Protagonisten der Lebensphilosophie in Deutschland.[35] Pinder kannte das Werk Klages' wie aus seiner Bemerkung im Vorwort hervorgeht. Zu einer späteren Gelegenheit, 1932, lieferte Pinder einen Beitrag – über den Manierismus – zu Klages' Festschrift.[36]

Klages behauptet, daß der Mensch letztlich nicht durch Erwägungen des Verstandes zum Handeln gebracht wird, sondern durch Leidenschaften. Was bei Schopenhauer der Wille war und bei Nietzsche der Dionysische Aspekt, heißt bei Klages die »Seele«. In seinem Hauptwerk, *Der Geist als Widersacher der Seele*[37], erklärt Klages, daß der Mensch langsam auf seinen eigenen Untergang hinarbeitet, weil er dem rein Verstandesmäßigen zu viel Gewicht beimißt, auf Kosten des körperlichen »Lebens« und der unterbewußten »Seele«. Klages stellt diese Entwicklung in eine historische Perspektive, indem er die Wurzeln dieser Haltung in der jüdisch-christlichen Religion sucht, die durch ihre Ablehnung des Weltlichen und durch die Fixierung auf das Leben nach dem Tode dem Menschen großen Schaden zugefügt hat. »Das Wesen des ›geschichtlichen‹ Prozesses der Menschheit (auch ›Fortschritt‹ genannt) ist der siegreich fortschreitende Kampf des geistes gegen das Leben mit dem (allerdings nur) logisch absehbaren Ende der Vernichtung des letzteren.«[38]

Der Mensch ist sowohl Träger des kosmischen, essentiellen Lebens, als auch Träger eines gegen den kosmischen Zusammenhang gerichteten Egoismus des Geistes. In dem Moment, wo der Mensch die Bindung an den Grund des Lebens über einer zu großen Fixierung auf das rein Verstandesmäßige (den Geist) vergißt, wird die Verbindung zur Vergangenheit aufgegeben, und man denkt nur noch in den Begriffen des Fortschritts und der Zukunft. Dies wird zur Vernichtung des menschlichen Lebens auf der Erde führen. Nach Klages Auffassung muß der Mensch den Blick nach innen und nicht nach außen richten, auf die Vergangenheit und nicht auf die Zukunft. Das Leben ist nach seiner Auffassung eine Retrospektive, es ist nicht mehr als eine konstante Erneuerung der »Urbilder«, der »Bilder des Gewesenen«.

Diesen Konflikt zwischen Vergangenheit und Zukunft, zwischen Innen und Außen, umschreibt Klages mit den Worten »Ichbehauptung« und »Ichhingabe«. Diese Begriffe dekken sich nahezu mit dem, was Pinder »Ja oder Nein zur Bedingtheit« nannte – die Neigung des Menschen, sich dem Strom des Lebens zu ergeben, oder gerade der Kampf dagegen.

Klages schreibt auch über den Rhythmus.[39] Er sieht einen Unterschied zwischen Maß und Rhythmus. Maß ist die Welt des Gesetze aufstellenden Geistes, Rhythmus dagegen eine Manifestation des Lebens. »Wiederholte der Takt das Gleiche, so muß es vom Rhythmus lauten, es wiederkehre mit ihm das Ähnliche; und da nun die Wiederkehr eines Ähnlichen im Verhältnis zum Verflossenen dessen Erneuerung vorstellt, so dürfen wir kürzer sagen: der Takt wiederholt, der Rhythmus erneuert.«[40]

Innerhalb dieses Rhythmus sieht Klages eine Polarität zwischen Raum und Zeit, »Rhythmus ist polarisierte Stetigkeit«. Die Seele des Menschen, der sich für einen Augenblick mit dem Rhythmus mitbewegt, wird eins mit dem, was die zwei Pole der Geschichte verbindet: mit der Ewigkeit des Vergehens und des Werdens.[41]

Ich hoffe, daß aus dem Obenstehenden deutlich geworden ist, daß Pinder in einer bestimmten philosophischen Tradition steht. Ein Wort wie Leben soll uns nicht irreführen: es geht hier nicht um das biologische Leben, sondern um eine Auffassung von Leben als einem dynamischen, zyklischen Ganzen, in dem in fortwährender Gegensätzlichkeit stets dieselben Dinge wiederkehren. Es geht nicht so sehr um die sichtbaren, greifbaren Fakten dieses Lebens, sondern um etwas, das darin und dahinter wirksam ist, etwas, das Pinder das »über den menschlichen Willen Hinausgreifende« nennt.[42] Diesen Hang zu einer spirituellen, ungreifbaren Kausalität haben wir schon früher festgestellt. Bei Klages und Pinder sehen wir außerdem die Ablehnung des Tastbaren, Konkreten. Pinder umschreibt das in seiner Frage, was Wissenschaft eigentlich sei, folgendermaßen: »Tatsachen nur dann festzustellen, wenn sie erklärbar scheinen? Oder das Unerklärbare auch dann festzustellen, wenn es nur Tatsache ist?«[43]

Bei Klages gibt es noch einen Aspekt, auf den ich im Folgenden tiefer eingehen möchte: die Entwicklung der Menschheit schlägt fehl, wenn wir fortfahren, in einem verkehrt aufgefaßten Fortschrittsoptimismus nur dem »Geist« Wert zuzuerkennen. Klages übt hier Kritik an der Kultur seiner Zeit. Diese Kulturkritik ist untrennbar mit der Generationsthese verbunden.

Generationstheorien erfreuten sich in den ersten Jahrzehnten dieses Jahrhunderts eines großen Interesses[44]. Pinder schreibt selbst, daß er seine Ideen ohne Einfluß von außen entwickelt hat[45]. Aber wenn man betrachtet, wie viele vergleichbare Studien in denselben Jahren erschienen sind, erscheint mir dies übertrieben. Pinder erwähnt im Vorwort der zweiten Auflage treuherzig einige Autoren, aber er geht nicht tiefer auf ihre Ausführungen ein, außer bei Wechssler. Weil er behauptet, daß er seine Generationsthese selbständig entwikkelt habe, hält er es nicht für nötig, sich gegen andere abzusetzen; meistens gesteht er lediglich eine Übereinstimmung ein.

Außer Ortega y Gasset – den ich am Ende bespreche – nennt Pinder ausschließlich deutsche Autoren zur Generation als ordnendes historisches Prinzip. Die Generation als Einheit erscheint schon im 19. Jahrhundert bei Goethe, Ranke und Dilthey als Idee[46], aber dort bezeichnet sie eher eine gleichgesinnte, gleichaltrige Gruppe, die deutlich als solche auftritt, mit einer eigenen Identität. Von regelmäßigen Intervallen und unbewußt wirkenden Gesetzen ist hier keine Rede.

Um die Jahrhundertwende waren es vor allem der Historiker Ottokar Lorenz und der Literaturhistoriker Friedrich Kummer, die die Generationstheorie als historische Methode propagierten.[47] Lorenz (und sein Sohn, der Musikhistoriker Alfred) ordnen historische Ereignisse in Einheiten von jeweils dreißig Jahren und in Perioden von 300 Jahren. Das Zahlenmäßige und das Genealogische werden sehr stark betont: das Ziel ist eine Form der Geschichtsschreibung, die auf dem Familienstammbaum beruht.

Kummer denkt nicht so sehr in Generationen der Geburt, sondern in Perioden, innerhalb derer die Ideen sich durchsetzen. Zu einer solchen »Wirkungsgeneration« können daher auch Autoren gehören, deren Geburtsjahre weit auseinander liegen. Ebenso wie Pinder sieht Kummer neben dem Veränderlichen der Generationen auch konstante Faktoren, wie die Landschaft und den Volkscharakter.

Im Vorwort der zweiten Auflage nennt Pinder speziell das Buch von Hans von Müller, *Zehn Generationen deutscher Dichter und Denker*, erschienen 1917 und 1928.[48] Von Müller propagiert ein neues Ordnungsprinzip für Bibliotheken, bei dem die Bücher nach Geburtsjahr und Generation geordnet werden. Der Auflage von 1928 ist eine Übersicht der bestehenden Generationstheorien beigefügt.

Gleichzeitig mit Pinder erschien 1926 von Julius Petersen *Die Wesensbestimmung der deutschen Romantik*. 1930 schrieb Petersen eine Zusammenfassung der bestehenden Generationstheorien für das von Emil Ermatinger redigierte Buch *Philosophie der Literaturwissenschaften*.[49] Petersens Ideen kommen denen Pinders sehr nahe, aber es gibt einen wichtigen Unterschied: bei Petersen ist die Teilnahme an der Generation und ihren Zielstellungen eine bewußte Wahl. Generationsgefährten schließen sich einer Idee an, oder sie setzen sich dagegen zur Wehr, sie folgen älteren Vorbildern und Ähnliches. Petersen spricht nicht von Generationen, die unbewußt etwas ausführen, das von vornherein bestimmt ist, sondern von einem Generationsgefühl. Mitglieder einer Generation fühlen sich auf die eine oder andere Weise miteinander verbunden. Diese Verbundenheit wird in der modernen Zeit nach Petersens Meinung noch zunehmen, weil die Kommunikation viel besser ist, und weil das gemeinsam Erlebte viel stärker ist. Außerdem sieht Petersen in der modernen Zeit eine schnellere Folge der Generationen. Petersen trennt sich also mehr oder weniger vom biologischen Generationsbegriff und denkt mehr in Gruppen, die gleichaltrig sind und dasselbe erleben. Trotzdem sieht Petersen den Wechsel der Gruppengenerationen sich in einem festen Rhythmus vollziehen: »Die Generationsfolge bedeutet den Taktschlag, des Schicksals, durch den unzählige Einzelexistenzen in einen Rhythmus der Arbeit gezwungen werden.

Der stoßweise Takt entspricht, wenn ein technischer Vergleich erlaubt ist, der rhythmischen Arbeit eines Motors.«[50]

Eduard Wechssler ist der einzige Autor, mit dem Pinder eine Diskussion beginnt. Von Wechssler gibt es eine lange Reihe von Veröffentlichungen, die alle dieselbe These ausführen[51]: die Kultur hat einen ständigen, immer neuen Impuls, der von der Jugend getragen wird. Diese »Jugendreihe« oder »Jugendgemeinschaft« bricht mit der Tradition und tritt als geschlossene Gruppe auf. Später verlieren sie ihren erneuernden Impuls, die Einheit wird durch individuelle Entwicklung und individuelles Auftreten geschwächt. Man muß Wechssler selbst zu den Anhängern der Jugendbewegung rechnen, die kurz vor dem Ersten Weltkrieg in Deutschland einen Höhepunkt erreichte.

Pinders Kritik an Wechssler läuft auf Folgendes hinaus: erstens umreißt Wechssler seine Jugendgemeinschaften nicht scharf, Generationen sind bei ihm nicht mit Jugendgruppen identisch. Der wichtigste Einwand, den Pinder gegen Wechssler anführt, ist jedoch, daß Wechssler den Beitrag der Jugend zur Kultur nur schätzt, wenn dieser Beitrag in jugendlichem oder mehr oder weniger jugendlichem Alter geliefert wurde. Pinder will einer Generation eine dauerhaftere Wirkung zuerkennen – er nennt das (mit einem ziemlich unglücklichen Begriff) die Entelechie der Generation, wobei auch die Hervorbringungen der gereiften oder älteren Generation von großer Wichtigkeit sein können. Ein dritter Einwand Pinders gegen Wechssler lautet, daß Wechssler den Beitrag der Jugend zu sehr als eine bewußte Tat ansieht. Pinder glaubt, daß jede Generation einem einzigen Problem eine Form zu geben trachtet, ohne daß sie sich ihres Auftrages und ihrer gemeinsamen Existenz bewußt ist, und daß jene Formgebung Entelechie-Charakter trägt: der ältere Künstler löst das Problem in höherem Alter anders, als er es in seiner Jugend tat. Auch bei älteren Künstlern kann man die Verwandtschaft miteinander feststellen, auch wenn sie dies voneinander nicht wissen.

Im Vorwort der zweiten Auflage von 1928 begrüßt Pinder voller Freude die Ideen von José Ortega y Gasset, die damals gerade ins Deutsche übersetzt worden waren.[52] Ortega y Gasset betrachtet die Geschichte als eine Manifestation des Lebens. Die Abfolge der Generationen ist ein dynamischer Prozeß: »Wenn man die Entwicklung eines Volkes in seiner Ganzheit nimmt, erscheint uns jede seiner Generationen als ein Moment der Vitalität, als ein Pulsschlag seiner historischen Kraft. Und jeder Pulsschlag hat seinen besonderen, einmaligen Aspekt, er ist ein unverwechselbarer Stoß im Blutkreislauf, wie jede Note unverwechselbar ist in der Entwicklung der Musik. (...) Dieser Rhythmus von Epochen des Alters und Epochen der Jugend ist im Lauf der Geschichte eine so ins Auge springende Erscheinung, daß man sich wundert, warum sie noch nicht von jedermann bemerkt wurde.«[53]

Jede Generation besitzt Eigenschaften, welche die Mitglieder dieser Generation gemeinsam haben, die sich aber von denen der vorhergehenden Generation unterscheiden. Aber im Rahmen dieser Übereinstimmung und Gemeinsamkeit sind auch große Unterschiede möglich, durch welche die Mitglieder der Generation einander auch als Gegenspieler gegenübertreten können.

Die Übereinstimmungen zwischen Pinder und Ortega können uns überraschen (es sei denn, wir glauben selbst an die Generationstheorie; Ortega wurde 1883 geboren und Pinder 1878), aber sie sind leichter zu verstehen, wenn wir wissen, daß Ortega 1905 und 1906 in Deutschland studiert hat, und daß er auch später über das geistige Leben Deutschlands unterrichtet blieb. Zum Beispiel half er bei der Übersetzung Spenglers ins Spanische.[54] Ortega spricht von einer »Metahistorie«, und er betrachtet Geschichte als einen Organismus, als eine biologische Ganzheit, die sich rhythmisch offenbart. Der Sinn der Geschichte liegt im Leben selbst: »Ist es nicht eine faszinierende Idee (...), den Sinn des Lebens, statt ihn außerhalb des Lebens zu suchen, im Leben selbst zu sehen? Ist es für eine Generation, die die radikalste Krise der modernen Geschichte durchmacht, nicht eine würdige Aufgabe, einen Versuch zu wagen, der der Tradition direkt entgegengesetzt ist, und abzuwarten, was geschieht, wenn wir, statt zu sagen: ›das Leben für die Kultur‹, auf einmal sagen: ›die Kultur für das Leben‹?«[55]

Ortega sprach diese Ideen 1921 und 1922 zum ersten Mal aus. 1933 entwickelte er erneut eine Generationstheorie. Der biologische, der rhythmische, der organische Aspekt etc. sind aus ihr verschwunden, zugunsten einer eher gesellschaftlichen und kulturhistorischen Sehweise auf das Generationsproblem. Es befinden sich immer zwei Generationen miteinander im Konflikt. Der Konflikt liegt also nicht mehr innerhalb der Generation, sondern zwischen den Generationen (Ortega faßt die Generationen auch kürzer auf, fünfzehn Jahre. Eine Gruppe von Dreißig- bis Fünfunddreißigjährigen befindet sich im Kampf mit einer älteren Gruppe von Vierzig bis Sechzig). Ortega wirft Pinder 1932 vor, daß er die Generationen viel zu sehr als geschlossenes Ganzes ansieht: jede Generation trägt nach seiner Meinung die vorhergehende in sich, sie entwickelt sich aus dieser und gegen diese. Das entscheidende Moment im Leben der Generationen ist nicht, daß sie einander folgen, sondern daß sie einander überlappen oder aneinander gefesselt sind.[56]

Aber wir greifen jetzt dem folgenden Paragraphen vor, der den an Pinder geübten Kritiken gewidmet sein soll. Im Obenstehenden habe ich zu zeigen versucht, wie sehr Pinders Auffassungen mit denen anderer übereinstimmen, und wie sehr sie in einer bestimmten Sicht auf Geschichte wurzeln: Geschichte als ein dynamischer, organischer Prozeß des Lebens. Dieser Prozeß hat kein Endziel, und er bringt stets dieselben Dinge zum Ausdruck, die dem Leben selbst eigen sind. Die Grundlagen dieses Lebens können als Pole aufgefaßt werden.[57]

3. Kritiken an Pinders *Das Problem der Generation*

Im allgemeinen kann man die Kritiken an Pinder als lobend bezeichnen. Hans Schrader erschöpft sich in Lobesäußerungen, und er warnt nur schwach vor dem allzu leichtfertigen Parallelisieren von historischen und biologischen Fakten. Das Gruppieren von Jahreszahlen um eine Generation betrachtet er als eine subjektive Ordnung.[58]

A. Grisebach[59] äußert nach einer ausführlichen Besprechung von Pinders Buch einige Einwände gegen eine allzu biologisch gefärbte Determinationssucht, die so tut, als ginge es um ein Horoskop, in dem das Individuelle kaum eine Rolle spielt. Seine wichtigste Kritik lautet jedoch, daß Pinder ihm nicht weit genug geht, und daß er mit den Stileinteilungen nicht ein für allemal tabula rasa macht. Max Dessoir vermißt bei Pinder eine fundierte philosophische Schulung.[60] O. Holtze und Franz Roh sind in ihrem Urteil ausschließlich positiv.[61]

Von Franz Landsberger erschien in den Kritischen Berichten eine ausführliche Kritik.[62] Landsberger ist in großen Zügen mit Pinder einverstanden, und er lobt als Verdienst des Buches vor allem, daß die Kunstgeschichte in eine systematische Ordnung gebracht wird, ohne daß die Lebendigkeit dabei geopfert wird. Aber er äußert auch Kritik: es erscheint ihm oft gewaltsam, daß die Kreativität bestimmter Individuen den Geburtsjahren zugeschrieben wird, als gäbe es keine Einflüsse aus der Vergangenheit oder von völligen Außenseitern. Landsberger kann sich nicht damit einverstanden erklären, daß das Kunstwollen schon mit der Geburt feststehen soll. »(Das Kunstwollen) wird vielmehr, will mir scheinen (...) nicht gezwungen, aber doch gebildet, würde jedenfalls von anderen Einflüssen eine andere Prägung erhalten und ist ohne sie überhaupt nicht zu greifen.«[63]

Wirklich ausschließlich kritisch ist Karl Kurt Eberlein.[64] Eberlein beginnt mit einer breit angelegten Übersicht der älteren Literatur zu diesem Gegenstand, und er wirft Pinder vor, daß er diese Literatur nicht kenne, und daß er die daraus entstandene methodische Diskussion in der historischen Fachliteratur nicht verfolgt habe. Eberlein schreibt, daß der Begriff ›Generation‹ in den Geisteswissenschaften unbrauchbar sei, genau wie andere relative Abstraktionen, wie z.B. der Begriff Jahrhundert. Außerdem geht Pinder nach Eberleins Auffassung zu sehr davon aus, daß es einen regelmäßigen Grundplan gebe. Dadurch werden Unregelmäßigkeiten, Störungen, Zufälle und Fehler ausgeschlossen. In Analogie zu Pinders eigener Vorliebe für musikalische Bilder nennt Eberlein die Generationstheorie Pinders »eine teleologische musikalische Wissenschaft der ›Musik der Geschichte‹, die nicht nur das Wahre, aber auch das Neue sucht und in einem Gedankenkonzert, das mit Tatsachen musiziert, die Magie der Schublade feiert.«[65]

Eberlein glaubt nicht, daß eine Generation über die Landesgrenzen hin gleiche Züge aufweist. Entscheidende Faktoren im kreativen Prozeß sind für Eberlein eher der Stamm und die Landschaft, verbunden mit den biografischen Tatsachen des Individuums.

Einen wichtigen Punkt der Kritik trägt Eberlein vor, indem er auf die Inkongruenz von Pinders Terminologie verweist, die biologisch gefärbte Begriffe mit stilkritischen verbindet. »Es ist ein Kompositum, das weder dem einen noch dem anderen gehört und, wie wir sehen, auch nicht Geschichte ist. Das gute Zukunftskräftige der anonymen Kunstgeschichte (...) nämlich, daß das Kunstwerk gleichsam den Platz des Künstlers einnimmt und in genetisch-morphologischer Folge mit einer gewissen Sicherheit ›hinauf und hinunter‹ schließen läßt und die Metamorphose der Kunstpflanze auch in ihren verlorenen Zuständen offenbart, gerade diese große und trotz gefährlicher Kausalität reine Idee ist durch das Hackbeil des Generationsbegriffs wieder zerstückt und zerstört. Dies Fortführen vom Gegebenen, von der Kunstform, vom Kunstphänomen, zum Datum, zum Geburtsjahr, zur Generationszelle, zur Zahlenkabala, zum Gesetz, zum Künstlerrhythmus, dies eben ist das große Negativum dieser vergebens postulierten Kunstgeschichte nach Generationen.«[66]

Eberlein leugnet nicht, daß Generationen an ihren Kunstwerken oft gemeinsame Charakteristika erkennen lassen, aber die Gemeinsamkeit kann seiner Meinung nach aus einer engen Verbundenheit der Künstler erklärt werden. Er plädiert denn auch für eine Erforschung der Rolle, welche Künstlerfreundschaften und Künstlergruppen in der Kunstgeschichte spielten.

Der Soziologe Karl Mannheim schrieb 1928 einen ausführlichen Artikel, in dem er eine Zusammenfassung der vorhandenen Literatur gab, an den aktuellen Auffassungen (speziell an der Pinders) Kritik übte und eine eigene Generationstheorie entwickelte.[67]

Mannheim unterscheidet zwischen den französischen, positivistisch gefärbten Publikationen und den deutschen, die er betitelt als die »romantisch-historische Fragestellung«. Bei den Franzosen geht es denn auch vor allem um einen streng gesetzmäßigen, mechanisch quantitativen Zeitverlauf, bei dem jede Generation eine Stufe im allgemeinen Fortschritt der Menschheit darstellt. Der Generationswechsel wird als ein im Kern revolutionärer Prozeß aufgefaßt, in dem jede Generation etwas weiter kommt als die vorige. Bei den Deutschen geht es nicht um das Quantitative, sondern um das Qualitative. Nicht das Fortschrittsideal wird in den Vordergrund gestellt, sondern gerade das, was gleichbleibt.

Pinders Idee der »Ungleichzeitigkeit des Gleichzeitigen« hält Mannheim für einen beinahe genialen Gedanken. Mannheim äußert jedoch folgende Kritik an Pinder: unter allen Faktoren, die Pinder als Einflüsse auf den Prozeß des kunsthistorischen Verlaufs nennt, wird der gesellschaftliche nicht genannt. »Was hier zunächst ins Auge fällt, ist, daß wir in keiner Reihe der faktoren das Gesellschaftliche auch nur im entfernten Sinne erwähnt finden. Diese romantische Strömung in Deutschland überdeckt völlig die Tatsache, daß zwischen der naturalen Sphäre und der geistigen noch die Ebene der gesellschaftlich formierenden Kräfte liegt.«[68] Mannheim fährt fort, daß diese Strömung (bei der er offensichtlich Pinder für den wichtigsten Vertreter hält) sich nicht entscheiden kann zwischen einer völlig spiritualistischen Auffassung, bei der alles; auf geheimnisvolle Weise aus den ›Entelechien‹ kommt, und einer realistischeren, bei der ›vitale‹ Faktoren wie Rasse und Generation in den Vordergrund gebracht werden. Mannheim glaubt, daß der gesellschaftliche Kontext, in dem all diese Faktoren zusammentreffen, für die Wirkung der Entelechien von ausschlaggebender Wichtigkeit ist. »Vielleicht wäre es doch auch lohnend zu fragen, ob es sich hier nicht nur um ›Reibungen‹, ›Einflüsse‹ und ›Beziehungen‹ handle, vielleicht strahlt auch aus diesen Faktoren schöpferische Kraft, bildende Gewalt, soziale Entelechie? Vielleicht vermitteln gerade diese, aus dem sozialen Miteinander und Gegeneinander strömenden Energien zwischen den sonst nur zufällig aneinander geratenden und sich kreuzenden übrigen Entelechien der Künste, Stile, Generationen usw.?«[69]

Mannheim meint, daß Pinder zu sehr vom Zufall ausgeht, von den »Würfen der Natur«, und daß er zu sehr an Jahreszahlen und Lebensrhythmen glaubt. Mannheim glaubt zwar, daß es »allerelementarste, allervitalste Wirkungs-Faktoren« gibt, aber er denkt, daß diese sich gerade in konkreten historischen Fakten und in gesellschaftlichen Zusammenhängen äußern. Um diese grundlegenden Faktoren zu finden, muß der Forscher also gerade den Einfluß dieses gesellschaftlichen und historischen Kontextes untersuchen, damit er den später ausschließen kann. »Überspringt man diese ›mittlere Sphäre‹, so wird man alle jene Momente, die der sogenannten ›Milieuwirkung‹, der ›Zeitsituation‹ zuzurechnen wären, unmittelbar einem naturalistischen Faktor (Generation, Rasse, geographische Lage usw.) zuzurechnen geneigt sein.«[70]

Für seine eigene Generationstheorie unterscheidet Mannheim eine »Generationslagerung« aller, die durch ihr Geburtsjahr zu einer Generation gerechnet werden können, einen »Generationszusammenhang«, wenn Generationsgenossen miteinander in Kontakt kommen oder gemeinsam ein historisches Schicksal erfahren (aber ihr Verhalten und ihre Lösungen müssen in Anbetracht ihrer unterschiedlichen Klassenherkunft nicht identisch sein) und eine »Generationseinheit«, wenn eine Generationsgruppe zu derselben Lösung findet. Nur der letzten Gruppe gesteht Mannheim eine ›Entelechie‹ im Sinne Pinders zu. Anders als bei Pinder jedoch bestehen diese »Generationseinheiten« nicht unabhängig voneinander, sondern sie bilden einen Teil großer sozialer und kultureller Strömungen, die durch die Zeit und durch die Generationen hin verlaufen. Die »Generationseinheiten« können untereinander zwar verschiedene Haltungen einnehmen, aber auf einem höheren Niveau sind sie Teil derselben »Strömungsentelechie«.

Lesen wir diese Zusammenfassung der Kritiken zu Pinders *Problem der Generation* noch einmal durch, so sehen wir, daß die meisten Kritiker, falls sie Kritik äußern, es bedauern, daß Pinders System so autonom aufgebaut ist und daß es für Einflüsse aus der konkreten historischen Wirklichkeit, in der der Künstler lebte, wenig Raum läßt. Mannheim ist hierin am konsequentesten. Eberleins Kritik ist von einem kunsthistorisch-methodischen Standpunkt her jedoch sehr wichtig, weil sie auf die schwer handhabbaren Seiten von Pinders System hinweist: durch das Aufteilen in Generationen verschwindet aller Zusammenhang aus der Kunstgeschichte. Die Generationstheorie arbeitet, wie Eberlein es plastisch ausdrückt, wie ein ›Hackbeil‹. An dem von mir gewählten Beispiel der Einteilung des Barocks nach Generationen konnten wir das auch erkennen: es wird zwar mit dem stilkritischen Begriff ›Barock‹ gearbeitet, aber zugleich wird der Barock in nicht weniger als acht autonome Unterstile aufgeteilt. Ich glaube auch, daß Pinders Generationstheorie deshalb, abgesehen von dem Fehlen der gesellschaftlichen Einflüsse auf den Kunstverlauf, niemals viele Nachfolger gefunden hat. Das System verspricht Einsicht in das historische Geschehen, aber es bringt letztlich nicht mehr hervor als Fragmente, die auf sehr diskutabler Grundlage – der Generation als Zeiteinheit – miteinander verbunden sind.

4. Generationstheorien in einem gesellschaftlichen und kulturhistorischen Kontext

Im vorigen Kapitel haben wir festgestellt, daß der Intellektuelle zum Beginn des 20. Jahrhunderts zu der ihn umgebenden Wirklichkeit ein ästhetisches Verhältnis unterhielt. Dieses Verhältnis war eine Widerspiegelung seiner sozialen Stellung in dieser Gesellschaft. Die Vorstellungen, die er von dieser Gesellschaft hegte, neigten zum Überbewerten des Spirituellen, Geistigen gegenüber dem Materiellen. Zugleich erkennt man sich selbst im gesellschaftlichen Prozeß eine Rolle zu (als Hüter der wirklichen Werte, gemeinsam mit dem fast ebenso spirituell aufgefaßten Staat), die das Gegenteil ist von der in Wirklichkeit eingenommenen Stellung. Zu einer wirklich politischen Sehweise kommt man nicht, dafür bleibt man zu sehr mit sich selbst beschäftigt. Den spirituellen Ideen der Gemeinschaft, der Nation, des Staates und der Bildung erkennt man so viel Kraft zu, daß man die öffentliche Gruppenbildung und Organisation öffentlicher Macht nicht für nötig erachtet. Außerdem findet man, daß jede direkte politische Aktivität zu den genannten Auffassungen im Gegensatz steht. Man sieht sich selbst vor allem als unabhängiges Individuum.

Kurz vor und besonders nach dem Ersten Weltkrieg kommt es in dieser Haltung zu einer Wende. Diese Wende ist keine Umkehr, sie ist nur graduell. Die Grundhaltungen bleiben nahezu dieselben, aber die Einstellung, besonders zur Politik, erfährt eine Änderung. Die Intellektuellen sehen sich jetzt sehr wohl als Gruppe, als *Generation,* und sie formulieren eine politische Zielstellung. Robert Wohl ortet dieses Generationsgefühl speziell nach dem Ersten Weltkrieg, mit einem Höhepunkt in den Veröffentlichungen zwischen 1928 und 1933. Er ordnet eine große Anzahl der Autoren und Denker vom Beginn des 20. Jahrhunderts um den Begriff ›die Generation von 1914‹: Ortega y Gasset gehört dazu, Barrès, Drieu de la Rochelle, Jünger, Zehrer, Brooke, Sassoon, Mosley, Lawrence, Papini, Mussolini, Gramsci – um die Bekanntesten zu nennen.[71]

Diese Generation wurde nicht 1914 geboren, und sie hat auch nicht in ihrer Gesamtheit von 1914 bis 1918 mitgekämpft. Sie gehören jedoch zu der Generation, für die der Erste Weltkrieg, und alles, was damit verbunden war, zum entscheidenden Ereignis ihres Lebens wurde.

Es geht dabei nicht nur um die Jahreszahl 1914: 1900 als die Trennlinie zwischen dem 19. und dem 20. Jahrhundert ist aus ihrer Sicht genauso wichtig. Man könnte sagen, daß sie die Modernisierung Europas mitgemacht haben und ihr als erste Gruppe von Erwachsenen Gestalt gegeben haben. Diese Ereignisse fielen auf einen Zeitpunkt in ihrem Leben, als sie gerade über ihre Stellung als Intellektuelle und über den Beitrag des Intellektuellen zur Gemeinschaft als Ganzem nachzudenken begannen. Es ist nicht sinnvoll, diese Gruppe anhand eines Geburtsjahres abzustecken, oder aufgrund gemeinsamer Ansichten. Man kann höchstens sagen, daß sie zwischen 1900 und 1914 erwachsen wurden und daß in ihren Schriften die Entwicklung Europas zu einer modernen Massengesellschaft und die Folgen von 1914-1918 einen wichtigen Platz einnehmen.

Sie sind die erste moderne Generation Europas – es ist die Generation der modernen Kunst und des Kampfes gegen die bourgeoise Kultur des 19. Jahrhunderts. In der Kunst finden wir die Faszination durch Geschwindigkeit und durch die große Stadt, und den bewußten Bruch mit traditionellen Auffassungen des Schönen. In der expressionistischen Literatur erscheint auffallend häufig das Thema des Aufstandes des Sohnes gegen den Vater.[72]

Jugend und Generation bedeuten Erneuerung: man glaubt, daß eine neue Generation angetreten ist, die die Fackel von der älteren übernimmt (oder die bankrotten Werte der Eltern ablehnt). Immer kehrt in den Schriften dieser ›Generation von 1914‹ dieser Aspekt von Jugend und Erneuerung wieder. In derselben Zeit erlebte auch die Jugendbewegung eine große Blüte. Man denke dabei an die Wandervögel und an die Manifestation der deutschen Jugend auf dem Hohen Meissner im Jahre 1913. Wohl betrachtet diese Jugendbewegung als eine Emanzipation der Jugend im Gefolge der vielen Emanzipationsbewegungen, die Europa seit der Französischen Revolution erlebt hat. Durch die großen strukturellen Veränderungen im Zusammenhang mit der Industrialisierung, der Städtebildung und der Herausbildung der Nationen im 19. Jahrhundert ändern sich die Beziehungen zwischen Eltern und Kindern grundlegend, und ebenso die Formen von Unterricht und Erziehung. Die Jugend wird im 19. und 20. Jahrhundert als eine besondere Phase im Leben des Menschen entdeckt.[73]

Diese Neustrukturierung der Gesellschaft hat Folgen für das Bild des Menschen von sich selbst. Im 19. und 20. Jahrhundert identifiziert man sich plötzlich mit der sozialen Klasse, zu der man gehört, mit dem Land, in dem man lebt und mit der Generation, der man angehört. Da die Welt größer wird, und infolge der Zunahme der Kommunikation erkennt man auch bei anderen gleiche Probleme und Bedürfnisse; man kann sich jetzt als ›unterdrückt‹ oder als ›Minderheit‹ einordnen. Die Entwicklung zur modernen Massengesellschaft schließt einerseits ein, daß die Menschen stärker als früher in großen Ganzheiten aufgehen, aber andererseits auch, daß man durch diesen Druck nach neuen Identifikationsmodellen sucht. Das Generationskonzept ist eine solche Identifikationsmöglichkeit. »To this extent«, schreibt Wohl, »we can say that the rise of generational consciousness was one of the side effects of the coming of mass society. It was, like the concept of class, a form of collectivism and determinism, but one that emphasized temporal rather than socioeconomic location.«[74]

Wohl sieht in dem Generationskonzept eine Alternative zum Klassenbewußtsein: es gibt den Menschen die Vorstellung, daß sie zu einer Gruppe gehören, daß ihre Identität und ihre Bestimmung in groben Zügen schon feststehen, und daß sie eine historische Aufgabe haben[75]. Besonders für Intellektuelle, die nicht zu einer bestimmten sozialen Klasse gehören (oder gehören wollen) hat diese Vorstellung viel Anziehungskraft, weil sie Menschen nach Grundhaltungen, Zielen und Lebensalter vereint, quer durch alle Klassen.

Sie sehen ihre politische Aufgabe als einen kulturellen Auftrag an. Die moderne Gemeinschaft hat wenig für die musischen intellektuellen Leistungen und deren Produzenten übrig. Die ›Generation von 1914‹ – in Deutschland zum Beispiel die Wandervögel – will eine politische Revolution, um eine kulturelle zu erreichen. Außerdem wird die Rettung der Kultur ihrer Auffassung nach schließlich eine politische, gesellschaftliche Wirkung haben, weil die Mißstände der bestehenden Gesellschaft (einseitige Fixierung auf Macht und materielle Güter) dadurch beseitigt werden. Die Klassengegensätze werden so verschwinden können, wenn, unter Anführung durch eine kulturelle, intellektuelle Elite, Kunst und Kultur wieder in den Mittelpunkt des Interesses der Gemeinschaft gestellt werden. Diese neue Kultur steht allen Menschen offen, und sie verkörpert die Werte der Nation in höchster Form.

Diese Kultur ist nicht per definitionem die der bürgerlichen Elite des 19. Jahrhunderts. Sie plädieren für die moderne Kunst und entscheiden sich für die Avantgarde ganz gemäß den Auffassungen vom Wert der Jugend und der Erneuerung. Die kulturelle Avantgarde ist die geheime Vorhut der neuen Zeit. Die kulturelle Erneuerung würde eine gesellschaftliche Erneuerung einleiten müssen. Wirkliche Erneuerung geschieht nicht auf dem Wege der Revolution, sondern über spirituelle Prozesse, die wiederum auf unergründliche Weise mit dem Lebensrhythmus des Menschen und der Geschichte verbunden sind.[76] So können Künstler und Intellektuelle sich selbst als die wirklichen Träger der Zukunft ansehen, als das wirkliche Zentrum von Aktivität, im Gegensatz zur Agitation von politischen Parteien wie der sozialistischen und der kommunistischen.

Im Denken der ›Generation von 1914‹ über Politik und Kultur steht das Bewußtsein der Krise im Mittelpunkt. Dieses Bewußtsein ist schon viel älter und geht auf das späte 19. Jahrhundert zurück, speziell auf Nietzsche. Nietzsche glaubte, daß wir am Ende von zweitausend Jahren christlicher Bildung stünden. Die Menschen des 19. Jahrhunderts waren seiner Auffassung nach besessen von Geschichte: alles wurde durch die geschichtlichen Auffassungen relativiert und von historischen Entwicklungen abgeleitet. Nietzsche vertrat darum eine grundsätzlich unhistorische Haltung: das Vergessen. Es geht nicht darum, wie etwas geworden ist, es geht um das Sein. Nietzsche glaubte auch, daß allein die Jugend noch die Kraft besaß, aus der Tretmühle des historischen Ballastes auszubrechen.

Diese Auffassung steht nicht im Gegensatz zu Nietzsches »ewiger Wiederkunft des Gleichen« – Nietzsche meinte hiermit keine gesetzmäßige Wiederholung von allem, was ist, auch nicht, wie später bei Spengler, einen heroischen Untergangskult, weil die Kultur erst sterben müßte, um später neu geboren zu werden. Nietzsche meinte einen Individualismus der Tat, des »Dennoch« des Menschen, der bewußt mit seiner traditionellen Unterwerfung unter die historische Zeit bricht. Nietzsche feierte das Individuum, das erkennt, daß die Zeit in jedem Moment neu beginnt und daß der Mensch auch neu beginnen kann, welche Konsequenzen das auch haben mag.[77]

Diese Kulturkritik verbindet sich mit der Abkehr von dem, was man das Erbe des 18. und 19. Jahrhunderts nennen kann: Empirismus, Positivismus und Liberalismus. Was man verwirft, sind der Pluralismus und der Relativismus der europäischen bürgerlichen Gesellschaft: es muß wieder eine allumfassende Idee von ewigem Anspruch geben. Die alten Ideale und Werte (unter ihnen auch die Religion) sind hierfür nicht mehr zu gebrauchen, sie sind entweder nicht universell genug oder reichen nicht tief genug. Viele der Ideale des 19. Jahrhunderts findet man nach 1900 oberflächlich und materialistisch. Die Lebensphilosophie ist eine Antwort hierauf: grundlegend für das menschliche Sein ist nicht die Ratio, sondern das Leben. Ein Zuviel an Ratio hat die Kultur verdorben und die Gesellschaft krank gemacht. Um die Gesellschaft zu retten, müssen wir zu den Quellen des Lebens zurückkehren: zu der Jugend, dem Volk, der Kunst.

Der Krieg 1914-1918 bewies in den Augen vieler Intellektueller, daß große Gruppen, sogar ganze Völker, in Aktion treten konnten, weil sie so etwas wie ihre nationale Identität und Kultur beschützen wollten (das glaubten die Intellektuellen zumindest). Auf dem Schlachtfeld fielen alle Klassenunterschiede weg, und die Soldaten erlebten ein Gefühl der Zusammengehörigkeit und Kameradschaft, wie es in der modernen Gesellschaft nicht vorkam. Auch erlebten viele Soldaten in der Hitze des Gefechts einen starken Lebensdrang, und sie machten Erfahrungen, die völlig jenseits ihrer intellektuellen Bildung lagen. In den Büchern von Jünger zum Beispiel ist Krieg eine Läuterung, ein Mittel, um durch den Umgang mit dem Tode das Leben zu finden. Diese Beschäftigung mit den Extremen von Leben und Tod, mit der Schönheit des Schrecklichen, findet sich auch in den Schriften Marinettis und in den Gedichten Siegfried Sassoons.

Die vitalistischen Vorstellungen, die diese Generation schon vor 1914 pflegte, wurden durch die Erfahrungen bestätigt, die manche von ihnen im Schützengraben machten. Nach 1918 beharrt die ›Generation von 1914‹ auf denselben Ideen, vielleicht gerade deshalb stärker, weil die Gesellschaft nach 1918 ihren Kurs *nicht* ändert und noch schneller modernisiert und »vermasst« als zuvor.

In Deutschland verbinden die vitalistischen Ideen sich nach 1918 mit einer politischen Haltung, die die ›konservative Revolution‹ genannt wird.[78] Die Enttäuschung über die Friedensbedingungen von Versailles und die Unzufriedenheit mit der nicht gut funktionierenden Weimarer Republik führen zu einer Ablehnung der Demokratie und der zu ihr gehörenden Werte. Es ist nicht so, daß die Anhänger der konservativen Revolution (der Begriff ist von Hugo von Hofmannsthal)[79] eine einheitliche Vorstellung hatten von dem politischen Kurs, den man nach 1918 einschlagen mußte. Man ist grundsätzlich gegen Weimar, aber man ist überhaupt nicht oder kaum in der Lage, zu umschreiben, wodurch es ersetzt werden müßte: es bleibt bei vagen Begriffen wie Nation, Werte etc.

Die konservative Revolution ist einerseits konservativ im gewöhnlichen Sinne: man fordert eine Gesellschaft, in der Kultur und Gesellschaft einen organischen Zusammenhang aufweisen. Man glaubt nicht an Fortschritt, aber an eine Identität von Volk und Land, die sich gleich bleibt. Die Auffassung, die man von Geschichte hat, ist zyklisch.[80] Man plädiert für eine Führung des Landes durch eine wissende und vorbildliche Elite und verabscheut Liberalismus, Sozialismus und Industrialisierung.

Trotzdem haben die Anhänger der konservativen Revolution auch Auffassungen, die nicht ohne weiteres mit ›normalen‹ konservativen Ideen identisch sind: anders als der normale Konservatismus sehen sie die Führung des Landes in den Händen der Intelligenz liegen. Die Aufgabe der intelligenten Elite ist auch nicht so sehr auf den Erhalt traditioneller Machtpositionen gerichtet, sondern auf die Wiederherstellung von ›Werten‹, die für das ganze Volk bindend sein müssen. Der große Wegbereiter der konservativen Revolution, Arthur Moeller van den Bruck, warf den alten Konservativen vor, daß sie am Ende des 19. Jahrhunderts ihre kulturellen Werte zugunsten politischer aufgegeben hätten. Moeller van den Bruck war für einen Konservatismus, der auf dem deutschen Idealismus beruhte, vermischt mit dem Tatendrang der Jugendbewegung, und der Überzeugung, daß die wirklichen Werte des Lebens im Volke zu finden sind. Dieses Volk könne ohne Führung jedoch nicht existieren, und die müsse von der Intelligenz gebildet werden.[81]

Politik und Kultur sind bei den Anhängern der konservativen Revolution eng miteinander verbunden, sie verfechten einen »Patriotismus aus Kulturbedürfnis«.[82] Durch Versailles sehen sie die deutsche Identität bedroht, und sie stellen – typisch für die Intellektuellen jener Zeit – diese Identität auf eine Ebene mit der Kultur. Aus den Schriften der konservativen Revolutionäre läßt sich denn auch nicht ablesen, ob sie die politischen Folgen von Versailles aufgrund ihrer politischen Überzeugung ablehnen, oder weil durch die Einführung der Demokratie und die allgemeine Modernisierung der Charakter der deutschen Kultur gefährdet wird. Auch weil bei ihnen die politische und die kulturelle Argumentation sehr eng miteinander verwoben sind, läßt sich ein klares Programm politischer und kultureller Forderungen nicht erkennen. Diese Klarheit können sie auch aus einem anderen Grunde nicht erbringen: gerade dieses ›Deutsche‹ ist das irrationale, spirituelle, völkische ›Leben‹, das sich nicht in objektive Begriffe fassen läßt.

Die konservative Revolution ging zu einem Teil aus der Jugendbewegung hervor, mit den Idealen, die dort Beifall fanden: die Kultur als eine ständige Erneuerung, als eine Folge von Lebensmut, der von immer neuen Gruppen Jugendlicher immer wieder in die Gemeinschaft hineingetragen wird. Hans Zehrer, in den zwanziger und frühen dreißiger Jahren Redakteur der tonangebenden konservativ-revolutionären Zeitschrift *Die Tat*, verbindet in seinen Artikeln Paretos Elite-Ideen mit der Generationstheorie.[83] Während Pareto über den geschlossenen Kreislauf von Eliten schreibt, spricht Zehrer vom Kreislauf der Generationen. Zeher beklagt die in der Weimarer Republik bestehende Situation, wo einer ganzen Generation von Intellektuellen der Zugang zu Führungskreisen versagt ist. Er sagt für die nahe Zukunft den Zusammenbruch der bestehenden Machtblöcke aus politischen Parteien und finanziellen Gruppen voraus. Danach wird eine Gruppe die Macht übernehmen, die bis dahin isoliert war, nämlich die Intelligenz; in Erwartung eines wirklich großen Führers. Dies wird eine elitäre Gruppe sein, die aufgrund ihrer ethischen und intellektuellen Überlegenheit die Führung beanspruchen kann. Sie werden als einzige in der Lage sein, die Nation zu einen.

Die konservative Revolution beruht auf sehr gegensätzlichen Argumenten. Man will eine elitäre Gemeinschaft, aber die Führung hat eine Gruppe inne, die bis dahin niemals die Führung übernahm: die Intelligenz. Man will zurück zu einer Gemeinschaft, in der Gesellschaft und Wertesystem organisch miteinander verbunden sind, aber diese Werte sind neu oder jüngeren Datums.[84] Man will eine Alternative zur modernen Gesellschaft, aber man gebraucht ein Geschichts- und ein Zeitbewußtsein, die eher dynamisch als statisch sind. Man befaßt sich mit Politik, aber um die Kultur zu retten. Letztlich erwartet man von der Kultur eine größere gesellschaftliche Wirksamkeit als von der Kultur als Machtmittel. Die konservative Revolution wurde denn auch niemals mehr als ein loser Zusammenschluß schreibender Intellektueller.

Das Generationskonzept ist eng mit der konservativen Revolution verbunden, und es weist dieselben Widersprüche auf. Einerseits steht Generation für Erneuerung und Verjüngung, andererseits aber sieht man im Wechsel der Generationen ›Leben‹, und dieses ›Leben‹ ändert sein Wesen niemals. Es ändert sich also zwar etwas, aber das Wesentliche dieser Veränderung ist die Veränderung an sich, nicht die Form, in der sie geschieht. Diese Auffassung paßt zu einer Generation, die stärker als jede vorhergehende Generation erlebte, wie Europa in kurzer Zeit sein Gesicht und seine Struktur veränderte. Man konnte sich nicht vorstellen, daß die Zeit jemals langsamer verlaufen würde, oder daß ihre Zeit Bestandteil einer viel längeren, sich über viele Generationen erstreckenden Periode sein könnte.

Das Interessante ist, daß diese Generation von 1914 ihre eigene, sich so schnell verändernde Kultur auf die europäische Kultur im allgemeinen projiziert wie es auch Pinder tut, und daß sie zugleich durch die Behauptung der Regelmäßigkeit dieser Veränderungen, (von Generation zu Generation) die Möglichkeiten dieser Veränderungen stark einschränkt. Sie betrachten die Geschichte nicht als einen Prozeß, in dem jede Phase den Ansatz bildet für eine folgen de, völlig andersgeartete Phase, sondern als einen Prozeß, in dem immer dieselben Pole einander abwechseln. Die Geschichte hat also kein Ziel, keine Bestimmung, sondern sie ist eine andauernde Bewegung, die von einer einzigen Quelle ausgeht: dem Leben.

Dieses Leben ist für den Menschen ein Problem. Die Fragen nach dem Charakter und der Bedeutung des Lebens werden an jede Generation in anderer künstlerischer und intellektueller Form aufs Neue gestellt. Die Lösungen können auf zwei Wegen gefunden werden: entweder man ergibt sich der Wirklichkeit, wie man sie vorfindet, oder man schafft sich seine eigenen Gesetze. Was Pinder das Fundament der europäischen Kultur nennt, das andauernde Pendeln zwischen zwei Polen, ist bei Lichte besehen die Frage nach dem eigenen Engagement des Intellektuellen. Bleibt man als Intellektueller in der eigenen geistigen Welt und sucht von daher die Welt zu begreifen, oder ergibt man sich der Welt? Das Problem einer bestimmten historischen Generation von Intellektuellen – der ›Generation von 1900‹ – dehnt Pinder auf alle Generationen der Geschichte aus, und er erklärt es zu einem allgemeingültigen Merkmal der europäischen Kultur.

Ich hoffe, im Obenstehenden deutlich gemacht zu haben, daß Pinders *Problem* in einen bestimmten kulturhistorischen und gesellschaftlichen Kontext paßt. Damit kann die in der Einleitung gestellte Frage, warum die Generationstheorie in der Kunstgeschichte keine Nachfolger hatte, beantwortet werden.

Erstens gibt es die damals schon vorgebrachten Einwände: eine historische Entwicklung wird von der Generationstheorie zerstückelt. Die Möglichkeiten anderer Einflüsse außer den im Problem der Generation einbegriffenen (speziell anderer gesellschaftlicher Einflüsse), werden auf ein Minimum eingeschränkt.

Zweitens stellt sich heraus, daß Pinders Generationstheorie nicht so sehr die Probleme aller Generationen beschreibt, sondern daß sie sehr stark das Problem von Pinders eigener

Generation enthält. Darum wird Pinders Theorie für spätere Generationen an Anziehungskraft verlieren. Pinders Generationstheorie ist zu der Gesamtheit der anderen Generationstheorien ein wichtiger Beitrag; im Rahmen der Kunstgeschichte ist sie ein Unikum.[85]

METHODENSTREIT UND KUNSTGEOGRAFIE

Einleitung

In diesem und im folgenden, vierten Kapitel steht die Frage nach der Wechselwirkung zwischen Pinders nach 1933 verfaßten Schriften und der nationalsozialistischen Diktatur im Mittelpunkt. Wie hat Pinder sich zu dem neuen Regime verhalten, und andererseits, wie hat der Nationalsozialismus die Schriften Pinders und anderer Kunsthistoriker geprägt?

Nach meiner Meinung ergäbe es jedoch eine Verzerrung der Situation, würde man Pinders Publikationen lediglich auf ihr nationalsozialistisches oder nichtnationalsozialistisches Gedankengut prüfen. Die Kunstgeschichte hat als Disziplin eine eigene Selbständigkeit, ein eigenes ›Feld‹, innerhalb dessen die Diskussion über Möglichkeiten und Grenzen des Faches stattfindet.[1] Auch in einer totalitären Gesellschaft muß und wird jede wissenschaftliche Disziplin ein gewisses Maß an Selbständigkeit behalten, will das Regime sich der Wissenschaft bedienen können. Wenn man von faschistischer Kunstgeschichte spricht, setzt man schon voraus, daß es eine Disziplin Kunstgeschichte mit einer eigenen Identität gibt, die sich von anderen Disziplinen unterscheidet.

Bisher erfolgte die Charakterisierung des Paradigmas der faschistischen Kunstgeschichte vor allem durch die Analyse der Aussagen.[2] Die Kunstgeschichte, die nach dem über die Jahrhunderte erhalten bleibenden deutschen Charakter der deutschen Kunst fragte; die fragte nach dem germanischen oder nordischen Wesen der Kunst; nach der Überlegenheit der deutschen Kunst; nach dem Verhältnis der Kunst zu Blut und Boden – eine Kunstgeschichte, die solche und ähnliche Fragen stellte, konnte man als faschistisch bezeichnen. Tatsächlich haben sich vor und nach 1933 zahllose Kunsthistoriker in und außerhalb von Deutschland mit derartigen Fragen befaßt, Pinder war nicht der einzige.

Eine erschöpfende Darstellung und Inventarisierung dieser Art Kunstgeschichte ist meiner Meinung nach jedoch sinnlos, und sie kann nicht mehr ergeben als eine endlose Aufzählung (der und der, und der auch...), wenn man nicht Fragen stellt, die einer solchen Aufzählung vorausgehen müssen; Fragen nach den Voraussetzungen.

In dem »Diskussionsbericht«, der auf die aufsehenerregende Lesung von Berthold Hinz zum Bamberger Reiter folgte[3], die dieser 1968 in Ulm auf dem Deutschen Kunsthistorikerkongreß hielt, wurde deutlich, daß man zwischen den Aussagen und der angewandten Methode unterscheiden muß. In seiner Vorlesung neigte Hinz stark zu einer Aufzählung von Aussagen, und die Frage nach der gesellschaftlichen Relevanz der angewandten Methode verwandelte er schnell in die Frage nach der gesellschaftlichen Relevanz von Kunst.[4] Hinz behauptete, daß sich die Kunstgeschichte als Disziplin in den zwanziger und dreißiger Jahren in Deutschland selbst für unpolitisch hielt, daß sie aber sehr wohl ausgesprochen politische Aussagen traf. Er schlußfolgerte dies aus dem ästhetischen Standpunkt des Idealismus, nach dem das Schöne jenseits der direkten Bedürfnisse des Individuums funktioniert, jedoch innerhalb der freien Subjektivität dieses Individuums. Das ist allgemein natürlich wahr, es bleibt aber auch sehr allgemein.

Es ging mir in den vorhergehenden Kapiteln stets darum, das Verhältnis zwischen den kunsthistorischen Methoden, den kunsthistorischen Themen und der gesellschaftlichen Stellung des kunsthistorischen Forschers zu beschreiben, in diesem Falle Wilhelm Pinders als Repräsentanten einer Generation deutscher Kunsthistoriker. Weil die Problematik der Beziehung Kunstgeschichte – Nationalsozialismus in meinen Augen bis heute sehr einseitig, sehr ›verkürzt‹ behandelt wurde, will ich mich ihr in den zwei folgenden Kapiteln ausführlich widmen.

In diesem Kapitel möchte ich speziell die methodischen und thematischen Aspekte dieser Frage erforschen, im folgenden, vierten Kapitel werde ich vor allem Pinders öffentliches Auftreten als Professor einer genauen Betrachtung unterziehen. Es geht jetzt um die Fragen: wie verläuft der sogenannte ›Methodenstreit‹ zwischen den beiden Weltkriegen in den deutschsprachigen Ländern? Wie ist sein Verhältnis zur ›Kunstgeographie‹? Welchen Platz nimmt Pinder dabei ein?

A. Der Methodenstreit in der Kunstgeschichte im deutschen Sprachraum, etwa zwischen 1920 und 1945

1. Einige allgemeine Anmerkungen zur Methode

Der Methodenstreit der zwanziger, dreißiger und vierziger Jahre hat seine Ursachen zum Teil in der Tatsache, daß die Trennlinie zwischen Kunstgeschichte und Kunstwissenschaft so schmal war. Man könnte sagen, daß die Kunstwissenschaft in dem Moment entstand, als sich der Bruch zwischen Ästhetik und Kunstgeschichte vollzog. Die Kunstwissenschaft erforscht das Wesen der Kunst, während die Ästhetik das Wesen der Schönheit erforscht. Für die Kunstgeschichte bleibt das Gebiet der historischen Erforschung der künstlerischen Objekte übrig.

In dem Maße, wie die Unzufriedenheit mit der streng positivistischen und inventarisierenden kunsthistorischen Forschung wuchs, wurde die Kunstwissenschaft immer mehr zu einem Rivalen der Kunstgeschichte. Die Gründung einer speziellen Zeitschrift durch Max Dessoir im Jahre 1906, der *Zeitschrift für Aesthetik und allgemeine Kunstwissenschaft,* ist ein Höhepunkt dieser Entwicklung.

Die Fragestellungen der Kunstwissenschaft bedeuteten für die Kunstgeschichte eine große Herausforderung. Meiner Auffassung nach läßt sich der Methodenstreit der Jahre von 1920-1945 zu einem großen Teil einerseits auf diese Herausforderung durch die Kunstwissenschaft zurückführen, andererseits auf die große Enttäuschung über die Resultate der Kunstwissenschaft. In der Kunstwissenschaft wandte man bei der Suche nach Gesetzmäßigkeiten der Kunst und nach dem wahren Wesen der Kunst zwar wunderbare Begriffe und Systeme an, aber für das einfache kunsthistorische Handwerk wurden dabei keine fruchtbaren Erkenntnisse angeboten. Außerdem blieb unklar, wie sich Kunstwissenschaft und Kunstgeschichte nun eigentlich zueinander verhielten – wo die eine Disziplin aufhört und die andere beginnt.

Worum genau geht es in dieser Diskussion? In einer Veröffentlichung ziemlich neuen Datums wird behauptet, es gehe um ein allgemeines kunsthistorisch-methodisches Problem, das schon seit der Entstehung der kunsthistorischen Disziplin existiere. Michael Podro[5] schreibt, daß die Kunsthistoriker sich die Frage stellten nach dem Verhältnis zwischen den formalen und inhaltlichen Aspekten des Kunstwerks einerseits (den »features«) und den Funktionen (»functions«) andererseits, die das Kunstwerk in einer größeren historischen Entwicklung erfüllt. »If we look back to our examinations of Riegl, Wölfflin and Panofsky, we find in each case we were forced to introduce distinctions between, for instance, a general ideal of coherence toward which artists were assumed to aim, and the particular models and motifs through which this coherence was achieved; or between a general theory of development, and the particular motifs that figured in that development; or between the general notion of artistic invention, and the particular materials through which it was achieved. The critical systems had to be split into general purposes or functions and the particular materials which were drawn upon in their fulfilment. Having this twotier division, between what we might term the level of *feature* and the level of *function,* we are in a better position to summarize the critical potention of the systematical historians.«[6]

Podro hat gewiß recht, wenn er dieses Problem als eines der größten, wenn nicht das größte methodologische Problem der Disziplin Kunstgeschichte ansieht, aber da er innerhalb unserer Periode nur Panofsky ausführlich behandelt, und Schlosser beiläufig, erhalten wir keinen guten Einblick in die spezifischen Diskussionspunkte von damals und in das damalige Ergebnis.

Rothacker, ein zu jener Zeit viel gelesener Wissenschaftsphilosoph, faßte 1927 die kunsthistorische Diskussion folgendermaßen zusammen[7]. Er betrachtete diese Diskussion als Ausgangspunkt für den allgemeinen Methodenstreit, den er in den Geisteswissenschaften zu sehen glaubte. »Und der Kern des Streites ist doch wohl der, welche Momente am Gesamtphänomen der Kunst die eigentlich wesentlichen seien. Sind es formale, so schreibe ich folgerichtigerweise Kunstgeschichte als Problemgeschichte. Sind es gehaltliche, schreibe ich sie als Lebensgeschichte. Um ein radikales Entweder-Oder zwischen gehalt und Form braucht es sich dabei keineswegs zu handeln. Eine Entscheidung in ihrem Rangstreit genügt.«[8]

Das ist also wieder etwas anderes, als Podro meint. Ein anderer Zeitgenosse, Herbert von Einem, behauptet:[9] »Die Aufgabe der Kunstwissenschaft als Wissenschaft ist eine doppelte: das historische Kunstwerk in seinem rein künstlerischen und in seinem geschichtlichen Gehalt verstehen zu lernen.« Dies kommt Podro sehr nahe, allerdings schreibt von Einem nicht über Kunstgeschichte, sondern über die Kunstwissenschaft.

Aus den obenstehenden älteren Zitaten könnte der Eindruck entstehen, daß es nach dem Zweiten Weltkrieg zwei Lager gab. Eine Strömung, die sich vor allem auf die formalen Qualitäten orientierte, und eine Strömung, mehr im Fahrwasser der Wiener Schule und der Geistesgeschichte, die mit historisch-psychologischen Idealtypen arbeitet. Bei näherer Betrachtung liegen die Dinge jedoch nicht so einfach. Man begann die Diskussion zwar ursprünglich mit einer Neudefinition des formalen und des geistesgeschichtlichen Standpunktes, aber die mehr als zwanzig Jahre später erzielten Ergebnisse haben weder mit dem einen noch mit dem anderen viel zu tun. Im weiteren Verlauf der Diskussion bis zu Frey im Jahre 1946 wird schließlich ein Standpunkt eingenommen, bei dem »feature« und »function« völlig zusammenfallen. Es stellt sich heraus, daß die Diskussion im Kern nicht so sehr um das Primat von *Stil*geschichte oder *Ideen*geschichte geht, sondern gerade um das Aufgeben der *Geschichte.*

Das Aufgeben einer spezifisch historischen Fragestellung in der Disziplin Kunstgeschichte kommt nicht von ungefähr. In den vorigen Kapiteln haben wir am Beispiel der Schriften Pinders beobachtet, wie unter dem Einfluß psychologischer, geistesgeschichtlicher und idealtypischer Haltungen das Interesse für den großen historischen Zusammenhang abnahm.

Was bleibt dann noch für den Kunst*historiker* übrig, wenn er nicht völlig mit dem Kunstwissenschaftler identisch werden will? Die Kunsthistoriker glauben sich von den Vertretern der Kunstwissenschaft zu unterscheiden, indem sie ihr Interesse nicht auf das Allgemeine richten, auf die Kunst, sondern auf das Spezielle: auf das Kunstwerk. Man will an dieses spezifische, individuelle Kunstwerk als Forschungsobjekt offen herangehen, ohne den begrifflichen Ballast der Kunstwissenschaft.

Das Paradoxe ist aber, daß es den Kunsthistorikern doch nicht gelingt, für dieses individuelle Kunstwerk eine eigene Methode zu entwickeln, die sich wesentlich von der der Kunstwissenschaft unterscheidet. Die Einengung der Forschung auf die Analyse nur eines Kunstwerkes bedeutet letztlich eine Schwächung der Methode. Über eine Hintertür tauchen semi-kunstwissenschaftliche, phänomenologisch-ontologisch orientierte Theorien auf, die die Analyse des individuellen Kunstwerkes ermöglichen sollen. Diese Theorien verbinden sich schnell mit der Methode der ›Kunstgeographie‹, die um 1930, und besonders danach zu großer Blüte kommt. Mit Hilfe der Kunstgeographie gelingt es der Kunstgeschichte, wieder eine eigene Identität aufzubauen.

Im Methodenstreit werden das Forschungsobjekt und die Forschungsmethoden der kunsthistorischen Wissenschaft zur Diskussion gestellt. Um zu einem besseren Verständnis zu gelangen, ist es sinnvoll, einige Seiten Martin Heidegger zu widmen, dem großen Wissenschaftsphilosophen dieser Jahre.

2. Martin Heidegger

Heidegger sagt in seinem 1927 erschienenen *Sein und Zeit*, daß die Geschichte die Geschichte alles »Dagewesene(n)« sei, in dem das Sein seine historische Form fand. Die Aufgabe der Vertreter der historischen Disziplinen ist es, das Wesen des Historischen zu ergründen und die historischen Aspekte des Seins zu erforschen. Die Biologie z. B. erforscht die biologischen, die Kunstgeschichte, so füge ich hinzu, die kunsthistorischen Aspekte. Auf diese Art können alle Teilwissenschaften zu einer großen Seinswissenschaft zusammenfallen.[10]

Heidegger schreibt über die Krise, in die ein großer Teil der Geisteswissenschaften geraten ist. Er schätzt diese Krise positiv ein, weil die Wissenschaften jetzt ihre eigenen Grundlagen erforschen, und bei dieser Forschung kann die Frage nach dem Wesen der Wissenschaft schließlich mit der Frage nach dem Sein selbst verbunden werden.

Es muß festgehalten werden, daß er hier mit »Wissenschaft« nicht die Kenntnis von Fakten, Ereignissen oder Ähnlichem meint, sondern das, was die Disziplin zu dem macht, was sie ist: die historische Disziplin erforscht das Historische. Was ist das, das historische?[11]

Die Geschichte des Seins, wie dieses sich im Dasein zeigt, reflektiert die existentiellen Möglichkeiten, das heißt die existentiellen Wahlmöglichkeiten, die dem Handeln der Individuen und der Bestimmung der Völker zugrunde liegen. Ziel der Geschichtsschreibung ist es, diese Möglichkeiten zu beschreiben. In der Geistesgeschichte und der Lebensphilosophie stellte man sich die Frage, welche Prozesse des Geistes und des Lebens sich *im* Menschen abspielten. Heidegger dreht dies um: der menschliche Geist muß seine Haltung *zum* Sein bestimmen. Die Geschichtsschreibung würde sich die Aufgabe stellen müssen, die immer wiederkehrenden möglichen Haltungen und Alternativen zu erforschen, und in den Fakten die Möglichkeiten zu erkennen.[12] Das Ziel der Geschichte liegt nicht in der Aufstellung allgemeiner Gesetze, oder im Verharren bei individuellen Fakten: »Weder das nur einmalig Geschehene noch ein darüber schwebendes Allgemeines ist ihr Thema, sondern die faktisch existent gewesene Möglichkeit.«[13] Diese Möglichkeiten darf man dann nicht so sehr auffassen als Möglichkeiten, die ›benutzt‹ werden können, sondern eher als Strukturen, die zurückkehren können. Historizität wird dann eine Form des historischen Bewußtseins von vergangenen und wiederkehrenden Möglichkeiten, die auf die eine oder andere Art verwirklicht werden können. Historizität fällt nicht mit der Geschichtsschreibung zusammen, Historizität wird dann soviel wie das Bewußtsein des historischen oder zeitlichen Charakters des Daseins[14]. Auf dieser Historizität müßte die wahre Geschichtsschreibung sich aufbauen. Letztlich geht es auch der Geschichtsschreibung um Wahrheit. Diese Wahrheit hat zwei Gesichter: es gibt die Wahrheit der Dinge in ihrem Sein, die ontische Wahrheit (»Entdecktheit«), und die Entschleierung des Ganzen, die ontologische Wahrheit (»Erschlossenheit«).

Diese Wahrheit ist das Sichtbarwerden des Seins im Dasein. Der Mensch lebt zeitlich, und er kann das Sein allein als zeitliches, historisches Da-sein erleben. Nur der Mensch, der dies anerkennt, kann eine Wahl treffen, erfährt ein »entschlossenes Schicksal«. Diese Wahl verbindet den Menschen mit der Zukunft. Man darf Geschichte also nicht, von der Vergangenheit ausgehend, auf das Heute hin schreiben, oder vom Heute ausgehend auf die Vergangenheit hin, sondern man muß sie stets schreiben aus einer Haltung angesichts der Zukunft des Menschen: das Entscheiden für diese Zukunft, die Tod heißt. Dann erst begreift der Mensch auch die Möglichkeiten der Vergangenheit. »Das eigentliche Sein zum Tode, das heißt die Endlichkeit der Zeitlichkeit, ist der verborgene Grund der Geschichtlichkeit des Daseins. Das in der Entschlossenheit liegende, vorlaufende Sichüberliefern an das Da des Augenblicks nennen wir Schicksal.«[15]

In *Sein und Zeit* wird das Historische zwar ausgearbeitet, aber dem Platz der Kunst wird keine Aufmerksamkeit geschenkt. 1935 und 1936 hielt Heidegger eine Reihe von Vorlesungen über Kunst[16], die 1950 unter dem Titel »Der Ursprung des Kunstwerkes« in der Sammlung *Holzwege* veröffentlicht wurden[17]. Mir ist nicht bekannt, ob schon vor diesem Zeitpunkt Kunsthistoriker vom Inhalt Kenntnis hatten. M. van Nierop[18] sieht keinen Bruch zwischen *Sein und Zeit* und »Der Ursprung des Kunstwerkes«, seiner Auffassung nach ist der spätere Essay eher eine Ergänzung und Verdeutlichung zu *Sein und Zeit.* Ich möchte diesen Essay darum kurz besprechen, und dann am Ende dieses Paragraphen zusammenfassen, warum Heidegger für ein besseres Verständnis des Methodenstreits in der Kunstgeschichte so wichtig ist, und für die Geschichte der Kunstgeschichte allgemein.

Heidegger unterscheidet zwischen Dingen (natürlichen Dingen), Zeug (Gebrauchsgegenständen) und Werken (Kunstwerken). Diese drei Arten von Gegenständen weisen Übereinstimmungen auf, aber auch Unterschiede. So sind Stoff und Form allen dreien eigen, aber nur die beiden letzteren sind Produkte des Menschen. Ein Zeug ist ein Gegenstand, der seine Bedeutung erst erhält, wenn er für etwas benutzt wird, wenn er ist, »um zu ...« Ein Kunstwerk jedoch ist zwar vom Menschen hergestellt, es hat aber keine praktische Funktion. Das Zeug fällt nicht auf, wenn es nicht gebraucht wird, das Kunstwerk fällt sehr wohl auf.

Laut Heidegger finden im Kunstwerk ›Erde‹ und ›Welt‹ zueinander. Erde bedeutet soviel wie das griechische ›physis‹, das Gebiet der stofflichen Natur, in welcher der Mensch wohnt[19]. Welt ist das nicht-stoffliche Gebiet der menschlichen Aktivität. Der Gebrauchsgegenstand, das Zeug, ist vollkommen ein Gegenstand der Welt, denn in diesen Gegenständen nehmen wir den Stoff nicht mehr bewußt wahr, wir sehen darin allein die Funktion, die der Gebrauchsgegenstand für uns erfüllt. Im Kunstwerk bleiben Stoff und Form, bleibt ›Erde‹ sichtbar. Das Kunstwerk macht uns dies sogar ausdrücklich bewußt.

Diese zwei Eigenschaften machen das Kunstwerk zum Kunstwerk: »Das Aufstellen einer Welt und das Herstellen der Erde sind zwei Wesenszüge im Werksein des Werkes.«[20] Denn im Kunstwerk wird gerade das sichtbar, was sich als nur-Erde oder nur-Welt immer vor uns verbirgt. Erde und Welt befinden sich in einem Verhältnis des Gegensatzes, das im Kunstwerk einen Ruhepol findet. Und in dieser Ruhe wirkt die Wahrheit[21], als das an dieser Stelle sichtbar werdende Sein. »Eine dieser Weisen, wie Wahrheit geschieht, ist das Werksein des Werkes. Aufstellend eine Welt und herstellend die Erde ist das Werk die Bestreitung jenes Streites, in dem die Unverborgenheit des Seienden im Ganzen, die Wahrheit, erstritten wird.«[22]

Die Wahrheit zeigt sich nämlich selten (Heidegger leitet das Wort ethymologisch ab als a-letheia, das Un-verborgene): sie ist das Sein inmitten des Daseins. »Wahrheit im ursprünglichsten Sinne ist die Erschlossenheit des Daseins, zu der die Entdecktheit des innerweltlich Seienden gehört.«[23]

Das Kunstwerk, als der historische Fakt, ist eine der Möglichkeiten der Wahrheit, sich zu zeigen: »Weil es zum Wesen der Wahrheit gehört, sich in das Seiende einzurichten, um so erst Wahrheit zu werden, deshalb liegt im Wesen der Wahrheit der Zug zum Werk als einer ausgezeichneten Möglichkeit der Wahrheit, inmitten des Seienden selbst seiend zu sein.«[24]

Das Kunstwerk muß also als ein *Seiendes* aufgefaßt werden: das Kunstwerk verweist auf nichts, es geht darum, daß es auf eine bestimmte Art da ist, und daß dieses Da-sein explizit gemacht wird.

Das Kunstwerk hat keinen Einfluß und keine Auswirkung auf seine Umgebung: »Dabei ist das Seltsame, daß das Werk in keiner Weise auf das bisherige Seiende durch kausale Wirkungszusammenhänge einwirkt. Die Wirkung des Werkes besteht nicht in einem Wirken. Sie beruht in einem aus dem Werk geschehenden Wandel der Unverborgenheit des Seienden und das sagt: des Seins.«[25]

Das Kunstwerk hat also keine Auswirkung, aber es hat auch seinen Ursprung nicht im individuellen Künstler oder dessen Phantasie.[26] Der Ursprung des Kunstwerks liegt in der *Kunst,* und das Wesen der Kunst ist, laut Heidegger, das »Stiften von Wahrheit«.

Stiften muß hier auf drei Arten gelesen werden: als Schenken, als Begründen und als Beginnen. Die letzte Bedeutung ist hier wichtig, weil sie an Bemerkungen über Geschichte und Zeit aus *Sein und Zeit* anknüpft: der Beginn birgt das Ende in sich. »Immer wenn Kunst geschieht, das heißt wenn ein Anfang ist, kommt in die Geschichte ein Stoß, fängt Geschichte erst oder wieder an. Geschichte meint hier nicht die Abfolge irgendwelcher und sei es noch so wichtiger Begebenheiten in der zeit. Geschichte ist die Entrückung eines Volkes in sein Aufgegebenes als Einrückung in sein Mitgegebenes.«[27]

In der Kunst »beginnt« die Wahrheit, und der Ursprung des Kunstwerkes ist das Gründen/Beginnen von Wahrheit. Kunst und Kunstwerke stehen an einem anderen Ort als die anderen Produkte des Menschen, denn sie haben einen anderen Ursprung. Zwischen Erde und Welt finden die Völker ihre Aufgaben, und die Geschichte gibt davon Bericht, durch die Überlieferung und Bewahrung der Möglichkeiten ihrer Wahl. Man kann die Kunstwerke auffassen als die Wahrheit in ihrer historischen Form, so wie die Wahrheit einmal in einer historischen Situation erschien.

Heidegger hat kein Interesse für die Person des Künstlers. Er beschäftigt sich auch nicht mit materiellen, sozialen und ideellen Einflüssen auf die Entstehung von Kunst. Ebensowenig betrachtet er das Kunstwerk als Teil einer größeren und älteren bildnerischen Tradition. Er hat eine Vorliebe dafür, die Kunstwerke unabhängig von ihrem Schöpfer, unabhängig von Ort und Zeit, und von anderen Kunstwerken zu behandeln: »Je einsamer das Werk, festgestellt in die Gestalt, in sich steht, je reiner es alle Bezüge zu den Menschen zu lösen scheint, umso einfacher tritt der Stoß, daß solches Werk *ist,* ins Offene.«[28]

Die Kunstwerke bilden keine Geschichte, sondern die Geschichte ist in der Kunst: »Das heißt nicht nur: die Kunst hat eine geschichte in dem äußerlichen Sinne, daß sie im Wandel der zeiten neben vielem anderen auch vorkommt und sich dabei verändert und vergeht, und der Historie wechselnde Anblicke darbietet, sondern die Kunst ist Geschichte in dem wesentlichen Sinne, daß Geschichte und zwar in der angezeigten Bedeutung gründet. Die Kunst läßt die Wahrheit entspringen. Die Kunst erspringt als stiftende Bewahrung die Wahrheit des Seienden im Werk. (...) Der Ursprung des Kunstwerkes, das heißt zugleich der Schaffenden und Bewahrenden, das sagt des geschichtlichen Daseins eines Volkes, ist die Kunst. Das ist so, weil die Kunst in ihrem Wesen ein Ursprung und nichts anderes ist: eine ausgezeichnete Weise wie Wahrheit seiend und das heißt geschichtlich wird.«[29]

Der von Heidegger angedeutete Kurs wird für die Vertreter der Kunstgeschichte richtungweisend. Ich kann nicht nachweisen, daß Heidegger damals von jedermann gelesen (und begriffen!) wurde, aber ich kann jetzt anhand von Heideggers Richtlinien den Umriß des neuen kunsthistorischen Paradigmas beschreiben, wie es sich zwischen den beiden

Weltkriegen langsam entwickelt. Die Kunstgeschichte entwickelt sich vom Ontischen zum Ontologischen.

Das schließt für die Kunstgeschichte als *historische* Wissenschaft ein, daß die Bedeutung des Historischen an sich viel größer ist als die der speziellen historischen Entwicklungen und Fakten. Das Historische trägt eine eigene Bedeutung in sich, und es ist wichtig, diese Bedeutung, dieses Wesen zu kennen, um zu verstehen, auf welchen Wahlmöglichkeiten das Handeln der Individuen, aber vor allem auch der Völker beruht (bzw. beruhte).

Für die Kunstgeschichte als *Kunst*wissenschaft bedeutet die ontologische Umkehr, daß jedes Kunstwerk, unabhängig von Zeit, Ort und Entwicklung, ganz für sich der Träger einer Wahrheit ist. Von noch viel größerer Wichtigkeit als die Einmaligkeit des Kunstwerks sind die zwei folgenden Dinge: Erstens hat das Kunstwerk keine subjektive Beziehung zu den Menschen mehr, sondern eine objektive. Der Mensch ist nicht der Macher oder der Betrachter des Kunstwerks, sondern der Mensch ist zum *Objekt* des Kunstwerkes geworden. Der Ursprung des Kunstwerks liegt in der Kunst, und die Kunst ist das Stiften von Wahrheit. Dieser Wahrheit muß der Mensch sich unterwerfen, das ist sein Schicksal.

Zweitens ist das Kunstwerk nicht mehr nur in der menschlichen Kultur (»Welt«) zu Hause, sondern es unterhält auch Beziehungen mit der Natur, der Erde. Das Kunstwerk lehrt uns also Wahrheiten über die stoffliche, unbeseelte Natur, die wir aus anderer Quelle nicht beziehen können. Meinen späteren Ausführungen vorgreifend, möchte ich den Leser jetzt schon darauf hinweisen, wie vollkommen die Forderungen Heideggers in der ›Kunstgeografie‹ in eine Methode umgesetzt werden: Kunstgeschichte als die Lehre von dem Verhältnis zwischen Land, Volk und Kunst.

Und noch etwas. Das Historische und das Kunstwerk fallen schließlich zusammen, als Einsichten in das Sein. Die »functions« und »features« von Podro lassen sich in Heideggers Kunsttheorie absolut nicht auseinanderhalten. Die Quintessenz des Historischen ist die Erkenntnis, daß das Sein sich uns, den zeitlichen Menschen, in Form historischer Daseinsmomente zeigt. Das Historische ist auf diese Weise ein Aspekt des Seins. In den Kunstwerken wird anschaulich gemacht, wie die Wahrheit des Seins historisch wird, wie sie historisch Form annimmt. Aber zugleich ist das Kunstwerk nicht historisch, zugleich ist es das Sein inmitten des historischen Daseins; steht das Kunstwerk zwischen Erde und Welt, wo die Völker ihre Aufgaben finden. Die Geschichte beginnt, ja sie entspringt sogar in diesem Kunstwerk.

Ich bin kein Philosoph, und ich fühle mich auch nicht befugt, Heidegger bei Unvollkommenheiten in seiner Theorie zu ertappen. Die Spannung in Heideggers Aussagen, daß etwas *zugleich* historisch ist und *zugleich* aus dem Historischen herausfällt, ist auch in vielen Schriften damaliger Kunsthistoriker anzutreffen. Von diesen Auffassungen, die im Grunde nicht miteinander vereinbar sind, handelt die Diskussion, ja sie sind die Seele der Diskussion. Man dachte, daß diese Spannung neue Einsichten hervorbringen würde, die dann zu einem Durchbruch führen könnten, der die alten kunsthistorischen Meister von Anno 1900 weit hinter sich lassen würde.

3. Der Methodenstreit, näher betrachtet. Krise in der Kunstgeschichte?

In der kunsthistorisch-methodischen Literatur zwischen 1920 und 1945 wird immer wieder geäußert, daß die Kunstgeschichte sich in einer Krise befände. Von dem Optimismus und der Selbstsicherheit um die Jahrhundertwende scheint nichts mehr übrig geblieben zu sein. Die Kunstgeschichte, so sagt man, hat ihre führende Position unter den Geisteswissenschaften verloren; der historische Positivismus des 19. Jahrhunderts kommt wieder zum Vorschein; es gibt keine neuen Problemstellungen mehr; dies sind einige der angeschlagenen Töne.

Aber es könnte ebenso gut ein Zeichen von Kraft sein, daß sich die Kunsthistoriker an eine Diskussion über die Möglichkeiten und Grenzen ihres Faches wagen. Niemals zuvor und niemals danach wurde innerhalb der kunsthistorischen Wissenschaft, innerhalb eines begrenzten geografischen Gebiets (Deutschland und Österreich) und innerhalb eines relativ begrenzten Zeitraums (die Zeit zwischen den Weltkriegen) so viel über die Methode des Faches und über die dazugehörenden Auffassungen von Kunst nachgedacht wie gerade damals.

Leider gibt es bis heute keine gute Zusammenfassung, geschweige denn eine vollständige Übersicht dieser Diskussion, die in Artikeln, Vorlesungen, und großen und kleinen Publikationen geführt wurde. Man beschränkt sich heute meist darauf, einige der Teilnehmenden zu nennen (Panofsky, Sedlmayr, Gantner). Außerdem macht man sich nicht bewußt, daß diese Diskussion nach 1933 nicht beendet war, sondern daß sie bis 1946 zu verfolgen ist, ja daß die Spuren dieser Diskussion sich bis 1960 nachweisen lassen.[30]

Durch das Fehlen einer guten Dokumentation dieser Diskussion sehe ich mich gezwungen, mich ihr ausführlich zu widmen. Leider kann ich nicht alles bis in die Feinheiten darstellen, da meine Fragestellungen letztlich Pinder betreffen und nicht die Methodendiskussion in den Mittelpunkt stellen. Ich habe mich für die Texte entschieden, welche die Methode zum Gegenstand haben, also ich behandle keine Publikationen und Studien zu einzelnen Kunstwerken, die entweder diese Methode verdeutlichen oder die durch ihren Ansatz methodisch erneuernd gewirkt haben. Die jetzt folgenden Texte lassen erkennen, wie man damals über das Fach Kunstgeschichte dachte. Das Folgende ist, so glaube ich, eine mehr oder weniger vollständige Übersicht dieser Diskussion, und es kann als repräsentativ erachtet werden. Eine wirklich vollständige Übersicht müßte auch die damit zusammenhängenden Forschungen behandeln: dies tue ich jedoch nur in bezug auf Pinder.

Richard Hamann spricht schon 1916 von einer Krise, in der sich die Kunstgeschichte angeblich befindet.[31] In seinem Artikel bespricht er das methodische Handbuch von H. Tietze aus dem Jahre 1913, *Die Methode der Kunstgeschichte*.[32] Hamanns Kritik an dem Buch von Tietze lautet, daß es in der Anlage völlig von den Darstellungen zur Methodik der historischen Wissenschaften (Bernheim) abgeschaut ist, während Tietze doch zugleich verkündet, daß das Kunstwerk mehr sei als nur ein historisches Dokument. Hamann schreibt: »Untersuchungen über die Methode einer Wissenschaft pflegen oft genug das Anzeichen einer Krise in dieser Wissenschaft zu sein, indem neue Probleme den Rahmen bis dahin geübter Praxis wissenschaftlicher Forschung zu sprengen drohen.«[33] Diese Krise umschreibt er folgendermaßen: »Die Krisis, in der sich die Kunstgeschichte zur zeit befindet, hängt vielmehr ab von den neuen Aufgaben, die ihr dadurch gestellt sind, daß die dritte Bestimmung des Kunstwerkes, die anschauliche Bedeutung, bisher kaum beachtet und vor allem noch nicht methodisch ausgearbeitet ist.«[34] Hamann glaubt nämlich, daß ein Kunstwerk drei Aspekte hat: den materiellen Aspekt; den originellen Aspekt (das Erneuernde in bezug auf Form, Technik und Inhalt); und den Aspekt des Kunstwerks als *Kunst*werk. Diesen letzten Aspekt nennt er »Kunstgehaltsgeschichte«.

Bei Strzygowski[35] ist das Wort Krise schon in den Titel des Buches vorgedrungen, *Die Krisis der Geisteswissenschaften* (1923). Zum besseren Verständnis muß hier hinzugefügt werden, daß es bei Josef Strzygowski um mehr geht als um eine Krise der Wissenschaft. Er bezieht die politische und gesellschaftliche Situation im Österreich der Nachkriegszeit ein, die »Verjudung« des öffentlichen Lebens, die Probleme mit der Finanzierung seines Instituts und seine Konflikte mit der wissenschaftlichen Welt über seine Theorien von der nordischen Herkunft der Kultur. Das Buch ist geschrieben aus der Haltung: ›Josef Strzygowski gegen den Rest‹, und das hat zur Folge, daß das Buch zwar sehr vergnüglich zu lesen ist, aber auf die Dauer ist es durch die darin versprühte Kritik zu boshaft, um ernst genommen zu werden.

Strzygowskis Behauptungen laufen darauf hinaus, daß die Kunstgeschichte als Disziplin nur dann eine Überlebenschance hat, wenn ›Sachkunde‹ und ›Beschauerforschung‹ rigoros voneinander getrennt werden. Die Sachkunde ist die historische Erforschung des Kunstwerks, bei der das Kunstwerk im Mittelpunkt steht; die Beschauerforschung müßte sich mit der Frage befassen, warum etwas als schön empfunden wird, und wie und warum der Geschmack sich ändert. Laut Strzygowski werden diese zwei Dinge in der Kunstwissenschaft seiner Zeit zu wenig voneinander getrennt, was zur Folge hat, daß der objektive und der subjektive Teil durcheinandergeraten sind, und daß Leute, die seiner Meinung nach leichtfertig Systeme errichtet haben, das Fach untergraben.[36]

Bei einer Analyse muß man stets vom Kunstwerk selbst ausgehen, und die formalen und inhaltlichen Aspekte dürfen nicht isoliert werden. Das wirkliche Wesen des Kunstwerks ist sein künstlerischer Charakter. Das Kunstwerk ist die Verkörperung von Kräften, die vom Künstler in einem Kunstwerk umgesetzt werden. Es ist die Aufgabe des Kunsthistorikers, die hinter diesen Kräften wirkenden Ursachen zu erforschen.[37]

Strzygowski ist altmodisch in seinem echt Wiener universalhistorischen Herangehen, bei dem er das Kunstwerk als ›Ausdruck‹ historischer Prozesse sehen will, trotz der Betonung des künstlerischen Charakters des individuellen Kunstwerks. Sein Buch hat, soweit ich das einschätzen kann, niemanden weiter beeinflußt. Aber sein Plädoyer für die Aufteilung der Kunstgeschichte, zusammen mit einem neuen Interesse für das ›Kunstwerk-an-sich‹, geben ihm doch einen Platz in der Methodendiskussion.

1924 schrieb Ludwig Coellen ein Buch über die kunsthistorische Methode.[38] Coellen erkennt der Kunst ein völlig autonomes Gebiet zu. Die Grundbegriffe, die für den autonomen Bereich der Kunst gelten, sind nicht identisch, oder sie lassen sich nicht gleichsetzen mit den Grundbegriffen aus der Philosophie oder der Religion, wie Dvořák annahm. »An diesem Gegensatz ist bisher die Methode gescheitert. Mochte man, wie Dvořák, noch so innige Beziehungen feststellen zwischen den philosophisch-religiösen Auswirkungen des Begriffs als solchen und den Kunstwerken, immer mußte das eine unreine Methode bleiben, die auch material zum Irrtum führte und vor allem das kunstgeschichtliche Gebiet um seine Selbständigkeit zu bringen drohte.«[39]

Hamann, Strzygowski und Coellen befürworten jeder auf seine Weise eine größere Aufmerksamkeit für den künstlerischen Aspekt des Kunstwerkes, das mit geeigneten Fragestellungen untersucht werden muß. Damit übereinstimmend ist der Aufsatz »Verlebendigung der Kunstgeschichte« in dem Sammelband *Lebendige Kunstwissenschaft. Zur Krise der Kunst und der Kunstgeschichte* von dem schon früher genannten Hans Tietze aus dem Jahre 1925.[40] Laut Tietze läßt sich die Krise in der Kunstgeschichte zurückführen auf die Krise in der Kunst, die mit dem Aufkommen des Expressionismus entstand. Man darf das Kunstwerk nicht als einen »Abguss« der Ideen einer Bestimmten Zeit ansehen, denn dann ist das Kunstwerk nicht mehr als eine intellektuelle Abstraktion. »Die Kunst ist uns nicht mehr ein besonderes Medium, das wie ein Spiegel das ihm aus anderen Geistesgebieten Zugeströmte in Form umsetzt, sondern diese Form ist uns ein untrennbares Stück der Lebendigkeit. (...) Ihr (der Kunstgeschichte, M.H.) ist in aller Geschichte das entscheidend Wichtige, was zu unmittelbar lebendiger Wirkung erweckt werden kann (...). Sie verlebendigt, indem sie zu den Quellen führt, die lebendig sind.«[41] Das Kunstwerk muß losgelöst von den historischen Prozessen untersucht werden, und losgelöst von kulturellen Kontexten; die Kunstgeschichte muß in der Kunst nach ›Leben‹ suchen, was auch immer das sein möge.

Einigermaßen abseits von der Diskussion stehen Benedetto Croce und sein Übersetzer/Vertreter Julius Schlosser. Schlosser übersetzte 1926 Essays von Croce[42], wodurch Croce als Teilnehmer in die deutschsprachige Methodendiskussion eingeführt wurde. Croces

Standpunkte sind folgende: Kunst- und Literaturgeschichte müssen aufhören, Fragestellungen zu gebrauchen, die aus einem Gebiet außerhalb des direkt Künstlerischen kommen. Es geht hierbei um den Unterschied zwischen Kritik und Geschichte; »Die strenge Wissenschaft aber hat lediglich die individuellen und sozialen Ursachen, die bei der Hervorbringung der Werke tätig waren, zu untersuchen; des weiteren erfordern wohl die großen Werke die Mitarbeit der ästhetischen Kritik, die mittelmäßigen, sekundären oder tiefstehenden gehen jedoch in die Geschichte der Literatur ein, oder anders ausgedrückt: Kritik und Geschichte sind wohl auseinander zu halten.«[43]

Croce plädiert für eine Literatur- und Kunstgeschichte, die über Monografien und Essays das Charakteristische der großen Künstler und der großen Kunstwerke erforscht. Es besteht eine ständige Spannung zwischen den Höhepunkten der Kunst und der Geschichte, aus der diese Kunst hervorgeht, Croce nennt das die Dialektik.[44]

Stilgeschichte und große historische Zusammenhänge, die zu einer universalhistorischen Kunstgeschichte führen, lehnt er ab, weil genau darin der ästhetische Wert der Beiträge der großen Künstler verloren geht, und weil ein solches universalhistorisches Herangehen nicht imstande ist, »Tatsachen ästhetischer Natur« miteinander zu verbinden. Das Ganze ist auch im individuellen Kunstwerk anwesend, und es kann in kleinen Aufsätzen behandelt werden.[45]

Die Aufgabe des Kunsthistorikers ist es vor allem, die großen genialen Künstler von den Nachahmern, Mitläufern und ähnlichen zu unterscheiden. Die sind gut genug für die Kulturgeschichte, aber sie bedeuten nichts für die Kunst im eigentlichen Sinne.[46]

Dem vorgreifend, was wir bald bei Sedlmayr finden werden, sehen wir bei Croce die Aufteilung in zwei Arten von Kunstgeschichte (sogar das Wort »streng« fällt schon), wobei die eine Richtung mehr kulturhistorisch sein müsse, die andere eher kritisch-kunstwissenschaftlich. Bei Croce fällt auch sein Eintreten für eine Behandlung in kleinen Studien und Monografien auf. Anders als Sedlmayr macht Croce noch keinen Unterschied zwischen großen Kunstwerken und großen Künstlern. Die Hierarchie zwischen kleinen und großen Künstlern ist ein Aspekt, der eher auf das 19. Jahrhundert verweist als auf den modernen kunsthistorischen Ansatz des frühen 20. Jahrhunderts.

Julius von Schlosser veröffentlichte 1935 einen Vortrag, der mit etwas anderen Worten Croces Standpunkte wiederholt.[47] Schlosser will eine Trennung in Stilgeschichte und Sprachgeschichte. Die Stilgeschichte müßte sich mit den wirklich großen Kunstwerken befassen (die nicht vergleichbar sind mit der Durchschnitts-Kunstproduktion), während die Sprachgeschichte die Erforschung der historischen Entwicklungen des bildnerischen Vermögens beinhaltet. Das zentrale Problem liegt seiner Auffassung nach denn auch in der Unterscheidung zwischen Kunst und Nicht-Kunst. Das Gebiet der Sprachgeschichte umfaßt die Entwicklung und die Einflüsse der Kunst, und ihr Medium ist das allgemeine Handbuch, während die Stilgeschichte Fragen nach dem Wesen der Kunst stellt; ihr Medium ist die Monografie. »Tatsächlich liegt auch die Sache so, daß die Autonomie aller eigentlichen Kunst-, das ist Stilgeschichte, verloren geht, wenn das Individuelle ins Universale, vielmehr Abstrakte aufgelöst, das Subjekt des Urteils ins Prädikat verkehrt wird. Der Mikrokosmos trägt den Makrokosmos *in sich;* nicht Rembrandt erscheint ›als Kunst‹, sondern Kunst ›als Rembrandt‹. (...) Giotto ist nicht als ›Ausdruck seine Zeit‹ zu fassen (...), sondern seine Zeit ›als Giotto‹, andernfalls gelangt man unweigerlich in den ›soziologischen‹ Irrgarten: Kunst als ›Ausdruck der Gesellschaft‹, nicht mehr autonom, sondern als Urkunde.«[48]

Auch Max Dessoir glaubt, daß man Kunstgeschichte und Kulturgeschichte voneinander trennen muß. Er sagt 1927, daß erst klar werden muß, welche die eigenen Gesetzmäßigkeiten und Charakteristika der Kunst sind, bevor man Beziehungen zu anderen historischen Disziplinen herstellen kann.[49] »Die Kunst in ihrem bleibenden Gehalt so zu erfassen und im Rahmen geisteswissenschaftlicher Systematik zu ergründen, ist die noch ungelöste Aufgabe. (...) Es verhält sich demnächst so, daß sowohl die Unterordnung der Kunstgeschichte unter Volks- oder Zeitgeschichte als auch die Auslieferung der Kunstsystematik an ein sonst bewährtes Verfahren Bedenken erweckt, weil nicht genügend Rücksicht auf die Einzigart des Künstlerischen genommen wird.«[50]

Jetzt hören wir es vom Meister der Kunstwissenschaft selbst: Auch die Kunstwissenschaft im alten Sinne kann die Kunstgeschichte nicht retten, wenn man zu wenig auf den einmaligen, künstlerischen Aspekt des Kunstwerks achtet. Im weiteren Verlauf seiner Darlegungen nimmt er diesen Standpunkt jedoch teilweise wieder zurück, weil er hinter den einzelnen künstlerischen Fakten doch bestimmte Gesetzmäßigkeiten vermutet.[51]

Im selben Jahr, 1927, und in derselben Lieferung der *Zeitschrift für Ästhetik und allgemeine Kunstwissenschaft* finden wir eine Bestandsaufnahme der Situation und den Ansatz zu einer neuen Theorie von Paul Frankl.[52] Frankl ist die Spannung aufgefallen, die in Kunstwissenschaft und Kunstgeschichte zwischen den reinen Begriffen einerseits und den einzelnen Fakten andererseits besteht. Er stellt die »Konstruktivisten« den »Individualisten« gegenüber.

Frankl ist allgemeinen Begriffen nicht abgeneigt. Er betrachtet die Stilgeschichte als eine idealtypische Hilfskonstruktion. Auch die gesamte Geistesgeschichte ist für jedes der Teilgebiete eine Ansammlung von Stilen. Diese Stile sind natürlich niemals in reiner Form sichtbar. Alle diese Stile bewegen sich untereinander jedoch in einer Harmonie, »Kulturharmonie«, und so nimmt die Geschichte Form an. »Dieser Bezugsfall einer vollständigen Kulturharmonie ermöglicht den Einblick in die ›Form‹ der Geschichte.«[53]

Es ist sein Ziel, Fakten und Angaben zu Ganzheiten zu vereinigen, und diese Ganzheiten kann man Stil und Harmonie nennen. Das Ziel der wissenschaftlichen Arbeit ist es, dort dann noch tiefer einzudringen, um die eigene Form der Geschichte zu finden, so, wie die Geschichte in den Stilen Form erhält. Dieser Standpunkt kommt Heideggers Auffassungen vom historischen Dasein als einem Aspekt des Seins sehr nahe. Dies kann ich am bester durch ein langes Zitat von Frankl selbst zeigen:

»Die volle Analyse umfaßt aber nicht nur die ›Sache‹, sondern auch die ›Person‹ und beide verbunden müssen zu ›Ort‹ und ›Zeit‹ in Beziehung gebracht werden, ehe man das Ganze der Geschichte umfassen kann. Und diese gesamte Gedankenarbeit ist das, was die Konstruktivisten unter den Historikern heute treiben. Halten diese Wissenschaftler lange genug an ihren Prinzipien der Analyse in elemente und Synthese durch Ganzheitsarten fest, so wird der Schlußzustand die Erkenntnis der ›Form‹ der Geschichte sein. Wir stehen vor der Türe, ja wir sind schon eingetreten, finden nur drinnen immer neue verschlossene Türen, an unserem Schlüsselbund sind die Begriffe Stil und Harmonie vielleicht die wichtigsten Schlüssel. Den Sinn der Geschichte, ihre Melodie, können wir zwar nur *schauen,* aber die Form des Geschehens können und wollen wir *durch*schauen.«[54]

Stil und Harmonie bedeuten nicht mehr dasselbe wie früher. Es geht hier nicht um Stilmerkmale à la Wölfflin oder um Harmonie in einem mehr psychologischen Sinne. Eigentlich bedeuten die Worte so gut wie nichts. Wir sehen hier eine neue Art von Stilkritik entstehen, welche nicht die Formen der Kunst untersucht, sondern die der Geschichte.

Frankl ist wichtig für das,was sich in den dreißiger und vierziger Jahren entwickelt. Aber das neue Dezennium beginnt mit einem aufsehenerregenden Artikel, der als Abschluß der Methodendiskussion der zwanziger Jahre betrachtet werden kann. Ich meine Sedlmayrs »Zu einer strengen Kunstwissenschaft« aus dem Jahre 1931.[55]

Auch Sedlmayr möchte die Kunstgeschichte/Kunstwissenschaft aufspalten. Er unterscheidet eine »erste« Kunstwissenschaft, d. i. die traditionelle historische, die einordnet und beschreibt, und eine »zweite«. Diese zweite Kunstwissenschaft befaßt sich mit dem

Problem des Erkennens des Kunstwerks. Es ist nämlich das Verdienst Sedlmayrs, daß er, anders als seine Vorgänger, ein wichtiges methodisches Problem erkennt: Wie ist es möglich, unter vielen Objekten das Kunstwerk zu erkennen? Will man ein Kunstwerk analysieren, so muß man zuerst wissen, ob es überhaupt ein Kunstwerk ist. Aber wie kann man das wissen, wenn man es nicht zuvor erforscht hat?

Die Aufgabe der zweiten Kunstwissenschaft besteht nun darin, den Kunstgegenstand genau auf die Aspekte hin zu untersuchen, die ihn zu einem Kunstwerk machen. Das Erkennen des Objektes der Forschung und seine Analyse sind seiner Meinung nach fast identische Schritte. Aber damit sind die Probleme noch nicht gelöst; denn welche Methode soll man dabei anwenden?

Sedlmayr kommt dann mit einer Art Verfälschungstheorie: Im Sinne der zweiten Kunstwissenschaft ist jenes Herangehen an das Kunstwerk das Richtige, das so viele Aspekte des Objektes wie möglich deutlich werden läßt, und das vor allem die Beziehungen zwischen den verschiedenen Aspekten des Kunstwerks aufklärt. Das Problem besteht also darin, die richtige Einstellung zu finden. Hat man die richtige Einstellung einmal gefunden, so wird deutlich, war vorher undeutlich blieb. »Man wird jene Auffassung des Gebildes vorziehen, bei der in den größeren Ganzen, in die das Gebilde eingeordnet ist, Dinge verständlich werden, die unverständlich waren, solange man es in einer anderen Einstellung sah.«[56]

Sedlmayr benutzt hier Einsichten, wie sie damals in Wien von der Gestalt-Psychologie entwickelt wurden.[57] Es geht um ein Begreifen der Kunstwerke, das sie gleichsam vollendet, so »daß sie sich ihrem eigenen Ideal gewissermaßen genähert haben.«[58] Dieses vollendende Begreifen steht im Gegensatz zu einem Begreifen, das die Kunstwerke zerpflückt, das sie auf Einzelteile, auf »und-verbundene Stücke« zurückführt.

Ziel der Analyse ist das Begreifen des Kunstwerks in seiner Totalität, »Ganzheit«. Darum muß das Kunstwerk auch als eine selbständige Einheit betrachtet werden, und es muß der Anfangspunkt und das Ende der Untersuchung sein. Die Stilgeschichte, aber auch die Geistesgeschichte, faßten das Kunstwerk doch zu sehr als einen »Durchgangspunkt« auf, und als ein »Mittel zum Aufbau einer Geschichte«.[59]

Die Erforschung der Konstanten in der Kunst, wie »Zeitstil«, »Generationsstil«, »regionaler Stil«, steht zwar im Gegensatz zu der in die Länge denkenden Stilgeschichte, aber sie hat auch die Neigung, das Kunstwerk einem größeren Ganzen unterzuordnen. Dieses Ganze muß laut Sedlmayr im Kunstwerk selbst liegen, das historische Moment konzentriert sich im Kunstwerk, es ist das Kunstwerk. »Früher bloß Medium der Erkenntnis, Spur eines Anderen, das aus ihm erschlossen werden sollte, erscheint es jetzt als eine in sich ruhende *kleine Welt* eigener und besonderer Art.«[60]

Ausgehend von einer genauen und verstehenden Beschreibung des Kunstwerks, könnte man dann zu einer ganz neuen Art dynamischer Kunstgeschichte gelangen, anstelle der alten additiven, deduktiven. Eine Kunstgeschichte, die von unten her aufgebaut wird, und die nicht von oben, ausgehend von allgemeinen, systematischen philosophischen Systemen, aufgesetzt wird, so stellt Sedlmayr sich diese neue Wissenschaft vor. »Dadurch ändert sich von der Forschung her – nicht aus abstraktem Nachdenken über diese Dinge – die Vorstellung von den natürlichen Grenzen dieser Wissenschaft und ihrem inneren Bau. Sie nimmt zum Beispiel eine ›allgemeine Kunstwissenschaft‹ und eine Wertlehre der künstlerischen Gebilde, die bis dahin künstlich abgetrennt und lange einer spekulativen Behandlung ausgeliefert waren, organisch in sich auf und gibt ihnen dadurch eine unvergleichlich breitere Fundierung in der Empirie.«[61]

Ausgehend von der Praxis, werden so die Problemstellungen formuliert, und es wird hypothetisch nach Lösungen gesucht. Kleine Arbeitsgruppen müßten kleine Gebiete erforschen, im Gegensatz zu dem Streben nach allgemeinen Übersichten und Handbüchern.

Das große Verdienst von Sedlmayrs Artikel liegt darin, daß er die bis dahin geführte Diskussion zusammenzufassen versteht, und daß er ihr außerdem ein festeres methodisches Fundament zu geben weiß. Er wendet Erkenntnisse an, die damals neu waren, wie die Gestalt-Psychologie und die Falsifikationstheorie. Außerdem versteht er es, die Trennung zwischen einer mehr historisch arbeitenden, dokumentierenden Kunstgeschichte einerseits (der »Sprachlehre« Schlossers) und dem mehr kunstwissenschaftlichen Herangehen andererseits aufzuheben, indem er beides um ein Kernproblem anordnet: das Erkennen eines Objekts als *Kunst*objekt, als Kunstwerk. Das kunstwissenschaftliche Herangehen stellt sich letztlich doch wieder über das rein kunsthistorische.

Es bleiben natürlich noch viele Fragen offen. Eine Methode, mit der man wirklich arbeiten kann, bietet Sedlmayr de facto nicht an. Auch der angedeutete Weg, nämlich induktiv über verschiedene kleinere Forschungsprojekte von selbst zu größeren Zusammenhängen zu gelangen (in welchen dann die allgemeine Kunstwissenschaft und die »Wertlehre der künstlerischen Gebilde« einbegriffen sein sollen), ist keine fest vorgegebene Route, sondern eher ein Weg des ›trial and error‹ Diese scheinbar offene Arbeitsweise öffnet die Tür sperrangelweit für allerlei ungeprüfte (und auch unprüfbare) Annahmen.

Dies ist der Kern der Kritik, die Otto Pächt im selben Jahr an Sedlmayr übt.[62] Laut Pächt gibt es zwei Gruppen von Beschreibungen und Analysen von Kunstwerken: eine erste Gruppe, die nur vom individuellen Kunstwerk ausgeht, wobei der Interpret eine Terminologie entwickelt, die gefühlsmäßig mit dem Kunstwerk übereinstimmt, und eine zweite Gruppe, die dediktiv arbeitet, und die es sich zur Aufgabe macht, dem Kunstwerk in einem vorher aufgestellten System einen Platz anzuweisen.

Wie die erste Gruppe zu allgemeinen Begriffen kommen will, ist unklar. Die zweite Gruppe ist in ihrer Arbeitsweise zwar wissenschaftlicher, aber sie bleibt sehr weit von den Objekten entfernt. Die erste Gruppe glaubt unbefangen vor das Kunstwerk zu treten, aber sie vergißt, daß dies völlig unmöglich ist, daß man schon Vorstellungen hat, bevor man an die Arbeit geht. Dies ist eine wichtige Kritik an Sedlmayrs »richtiger Einstellung«. Wir können ein Objekt nämlich nicht begreifen, wenn wir nicht von vornherein eine bestimmte Einstellung haben, »wenn wir dazu nicht eine gewisse Disposition, eine bestimmte Gestalt-Einstellung mitbrächten. Maßgebend für das Zustandekommen eines Phänomens und seine endgültige Gestalt mitbestimmend sind nicht nur die äußeren gegenständlichen Daten (die Reizkonstellation), sondern auch wesentlich der Zustand des Empfangapparates, der stark durch frühere Erfahrungen geformt ist, also äußere wie innere Bedingungen.«[63] Das Problem besteht darin, diese richtige Einstellung zum Kunstwerk zu finden, und Methoden zu entwickeln, die den Wahrnehmungs- und Interpretationsprozeß positiv beeinflussen. Es muß eine gute Terminologie für die formalen Eigenschaften der Kunstwerke entwickelt werden, eine Terminologie, die mehr ist als das, was Pächt ein mnemotechnisches Hilfsmittel nennt. Ein solcher beschreibender Begriff muß auch etwas über das Ganze sagen, über die ›Gestalt‹, wie »ein wirkliches Begriffssymbol, das aller weiteren Forschungsarbeit als Operationsbasis dient«.[64]

Pächt hat weniger Angst als Sedlmayr vor allgemeinen stilistischen Merkmalen und vor klar umrissenen Voraussetzungen. Diese zu entwickeln, ist gerade die Aufgabe der kunsthistorischen Wissenschaft, weil eine offene, ›Blanko‹-Haltung nur die Reproduktion eines unbewußten, unreflektierten Denkinhalts bedeutet.

Auch die Kritik Eberhard Hempels aus dem Jahre 1935[65] läuft fast auf dasselbe hinaus: Sedlmayrs zwei Arten von Kunstwissenschaft lassen sich nicht miteinander vereinbaren. Wie kommt man zu der richtigen Einstellung, die auch die innere Struktur überschaubar werden läßt? Ziemlich traditionell befürwortet Hempel eine Aufteilung in eine erste Kunstwissenschaft, die sich vor allem auf das Ansammeln von Fakten und das Studium der historischen Entwicklungen orientiert; und eine zweite Kunstwissenschaft, die sich mehr mit den Motiven und den großen historischen Komplexen befassen müßte, in der Art der Wiener Schule. So könnte eine objektgemäße Kunstwissenschaft entstehen, neben einer mehr auf Ideen gerichteten.

Erwin Panofskys Auffassung bleibt innerhalb des Gebietes der Geistesgeschichte.[66] Die Aufgabe des Forschenden ist es, im Kunstwerk den »letzten wesensmäßigen Gehalt« aufzuzeigen, und der ist, in echt geisteswissenschaftlichen Begriffen, »die ungewollte und ungewußte Selbstoffenbarung eines grundsätzlichen Verhaltens zur Welt.«[67] Die Interpretation des Kunstwerks hat erst dann ihr Ziel erreicht, wenn alle Aspekte materieller, technischer und ikonografischer Art als ›Dokumente‹ eines einheitlichen Weltanschauungssinns erfasst und aufgewesen« sind[68]. Diese tiefere Bedeutung ist nicht identisch mit den literarischen Quellen, die mit dem Werk zu tun haben: »Wir können wohl Texte finden, die uns unmittelbar darüber belehren, was Dürers ›Melancholie‹ sub specie des Bedeutungssinns vorstellt, nicht aber Texte, die uns unmittelbar darüber belehren, was sie sub specie des Dokumentensinns bekundet.«[69]

Diese Interpretation spielt sich ab zwischen dem »eigene(n) weltanschauliche(n) Urverhalten des«[70] Interpreten und dem, was von der allgemeinen Geistesgeschichte einer Epoche bekannt ist. Es ist interessant zu sehen, daß Panofsky hier Heideggers KantInterpretation zitiert, wenn dies auch Panofskys im Grunde geistesgeschichtliche Einstellung, soviel ich erkennen kann, nicht beeinflußt. Denn er schließt sich der in der Geistesgeschichte üblichen Überzeugung an, daß es im menschlichen Dasein grundlegende Haltungen gibt, die in jeder Epoche eine andere Erscheinungsform erhalten können. Lediglich seine Betonung der Behandlung des Kunstwerks als eine Ganzheit materieller, technischer und anderer Aspekte bringt ihn Sedlmayr nahe.[71]

Ein für die Diskussion wirklich neuer Gesichtspunkt ist der Joseph Gantners in seiner *Revision der Kunstgeschichte, Prolegomena zu einer Kunstgeschichte aus dem Geiste der Gegenwart*, 1932.[72] Gantner behauptet, daß das wissenschaftliche Niveau der Disziplin Kunstgeschichte seit dem Ersten Weltkrieg gesunken ist, weil die Kunstgeschichte mit den Entwicklungen in der modernen Kunst nicht Schritt gehalten hat. Der Forscher müßte seinen Blick an der zeitgenössischen Kunst schärfen, und ausgehend von dieser modernen Kunst, Fragestellungen für die ältere Kunst entwickeln. Dies widerspricht der erprobten historischen Methode allerdings sehr stark, die die Kunstwerke gerade von ihrer eigenen Zeit her erklären will. Herbert von Einem fragte sich denn auch in einer Kritik, ob es überhaupt möglich ist, von der modernen Kunst aus, speziell auf mehr soziologischem Gebiet, für alte Kunst gute Fragestellungen zu entwickeln.[73]

Vergleichbar mit Gantners Vorschlag ist die Erklärung K. M. Swobodas aus dem Jahre 1935, warum die Methoden der Zeit vor dem Ersten Weltkrieg für die jetzige Zeit nicht mehr ausreichen.[74] Er nennt dafür zwei Gründe. Erstens hat sich das Gebiet, das die Kunstgeschichte erforscht, seit dem Ersten Weltkrieg sehr erweitert, während die Methoden damals auf der Grundlage eines viel kleineren Forschungsgebietes entwickelt wurden. Zweitens wurden die Methoden seitdem nicht mehr anhand neuer Forschungsergebnisse zu den Kunstwerken, an denen sie entwickelt wurden, korrigiert. Es ist also eine große Diskrepanz zwischen dem Stoff und den Methoden eingetreten.

Swobodas daran anschließende Vorschläge klingen uns vertraut in den Ohren: Bei der Benennung der ästhetischen Eigenschaften muß auf eine viel größere Genauigkeit geachtet werden (man vergleiche Pächt); das Kunstwerk muß als eigenständige Erscheinung behandelt werden, und nicht als Übertragungsmedium für etwas anderes (Sedlmayr); ausgehend von einem vertieften Verständnis des Kunstwerks, muß man versuchen, zu einem vertieften Verständnis der historischen Zusammenhänge zu gelangen, das dann schließlich zu einer neuen Art von Geistesgeschichte führen müßte, der »Wissenschaft vom Menschen« (man denke an Panofsky).[75]

Er plädiert auch dafür, anstatt nur die Unterschiede zu suchen, die Konstanten zu erforschen, und damit meint er den gleichbleibenden Charakter der Kunst eines Volkes, einer Landschaft oder einer Stadt. Riegl, Dvořák und Pinder haben nach seiner Meinung »geniale Anläufe« in dieser Richtung unternommen, aber jetzt wird es Zeit, diese Art der Forschung auch theoretisch zu fundieren.[76]

Swobodas Artikel ist eine Art Sammelbecken der verschiedensten Auffassungen, die einander, bei Lichte besehen, widersprechen. Das individuelle Herangehen an das Kunstwerk verträgt sich nicht mit der Erforschung der Konstanten in der Kunst, und die neue Geistesgeschichte, die »Wissenschaft vom Menschen«, scheint mir doch mit der von ihm befürworteten Form von Kunstgeografie nur schwer vereinbar zu sein.

In Österreich endet die Methodendiskussion nach Sedlmayr, Pächt und Gantner eigentlich mit Swoboda. Sedlmayr und Pächt veröffentlichten jedoch in den dreißiger Jahren kleine Studien[77], aus denen später, nach dem Zweiten Weltkrieg, ein neues kunsthistorisches Paradigma entstehen sollte, das des Strukturalismus.

Die Diskussion über das Fach wird nicht in Österreich, sondern in Deutschland fortgesetzt, und sie nimmt eine entscheidende Wendung. Dem liegen zwei wichtige Ursachen zugrunde: das allmähliche Bekanntwerden von Heideggers *Sein und Zeit* und die politische Situation nach 1933.

Soweit ich dies zu überschauen vermag, hat Kurt Badt als einer der ersten Kunsthistoriker in einem Artikel auf *Sein und Zeit* Bezug genommen. Dieser Artikel paßt aus zwei Gründen nicht ganz in meine Darlegungen. Erstens bezieht Badt in dem Artikel nicht Stellung zu der Diskussion, es ist eine mehr kunstwissenschaftliche, philosophische Abhandlung; zweitens ist der Artikel niemals erschienen, denn die Jubiläumssammlung, für die er bestimmt war (Walter Friedlaender), erschien nicht – wir schreiben inzwischen das Jahr 1933. Ich weiß nicht, ob der Artikel vielleicht auf andere Weise, oder im Vorlesungssaal, doch eine Form der Verbreitung gefunden hat. In der Literatur jener Zeit wird er zumindest niemals erwähnt. Er erschien schließlich 1968.

In diesem Artikel bezieht Badt eine Position ungefähr zwischen Dilthey und Heidegger. Heideggerianisch ist sein Sprachgebrauch, und auch der Tenor seiner Darlegungen; er bleibt aber näher bei Dilthey und bei der Geistesgeschichte, weil er das Sein des Menschen letzten Endes nicht vom absoluten Sein (außerhalb des Menschen gelegen) ableiten will, sondern von einer höheren Seinsauffassung im Menschen. Ausgehend von den Einsichten, die der Mensch über sein eigenes Sein gewinnt, kann er die ihn umgebende Wirklichkeit als »Welt« begreifen. Kunst entsteht aus der Verbindung des »Selbst« mit der »Welt«.

»Welt« ist für Badt der »Kosmos«, der sowohl der täglichen Wirklichkeit zugrunde liegt, als auch dem Ich. Das »Selbst« ist das Ich, seinem wahren Wesen nach, als eine Form der Einsicht in die Gesetzmäßigkeiten, die sowohl dem Ich als auch der Wirklichkeit zugrunde liegen. »›Selbst‹ meint kein handelndes, fühlendes, wollendes Ich, sondern einzig und allein das zur Gestaltung einer Welt in deren Anschauung und in der Selbst-Anschuung (einschließlich des eigenen Fühlens, Wollens, Handelns) fähig gewordene Ich.«[79]

Das Selbst ist so viel wie das Ich, das sich als »In-der-Welt-sein« verwirklicht, und das geschieht im Kunstwerk. Dieses Selbst ist nicht mit der Persönlichkeit des Künstlers identisch, es ist die »Wesenhaftigkeit« der kreativen Persönlichkeit. Kunst entsteht zwar in der Subjektivität des Ich, aber durch das Übereinstimmen des Selbst-seins mit der »Erfahrung in der Welt« wird sie objektiv, Kunst ist »im Besitz der Objektivität des In-der-Welt-seins«.[80]

Wenn man die Totalität des individuellen Kunstwerks begreifen will, so muß das Kunstwerk nur für sich allein betrachtet werden, als ein isoliertes Phänomen. Die historische Forschung und der Vergleich mit anderen Kunstwerken haben nur den Sinn, die Bedingungen zu erkennen, die bei der Entstehung des Kunstwerkes wichtig waren. Der Künstler ist nämlich auch an die historische Wirklichkeit gebunden, und an die damals gültigen Sichtweisen auf die »Welt«. So verleiht das Kunstwerk zugleich Einsicht in die Art des historischen Seins.

Im Kunstwerk überwindet der große Künstler zwei Beschränkungen: die bestehenden Auffassungen von der Wirklichkeit, und die bestehenden Auffassungen von der Welt. Der Künstler ist in zwei Hinsichten historisch bedingt. Das wahre Künstlertum liegt jedoch in dem Hang zum Nicht-Festgelegten, »Die Kunst ist ihrer Struktur nach doppelschichtig aus der historischen Bedingtheit der Künstler und aus dem Streben nach Unbedingtheit, worin das eigentlich Künstlerische beruht.«[81]

Bedingtheit und Unbedingtheit sind Begriffe, die wir auch bei Pinder antrafen, in seiner Generationstheorie. In Badts Artikel ist die Hervorhebung des individuellen, autonomen Kunstwerks wichtig, das außerhalb des historischen Kontextes betrachtet werden muß, und auch der objektive Charakter, den er dem Kunstwerk zuerkennt.

Ein sehr klar geschriebener Beitrag zur Diskussion über die Methode ist das Buch des Pinder-Schülers Hans Weigert, Privatdozent in Bonn, *Die heutigen Aufgaben der Kunstwissenschaft*, aus dem Jahre 1935.[82] In dieser Veröffentlichung entwickelt Weigert eine neue Sicht auf die Aufgaben der Kunstgeschichte, die der neuen politischen und gesellschaftlichen Situation in Deutschland nach 1933 angepaßt ist.

Er findet, daß die Wissenschaft Kunstgeschichte in eine Sackgasse geraten ist. Nachdem ein auf flackernder jugendlicher Elan nach dem Ersten Weltkrieg Rationalismus und Positivismus zur Diskussion gestellt hatte, kehrte die Kunstgeschichte doch wieder auf die alten Pfade zurück. Man führt wieder Forschungen durch, die beinahe ausschließlich auf unzusammenhängende historische Fakten gerichtet sind. Weigert bringt diese Suche nach einzelnen Fakten mit dem Liberalismus des 19. Jahrhunderts und mit der politischen Situation der Weimarer Republik in Zusammenhang. Diese Phase, so behauptet Weigert, ist jetzt gesellschaftlich und politisch überwunden.

In dieser neuen Konstellation wird es notwendig, das historische Faktenmaterial mit einer philosophischen Durchdringung der Geschichte im Sinne Heideggers zu verbinden. »Alle Wissenschaft ist Philosophie, mag sie es wissen oder nicht«, und diese Verbindung wird auf eine »Sinn und Grund aus den Tatsachen abstrahieren de Spekulation«[83] hinauslaufen müssen, in der Tradition der nach seiner Auffassung so fruchtbaren kunsthistorischen Denker Riegl, Schmarsow, Wölfflin, Pinder und Panofsky.

Anhand eines Beispiels, des nordischen Realismus des späten Mittelalters, behandelt Weigert die verschiedenen Erklärungen, die für dieses Phänomen gegeben wurden: stilkritische, geistesgeschichtliche, soziologische, rassenkundliche und konstitutionelle. Keine dieser Erklärungen, für sich genommen, kann ihn befriedigen; nur das Zusammenwirken all dieser Faktoren kann für diesen Realismus verantwortlich gemacht werden. Hinter diesen verschiedenen Fragestellungen liegt jedoch die Frage nach der »letzten Zeugungsmacht.«[84] Diese Frage müßte nicht an das Ende der Forschung gesetzt werden, sondern gerade an den Anfang. »Statt Feststellungen aus den Bereichen der Geisteswissenschaften, Soziologie, Rassenkunde, Konstitutionsforschung an dieses heranzutragen, muß versucht werden sie aus ihm zu entwickeln, damit nicht wieder der ›Transmissionsriemen‹ zwischen den verschiedenen Forschungsrichtungen abreißt und damit nicht wieder so etwas entsteht wie die früher beliebte ›kulturhistorische Einleitung‹, die der Beschreibung der Werke selbst zusammenhanglos voranstand.«[85]

Letztlich geht es um die Durchforschung des Seins, wie es in der Kunst Form annimmt. Die Aufgabe der Kunstgeschichte besteht nicht so sehr darin, die Entstehung und Entwicklung der Kunst zu erforschen, sondern vielmehr darin, die Bedeutung der Kunst zu erforschen. »So ist es der Sinn der Kunst, in der Folge ihrer Gebilde allmählich alles im Menschen angelegte geistige Sein offenbar und sichtbar zu machen. (...) Der Kunstgeschichte aber ist aufgegeben, aus diesen Teilen das ganze Sein und Wesen des Menschen zu begreifen.«[86]

Weigert nennt das die anthropologische Fragestellung, weil die Fragen letztlich den Menschen betreffen. Wie wir es gerade bei Badt sahen, stellen wir auch hier fest, daß Weigert irgendwo zwischen der alten Geistesgeschichte und der neuen Philosophie Heideggers hängenbleibt.

Die alte Wissenschaft, damit endet Weigert, hatte zum Ziel, die Welt zu gewinnen, um sie in einem System zu erfassen. Diese Aufgabe ist abgeschlossen. Jetzt wird es notwendig, diese Gelehrtheit auf das Zentrum jener Welt zu richten: auf den Menschen. Für den deutschen Kunsthistoriker, der die deutsche Kunst erforscht, ist das selbstverständlich der deutsche Mensch. »Der wegbereitende Beitrag, den die Kunstgeschichte zur Erfüllung dieser Aufgabe zu leisten hat, heißt Erweckung der deutschen Kunst zu bildender, menschenprägender Kraft aus dem Mythos vom geistigen Reiche der Deutschen.«[87]

Herbert von Einem unterscheidet in einem Artikel aus dem Jahre 1936[88] in der Kunstgeschichte zwei Aspekte, einen ästhetischen und einen historischen. Dieser letztere, historische Aspekt wird wiederum von zwei Faktoren bestimmt. Der Faktor »Zeit« beinhaltet die Motive, die Funktion, die soziale Stellung des Künstlers und seiner Auftraggeber. Der Faktor »Raum« steht für die Kraft des Blutes, die Landschaft, das Klima. Aber alle weitreichenden und tiefschürfenden historischen Fragen haben für die Kunstgeschichte keinen Sinn, »wenn sie nicht der Deutung der einzelnen künstlerischen Schöpfung dienstbar gemacht werden können, die in ihrem rein künstlerischen Gehalt als sich selbst genügende organische Ganzheit (...) gleichsam jenseits der zeit und des Raumes einer übergeschichtlichen Sphäre angehört. Nicht auf die Überwindung, sondern auf die Vertiefung der Errungenschaften der formalen Methoden kommt also für die Kunstgeschichte alles an.«[89]

Paul Frankl teilt in seinem *Das System der Kunstwissenschaft*[90] aus dem Jahre 1938 die Kunstwissenschaft in zwei voneinander getrennte Gebiete: das Gebiet des Wirklichen und das Gebiet des Möglichen. Damit meint Frankl Folgendes: Unter dem »Gewebe« der kunsthistorischen Fakten liegt eine autonome Struktur. Diese Struktur wird bestimmt durch einen Wechsel von »Seinsstile(n)« mit »Werdensstile(n)«. Die wirkliche Struktur wird in der Geschichte niemals sichtbar, infolge verschiedener anderer Faktoren, und es entstehen alle möglichen Varianten, Ausnahmen, neue Verbindungen und ähnliches.[91]

Frankl lehnt eine Kunstgeschichte als die zufällige Ansammlung einzelner Fakten ab. Er möchte deduktiv vorgehen. Er ist sich sehr wohl dessen bewußt, daß dem normalen kunsthistorischen Handwerk von Zuschreibungen, Datierungen und ähnlichem mit deduktiven Methoden und aprioristischen Fragestellungen wenig gedient ist. Dies stört ihn jedoch wenig, denn seiner Auffassung nach muß der Systematiker seine Systeme nicht ständig an der historischen Wirklichkeit prüfen, da seine Arbeit einen eigenen Wert hat.[92]

Sein System mannt er die »Norm des Stilablaufs«, eine »geistige Möglichkeit«, die wie ein »in der Wirklichkeit verstecktes Gerust des Geschehens« funktioniert.[93] Die Struktur ist die Form, welche die »Sachen« aus ihrer eigenen Notwendigkeit annehmen. »Und dies bedeutet: die immanenten Entwicklungen, die in jedem Sachgebiet (...) stets die Sache aus ihren eigensten Bedingungen heraus vorantreiben, tragen trotz aller Hindernisse, Abwege, Rückfälle den Geist voran, die immanenten Entwicklungen führen in ihren eigenen Kurven weiter, aber die Kurven divergieren; dieser Divergens vieler einzelner Gedankengänge steht die Querspannung gegenüber, die alle Kurven wieder zusammenzwingt, das Verlangen nach Harmonie.«[94] Frankl vergleicht diesen Prozeß mit der Entwicklung einer Maschine. Der Ingenieur verbessert diese Maschine, ohne sich um irgend etwas zu kümmern;

es ist für ihn eine rein »sachliche Aufgabe«. Aber die Existenz einer neuen Maschine stört die bestehende Situation.

Frankl betrachtet gerade den in der Natur des Menschen verankerten Zufall als den Verursacher dieser Harmonie. Für den Menschen ist in diesem System Frankls eigentlich absolut kein Platz. Das Menschliche, Irrationale und Gefühlsmäßige werden von ihm mit der Natur und mit dem Zufall verbunden, die dem »Geist« gegenüberstehen. Und was der Mensch dann in den großen Strukturen individuell als kleiner Störfaktor bewirkt, wird als die notwendige »Harmonie« aufgefaßt, die das System der Strukturen, die autonom und blind ihren Lauf nehmen, regulieren muß. Frankl äußert sich nicht über den wirklichen Sinn von alledem; Ebensowenig, wie Heidegger dies tat. Frankls Sprachgebrauch mit Begriffen wie Werk, Sache, Sein, Werden und Möglichkeit ist heideggerianisch. Frankl gibt die Struktur an, die den kunsthistorischen Fakten zugrunde liegt. Diese Struktur bildet den Rahmen, innerhalb dessen Kunstgeschichte sich entwickeln kann, und sie gibt die Grenzen dieser Entwicklungen an, die »Möglichkeiten«, denn, wie schon Wölfflin sagte, »nicht alles ist zu allen Zeiten möglich«.[95] Aber über das Warum von alledem schweigt Frankl, weil es außerhalb des Wissens liegt, welches dem Menschen möglich, und weil es nur über den Glauben zu begreifen ist: »Die konkrete Kunstgeschichte mag die ›ganze‹ Kunstgeschichte aller Zeiten und Länder suchen, das System sucht ›das Ganze‹ der Kunstgeschichte. Das System durchschaut den Zusammenhang der Zusammenhänge und ist in seiner inneren Haltung und Verpflichtung nach auf absolute Gültigkeit gerichtet – jenseits von Zeit, Ort und Person. Es ist sachlich. Im Durchschauen schaut es die Harmonie und lehrt die Fülle des Wirklichen und Möglichen verehren. Das System darf und muß an das Tor des Absoluten rühren, aber es bleibt Theorie und läßt dies Tor des Absoluten verschlossen. Es zu öffnen, überläßt das System der Macht des Glaubens.«[96] Dies ist mit etwas anderen Worten, was Frankl 1927 auch schon erklärte.

Der definitive Abschied von der Kunstgeschichte als Entwicklungsgeschichte der Kunst zugunsten einer zeitlosen Betrachtung individueller, isolierter Kunstwerke wird in dem Buch Christian Töwes aus dem Jahre 1939 genommen, *Die Formen der entwickelnden Kunstgeschichtsschreibung, zugleich ein Beitrag zur Deutung des Entwickelungsbegriffs*.[97]

Kunstgeschichte ist für ihn identisch mit dem Studium der Entwicklungen in der Kunst. Töwe behandelt ausführlich verschiedene Entwicklungstheorien, die dazu dienen, die Veränderungen in der Kunst zu erklären: Stilgeschichte, Wiederspiegelungstheorien, »überindividuelle Ganzheiten«, Kulturgeschichte, Rassentheorien, psychologische Theorien, soziologische und historisch-materialistische, biografische Theorien, Geistesgeschichte – aber sie werden von Töwe alle abgelehnt, weil sie den wirklichen künstlerischen Charakter des Kunstwerks ignorieren. Seiner Auffassung nach wird immer nur ein Aspekt des Kunstwerks beleuchtet, als Ausgangspunkt einer Entwicklung oder als Wiederspiegelung einer kulturellen, gesellschaftlichen, psychologischen Entwicklung etc., während das Kunstwerk doch gerade alles zugleich umfaßt.[98]

Das Kunstwerk ist ein Kunstwerk, weil es sich von anderen Kunstwerken unterscheidet – jeder Versuch, Kunstwerke miteinander in Verbindung zu bringen, zerstört, laut Töwe, per definitionem den künstlerischen Aspekt. Ein Kunstwerk ist in sich vollkommen, es verweist nur auf sich selbst und ist keine Durchgangsstation für eine Entwicklung, »noch weniger Trittbrett zur Erreichung eines erst am Ende der Entwicklungsreihe stehenden Zieles, in Hinblick auf welches es allein seinen Sinn erhalte, sondern die Kunst ist ›überall am Ziel‹ und umgekehrt ist der eigentliche Sinn des Kunst*geschehens* nur in den einzelnen, realen, individuellen Werken, die in seinem Verlaufe ans Licht treten, zu erblicken.«[99]

Die Kunstwerke sind zwar historisch entstanden, aber sie entsteigen dem historischen Kontext in eine »Sphäre zeitloser Ordnungen, in welcher sie dem Spiel des Werdens und

Vergehens entrückt, ewig gegenwärtig, gültig und unvergänglich beharren.«[100] Es ist eine Methode notwendig, die auf völlige Individualität der einzelnen Kunstwerke gerichtet ist (er zitiert hier denn auch Croce und Sedlmayr): »eine Kunstwissenschaft, welche nicht von Vorgängen erzählt, die bestimmte zeiträume ausfüllen, sondern die Seiendes beschreibt und deutet«[101], am besten in monografischer Form.

Die Kunstwerke sind hier völlig von ihrem historischen Ursprung gelöst, sie liegen jenseits von Ort und Zeit, denn sie sind »überall am Ziel«. Ihre Bedeutung läßt sich nicht mehr beschreiben, höchstens in Begriffen wie Gehalt, Ganzheit, Gestalt oder Seiendes. Es ist, wie ich in der Einleitung zum Methodenstreit sagte: Gerade die zunehmende Betonung des individuellen, autonomen Kunstwerks, gelöst von den historischen Entwicklungen und von typologischen Begriffen, führt zu dem Paradoxon, daß das Kunstwerk völlig unsichtbar und ungreifbar wird. Man ist nicht vom Regen in die Traufe gekommen, sondern vom Regen zum Wesen des Regens.

Hans Jantzen gibt in einem Artikel aus dem Jahre 1942[102] eine Zusammenfassung der Entwicklungen innerhalb der kunsthistorischen Wissenschaft in Deutschland. Es ist nicht viel mehr als eine Literaturübersicht deutscher kunsthistorischer Veröffentlichungen jüngeren Datums.

Zuerst gibt Jantzen eine Übersicht der Geschichte der Kunstgeschichte. Am Anfang dieses Jahrhunderts war die Disziplin laut Jantzen sehr stilkritisch orientiert, was zu Lasten der »künstlerischen Gesamtwirkung« und des historischen Kontextes ging. Die zeitgenössischen Kunsthistoriker arbeiten mit einer viel weiter reichenden Auffassung, ohne die formalen Methoden abzulehnen. Es geht jetzt »um eine neue Ganzheitsauffassung des Kunstwerks als eines anschaulichen Gebildes von vielschichtiger Struktur, deren verschiedene Schichten in ihrem Bedeutungsverhältnis zueinander und zum Ganzen ins Bewußtsein zu erheben sind.«[103]

Jantzen verweist darauf, daß die entwicklungshistorischen Fragestellungen in jüngster Zeit in den Hintergrund getreten sind, und daß man den Konstanten mehr Aufmerksamkeit schenkt, den »beharrende(n) Kräfte(n), (dem) Bleibende(n) in der Kunst des Volkes«, oder dem Bestreben, die »inneren Bindungen des Kunstwerks an Boden, Volkstum und Rasse im anschaulichen Gebilde aufweisen zu können.«[104]

Der letzte Beitrag zur Diskussion innerhalb des von mir untersuchten Zeitabschnitts ist Dagobert Freys »Zur wissenschaftlichen Lage der Kunstgeschichte«,[105] ein Artikel aus dem Jahre 1946. Dieser Text ist älter als das Erscheinungsdatum, wie aus dem Vorwort der Artikelsammlung hervorgeht. Teile des Textes finden sich in einem kürzeren Artikel von 1940 wortgetreu wieder, »Neue Aufgaben der Kunstwissenschaft.«[106]

Frey distanziert sich von der alten Kunstgeschichte, die auf Entwicklungen orientiert war. Das Kunstwerk steht für ihn in einer Wechselwirkung zwischen dem historischen Kontext und den kreativen Fähigkeiten des Menschen, die diesen Kontext beeinflussen und verändern. Diese These kehrt in stets neuen Worten immer wieder zurück.

Kunst ist laut Frey die Interpretation der Welt durch das Ich. ›Welt‹ muß hier im Sinne Heideggers verstanden werden, und nicht im Sinne von Kurt Badt: Welt ist soviel wie die uns umgebende chaotische, tägliche Wirklichkeit. Diese Wirklichkeit ist durch ihre Fremdheit und Feindlichkeit eine ständige Herausforderung für das Ich. »Kunst ist zu verstehen als Auseinandersetzung des Ich mit der ›Welt‹, in die es als Um- und Mitwelt hineingestellt ist, in der es sich durch freien Entscheid als Persönlichkeit zu behaupten hat. Alle Kultur ist aktive Gestaltung des Weltbildes aus dem schöpferischen Willen des Ich, ist halt des Ich vor dem Fremden, dem Anderen, dem ›Numinosen‹ (...), das es in seinem eigen Inneren als ›Dämon‹, als Besessenheit, im Äußeren als die bedrohliche Wirklichkeit der Welt erlebt.«[107]

Das Ich muß zur Existenz gelangen (hier zitiert Frey aus Jaspers) um die »Verfallenheit an die ›Welt‹«, die »›Verlorenheit‹ an die ›Öffentlichkeit‹ des ›man‹« zum eigentlichen ›Selbst‹ hin zu durchbrechen, um dann »im existentiellen Augenblick als ›Fülle der Zeit‹, als höchste Anspannung des Daseins, in der Forderung des ›Wagnisses‹ letzter, rückhaltloser Offenheit, Geheimstes und Verletzbarstes mit Überwindung der Scham aufzuzeigen.«[108]

In diesem Moment, in dieser kreativen Tat wird die Existenz des Menschen verwirklicht. So wird die Trennung zwischen dem Ich und dem »Andere(n)« auf einem höheren Niveau überwunden, ohne daß man in das Chaos des Materiellen zurückfällt, in dem die meisten Menschen (Heideggers »man«) sich selbst verloren haben.

Das Kunstwerk kann denn auch nicht historisch gedeutet werden, Frey schreibt mit einem Zitat von Kierkegaard: »Im Existentiellen gibt es keinen Fortschritt.«[109] Das wahre Kunstwerk ist nach seiner Auffassung nur die Wiederholung des existentiellen Momentes. Im Kunstwerk wird »das menschlich Letzte, unbedingte und daher Überzeitliche, das Absolute des schöpferischen Aktes in der Realisierung« aufgezeigt.[110] Es geht um die Direktheit des absoluten Seins, gelöst von der Zeit.

Danach geht Frey ziemlich abrupt über zu dem, was er die »eigentlich schöpferischen Potenzen« nennt, welche die verschiedenen Formen der Bildenden Kunst erklären müssen. Diese Potenzen sind ungefähr das, was bei Heidegger die Möglichkeiten sind. Frey endet nämlich mit dem, was er, in Analogie zur Biologie, Morphologie nennt; die Lehre der möglichen Veränderungen eines Organismus. »Es zeigt sich, daß das Urbild nicht als statische Form aufgefaßt werden darf. Seine ›Potenz‹ ist nicht durch die Summe der in ihm beschlossenen möglichen Variationsformen und Metamorphosen bestimmt, sondern durch die Integration der ihm eigenen funktionellen Bildungsprinzipien. Eine *Morphologie der Kunstformen* müßte daher als eine Untersuchung der in Ur- und Grundformen gegebenen, sich in ihm verwirklichenden Bildungsprinzipien aufgebaut werden.«[112] Es geht hier um einen völlig neuen Begriff dessen, was Entwicklung in der Geschichte ist: keine Fortschrittsideologie mit einem bestimmten Ziel, sondern ein Ordnungsprinzip, das in der Struktur der Kunst selbst begründet liegt.

Nun könnte man entgegnen, daß hier dann doch eine Gesetzmäßigkeit existieren müßte. Gegen diesen Einwand verteidigt sich Frey mit dem Argument, daß der Mensch als schöpferisches Wesen im Prinzip frei ist, allerdings nur innerhalb gegebener Möglichkeiten, die sich ihrerseits durch das kreative Eingreifen des Menschen verändern. »Alles Leben ist schöpferisch, das *Schöpferische ist das Kriterium des Lebens.* Das Wesen des Schöpferischen ist aber, daß es Neues in die ›Welt‹ heineinstellt und damit sich selbst neugestaltet, daß es ›Potenzen‹ schafft, die sich in ihrer eigenen Entfaltung und Selbstdifferenzierung auswirken.«[113] Man könnte hier an das denken, was Heidegger über das Kunstwerk schreibt, daß in der Geschichte ein »Anfang« kommt, ein »Stoß«.

Die kreative Tat ist laut Frey ihrem Wesen nach das erneute Formen des Lebens selbst. Darum kann man das Kreative niemals – wie das Kunstwollen bei Riegl – zu einem Begriff reduzieren, der nur auf dem Gebiet der Kunst gilt. Das Kreative ist für Frey eine Modifikation des »In-der-Welt-sein(s)«, eine Form des Erlebens der Wirklichkeit, die dann im Kunstwerk erneut zur Wirklichkeit wird.

Zum Schluß gibt Frey eine Anzahl Definitionen des Kunstwerks: Es ist eine direkte Realisierung einer intellektuellen Aktivität; es ist eine Ganzheit, in der alle intellektuellen Faktoren der kreativen Tat unteilbar enthalten sind; im Kunstwerk ist die Bedeutung der kreativen Tat direkt gegeben, und sie kann nur in der Betrachtung erneut erlebt werden; die kreative Tat ist als ein Stück historische Vergangenheit im ästhetischen Objekt ständig vorhanden und direkt aktiv; schließlich ist das Kunstwerk als ästhetische Schöpfung wie eine Insel, abgeschlossen und autonom.[114]

Mit Frey ist das Kunstwerk so gründlich im nebulösen und tautologischen Bereich angelangt (Kunstwerke sind kreative Taten, die beweisen, daß der Mensch kreativ ist)[115], daß die Diskussion über Aufgabe und Methode der Kunstgeschichte zu einem Ende kommt.

4. Zusammenfassung und Kritik

Wenn wir den im obenstehenden skizzierten Methodenstreit noch einmal überblicken, stellen wir fest, daß keine Rede sein kann von verschiedenen Lagern pro und contra, sondern eher von einer langsamen, nahezu homogenen Entwicklung, deren Wendepunkt der Artikel Sedlmayrs aus dem Jahre 1931 bildet. Vor 1931 wird die Diskussion sehr stark von den Österreichern bestimmt, und bis dahin ist sie auch im strengen Sinne methodisch zu nennen, danach übernehmen die Deutschen die Führung, und die Diskussion erhält einen viel stärker kunsttheoretischen Charakter.

Meiner Meinung nach ist der Methodenstreit anfänglich eine logische Folge der Geistesgeschichte, wie wir sie bei Dvořák und Pinder kennenlernten. Sie gestanden dem Gebiet der Kunst eine eigene Autonomie zu, und innerhalb dieser Autonomie wurde mit geeigneten Fragestellungen und Idealtypen gearbeitet. Diese Idealtypen drückten weder Werturteile aus, noch ließen sie sich ohne weiteres mit anderen Äußerungen der menschlichen Kreativität verbinden. Die Idealtypen wurden durch ausführliche stilkritische Übungen an den Kunstwerken selbst entwickelt.

Der Methodenstreit beginnt, so meine ich, als eine Kritik an einer allzu starr gehandhabten geistesgeschichtlichen Methode[116]. Obwohl man im Rahmen der ›Kunstgeschichte als Geistesgeschichte‹ von den Stilmerkmalen einer bestimmten Anzahl von Kunstwerken ausging, tendierten manche Forscher doch sehr bald zu einem typologischen Herangehen, welches das Kunstwerk einem größeren Ganzen unterordnete, der Haltung des Menschen in einer bestimmten Epoche. Pinders *Problem der Generation* kann man in diesem Zusammenhang auch auffassen als einen Versuch, den individuellen, spezifischen Charakter von Künstlern und Kunstwerken mit einem typologischen Herangehen zu verbinden.

Man könnte es auch so formulieren: Während ein Kunstwerk früher in die größere Einheit des Geistes einer Epoche aufgenommen werden mußte, betrachtet man das individuelle Kunstwerk jetzt selbst als ein Ganzes, als eine Gestalt. Dieses Herangehen wird schließlich zu der für die Ikonologie und den Strukturalismus so typischen Arbeitsweise führen, daß man jeweils nur ein oder nur eine begrenzte Anzahl von Kunstwerken behandelt. ›Ikonologie‹ und ›Strukturalismus‹ gibt es in der Methodendiskussion dieser Jahre jedoch nur in Ansätzen, sie werden als klarumschriebene Forschungsmethoden erst nach 1945 ihre feste Form annehmen und dann zu den klassischen Studien Panofskys, Sedlmayrs und anderer führen. Ikonologie und Strukturalismus verlassen auch niemals – nicht zuletzt dank ihrer Beziehungen zu Gestalt-Psychologie, Psychoanalyse und strukturalistischer Philosophie – das Postulat der Geistesgeschichte: Kunst ist Niederschlag, ›Ausdruck‹ psychischer Prozesse in einer bestimmten historischen Situation. Das Kunstwerk bleibt hier in der menschlichen Subjektivität begründet. Laut Sedlmayr kann der Forscher das Kunstwerk nur begreifen, wenn er sich ihm, ausgehend von der eigenen Subjektivität, adäquat nähert, und es so in der Betrachtung vollendet.

Dieser Weg wird nach 1933 in der Methodendiskussion jedoch nicht beschritten. Unter dem Einfluß Heideggers wird das Kunstwerk objektiviert. Es steht für etwas, und nicht für jemanden. Zugleich wandelt sich die Bedeutung des Historischen. Die Geistesgeschichtler meinten, daß es in der Geschichte keinen kausalen Zusammenhang gäbe, auch kein Ziel, keinen tieferen Sinn. Die Geschichte entsprang aus dem Menschen, und sie verwies auf den Menschen.

Die existentialistischen Kunsthistoriker dagegen, in der Nachfolge Heideggers, erkannten dem Historischen durchaus eine bestimmte Bedeutung zu, als Abwandlung des Seins, das selbst außerhalb der Geschichte steht. Der Vertreter der ›Kunstgeschichte als Geistesgeschichte‹ dachten unhistorisch, weil sie den Menschen als eine Konstante ansahen; die Existentialisten dachten unhistorisch, weil das Sein unhistorisch ist (es zeigt sich lediglich den Menschen in seiner historischen Form).

Das Auffälligste an diesem Methodenstreit ist die zunehmende Beschränkung der Aufgabenstellung. Man will nicht Kunstwerke behandeln, sondern nur ein Kunstwerk. Und dieses Kunstwerk ist dann identisch mit der Kunst. Man will keine Übersichten, sondern für sich stehende Analysen individueller Kunstwerke. Keine Handbücher, sondern Monografien. Und bei der Analyse dieses einen Kunstwerkes geht es dann wiederum vor allem um diesen einen Aspekt, um das, was das Kunstwerk zum Kunstwerk macht (und dieser Aspekt wird hauptsächlich auf das Formale beschränkt).

Diese Beschränkung geht einher mit einer Reduzierung der Kunstgeschichte, bis eine »strenge Kunstwissenschaft« übrigbleibt (Sedlmayr), oder eine »Wissenschaft vom Menschen« (Swoboda), eine Philosophie (Weigert) oder Morphologie (Frey). Die Vertreter der alten, auf geisteswissenschaftlichen Grundlage beruhenden Kunstgeschichte gingen noch davon aus, daß der menschliche Geist sich mit *vielen* Dingen beschäftigte, die in der Kunst ausgedrückt wurden, und daß es daher sinnvoll war, *viele* Kunstwerke zu studieren. Anhand der Kunstwerke trug man dann eine Anzahl allgemeiner Merkmale zusammen. Es waren aber jedenfalls mehr als nur eines, und außerdem sah man diese Merkmale in ständiger Veränderung, wie sie dem Menschen und dem Leben eigen ist. Die ›Kunstgeschichte als Geistesgeschichte‹ war vielseitig und offen orientiert, während die ›neue‹ Kunstgeschichte dies nicht mehr ist. Im Methodenstreit werden sowohl die Kunst als auch die Kunstgeschichte als Disziplin in Frage gestellt: Es geht um das Wesen des Kunstwerks, in enger Beziehung zu den Möglichkeiten und Grenzen der kunsthistorischen Disziplin. Es beginnt anfänglich mit einer näheren Beschreibung des Forschungsgegenstandes, des Kunstwerks. Was schließlich übrigbleibt, sind nicht Kunstgeschichte und Kunstwerk, sondern eine Ontologie der Kunst.

Ich erwähnte das Paradoxon, daß gerade die zunehmende Betonung des einzelnen Kunstwerks dieses Kunstwerk völlig unsichtbar und unfaßbar gemacht hat. Diese mußte zu diesem Paradoxon führen. Wer als Kunsthistoriker nicht lediglich die Kunstwerke studieren will, sondern sich die Frage nach den kunsthistorischen Aspekten des Seins stellt, der gelangt zum Ursprung des Kunstwerks, zur Kunst. Die Kunst ist die Wahrheit auf dem Gebiet des Seienden in bezug auf das Sein, und diese Wahrheit ist nicht offen, sondern sie hält sich verborgen. Wer trotzdem über Kunst und Wahrheit sprechen will, ist jemand, dem etwas offenbart wurde, jemand, der aus einem Wissen heraus spricht, das auf »Glauben« beruht, wie Frankl 1938 schreibt, und nicht auf wissenschaftlich prüfbarem Wissen.

Der Methodenstreit ist das Ende einer bestimmten Art von Kunstgeschichte, wenn man so will, der Bankrott einer bis zu den äußersten Konsequenzen geführten Spekulation über die Quellen der Kunst. Wölfflin und Schmarsow dachten, daß diese Quellen psychisch physische wären, Dvořák und Pinder hielten sie für psychologische und spirituelle, und Badt und Frey für ontologische, existentielle.

Nicht alle Kunsthistoriker sind den Schritt zum Ontologischen gegangen. Trotzdem sprach die Kunstgeschichte im Deutschland der dreißiger und vierziger Jahre mit einem Pathos, in einem so orakelhaften Ton, wie er zu einer solchen ontologischen Haltung paßt. Wem die existentialistische Haltung und das eine Kunstwerk zu beschränkt waren, für den gab es die Kunstgeographie als Alternative. Greifbar und trotzdem tiefsinnig, konnte der Kunsthistoriker als Mentor Germaniae die Analyse der Kunstwerke in Wort und Schrift mit dem Wesen der Kunst verbinden.

B. Kunstgeographie in Deutschland

1. Eine Definition

Der Kunstgeographie war innerhalb der kunsthistorischen Disziplin nur ein kurzes Leben als spezielle Methode vergönnt, sie läßt sich verfolgen von der Zeit des Ersten Weltkrieges bis kurz nach dem Zweiten. Da es über ihre Vorgeschichte, über ihre Methode und die Zielstellungen bereits verschiedene Publikationen gibt[117], möchte ich in diesem Rahmen nicht die ganze Geschichte des Begriffes wiedergeben; ich werde mich auf die Periode zwischen den beiden Weltkriegen in Deutschland beschränken.

Als eine Definition von Kunstgeographie schlage ich vor: kunsthistorische Forschung, bei der von einer Identität oder von einem engen kausalen Zusammenhang zwischen Kunst, Landschaft und Volk ausgegangen wird. Für ›Volk‹ kann man auch ›Stamm‹, ›Nation‹ oder ›Rasse‹ lesen. Die Kunstgeographie geht davon aus, daß dieser Zusammenhang innerhalb eines bestimmten geographischen Gebietes für eine lange Zeit bestand. Sie stellt sich die Aufgabe, die formalen Merkmale der Kunstwerke zu geographischen Merkmalen der Landschaft und zu körperlichen und psychischen Merkmalen des dort lebenden Volks in Beziehung zu setzen.

Mit Kunstgeographie meine ich nicht die Kunsttopographie, die die an einem bestimmten Ort vorhandenen Kunstwerke inventarisiert und beschreibt, und ebensowenig Inventarisierungen, wie sie seinerzeit Kingsley Porter und Puig i Cadafalch vornahmen, die darauf abzielten, die Wurzeln und die Verbreitung bestimmter Stile zu erforschen.

2. Von Winckelmann zu Wölfflin

Im 18. Jahrhundert suchte Winckelmann nach einer Erklärung für die Unterschiede in der Kunst der verschiedenen Völker. Diese Unterschiede hatten ihre Ursachen, wie er in Anlehnung an Montesquieus *Esprit des lois* meinte, im Klima und in den gesellschaftlichen Strukturen.[118] Diese Annahme führte bei Winckelmann zu einer ziemlich statischen Sicht auf die Geschichte der Kunst: Kunst kann nur zu wirklicher Blüte kommen unter klimatischen Bedingungen, die das Entstehen einer wohlgebildeten Menschenrasse begünstigen, und wo die gesellschaftliche Struktur (für Winckelman die Sprache, die Erziehung, die Gesetzgebung und die Regierung) die Entwicklung und Verbreitung der Kunst vereinfacht. Für Winckelmann war dies nur bei den Griechen, den Römern und bei den Italienern gegeben.

Hegels Auffassung von Kunst und Geschichte ist viel dynamischer.[119] Jedes Volk hat ein eigenes »Prinzip«, und irgendwann einmal muß es dieses Prinzip in der Geschichte verwirklichen. Die Geschichte ist ein langsames Fortschreiten und Entfalten des Geistes hin zu ihrer idealen Verwirklichung. In dem Moment, wo ein Volk seinen Beitrag zu diesem Prozeß geleistet hat, ist dieses Volk an die Grenzen seiner welthistorischen Bedeutung gelangt, und es hat in diesem Prozeß dann auch nichts mehr zu suchen. Waren bei Winckelmann nur die Bewohner Griechenlands und Italiens zur Hervorbringung großer Kunst in der Lage, so kann man bei Hegel von einer Art Demokratisierung sprechen (in der Nachfolge Herders), und alle Völker spielen im historischen Prozeß eine Rolle.

Die ›universale Kunstgeschichte‹, wie Schnaase sie unter dem Einfluß Hegels und Herders schrieb[120], läßt eine Entfaltung der Kunst in der Zeit erkennen, auf dem Wege zur idealen Form. Dazu tragen alle Völker das ihre bei. Außerdem ändern sich die Institutionen, welche die Kunst befördern, unter dem Einfluß des Geistes selbst auch mit, und darum ist in diesem dialektischen Prozeß eigentlich kein Platz für feste, immer gleichbleibende Volkscharaktere. Schnaase nimmt in seinem Hauptwerk Abstand von den eher romantischen Auffassungen von der Spezifik eines Volkes, wie er sie früher in den *Niederländische(n) Briefe(n)* noch geäußert hatte.[121]

Nach der Romantik verringert sich das Interesse der Kunsthistoriker für den Volkscharakter, wie er sich in der bildenden Kunst zeigen sollte, und sie orientieren sich mehr auf das historische Quellenmaterial und auf den Kunstcharakter der Kunst.[122]

Erst gegen Ende des 19. Jahrhunderts sehen wir ein neues Interesse für die Beziehung zwischen Kunst, Land und Volk. Ein großer Teil dieser Veröffentlichungen ist kaum wissenschaftlich zu nennen.[123] Sie erwuchsen aus der Welle von Nationalismus und Imperialismus nach der Gründung des Deutschen Kaiserreiches im Jahre 1871, aus den wachsenden Klassengegensätzen in Frankreich und dem englischen Erfolg in den Kolonien.

Im deutschen Sprachgebiet widerspiegelte sich dieser neue Nationalismus um 1900 unter anderem in einer Vielzahl kaum fundierter Betrachtungen über das ›Deutsche‹, ›Germanische‹ oder ›Nordische‹. Ein wirklich methodisches Fundament erhalten die Behauptungen nicht. Alois Riegl zum Beispiel arbeitet in seinem *Das holländische Gruppenporträt*[124] mit sehr vagen Auffassungen von einem Volkscharakter, die er mit einer geistesgeschichtlichen Sicht auf die Entwicklung der Kunst vom Objektiven zum Subjektiven verbindet. Die Niederländische Kunst des 15., 16. und 17. Jahrhunderts nimmt in dieser Entwicklung einen besonderen Platz ein. Im Unterschied zur italienischen Renaissancekunst, bei der »Handlung« und »Willen« auf einen Punkt gerichtet sind, auf den Betrachter, sind die Figuren in der niederländischen Kunst innerhalb des Gemäldes isoliert untereinander, und vom Betrachter. Sie sind gleichsam nach innen gekehrt, und nicht nach außen. Typisch für die niederländische Kunst ist diese »tiefste Aufmerksamkeit«, wie er es nennt.[125] Die abgebildeten Personen stellen sich nicht unserem Blicke zur Schau, sondern sie werden gezeigt, während sie etwas betrachten. Riegls Auffassung, daß die niederländische Kunst ein Zwischenglied sei in einem längerwährenden Prozeß, ist hegelianisch. Völlig schlüssig ist Riegls Darlegung jedoch nicht, denn die Völker haben in dieser Entwicklung einen eigener Charakter, und sie liefern einen eigenen Beitrag, während die Kunst doch zugleich eine autonome Entwicklung kennt. Den Niedergang am Ende des 17. Jahrhunderts in den Niederlanden erklärt Riegl mit der Anpassung der niederländischen Kunst an die folgende Phase im Entwicklungsgang der Kunst, die durch den »geistreichen Egoismus« der Franzosen besser vertreten wurde.[126]

Riegl ist ein gutes Beispiel für die verworrenen Auffassungen, die man damals von der Bedeutung des Volkscharakters für die Kunst geschichte hatte. Offenbar war es notwendig, daß erst in anderen Zweigen der Wissenschaft Klarheit geschaffen wurde. Sehr wichtig war das Buch des Geographen Friedrich Ratzel von 1882 und 1891, *Anthropo-Geographie*.[127] Das Buch ist methodisch aufgebaut und gut dokumentiert. Ratzel geht vor einer gewissermaßen darwinistischen Auffassung der Beziehung zwischen dem Menschen und der ihn umgebenden Natur aus: Der Mensch wird nicht völlig durch die Natur determiniert, sondern er reagiert auf diese, er paßt sich ihr an, gemäß der Beschaffenheit des menschlichen Organismus. Zwischen dem Menschen und der Natur besteht eine ständige Spannung. Das Produkt dieser Spannung ist die menschliche Kultur, wie wir sie in der Geschichte vorfinden. Die Entstehung einer entwickelten Kultur ist laut Ratzel nur den Zonen mit einem gemäßigten Klima vorbehalten, weil die Natur dort für den Menschen am zugänglichsten ist, und weil sie ihm die größte Vielfalt an Reizen darbietet.[128] Ratzel umschreibt die Kunst ziemlich naiv als Naturimitation.[129]

Am Ende des ersten Teils warnt Ratzel in seinen Schlußfolgerungen vor allgemeinen Begriffen, die auf Gruppen von Menschen, auf Rassen, Sprachgemeinschaften und ähnliches anwendbar sein sollen. Ratzel sieht die Menschheit nämlich buchstäblich ständig in Bewegung. »Autochthon« existiert für ihn nicht, der Mensch ist nicht gebunden an den »Boden«, sondern an mehrere »Böden«.[130] Gerade weil die Menschheit ständig in Bewegung ist, sind die Menschen so verschieden.

Nun sollte man angesichts des Obenstehenden erwarten, daß Ratzel gemeinsame Merkmale von Völkern und Rassen, die mit bestimmten kulturellen Gewohnheiten und Produkten korrespondieren, ablehnt. Merkwürdigerweise tut er dies, und doch auch nicht. »Und so muß denn bei allen völkerkundlichen Untersuchungen in der Richtung vorgegangen werden, daß aus dem Haufen heterogener Elemente, den jedes Volk und mehr noch jede rasse darstellt, die einzelnen Bestandtheile ausgesondert werden. Dieselben werden zwar weit davon entfernt sein, die letzten Elemente der Rassen und Völker darzustellen, weil sie in sich selber durch Mischung und Wechsel der Lebensbedingungen vielfach geändert sind, aber sie werden wenigstens in einigen Fällen die Richtung ahnen lassen, in welcher die Wurzel einer Rasse, eines Volkes liegt.«[131]

Von ebenso großer Wichtigkeit wie Ratzel war Wilhelm Wundts *Völkerpsychologie*[132]. Im Unterschied zu Ratzel geht er nicht aus von einer Spannung zwischen dem Menschen und seiner natürlichen Umgebung, sondern von autonomen Prozessen, die vom primitiven Menschen zur Herausbildung von Stämmen, Völkern und Nationen führen. Diesen Prozeß betrachtet er als eine psychologische Genese, wobei die kulturelle Identität als ein Faktor dazu beiträgt, daß der einzelne sich selbst als Mitglied des Stammes, des Volkes und des Staates erlebt.[133]

›Volk‹ ist bei Wundt ein Prozeß, und an der Entwicklung der Kunst kann man ablesen, in welcher Phase ein Volk sich befindet. Kunst ist also nicht ein Zustand, oder das Ergebnis einer Anzahl von Faktoren, sondern ein Moment im Bewußtsein eines Volkes. Bildende Kunst vermag laut Wundt mehr auszudrücken als bloße Sprache, und sie ist auch beständiger als Sprache. Darum entstammt die Kunst nicht einer primitiven Phase der menschlichen Psychogenese. Seiner Auffassung nach ist es daher auch nicht so wichtig, ob es immer einen »Kunsttrieb« gab, sondern es ist viel wichtiger, zu welchen Zeitpunkten und in welchen Formen Kunst vorkommt.[134]

Sein Forschungsgebiet grenzt er folgendermaßen von der Kunstgeschichte ab (und dies läßt sich lesen wie eine Definition der der Geistesgeschichte): »Während diese (die Kunstgeschichte, M.H.) ihr Hauptaugenmerk den *Objekten* der Kunst zuwendet, hinter denen für sie die seelischen Kräfte zurücktreten, aus denen in Wechselwirkung mit der umgebenden Welt diese Objekte hervorgegangen sind, kommt es der Völkerpsychologie auf diese Kräfte allein an, und sie benützt daher umgekehrt die Kunstobjekte nur als die äußeren Merkmale, in denen sich das innere Leben der Phantasie nach außen kundgibt. Ihre eigentliche Aufgabe besteht schließlich in einer *Entwicklungsgeschichte der Phantasie,* die sich aus ihren in den Schöpfungen der Kunst überlieferten Zeugnissen zu erschließen sucht.«[135]

War bei Ratzel die Beziehung zwischen Mensch und Natur wichtig für die Entstehung von Kultur, so liegt bei Wundt die Betonung mehr auf dem Menschen selbst. Für Wundt verläuft die Entwicklung der Menschheit zu Stämmen, Völkern und Nationen parallel zu den Entwicklungen der Kunst. Die Kunst entwickelt sich nicht mit Hilfe der Völker (Hegel und Schnaase) oder aus der ständigen Konfrontation von Mensch und Natur (Ratzel), sondern *in* der Kunst entwickeln sich die Völker. Die Entwicklung der Kunst ist also das Äquivalent für die Entwicklung des Volkes.

Als einer der ersten Kunsthistoriker, die solche Ideen zu einem System ausgearbeitet haben, das ihren Auffassungen von Kunstgeschichte zugrunde liegt, kann Jozef Strzygowski gelten.[136] Durch seinen systematischen Ansatz und auch durch seinen antithetischen Gebrauch einer begrenzten Anzahl von Idealtypen ist er ein Repräsentant der Generation um 1900; seine universellen Auffassungen sind typisch für die Wiener Schule.[137] Obwohl Strzygowski für seine Ideen wenig bis überhaupt keine Resonanz fand (außer bei Worringer),[138] will ich ihn hier behandeln, weil kunstgeographische Auffassungen bei ihm, soviel ich weiß, am frühesten systematisch ausgearbeitet auftreten.

Strzygowski teilt die Welt in drei Zonen ein. In den Norden, den Süden, und das dazwischen liegende Europa. Die nördliche Kunst entsprang genau am Nordpol (oder in Grönland), und sie wurde von den Indogermanen in drei getrennten Strömen von Norden her über Europa, Amerika und Asien verbreitet. Kennzeichnend für diese Kunst sind die Vorliebe für das Arbeiten in Holz, die ornamentale Formensprache und das Volksverbundene. Die Indogermanen kennen laut Strzygowski keine Herrscher- und Priesterkaste und nicht den damit verbundenen Monotheismus. Diese »Nordkunst« kam jedoch in Konflikt mit der »Südkunst« aus dem Gebiet des Mittelmeeres. Diese Kunst betonte das Ornament weniger stark, sie stellte den Menschen figürlich dar, und sie arbeitete in Stein. Diese Südkunst, von Strzygowski auch »Machtkunst« genannt, war nicht mit dem Volk verbunden, und sie war ein Instrument von Herrschern und Priestern.

Die Nordkunst ging bis auf einige kleinere Gebiete völlig verloren, nachdem sie mit der Südkunst zusammengestoßen war. In Europa hat die Südkunst seitdem das Bild bestimmt. Laut Strzygowski haben die Kunsthistoriker völlig zu Unrecht den Ursprung der Kunst immer im Osten gesucht, und die weitere Entwicklung sahen sie über den Mittleren Osten nach Griechenland verlaufen, zu den Römern und nach Europa. Nach Strzygowskis Auffassung hat unsere Kunst ihren Ursprung absolut nicht im Osten, sondern im Iran (»Altai-Iran«), einem der kulturellen Zentren der Indogermanen.

Obwohl die Indogermanen nach Strzygowskis Meinung durch die Südkunst und die mit ihr verbundenen Machtstrukturen unterdrückt werden, tritt das indogermanische Erbe in ihrer Kunst von Zeit zu Zeit wieder zu Tage. Zu diesem Erbe rechnet er die archaische und die klassische Kunst bis zum Hellenismus; die Gotik, das Rokoko und die Romantik.

Strzygowskis Theorie ist nicht im strengen Sinne geografisch zu nennen, sie ist eher eine Rassentheorie (wobei ›indogermanisch‹ eigentlich ein Begriff aus der Sprachwissenschaft ist). Jede Menschenrasse hat eine eigene Kultur. Wird diese Kultur unterdrückt, oder wird sie von einer anderen überflutet, dann bedeutet das eine Unterdrückung dieser Rasse. Strzygowskis Haltung zur kunsthistorischen Welt kann denn auch als eine politische Haltung aufgefaßt werden. Dieser politische Charakter der Kunstgeographie ist bei den anderen, nun folgenden Vertretern der Kunstgeographie nicht so offensichtlich, aber das bedeutet nicht, daß es ihn nicht gibt. Im Unterschied zu Strzygowski haben sie diese Konsequenz nicht gesehen, oder sie wollten sie *so* nicht sehen.

1915 erschienen Wölfflins *Kunstgeschichtliche Grundbegriffe*.[139] Dieses Buch kann man als die erste systematische Behandlung formaler Begriffe ansehen, und so ist das Buch denn auch in die Geschichte der Kunstgeschichte eingegangen. Aber das Buch ist mehr als nur das. Meiner Auffassung nach kann man das Buch auch als das Fundament der späteren Kunstgeographie betrachten.

Das Interesse, das Wölfflin in dieser Veröffentlichung, aber auch anderenorts[140], für den Zusammenhang zwischen den formalen Eigenschaften eines Stils und dem Volkscharakter zeigt, ist nicht beiläufig, und es läßt sich auch nicht aus dem Erscheinungsjahr 1915 erklären; sondern dieses Interesse ist die logische Konsequenz aus seiner Formulierung allgemeiner stilkritischer Begriffe.

Bevor Wölfflin allgemeine stilkritische Begriffe benennen kann, muß er Kunstwerke zu Stilen zusammenfassen. Individuelle Meister werden zu einer Gruppe zusammengefaßt: Botticelli und Lorenzo di Credi unterscheiden sich zwar voneinander, aber vergleicht man sie mit venezianischen Meistern, so stellt sich heraus, daß sie beide florentinische Züge aufweisen. Hobbema und Ruisdael sind sehr unterschiedlich, aber sie werden einander ähnlich, sobald man ihnen Rubens gegenüberstellt. »Das heißt: neben den persönlichen Stil tritt der Stil der Schule, des Landes, der Rasse«[141]. Und neben diesem nationalen Charakter gibt es noch den Stil einer bestimmten Periode, den Zeitstil: »Wir haben mit der Skizzierung der drei Beispiele von individuellem Stil, von Volksstil und von Zeitstil die ziele einer Kunstgeschichte illustriert, die den Stil in erster Linie als Ausdruck faßt, als Ausdruck einer Zeit- und Volksstimmung wie als Ausdruck eines persönlichen Temperaments.«[142] Diesen Volksstil kann man verstehen als Charakteristik dieses Volkes in psychologischem Sinne: »Man stößt hier überall auf Grundlagen nationalen Empfindens, wo der Formgeschmack sich unmittelbar berührt mit geistig-sittlichen Momenten, und die Kunstgeschichte hat noch dankbare Aufgaben vor sich, sobald sie diese Fragen nationaler Formpsychologie systematisch aufnehmen will. Alles hängt zusammen.«[143] Und auf den letzten Seiten des Buches: »Natürlich sind es nicht konstante Größen im mathematischen Sinn, aber die Aufstellung eines nationalen Typs der Phantasie ist eine notwendige Hilfskonstruktion für den Historiker. Es wird an der Zeit sein, daß die geschichtliche Darstellung die Baukunst Europas nicht mehr bloß einteilt nach Gotik, Renaissance usw., sondern die nationalen Physiognomien herausarbeitet, die auch durch importierte Stile nicht ganz verwischt werden können. Die italienische Gotik ist ebenso ein italienischer Stil, wie die deutsche Renaissance sich nur aus der Gesamtüberlieferung nordisch-germanischer Formbildung verstehen läßt.«[144]

Wöfflins Ziel bestand darin, in der Geschichte des Sehens eine Gesetzmäßigkeit zu entdecken. Das Sehen ist für Wölfflin identisch mit der Art des Menschen, in der Welt zu stehen. Eine Veränderung in dieser Beziehung zur Welt bedeutet eine andere Art des Schauens und der Wiedergabe. Warum sollte dann, was für die Individuen gilt, nicht auch für die Völker gelten, zumindest wenn sich charakteristische Volksstile aufweisen lassen? »Wie alle Sehgeschichte über die bloße Kunst hinausführen muß, so ist es selbstverständlich, daß auch solche nationalen Verschiedenheiten des Auges mehr sind als nur eine Angelegenheit des Geschmacks: bedingend und bedingt erhalten sie die Grundlagen des ganzen Weltbildes eines Volkes.«[145]

Wenn wir die Darlegungen vorläufig zusammenfassen, stellen wir fest, daß es bis zum Ersten Weltkrieg im Denken über die Beziehung zwischen Kunst, Volk und Land verschiedene Varianten gibt. Es gibt eine hegelianische Tradition, in der auch Riegl noch steht; es gibt eine ›klimatologische‹ Tradition von Winckelmann bis zu Ratzel; eine ›rassistisch-imperialistische‹ bei Strzygowski, und es gibt verschiedene vage spirituelle, ›deutsche‹ Strömungen, wie wir sie auch beim jungen Pinder sahen.

Wundt und Wölfflin stehen durch ihre psychologischen Auffassungen von der Beziehung zwischen dem Menschen und der ihn ungebenden Welt der Geistesgeschichte nahe. Wölfflins ›Nationale Charaktere‹ kann man als eine zwischen der Geistesgeschichte und den übrigen Strömungen liegende Position auffassen. Man kann Wölfflins formale Analysen jedoch nicht losgelöst von seiner ›nationalen Formpsychologie‹ betrachten. Es ist fraglich, ob die Kunsthistoriker, die heute noch mit Wölfflins stilkritischem Begriffsapparat arbeiten, sich dieser Verknüpfung bewußt sind. In den zwanziger, dreißiger und vierziger Jahren wurden diese Auffassungen Wölfflins in der Richtung nationaler Merkmale weiter erforscht. Die formale Analyse wurde zum Ausgangspunkt einer viel weiter gehenden Ordnung von Kunstwerken.

3. Ein neuer Begriff in der Kunstgeschichte: Kunstgeographie.

Das Wort ›Kunstgeographie‹ wurde offenbar 1916 zum ersten Mal gebraucht, in einer Veröffentlichung über das Wiener Wohnhaus.[146] Zwei Schüler Wölfflins, Kurt Gerstenberg und August Grisebach, haben jeder auf seine Weise die Ideen Wölfflins weiter ausgearbeitet. Gerstenberg promovierte 1912 bei Wölfflin mit *Deutsche Sondergotik. Eine Unter-*

suchung über das Wesen der deutschen Baukunst im späten Mittelalter[147], in der er bereits behauptete, daß »... die deutsche Baukunst des späten Mittelalters nicht schlechthin den Verfall der Gotik darstellt, sondern als national bedingte Stileinheit der französischen Gotik gegenübertritt. Hierbei leitete mich der Grundgedanke, daß jeder Stil nach seinem Ausdrucksgehalt betrachtet nicht nur ein Problem der Historik, sondern auch ein Problem der Rasse enthält.«[148]

1922 schrieb Gerstenberg *Ideen zu einer Kunstgeographie Europas*. Darin betonte er besonders den Zusammenhang zwischen der Landschaft und der Kunst des jeweiligen Landes. Verglichen mit seinen Auffassungen von 1912, ist dies nur ein gradueller Wandel, denn die Beziehung Landschaft – Kunst impliziert beinahe automatisch die Beziehung Volk – Kunst. Ich verwende auch hierfür den Begriff Kunstgeographie, wenn auch lange nicht bei jedem Autor der geographische Aspekt ebenso wichtig ist wie der völkerkundlich-rassische.

Gerstenberg unterscheidet zwischen den modernen politischen Grenzen und den landschaftlich-geographischen (Küsten, Flüsse, Gebirge u. ä.). Sein Interesse richtet sich denn auch nicht so sehr auf das Spezifische der Kunst der Franzosen, Italiener und Deutschen (denn diese Nationen sind relativ junge politische Erscheinungen), sondern auf die Frage, inwiefern »die physikalischen Gliederungen bedeutsam sind als Grenzen einheitlicher Kunstgebiete. Spielen Gebirge und Flüsse dabei eine Rolle oder sind sie bedeutungslos? Trennen die Meere oder binden sie die Kunst der Länder (...)?«[149] Wie beeinflußt die Gestalt der Landschaft die Kunst?

Er sagt, daß alle Küstenlandschaften große Übereinstimmungen aufweisen, auch wenn sie weit voneinander entfernt liegen. In Tiefebenen kommt es zu großen Vermischungen von Kunstformen. Gerstenberg unterscheidet fünf Zonen. Es gibt eine nördliche Zone, zu der England gehört, und das Küstengebiet von Flandern bis einschließlich Estland. Dieser Küstencharakter führt zu einer bestimmten Art des Sehens: »...der Fernblick auf endlose Horizonte. Auf dem Gebiet des Willens erwächst ihnen daraus die Kraft zu kühner und ausdauernder Tat, auf dem Gebiet der künstlerischen Tätigkeit ein geistiger Weitblick, der Probleme der Farbe, der Licht- und Luftwiedergabe vorauseilend löst. Meergewohnte Augen spüren die leiseste Erhebung am Horizonte.«[150] In diesem Zitat können wir sehen, wie formale Eigenschaften der Kunst ohne weiteres übergehen in Eigenschaften der Landschaft und Eigenschaften der Völker, die dort wohnen.

Die dritte Zone ist eine Binnenland-Zone, die sich von Frankreich über Mitteldeutschland bis nach Polen zieht. Die vierte Zone ist eine Bergzone (mit plastischer Kunst), und die letzte, fünfte Zone ist das Gebiet der Lombardischen Tiefebene, die in ihrer Kunstauffassung wiederum mit dem Küstengebiet verwandt ist. Die Aufgabe der Kunstgeschichte sieht Gerstenberg darin, den Verlauf der verschiedenen Stile zu erforschen und die Rolle der verschiedenen Länder und Zonen für diesen Verlauf. Der Kunstgeographie ist eine spezielle Aufgabe vorbehalten: das eigene Wesen eines jeden Kunstgebietes zu erforschen, um herauszufinden, warum ein Stil sich zu einem bestimmten Zeitpunkt durchsetzt, oder warum er an diesem Gebiet vorbeigeht.

August Grisebach schrieb 1930 *Die alte deutsche Stadt in ihrer Stammeseigenart*.[151] Grisebach verfuhr weniger systematisch als Gerstenberg. Der Titel erwähnt die Stämme, aber die Kapitel sind nach Landschaften und Provinzen eingeteilt (Hessen, Schwaben usw.) oder sie heißen verallgemeinernd »Die Küstenstadt« oder »Ostelbisches Binnenland«. Das Buch verspricht denn auch mehr, als es zu halten vermag. Bei Lichte besehen, ist es ein schönes Fotobuch mit einer flott geschriebenen Abhandlung über das bürgerliche Wohnhaus. Grisebach gesteht dies im Vorwort denn auch umständlich ein: »Wenn der regionale Ausdruck als Stammeseigenart bezeichnet wird, so ist sich der Verfasser der Unbestimmtheit dieses Begriffes wohl bewußt. Es war auch nicht seine Absicht, eine mehr oder weniger vage Stammespsychologie auf die Bauweise zu übertragen. Im Gegenteil, sein Bestreben ging dahin, vom Tatbestand der architektonischen Merkmale aus das zu kennzeichnen, was den einzelnen landschaftlichen Zonen gemeinsam ist und was sie voneinander trennt.«[152] Grisebach äußert sich im Buch auch nicht mehr über die Beziehung zwischen der Form der Häuser und den Eigenschaften der Menschen, die darin wohnen. Das typisch Deutsche, so behauptet er am Ende seines Buches, ist die Vielfalt von oft gegensätzlichen Merkmalen der Häuser im deutschen Land.[153] Grisebach gibt in seinem Buch eine Art formale Analyse deutscher Wohnhäuser, die er in losen Gruppen bespricht.

Wölfflin veröffentlichte 1931 *Italien und das deutsche Formgefühl*[154], eine weiterführende Ausarbeitung des Vortrages, den er 1928 während des Dürerjahres gehalten hatte. Wölfflin trägt eine These vor, die in sich widersprüchlich ist, aber er ist sich dieser Widersprüchlichkeit bewußt. Die Stilbegriffe klassisch/nicht klassisch und plastisch/malerisch, die in einer historischen Entwicklung auftreten, überträgt er auf den Gegensatz Italienisch/Deutsch, der während des gesamten historischen Prozesses eine Konstante ist. »Eine andere Frage ist, wie weit den hier gewonnenen Resultaten eine ferner reichende Bedeutung beigemessen werden darf, mit anderen Worten, wie weit Erhebungen, die nur an einem Punkt der Geschichte gemacht worden sind, als gültig für den Nationalcharakter in Anspruch genommen werden dürfen. Daß es sich um einen Augenblick größter Schöpferkraft handelt in jenem Zeitraum vom Ende des 15. und Anfang des 16. Jahrhunderts und daß hier ganz spezifische nationale Werte hervorgetrieben worden sind, ist augenscheinlich, nichtsdestoweniger bleibt es eine einmalige kunstgeschichtliche Situation, die sich nicht wiederholen kann, und unsere Begriffe beziehen sich auf einen Stil, den man eben im Gegensatz zu früheren und späteren Stilen Renaissance nennt. Im ganzen Umfang kann der Komplex von Merkmalen unmöglich für alle Perioden gelten, wo doch das Wesen der Geschichte in der beständigen Wandlung besteht. Aber innerhalb der Wandlung kann es ein Durchgehendes geben.«[155] In einer anderen Veröffentlichung zeigt Wölfflin noch stärker, daß er sich der methodischen Problematik bewußt ist, als er behauptet, daß die Künstler der Renaissance damals von den nationalen Stilbegriffen, die man jetzt mit ihrem Werk verbindet, keine Ahnung hatten. Wölfflin muß sich der unhistorischen, antihistorischen Fragestellungen der Kunstgeographie sehr wohl bewußt gewesen sein, aber das hat ihn nicht davon abgehalten, Aussagen über den unveränderlichen Charakter der deutschen und italienischen Kunst zu machen. Die Kunstgeographie bietet den Kunstwerken einen Kontext, den sie in der Methodendiskussion entbehren müssen, welche zur Atomisierung und Verselbständigung der Kunstwerke tendiert. Aber dieser Kontext ist ebensowenig historisch.

Paul Pieper veröffentlichte 1936 *Kunstgeographie, Versuch einer Grundlegung.*[157] Pieper lehnt es ab, mit Begriffen wie »Stamm« zu arbeiten. Auch allgemein geographische, makroskopische Arbeitsweisen à la Strzygowski verwirft er. Stämme lassen sich fast nicht definieren, und sie lassen sich auch kaum von Begriffen wie Volk oder Rasse unterscheiden- und die Landschaften, mit denen Strzygowski arbeitet, sind viel zu groß. Pieper meint, daß man gerade von sehr kleinen Gebieten ausgehen muß, wenn man zu wirklichen Ergebnissen kommen will. Allerdings nimmt Pieper, der sich auf Ratzel beruft, auch eine Beziehung zwischen Volk, Landschaft und Kunst an. Pieper schlägt vor, mit zwei Begriffen zu arbeiten, dem Raumstil und dem Zeitstil, wobei der erste das Konstante angibt und der zweite das sich Verändernde. Diese Einteilung stimmt mehr oder weniger überein mit der Herbert von Einems aus demselben Jahr.

In der Kunstgeographie können laut Pieper zwei Arten von Fragestellungen aufeinandertreffen die Frage nach dem Wesen der Kunst in einem bestimmten Gebiet, und die Frage nach den spezifischen Merkmalen dieser Kunst in einem bestimmten Gebiet. Pieper entkräftet seine Theorie jedoch, indem er am Ende seines Buches erklärt, daß die Raumstile zeitlich mit dem Beginn der bürgerlichen und städtischen Epoche in der Kunst zusammenfallen, daß sie also eigentlich nur im späten Mittelalter wirklich nachweisbar sind.[158] Davor könnte man durchaus von ›Deutsch‹ sprechen: die Landschaften unterscheiden sich zu wenig voneinander. Das Ende der Raumstile kommt mit der Ausprägung des individualistischen Renaissance-Künstlers

Das eigentliche Ziel der Kunstgeographie müßte darin bestehen, das Wesen der Raumstile zu beschreiben und den Zusammenhang zwischen Raumstilen und Zeitstilen zu zeigen. »Die oben vertretene Methode der vergleichenden Analyse in horizontaler und vertikaler Richtung könnte hier weiterhelfen. Nur planvolle Vereinseitigung kann aus dem unauflöslichen Geflecht der ›Tatsachen‹ sinngebende ›Gesetze‹ herauslesen. Die Kunstgeographie will sich also der bisherigen Kunstgeschichtsschreibung nicht entgegensetzen, sondern sie ergänzen.«[159]

4. Der XIII. Internationale Kunsthistorische Kongreß in Stockholm 1933

Der Begriff Kunstgeographie hatte sich so schnell eingebürgert, daß diesem Thema 1933 ein ganzer kunsthistorischer Kongreß gewidmet wurde. Der Präsident des Kongresses, Johnny Roosval, drückte es in seiner Begrüßungsrede so aus: »Le Comité Suédois a cherché (...) à diriger les traveaux vers certains problèmes déterminés qui lui ont semblé d'une importance capitale. Notons, parmi eux, le problème de la géographie artistique. (...) Qu'attendons-nous pour dresser des cartes géographiques de l'art en considérant exclusivement les données artistiques et en négligeant délibérément les limites politiques, répondant au cri de guerre de Strzygowski et en suivant attentivement les idées fructueuses de (...) Kingsley Porter?«[160] Was Roosval sich in diesen kryptischen Worten unter dem Begriff Kunstgeographie genau vorstellt, bleibt unklar, besonders, da er sich am Ende seiner Rede auf Taine beruft. In einer späteren Rede setzt Roosval sich für die Anwendung des Begriffes ›artedominium‹ ein, das er umschreibt als »une surface territoriale suffissament peuplée, au goût unifié, d'un ordre de grandeur permettant d'exécution de grandes œuvres d'art sociales.«[161] Dabei ging es Roosval um große Kunstwerke, die kulturell und sozial mit dem Gebiet ihrer Entstehung verbunden waren, und die jedermann sehen konnte.

Die übrigen Beiträge zum Kongreß zeichnen sich nicht gerade durch methodologische Reflexion aus. Pinder erläuterte anhand eines Vergleichs zwischen den Naumburger Stifterfiguren und den französischen Portalskulpturen das spezifisch Deutsche[162]; Brinckmann hielt einen Vortrag über den nationalen Charakter der deutschen Kunst im 17. Jahrhundert[163]; Willem Vogelsang stellte sich erst die Frage, ob es überhaupt möglich sei, ein Kunstwerk zu einem Volk oder zu einem Milieu innerhalb geographischer Grenzen in Beziehung zu setzen, aber er glaubte schließlich doch, daß er durch das Anlegen großer Bildmaterialsammlungen zu einer Beschreibung des typisch Niederländischen in der niederländischen Kunst gelangen könne. Vogelsang erwähnt den Plan, eine Sammlung von Beispielen des niederländischen Einflusses auf ausländische Kunst zu beginnen.[164]

Paul Frankl ist der einzige, der in einem Beitrag »Die Aufgaben der Kunstgeographie«[165] auf die der Kunstgeographie zugrunde liegende Theorie eingeht. Seiner Meinung nach wurden kunstgeographische Probleme bisher nahezu ausschließlich dann behandelt, wenn man nach der Herkunft eines Kunstwerkes suchte, oder nach den Einflüssen, die es aufnahm oder ausübte. Frankl meint jedoch, daß man auch von der Geographie als solcher ausgehen könnte, wobei sich dann drei Problemfelder unterscheiden ließen: die natürlichen Bedingungen der Landschaft (Klima, Grundstoffe und Verbindungswege); das Nationale in der Kunst; und das Aufstellen von »Kunstkreisen« (das Zeichnen von Karten). Frankl behauptet, daß für die Ermittlung des Nationalen in der Kunst noch keine geeignete Methode entwickelt wurde, weil die zeitgenössische Kunstgeschichte noch zu sehr vom sich Verändernden ausgeht, während mit der Frage nach dem Nationalen gerade das Bleibende, Konstante erforscht wird.

Eine Besprechung der Ergebnisse dieses Kongresses von der Hand Heydenreichs findet sich 1933 in der *Zeitschrift für Kunstgeschichte*.[166] Anders als Roosval, der das Thema des Kongresses umschrieb als »le problème de la géographie artistique«, schreibt Heydenreich, daß es in Stockholm um das »Problem der Entstehung nationaler Stile« ging. Wenn Heydenreich bei dem Kongreß unterscheidet zwischen den Kunsthistorikern, die wirklich von kunstgeographischen Fragestellungen ausgingen, und jenen, denen mehr die Kunstpsychologie am Herzen lag, so hat er die Zweigleisigkelt des Begriffes Kunstgeographie gut erkannt. Die erste Gruppe erforscht die Kunst innerhalb einer geographischen Einheit, und sie arbeitet induktiv; die zweite Gruppe fragt dem Wesen der Kunst eines Volkes nach, und arbeitet deduktiv. Zu der ersten Gruppe rechnet Heydenreich Vogelsang und Frankl, zu der zweiten Brinckmann und Pinder. Heydenreich betrachtet es als Gewinn dieses Kongresses, daß deutlich wurde, wie unterschiedlich man über das Nationale in der Kunst dachte, und daß auch die Notwendigkeit eines neuen, klaren und ausführlichen Begriffsapparates erkannt wurde (hierfür hatte speziell Frankl plädiert), mit dem man diesen Fragen zu Leibe rücken konnte.

Obwohl sich der Begriff Kunstgeographie in den dreißiger Jahren in kunsthistorischen Kreisen völlig einbürgerte, ist von einer verbindlichen Methode kaum oder überhaupt nicht die Rede. Jeder Kunsthistoriker hat seine eigenen Vorstellungen von dem, was Kunstgeographie ist. Zwischen 1938 und 1942 erscheinen jedoch eine Anzahl von Veröffentlichungen, in welche die Methodendiskussion der Kunstgeschichte Eingang fand, und die ihre Ergebnisse auch verarbeitet haben. In diesen Veröffentlichungen erhält die Kunstgeographie eine genau umschriebene Methode und Grundsätze.

5. Methodenstreit und Kunstgeographie

Ein damals vielgelesenes, aber nicht sehr tiefschürfendes Buch war 1938 A. E. Brinckmanns *Geist der Nationen*.[167] Auf den ersten Seiten dieses Buches referiert Brinckmann den Methodenstreit der Kunstgeschichte mehr oder weniger beiläufig. Er denkt, daß diese Wissenschaft nicht länger in der alten spezialisierten Weise verfahren kann, indem sie immer mehr Details ansammelt. Man hat das »Leben« vergessen. Brinckmann möchte in der Kunst den »Nationenkern«, die »Kernkraft« oder die »Kristallisation eines Nationenkerns« suchen. Wie diese Entdeckungsreise genau verlaufen muß, und auf welchem Wege man zu Resultaten gelangen muß, bleibt unklar.

Brinckmann arbeitet mit verschiedenen Axiomen. Eines davon lautet, daß der Prozeß der Nationenbildung mit der Entstehung großer Kunstwerke einhergeht. Gerade Rassenvermischung und Volksvermischung bringen die größten künstlerischen Ergebnisse hervor. Schließlich kommt Brinckmann mit folgenden, ziemlich klischeehaften Erkenntnissen (versehen mit einem Schuß Heidegger): Die Italiener geben das Seiende wieder, die Franzosen analysieren das Seiende und ordnen es, und die Deutschen werden gekennzeichnet durch »Wandlung und Entwerdung des Seienden in der Kunst«. In Italien (Lateinisch-Keltisch-Germanisch) ist der konstante Faktor das Sinnliche; in Frankreich (Keltisch-Romanisch-Germanisch) ist er das Rationale, und in Deutschland (Germanisch-Keltisch-Slavisch) ist die »Vergeistigung« der konstante Faktor.[168]

Dieses Buch muß eine große Resonanz gefunden haben, wenn man die schnelle Aufeinanderfolge der Auflagen betrachtet; 1938, 1940 und 1948. Außer bei Frey wird es jedoch nirgends erwähnt oder behandelt. Man kann es als eine ziemlich journalistische Zusammenfassung der wissenschaftlichen Diskussionen für ein breites Publikum ansehen.[169]

Paul Frankl trifft in seinem Buch *Das System der Kunstwissenschaft*(1938) in dem Kapitel »Der Ort« eine Einteilung der Methoden, derer die Kunstgeographie sich bedienen kann.[170] Es gibt Aspekte, die sich mit kartographischen Methoden buchstäblich auf einer Karte darstellen lassen. Aber es gibt auch Aspekte, die nur beschreibend und interpretierend erläutert werden können. Zu der ersten Gruppe rechnet er alles, was man zur Einflußsphäre der Natur zählen kann (durch den Einfluß des Klimas, das Vorhandensein von Grundstoffen und ähnliches). Zu dieser Gruppe zählt er auch alle Aspekte, die kulturhistorisch erklärt werden können (z.B. aus Bräuchen, alten Vorstellungen und der Religion).

Frankl beschreibt die Wechselwirkung zwischen Natur, Mensch und (Kunst)Werk als eine Art Dreieck. Die Natur beeinflußt den Menschen in bezug auf seine Konstitution, seine Gefühle, seine Sinne, seine Leidenschaften und Phantasie. Zugleich beeinflußt die Natur auch das, was der Mensch produziert. Die Natur bringt die Grundstoffe für das (Kunst)Werk hervor, und zugleich dient sie als Vorbild. Auch der Mensch beeinflußt das (Kunst)Werk. Er bildet ein Bindeglied zwischen Natur und (Kunst)Werk. Über dem Dreieck ordnet Frankl dann einen vierten Punkt an: den Geist. Der Geist ist unabhängig von der Natur. Daher bildet der Mensch auch ein Bindeglied zwischen Geist und Werk. Das Werk enthält Geist und Natur, es verbindet so den menschlichen Geist und die menschliche Natur. Dies kommt Heidegger sehr nahe, der das Werk ebenfalls zwischen die stoffliche Natur (Erde) und die menschliche Kultur (Welt) stellte. Laut Frankl kann das Werk weder direkt aus dem menschlichen Geist noch direkt aus der Natur abgeleitet werden. »Die Kulturgeographie hat daher einen naturwissenschaftlichen Teil, der *kausal* erklärt, und einen rein geisteswissenschaftlichen teil, der geistigen Sinn *versteht,* sich auf Sinn besinnt.«[171]

Der Geist bringt Ideen hervor, unabhängig von Ort und Zeit. Die Ideen verbreiten sich auch unabhängig davon, und man kann sie auf Karten erfassen (z. B. die Verbreitung von Religionen). Allerdings wird eine Idee wiederum von jedem Volk anders aufgefaßt und interpretiert. Darum nimmt der Begriff Volk für Frankl in der Kunstgeographie einen wichtigen Platz ein. Der Volkscharakter kann jedoch nicht aus der Kunst abgeleitet werden, denn dieser Charakter ist die Voraussetzung für die Kunst. Man kann höchstens durch langwährende Erfahrung ein allgemeines Durchschnitts-Bild von einem Volk erhalten. »Dieser Begriff von Volkscharakter baut sich auf den Begriffen der *Psychologie* auf: Naturell, Temperament, Charakter (...). Obwohl jeder Mensch psychisch einem Volk angehört, ist er *soziologisch* mitbedingt. Sprache, Sitte, Brauch, Gewohnheit, näher besehen: alle soziologischen Beziehungen spannen die Person in ein Netz von Benehmen, Lebensauffassung, Weltanschauung, Glaube, durch das sie mit aller Eigenart ihrer Psyche dem Kraftfeld des Volkes, in dem sie lebt, sich von Jugend an assimiliert.«[172]

Kunst ist für Frankl der »psychognomische Ausdruck von geographischer Lage, von Klima und Natur des Volkes« und zugleich »Symbol des Volkes, weil sie Symbol der ›Sache‹ ist und weil die Sache psychologisch gesehen Werk, also Vorstellung des Volkes ist.«[173] Damit meint er, daß jedes Volk sich in der Kunst ein Bild macht von dem, was es gern sein würde, und nicht von dem, was es ist. »Sache« ist die immanente Notwendigkeit der Veränderung.

Im Kunstwerk treten verschiedene Gegebenheiten kultureller und soziologische Natur zutage. Trotzdem ist es jedoch nicht so, daß das Kunstwerk ohne weiteres kausal aus diesem größeren kulturellen und soziologischen Ganzen hervorginge. Das Zentrale am Kunstwerk – hier beruft Frankl sich ausdrücklich auf Wölfflin – ist die Form. Die Form ist der Kern der Kunst eines Volkes, und sie läßt sich wieder finden sowohl in der Volkskunst des am geringsten entwickelten Teils des Volkes als auch in der Elitekunst, Herrenkunst. Die nationalen Künste in Europa lassen sich in große Gruppen teilen, in eine

Gruppe, welche den Schwerpunkt auf Sinn legt, und eine, welche ihn auf Form legt. Diese zwei Gruppen korrespondieren wiederum mit der Einteilung in eine europäische Nord- und eine Südkunst. Aber man darf nicht alle Völker auf einen Stil festlegen. Frankl nennt das Nationale eine »gestalttheoretisch zu fassende Erscheinung«, eine »Ganzheit«, die sich historisch entwickelt. ›Deutsch‹ ist darum keine Konstante. Deutsch bedeutet in der späten Gotik etwas anderes als in der Renaissance, und wieder etwas anderes bei den Nazarenern. Und doch ist es immer »deutsches Schicksal, deutsche Geschichte. Allgemein ist das Nationale aller Nationen fließend. Das hindert durchaus nicht, deutlich zu sehen, daß im Großen die französische Kunst eine dauernd andere farbe hat als die deutsche, auch wenn die deutsche Kunst zeitweise Französisches übernahm (...). Das Nationale in der Kunst ist jeweils bei allen Völkern verschieden, aber bei keinem konstant, es wechselt in Charakter und Stil, hat seine Geschichte und kann im jeweiligen Sinne nur deskriptiv erfaßt werden.«[174]

Der kunstgeographisch tätige Kunsthistoriker arbeitet bei Frankl also mit zwei Methoden: einer kartographischen, die alle geographischen, völkerkundlichen, soziologischen und kulturhistoischen Aspekte inventarisiert, und mit einem deskriptiven Ansatz, der von den formalen Merkmalen der Kunstwerke ausgeht, hinter denen man den in den Völkern wirksamen Geist vermutet. Es ist auffallend, wie wenig Raum der individuelle Mensch in Frankls System erhält. Das Kunstwerk steht zwischen Natur und Geist. Das Wesen dieses Geistes läßt sich nur mit Hilfe einer stilkritischen Methode erfassen, die von den formalen Eigenschaften des Kunstwerkes ausgeht. Diese Zweiteilung entsteht aus Frankls allgemeinen Grundsätzen für sein *System*: Die Wissenschaft nimmt Bezug auf zwei Gebiete. Es gibt das Gebiet der Wirklichkeit und das Gebiet der Möglichkeit. Frankl möchte in diesem Buch nicht die Wissenschaft von der totalen Wirklichkeit der Kunst behandeln, sondern die totale Möglichkeit der Kunst.[175] Wie wir schon früher bemerkten, bleibt eine Antwort auf die Frage, was hinter dieser Möglichkeit verborgen ist, aus. Die kunstgeographische Methode wird damit ebenso auf das Absolute zurückgeführt, wie wir dies zuvor in der Besprechung der Methodendiskussion beim Umgang mit den Kunstwerken allgemein beobachteten.

Dagobert Frey schrieb 1938 einen Artikel über die Entwicklung der nationalen Stile in der mittelalterlichen Kunst.[176] Frey konstatiert, daß kunsthistorische Fragestellungen in jüngster Zeit immer weniger von der Beschreibung stilistischer Entwicklungen ausgehen. Man sucht jetzt nach den Trägern dieser Entwicklungen (Frey erwähnt Riegl, Wölfflin, Worringer und Pinder). Obwohl diese Kunsthistoriker sich voneinander unterscheiden, ist ihnen doch gemeinsam, daß sie die Frage nach den historischen Trägern der Entwicklungen gestellt haben. Frey bringt dies mit den aktuellen politischen Entwicklungen in Zusammenhang, die zur Folge haben, daß jedes Land, wie klein es auch sein mag, nun seine eigene künstlerische Identität beweisen will. Der Kongreß in Stockholm 1933 war ein Beispiel dafür. Frey findet jedoch, daß man bisher wenig methodisch verfahren ist.

Man kann diachronisch die Veränderungen des Stils feststellen, und synchronisch die stilistischen Übereinstimmungen beschreiben, man kann aber auch bei allen Veränderungen der Stile für jedes Land das erforschen, was sich dort gleichbleibt (die Identität des Volkscharakters). Nach einer Zusammenstellung der Objekte und ihrer formalen Analyse können dann Charakteristika erarbeitet werden, die sich mit den Begriffen Italienisch oder Deutsch verbinden lassen.

Aber von welchem Zeitpunkt an kann man z.B. von ›Italienisch‹ oder ›Deutsch‹ sprechen? Sind politische Begriffe identisch und zeitgleich mit kulturellen? Und ist eine Nation wirklich eine Einheit? Oft ist eine Nation aus verschiedenen Stämmen entstanden. Und was ist ein Stamm? Stämme im Sinne der Sprachwissenschaft sind nicht identisch mit Stämmen im Sinne der Völkerkunde. Und was macht man mit der Kunst, die innerhalb eines bestimmten Gebietes von Ausländern geschaffen wurde? Ist Memlinc flämisch und Poussin französisch?

Diese Fragen behandeln lediglich die Abgrenzung der Kunst. Offen bleibt dann noch die Frage, inwiefern diese abgegrenzte Kunst überhaupt der Ausdruck des Volkscharakters ist. Was ist von der Eigentümlichkeit des Volkes bestimmt, was durch die geographischen Gegebenheiten, was durch die Tradition, was durch die soziale Struktur? Aber laut Frey können wir, dürfen wir, wenn wir innerhalb eines bestimmten Gebietes über einen längeren Zeitraum hinweg ständig auf dieselben formalen Eigenschaften der Kunst treffen, vom Einfluß des Volkscharakters sprechen. Andererseits bedeuten große Veränderungen in der Kunst, daß der Charakter des Volkes sich geändert hat.

Ausgangspunkt muß jedoch die »Kulturnation« bleiben, nicht die »Staatsnation«. Die Frage, wie eine bestimmte kulturelle, religiöse, sprachliche, soziale, politische und rassische Gemeinschaft ihr Wesen auch in der Kunst zum Ausdruck bringt, ist laut Frey legitim. Bedingung ist jedoch, daß diese Gemeinschaft sich gut abgrenzen läßt. Der Begriff Nation ist für diese Abgrenzung nicht geeignet, denn es gibt nicht erst eine Nation, die dann Kunst hervorbringt, sondern umgekehrt bildet die Nation sich in der Kunst aus. »Kunst ist nicht Ausfluß der Nation, sondern Gestaltungsform der Nation, durch die erst die Nation mitbestimmt wird«[177], klingt es wie ein Echo Wundts.

Das oben beschriebene Herangehen ist hauptsächlich deduktiv. Frey erklärt, daß man auch umgekehrt sehr gut arbeiten kann, nämlich induktiv, von den Kunstwerken selbst ausgehend. Wir können Gruppen von Kunstwerken auf streng kunsthistorische Weise analysieren, wir können sie mit anderen vergleichen, sie zu Gruppen ordnen, und auf diesem Wege können wir zu Ordnungen in Raum und Zeit kommen. Von den Objekten aus argumentierend, könnte man dann zu Erkenntnissen gelangen.

Frey befürwortet eine Inventarisierung von Kunstwerken, indem man sie nach klar umrissenen formalen, materiellen und funktionalen Merkmalen katalogisiert. Man könnte zur Aufstellung von Typen gelangen. »Der Typus wird durch eine bestimmte Anzahl von Kriterien bestimmt, und wir untersuchen, in welchem Raum sie vollzählig, in welchem sie nur zum Teil auftreten.«[178]

Dann landen wir plötzlich mit einem Sprung in der Methodendiskussion: der Ganzheit eines Kunstwerks kann man mit einer solchen Inventarisierung und der kartographischen Methode nicht auf die Spur kommen, denn, so schreibt Frey in der Nachfolge Sedlmayrs, »Die Ganzheit des Kunstwerkes ist nicht in der Summierung von Einzelerscheinungen gegeben, sondern nur in ihrer Strukturiertheit, in der sich die Ganzlichkeitserfahrung des gestaltenden Willens selbst ausspricht.«[179] Frey wird hier eigentlich nicht völlig deutlich: Muß man nun (wie Sedlmayr es will) vom Kunstwerk ausgehen, oder muß man doch weiterhin die allgemeine, deduktive Fragestellung anwenden? Und dann bleibt die Frage: Wie verbindet man die ›Gestalt‹ eines Kunstwerks mit einem Volkscharakter? Frey arbeitet mit einem Axiom, um dieses Problem zu lösen: Nachdem man die verschiedenen Aspekte des Kunstwerkes analysiert hat, muß man zur Beschreibung der Struktur des Ganzen übergehen. In diesem Ganzen sind dann »letzten Endes bestimmte Haltungen des Welterlebens gefühls- und willensmäßig objektiv« vorhanden.[180] So erhält man »größere geistige Zusammenhänge«, die sich dann irgendwann mit einem Stamm oder einem Volk decken können.

In diesem Artikel wird zwar versucht, Kunstgeographie und Methodendiskussion in Übereinstimmung zu bringen, aber es gelingt nicht ganz, weil Frey noch an großen, übergreifenden Begriffen, Faktoren und Ganzheiten hängt, in die das Kunstwerk ›passen‹ muß, und das ist genau das, was Sedlmayr und die Seinen so angreifen.

Aber Frey gibt nicht auf, und 1942 wagt er einen zweiten Versuch. Das Buch heißt *Englisches Wesen in der bildenden Kunst.*[181] Frey stellt sich mit diesem Gegenstand in eine lange Tradition, und er beruft sich im Vorwort auf Pinder, Wölfflin, Sedlmayr und Brinckmann. Seinen Ausgangspunkt formuliert er folgendermaßen: »letzte Aufgabe der Untersuchung ist nicht die Feststellung eines objektiven Befundes der Erscheinungen und ihrer Beziehungen im einzelnen Kunstwerk und zwischen verschiedenen Kunstwerken, sondern die Aussage des Kunstwerkes über die geistigen Kräfte, die in ihm Gestalt gewinnen. Die strukturelle Erkenntnis des Kunstwerkes als Ganzheit und die Festlegung des ›richtigen‹ Standpunktes, wie Hans Sedlmayr (1931) mit methodischer Schärfe gefordert hat, sind notwendige Voraussetzung.«[182]

Frey will, daß sein Buch mehr ist als nur eine kunsthistorische Übersicht der englischen Kunst. Es muß um das spezifisch Englische gehen, um das englische Wesen, verglichen mit der Kunst anderer Länder, und dann speziell mit der Deutschlands. Freys Selektionsprinzip besteht darin, daß er sich auf die Höhepunkte beschränkt (denn die sagen mehr aus über die Schöpferkraft eines Volkes am Punkt der »charakterologischen Potenz«) und auf die »Sonderleistungen« der englischen Kunst. Damit sind Leistungen gemeint, die nur in der englischen Kunst vorkommen. Daneben will Frey sich der Volkskunst zuwenden.

Frey macht es sich anfänglich sehr schwer, wenn er die Frage stellt, ob man den Volkscharakter aus der Kunst ablesen kann. Ein Volk, so schreibt er, besteht aus verschiedenen Typen von Menschen (Frey beruft sich hier auf Kretschmer und Spranger[183]). Außerdem wird der Volkscharakter sich je nach der sozialen Lage unterschiedlich äußern. Nur bestimmte Aspekte des Volkscharakters kommen in der Kunst zum Ausdruck. Aber andererseits verleiht gerade die Kunst durch ihren spezifisch ästhetischen Charakter und durch ihre Beziehung zum Gefühlsmäßigen und Emotionalen tiefe Einsicht in die »völkische Geisteshaltung«: mehr, als andere intellektuelle Kulturäußerungen dies können.

Es gibt noch viele weitere Probleme: Wie verhält die Kunst sich zur gesamten Kultur? Was genau ist ein Volk? Was ein Volkscharakter? Wie verläuft die Beziehung zwischen dem Individuellen und dem Kollektiven? Wie verhält sich die Volkskunst zur elitären Kunst? Welche Rolle spielen die geographischen Bedingungen?

Frey macht dann einen Vorschlag, wie man aus diesem Dilemma herauskommt: Die Kunstgeschichte muß von ihren eigenen Methoden ausgehen, und sie darf sich nicht dauernd anderen Disziplinen zuwenden. »Eine derartige kunstgeschichtliche Untersuchung muß von der ›Gestalt‹ ausgehen. Das soll nicht einen formalistischen Standpunkt bedeuten. Gestalt ist nicht bloß Form, sondern Ganzheit von Form und Inhalt. In der Baukunst, zu der in England auch die Gartenkunst gehört, gestaltet sich der Mensch seine Umwelt, im Bildnis und in der Figuralplastik seinen menschlichen und gesellschaftlichen Idealtypus; in der Naturerscheinung versucht er anschaulich ihre Wesensart zu erfassen; durch die Gestaltung prägt er der objektiven Welt sinnbildlich seinen Willen auf. Fassen wir das Kunstwerk in diesem Sinne als ›Willensproblem‹, so stellt sich die Frage, was ein Volk in seiner Kunst ›will‹.«[184]

Dieser »Wille« zeigt sich schneller im Formalen als im Inhaltlichen – es geht um die Art und Weise, nicht um die Funktion oder das Motiv. Dieser Formenwille (»Gestaltungswillen«) muß in allen Aspekten und Disziplinen der Bildenden Kunst erforscht werden. Es geht dabei nicht einmal so sehr um die Merkmale und Eigenheiten;, sondern um die Formgesetze (»Bildungsgesetze«), welche die Merkmale bestimmen: »Ihre Bezogenheit aufeinander und ihre Ableitbarkeit aus einem zentralen Gestaltungsprinzip spricht sich in der Strukturform des ›Gebildes‹ aus.«[185] Frey beruft sich hier wieder auf Sedlmayr, aber er hätte auch Frankls Struktur nennen können. Wenn die Formenstruktur erkennbar ist, muß man die ihr zugrunde liegenden psychologischen Faktoren suchen, die mit dem Volkscharakter verbunden sind. Frey schließt seine Einleitung mit dem Wunsch, daß sein Buch das methodische Fundament für die Erforschung der nationalen Charaktere bilden möge, wenn auch solche in seinen Augen »genialen« Werke wie die Brinckmanns und Pinders tiefer in die Materie eindringen. Aber ohne Besinnung auf die Methode kommt die Wissenschaft nicht weiter.[186]

Mit der von ihm vorgeschlagenen Methode schlägt Frey zwei Fliegen mit einer Klappe. Die ›alte‹ Kunstgeographie, bis zu Wölfflin, erschöpfte sich in vielen allgemeinen Begriffen und mit komplizierten Beziehungen zwischen Kunst, Volk und Land. Bei Wölfflin, und stärker noch bei Frankl und Frey, sehen wir ein anderes Herangehen: Man muß einfach mit den stilistischen Merkmalen des Kunstwerks anfangen. Diese Eigenschaften lassen sich nach der erprobten Methode der Geistesgeschichte mit ›Haltungen‹ verbinden, und der Rest kommt dann von selbst. Frey hat Wölfflin und Frankl noch etwas voraus: den Begriff der Gestalt. Gestalt ist so etwas wie die Totalität des Kunstwerks, und auf diese Weise kann man alle Aspekte des Kunstwerks, die nicht streng formal sind (die man aber braucht, um die Verbindung zum Volkscharakter herzustellen), doch einbeziehen.

6. *Zusammenfassung*

Wenn wir das Obenstehende zusammenfassen, so stellen wir fest, daß die Geschichte der Kunstgeographie eine Reihe wichtiger Gesichtspunkte enthält. Da ist erstens Wundts Auffassung, daß die Kunst keine Hervorbringung des Volkscharakters ist, sondern daß das Volk sich in der Kunst entwickelt. Ein Volk ist nicht statisch sondern es ist ein dynamischer Prozeß. Es bildet sich selbst aus, unter anderem in der Kunst. Für die Kunstgeographie bedeutet das, daß man Stilveränderungen mit dem Wandel des Volkscharakters verbinden konnte, ohne daß dadurch auf einmal ganze Perioden in der Kunst un-deutsch oder un-französisch usw. würden. Dies war mit den alten idealistischen, hegelianischen Auffassungen von dem Anteil der Völker an der Entfaltung der Kunst nicht möglich.

Zweitens war der von Wölfflin eingeführte formale Begriffsapparat für die kunstgeographischen Fragestellungen von unschätzbarer Wichtigkeit. Erst seit es ihn gab, konnte man mit klaren Begriffen arbeiten, und konnte man Stile genau benennen. Die formale Analyse Wölfflins und anderer machte es etwa um 1900 möglich, große Gruppen von Kunstwerken nach übereinstimmenden Merkmalen zu großen Gesamtheiten zusammenzufassen.

Die Geistesgeschichte, als dritter Faktor, verband die idealtypischen, formalen Analysen mit den ›Haltungen‹ des Menschen zu der ihn umgebenden Welt, ›Haltungen‹ im psychologischen Sinne. Wir haben die Geistesgeschichte in ihren physisch-psychologischen, spirituell-psychologischen und typologischen Varianten kennengelernt, und wir haben sie auch mit ontologischen Standpunkten verbunden gesehen. Geistesgeschichte im Zusammenhang mit der Kunstgeographie bedeutet die Erforschung der ›Haltungen‹ eines Volkes gegenüber seiner geographischen Umgebung: wie ein Volk im Verlaufe einer historischen Entwicklung sein Wesen immer anders zum Ausdruck bringt, ohne dabei seinen Charakter zu verlieren.

Im Unterschied zum Methodenstreit läßt die Kunstgeographie wenig Zusammenhang erkennen. Eine gewisse Zeit lang war sie für die Kunstgeschichte ein Ausweg. Das hing natürlich mit dem Nationalismus vor und nach dem Ersten Weltkrieg zusammen; ich komme darauf später noch zurück. Wir können in der Diskussion ungefähr dieselben Trennungslinien erkennen wie im Methodenstreit: immer wird eine topographische und kartographische Arbeitsweise einer ›verstehenden‹ gegenübergestellt (Frankl). In den Diskussionen über die Methode stand die ›Sprachgeschichte‹ der ›Stilgeschichte‹ gegenüber (Schlosser), die Erste Kunstwissenschaft der Zweiten (Sedlmayr), oder die ›Wirklichkeit‹ der ›Möglichkeit‹ (Frankl).

Diese Zweiteilung geht ursprünglich auf das späte 19. Jahrhundert zurück, als an der rein positivistischen, inventarisierenden Kunstgeschichtsschreibung Kritik laut wurde. Es ist denn auch die Frage, ob wir es hier mit zwei Diskussionen zu tun haben, mit einer über die Methoden und einer über die Kunstgeographie. Der Hang zu Konstanten, zum Über-Individuellen, Unhistorischen – alles, was wir in den Diskussionen über die Methode sahen, kehrt bei der Kunstgeographie nahezu identisch zurück. Auch die Betonung des Formalen, als Ausgangs- und Endpunkt der Analyse, finden wir in beiden Diskussionen, wenn auch das individuelle Kunstwerk bei der Kunstgeographie nicht einen so wichtigen Platz einnehmen kann wie in der methodologischen Diskussion.

Die Kunstgeographie war eine stärker kulturhistorische, und vor allem eine viel anschaulichere und stärker politisch engagierte Variante der Methodendiskussion. Man könnte es auch so formulieren, daß die ontologischen Fragestellungen des Methodenstreites in der Kunstgeographie angewandt werden konnten. Ein Beispiel dafür war Pinders vierbändiges Werk der dreißiger und vierziger Jahre, das er mit dem heideggerianisch klingenden Titel versah: *Vom Wesen und Werden deutscher Formen.*

C. Vom Wesen und Werden deutscher Formen

1. Eine Analyse der Einleitung

Pinders *Vom Werden und Wesen*, erscheinend ab 1935[187], kann man als eine Fortsetzung von Dehios *Geschichte der deutschen Kunst* auffassen, die ab 1919 erschien. Bei beiden Autoren geht es um deutsche Kunst, und beide gehen in ihren Einleitungen von der Fragestellung aus, was denn dieses Deutsche wäre. Dehio bleibt jedoch sehr nahe an einer inventarisierenden Aufzählung von allem, was auf deutschem Boden geschaffen wurde, während Pinder das Deutsche von Anfang an in den Mittelpunkt stellt. Dehio sieht in der Qualität der verschiedenen Epochen der deutschen Kunst durchaus Unterschiede, auch die Höhepunkte der deutschen Kunst liegen bei ihm weit auseinander. Nur in der Stauffischen Kunst blühen alle Kunstrichtungen gleichermaßen. Was das ›Deutsche‹ eigentlich sei, definiert Dehio kaum. Die deutsche Kunst ist bei Dehio eine Variation auf ein Grundthema: das Irrationale, Undefinierte, Werdende, Gotische[188]. Pinder legt einen viel kontinuierlicheren Bericht vor, in dem er alle Perioden als gleichwertig ansieht, und es werden auch alle Perioden immer wieder auf ihr ›Deutschsein‹ hin erforscht.

Pinder gibt den Teilen Titel, die auf die historischen Perioden verweisen, und nicht auf kunsthistorische Stile. Sie heißen *Die Kunst der deutschen Kaiserzeit*; *Die Kunst der ersten Bürgerzeit*; *Die Kunst der Fürstenzeit*. Eine Ausnahme hiervon bildet der dritte Teil, *Die deutsche Kunst der Dürerzeit*. Durch diese Titel wird implizit erklärt, daß die Entwicklung der deutschen Kunst parallel zur Entwicklung der deutschen Geschichte verläuft. Dehio gab den Teilen keine Titel, und seine Kapitel sind kunsthistorisch benannt; oder höchstens lauten sie: »Frühromanische Baukunst. Zeit der Ottonen und ersten Salier« oder »Mittelromanische Baukunst. Von der Spätzeit Heinrichs IV. bis zum Tode Friedrich Barbarossas«.

Es ist nicht möglich, alle vier Teile von Pinders Werk in Kürze zu besprechen. Viele Themen kennen wir bereits aus früheren Publikationen. Ich beschränke mich auf das Vorwort und die Einleitung des ersten Teils.[189]

Pinder schreibt im Vorwort: »Gute Zukunft ist nur möglich auf Grund guter Herkunft – dies ist das eigentliche Bekenntnis dieses Buches. Es ist auch seine wirkliche Begründung. Dieses Buch will nicht noch einmal berichten und erzählen, es will betrachten und deuten, und zwar auf Grund einer neuen geschichtlichen Tatsache: die deutsche Geschichte, auch jene der Kunst, wird zur Zeit umgeschrieben.«[190]

Wir schreiben das Jahr 1935. Am Ende des Vorwortes faßt er sein Bestreben nochmals zusammen: »Die Absicht gilt keineswegs der Vollständigkeit des Dargestellten, sie gilt seiner Deutung. Nicht eine lückenlose Geschichte wird gesucht, aber eine durch das Geschichtliche bedingte Betrachtung, eine Betrachtung im Zusammenhange eben unserer Geschichte. Denn auch dieser selber ist bedroht, und auch er gewährt uns das Bewußtsein jener guten Herkunft, ohne die wir keine gute Zukunft erwarten dürfen. (...) Unsere Zukunft ruht auf unserer Herkunft, nur wer diese bejaht, kann auf diese hoffen. (...) Alle Geschichte ist Gegenwart, für ein höheres Auge ist selbst schon unsere Zukunft Geschichte: kommende Geschichte des gleichen Lebewesens. Sie muß *getan* werden, um richtig erlebt zu sein, und ist also voller Verantwortung.«[191]

Pinder geht es also nicht um eine übliche historische Darlegung, in der das Heute kausal verknüpft ist mit der Vergangenheit. Es geht ihm um den Zusammenhang in der Geschichte, um die Identität der historischen Ereignisse, und damit um die Identität dieser Gegenwart und dieser Vergangenheit. Die Zukunft kann nur dann etwas bringen, wenn man seine Vergangenheit annimmt. Dies kommt Heideggers Auffassung des Historischen sehr nahe. Auch der letzte Satz des obenstehenden Zitates kann im Sinne Heideggers gedeutet werden: Geschichte ist das Entscheiden für etwas, Geschichte ist das Verwirklichen einer Möglichkeit, und diese Möglichkeiten werden erkennbar im Bewußtsein des Menschen von seiner eigenen Position. Pinder verbindet diese Gedanken jedoch von Anfang an mit dem ›Deutschen‹. Man könnte das Werk Pinders auch so definieren, daß er in der Kunstgeschichte die ›deutsche Möglichkeit‹ erforscht: In welchen möglicher Formen zeigt sich die deutsche Kunst, und was sagen diese Erfüllungen des Möglichen über das Wesen des Deutschen aus?

Um diese Frage zu beantworten, benötigt Pinder vor seiner eigentlichen Geschichtsdarstellung eine sehr lange Einleitung, mehr als fünfzig Seiten. Was ist deutsch? Deutsch ist nicht germanisch, sagt Pinder. Deutsch beginnt mit der Entstehung der deutschen Sprache, also in der Zeit Karls des Großen.[192]Diesen sprachhistorischen Fakt sieht er mit einem politisch-geographischen im Zusammenhang: Deutschland entstand beim Niedergang der West- und Ostfranken und der Einverleibung der Sachsen in das Deutsche Reich durch Karl dem Großen. Gerade diese Eroberung Sachsens hat Deutschland zu einem selbständigen Machtblock zwischen dem Romanischen und dem Slawischen Gebiet gemacht. Im 12. und 13. Jahrhundert gab es neue Grenzverschiebungen nach Osten - aber in derselben Zeit bröckelte das Deutsche Reich an den westlichen und südlichen Rändern ab. Die Niederlande, Lothringen, das Elsaß und die Schweiz waren laut Pinder ursprünglich zwar deutsch, aber später »im engsten Sinne nicht mehr«. Sie erfahren von einem bestimmten Zeitpunkt an eine eigene Entwicklung und dürfen nicht in die Betrachtung einbezogen werden.

Das Verhältnis zum Ausland ist laut Pinder ein sehr spezielles. Deutschland ist an allen Seiten von anderen Völkern umgeben. Die deutsche Kunst hat diesem Ausland viel mehr gegeben, als sie von dort empfangen hat. Dieses Verhältnis zu den benachbarten Völkern gibt es so nirgendwo in Europa noch einmal. Aber dieses Verhältnis wurde leider immer falsch interpretiert. Die Deutschen selbst kennen ihre eigene Kunst nicht, und die Ausländer beanspruchen Kunst für sich, die ihrem Ursprung nach deutsch ist. Für Osteuropa und Skandinavien behauptet Pinder, daß alles, was dort Beachtung verdient, von deutscher Herkunft ist. Was die Beziehung zu den romanischen Ländern angeht: Deutschland hatte alles schon lange vor Italien und Frankreich; zweihundert Jahre vor Michelangelo hatte die deutsche Kunst schon die Pietà, und im 13. Jahrhundert hatte sie schon monumentale Plastik, wie es sie damals in Italien nicht gab, usw. Wir kommen hier auf das Gebiet der ›Sonderleistungen‹, zu dem spezifisch deutschen Beitrag zur europäischen Kunstgeschichte.

Das Verhältnis zu den Niederlanden, zur Schweiz und zu Österreich ist etwas anders. Die niederländische Kunst ist nicht deutsch. Die Völker haben sich sprachlich und politisch vor langer Zeit auseinanderentwickelt, und das hat unter anderem zu einer selbständigen niederländischen Kunst geführt. Aber die niederländische Kunst ist dem Deutschen vertraut; dies kommt durch die Sprachverwandtschaft mit dem Plattdeutschen. »Es ist falsch, die niederrheinisch–westfälische Kunst des 15. und 16. Jahrhunderts einfach als holländisches Einflußgebiet zu sehen: sie ist plattdeutsches Sprachgebiet der sichtbaren Form.«[193] Ziemlich verworren erklärt Pinder dann, daß die deutsche und die niederländische Kunst miteinander verwandt sind. Es besteht zwar so etwas wie eine niederländische Malerschule, die es in dieser Form in Deutschland nicht gab, aber es gibt genug deutsche Maler, die gerade darum in den Niederlanden studiert oder gearbeitet haben, weil dies in Anbetracht der Verwandtschaft so naheliegend war.

Eine Schweizerische Nationalkunst gibt es nicht (die Schweizer haben im Gegensatz zu den Niederländern auch keine eigene Sprache). Das Schweizerische in der Kunst ist eine Variante des Süddeutschen und Schwäbischen. Holbein und Witz kann man also getrost als deutsche Künstler ansehen, und dasselbe gilt für die österreichische Kunst.

Es erweist sich, daß Pinders Argumentation auf zwei Kriterien für das Nationale beruht: der eigenen Sprache, und der eigenen staatlichen Einheit. Je weiter die Sprache und die politische Einheit von Deutschland entfernt sind, desto weniger kann die Kunst deutsch sein. Italien, Frankreich, Skandinavien und die slawischen Länder können zwar manchmal etwas aus der deutschen Kunst übernehmen, aber ihre Kunst ist doch nicht mit der deutschen zu vergleichen. Länder mit derselben Sprache, die aber staatlich von Deutschland getrennt sind, wie die Schweiz und Österreich, haben doch eine deutsche Kunst. Die Niederlande liegen irgendwie dazwischen.

Die obengenannte Beschreibung des Nationalen definiert ›von außen‹. Danach beschreibt Pinder »von innen heraus«, was die »Wesenszüge der deutschen Kunst« seien. Er stellt folgende Fragen: Woran erkennt man deutsche Kunst? Und was ist deutsch in der Kunst? Diese Fragen sind in den dreißiger Jahren besonders aktuell, wie wir gesehen haben, auch unabhängig von der politischen Situation, in der Pinder schreibt.

Terminologisch sei die deutsche Kunst schwer zu fassen, schreibt Pinder. Er erklärt das mit der Arbeitsweise der traditionellen Kunsthistoriker, die ihre Methoden anhand der italienischen Kunst verfeinerten. Dies ist so etwas wie eine nationale Variante der Einwände, die Gantner und Swoboda gegen die kunsthistorischen Methoden hatten. Pinder glaubt, daß eine Umschulung anhand deutscher Kunstobjekte helfen würde, und daß sie vielleicht auch zu einer neuen Betrachtungsweise für die italienische Kunst führen könnte.

Aber was ist das Deutsche in der Kunst? »Noch Dehio sah in unserer Kunst ein Element der Formlosigkeit«, bemerkt Pinder spitz.[194] Ausführlich verweist Pinder darauf, daß die Schwierigkeit bei der Benennung des Deutschen schnell zu einer negativen Definition führen kann, nämlich indem man das Un-Deutsche aufzeigt. Laut Pinder kann deutsche Kunst, die in Deutschland geschaffen wurde, niemals un-deutsch sein. »Auch kein Deutscher starker künstlerischer Zeiten hat je für möglich gehalten, daß deutsche Kunst undeutsch sein könne. Er hat nur Wertunterschiede gekannt.: gut oder schlecht. Nicht einmal das Schlechte hat er für undeutsch gehalten, sondern nur für schlecht.«[195] Pinder schiebt es auf das »gestörte Selbstbewußtsein« aus der Zeit nach dem Ersten Weltkrieg, daß man mit dem eigenen kulturellen Erbe so umgeht. Pinders These ist und bleibt, daß man dieses Erbe in seiner Gesamtheit annehmen muß. Er ergreift hier Partei in der Diskussion über die Moderne Kunst, die 1933 und 1934 in Deutschland nach der Machtübernahme der Nationalsozialisten geführt wurde. Pinder schreibt, daß manche Menschen die Moderne Kunst nicht akzeptieren. Dies wird dann nachträglich gerechtfertigt, indem man bestimmte Perioden der alten deutschen Kunst, die mit der Modernen große Übereinstimmungen aufweisen, als un-deutsch abstempelt. Pinder geht davon aus, daß alles, was in Deutschland geschaffen wurde, deutsch ist. Wenn man beispielsweise aus persönlichen Gründen die Kunst der italienischen Hochrenaissance deutsch nennt, so würde das bedeuten, daß deutsch wäre, was Deutsche niemals geschaffen haben. Und wie ordnet man dann den Manierismus ein, fragt sich Pinder. Sollte sich so schnell nach der Hochrenaissance auf demselben italienischen Boden ein anderes Volk oder eine andere Rasse durchgesetzt haben? Etwas derartiges läßt sich nicht nachweisen, und in Pinders Augen ist es purer Unsinn.

Aber Pinder kennt auch Deutsche, die es als Verrat ansehen, wenn Deutsche von anderen Völkern etwas übernehmen. Manche halten also gerade für deutsch, was nicht von Deutschen geschaffen wurde, andere wiederum halten nur das für deutsch, was überhaupt keine Beziehung zur ausländischen Kunst aufweist. Man summiere beide Standpunkte, und das Ergebnis ist Null.

Aber was ist dann deutsch? Was verbindet (dies sind Pinders Beispiele) die Naumburger Uta mit Grünewalds Magdalena, den Braunschweiger Löwen mit den Bamberger Chorstühlen, was Konrad Meit mit Vierzehnheiligen? Wie muß, und wie kann man das als eine Einheit sehen? Einheit, so behauptet Pinder, ist noch keine Gleichförmigkeit. Es gibt einen großen Variantenreichtum der Formen, welcher unter anderem durch die unterschiedliche Zeit hervor gerufen wird, durch die Landschaft, den Stammcharakter, die Persönlichkeit, das Talent, den Charakter und die persönliche Biographie. Innerhalb des Nationalen gibt es große Unterschiede, und innerhalb dieses Nationalen gibt es auch genügend Einflüsse von außen. Trotzdem erscheinen bestimmte Künstler nur in diesem Volk, und sonst nirgendwo. »Immerhin wird wenigstens auch der Italienern, der etwa die nordische Herkunft Dantes oder Lionardos (die nordische, nicht die deutsche!) spürt und zugibt, darum weder Dante noch Lionardo als unitalienisch empfinden, sondern gerade und mit vollem Recht als italienisch (da ja der Norden *selbst* diese Männer nicht vorgebracht hat), und dies insbesondere auch unter neuer Stützung durch die Rassenlehre, die ja bekanntnlich etwas sehr Wirkliches behandelt und darum weder eine deutsche noch eine italienische Rasse kennt, nicht einmal eine germanische oder romanische.«[196]

Man sollte nun erwarten, daß Pinder selbst eingesteht, daß es für ein Arbeiten mit Völkercharakteren keine Grundlage gibt, auch nicht, wenn man von der Rassenlehre ausgeht. Es gibt seiner Auffassung nach in der europäischen Kunst jedoch Dinge, die spezifisch deutsch sind, und er gibt dafür verschiedene Beispiele auf formalem, technischem und ikonographischem Gebiet – dies ist die Theorie der Sonderleistungen. Er weist auch darauf hin, daß die deutsche Kunstgeschichte ein kontinuierliches Ganzes ist, daß sie keine Lükken kennt, wie z. B. die Geschichte der skandinavischen und der englischen Kunst. Die deutsche Kunst hinkt auch nicht hinter einer anderen, wie der französischen, her. In der Zeit der französischen Gotik bauten die Deutschen nicht ›noch‹ romanisch, sondern sie lösten die selben Probleme anders, nämlich deutsch.

Pinder verweilt ausführlich bei dem Vorwurf, daß die deutsche Kunst formlos sei. Deutsche Kunst ist nicht einfach, sondern sie verlangt ein fleißiges Auge, das die Kunst gleichsam ›nachspielt‹ Pinder vergleicht die deutsche Kunst denn auch mit der Musik, die auch keine Form im wörtlichen Sinne hat.

Wir können Pinder hier besser selbst ausführlich zu Wort kommen lassen: »Sie (die Kunst, M.H.) will von uns nachgespielt sein, wie Musik. Sie verlangt Zeit in jedem Sinne. Sie ist dann nicht einfach raumgläubig im Sinne des physikalischen Raumes. Nicht das Proportionsgefühl fehlt z.B. unserer Architektur (...), nicht die Proportion, sondern *der Glaube an den ästhetischen Wert der wirklichen Ausdehnung im physikalischen Raume.* (...) Die italienische Kunst aber nimmt den Ausdehnungsgrad als etwas Wesentliches in die

Form hinein. (...) Bei uns dagegen kommt es im allgemeinen mehr auf die Begegnung der Formen, auf ihre Bewegung an, und damit ergibt sich größere Freiheit von der Anforderung persönlicher Gegenwart. Auch diese unsere Form darf beim gelungenen Werke nicht um ein Atom anders sein, als sie ist – denn dann wäre sie natürlich keine Form. Aber sie ist wirksam jenseits der wirklichen Ausdehnung. Dies teilt sie mit der Musik. (...) Daß bei uns auch die sehr gesetzmäßig entwicklete sichtbare form in einer Folge nachgespielt sein will, das beweist ein recht ehrenvolles unbewußtes Zutrauen des Künstlers zum langen Atem des Anderen. Es bedeutet zugleich eine Unabhängigkeit vom Glauben an den ästhetischen Wert der Ausdehnung (also nicht der Proportion, die vielmehr gerade jenseits der Ausdehnung wirksam bleiben kann). Es bedeutet, daß das Werk selbst sein eigenes *Erinnerungsbild* uns unmittelbar eingibt. Man könnte darum von einem geheim *graphischen* Charakter aller vorwiegend deutschen Kunst sprechen, wobei auch die starke Rolle der wirklichen Grafik in unserer Gesamtgeschichte alsbald einen tiefen Sinn erhielte. Mehr zeit- als raumgläubig darf der Deutsche heißen, im Gegensatz besonders zum Italiener. Es ist ein musikalischer Zug, von dem hier gesprochen wird; und wieder erhält alsbald auch die starke Rolle der wirklichen Musik in unserer Gesamtgeschichte einen tiefen Sinn – der Musik, die ja überhaupt nicht (der Grafik darin ähnlich) das *eine* ›Original‹ kennt, das immer nur an einer Stelle des Raumes zu einem Zeitpunkt sein kann, sondern ein der Auslösung wartendes, jedesmal neu zu vollziehendes Ereignis.«[197]

In dieser Passage klingen einige Echos aus Pinders älteren Schriften nach: der Rhythmus der romanischen Innenräume in der Normandie und die Generationstheorie; die Parallelen zwischen Musik und Bildender Kunst erinnern an die Lehre von den aufeinanderfolgenden Disziplinen; die »sich an der Wand entlang schreibende« Skulptur des 14. Jahrhunderts und die Kunst als Ausdruck des Unsichtbaren erinnern an den »erweiterte(n) Begriff des Plastischen«, wie Pinder ihn in seinem Buch über die spätmittelalterliche Bildhauerkunst beschrieb.

Pinder verbindet die formale Analyse hier mit Gegensatzpaaren wie Raum – Zeit; statische Ausbreitung – dynamische Begegnung; Ding – Konzept; Original – Reproduktion und Kunstwerk – Betrachter. Der letzte Teil ist dabei immer das ›Deutsche‹. Außerdem versteht er es, die deutsche Musik auf einem höheren Niveau mit der Bildenden Kunst zu einer allgemeinen Charakteristik des Deutschen zu verbinden.

Ohne das ausdrücklich zu betonen, setzt Pinder den Schwerpunkt der deutschen Kunst beim Betrachter: Das Kunstwerk existiert nicht an sich und für sich, sondern es braucht einen Betrachter, der das Kunstwerk ›hört‹ oder ›liest‹. Erst in der Verarbeitung, in der Erinnerung des Gesehenen offenbart sich das Wesen des Kunstwerks. Das Kunstwerk wird erst geformt, es entsteht erst im Geist des Betrachters.

Diese Auffassung kann man für die psychologische Haltung zur Kunst um die Jahrhundertwende, wie wir sie auch aus dem Expressionismus kennen, als typisch ansehen. Es ist eine verfeinerte Auffassung von Kunst, die zu Beginn dieses Jahrhunderts für die kulturelle Elite in ihrem Umgang mit Kunst charakteristisch ist. Es gibt im Grunde nichts, es gibt nur das sinnlich reagierende Individuum. Wenn man diesen Gedankengang konsequent zu Ende führt, so gibt es keine Kunstwerke mehr, sondern nur noch Eindrücke von diesen. Unsere Weise, diese Eindrücke zu verarbeiten, verweist letztlich darauf, wie die Individuen in der Welt stehen. So sind wir denn wieder zur Geistesgeschichte zurückgekehrt.

Am Ende der Einleitung verbindet Pinder eine große Anzahl von Merkmalen der deutschen Kunst mit dem »Nordischen«. Die deutsche Kunst kennt einen »Sagetrieb«, der über das Ästhetisch-Geschmackliche hinausgeht. Die deutsche Kunst will das Unsichtbare sichtbar machen. Auf einer formalen Ebene typisch ist der polyphone Charakter, der sowohl an den alten germanischen Fibulas sichtbar ist, als auch in den Fugen Bachs und in der Ornamentik des Barock. Das nordische Erbe wurde in die deutsche Kunst aufgenommen, und es wurde hier mit dem klassischen Erbe in Kontakt gebracht. Die Entwicklung der deutschen Kunst ist gleichsam gekennzeichnet durch eine dialektische Beziehung zwischen dem nordischen Erbe und den neuen Impulsen aus Italien. Außerdem läßt die Entwicklung der deutschen Kunst als Ganzes eine Aufeinanderfolge der tonangebenden Disziplinen Architektur, Bildhauerei, Malerei, Musik und Literatur erkennen.

In den letzten Sätzen der Einleitung umreißt Pinder seine Aufgabe als die Beschreibung des Prozesses, in dem, unter Erhaltung der nordischen Formensprache, aus dem Monumentalen und aus der Abbildung des Sichtbaren (die aus Italien stammt) die deutsche Kunst entstand: »Dies zu erzählen, wie aus Herkunft und Begegnung beides möglich wurde, die Gewinnung des Monumentalen und die Bewältigung der Erscheinungswelt und durch beides, trotz beidem, mit beidem die Durchrettung der nordischen Form, die Unabhängigkeit von der physischen Raumausdehnung, die Musikhaftigkeit, die Sagekraft, die Ausdruckskraft für das Unsichtbare – das wird der Inhalt aller folgenden Abschnitte sein.«[198]

Wir können Pinders Kunstlehre, wie sie in der Einleitung von *Vom Werden und Wesen deutscher Formen* beschrieben wird, folgendermaßen zusammenfassen:

1. Die deutsche Kunst hat einen völlig eigenen Charakter, der sich klar von der Kunst der übrigen europäischen Völker unterscheiden läßt. Ganz konform mit der Kunstgeographie, betrachtet Pinder es als seine Aufgabe, die besonderen Eigenschaften der deutschen Kunst zu beschreiben. Im Unterschied zu den Kunstgeographen ist bei Pinder jedoch von einem direkten, kausalen Zusammenhang zwischen Land, Volk, Rasse und Kunst keine Rede, wenn er diesen Zusammenhang auch manchmal herzustellen sucht. Seine Vorstellungen von der Beziehung zwischen Sprache, staatlicher Einheit und Kunst sind verschwommen. Es ist daher auch zu verstehen, daß Heydenreich Pinder zur Gruppe der Kunstpsychologen rechnete, und nicht zur Gruppe der Kunstgeographen im engeren Sinne. Frey nannte Pinders *Vom Werden und Wesen* genial, aber er vermißte das methodische Fundament.

2. Die deutsche Kunst ist weder mit der nordischen oder germanischen Kunst völlig identisch, noch mit der Kunst der Antike und Renaissance. Die deutsche Kunst gibt gerade für das Zusammengehen beider ein Beispiel. Kennzeichnend für die deutsche Kunst ist ihr konzeptionell-abstrahierender Charakter. Die deutsche Kunst ist auf den Betrachter gerichtet.

3. Im Zusammenhang mit dem Wandel der Auffassungen von Kunstgeschichte in Deutschland und Österreich wird die Frage nach der Bedeutung des Kunstwerks verändert zur Frage nach dem Wesen der Kunst. Dieses Wesen der Kunst deckt sich mit der Wahrheit in bezug auf den Menschen oder ein Volk im historischen Prozeß. Bei Pinder wird die Erläuterung der Kunstwerke zu einer geschichtlichen Betrachtung über das Wesen, die Herkunft und die Aufgabe des deutschen Menschen.[199]

Wir stellen fest, daß Pinder ebenso wie die Kunsthistoriker, die wir im Zusammenhang mit der Methodendiskussion zitierten, die Kunstgeschichtsschreibung auf Ziele richtet, die hinter den Kunst werken liegen; darin stimmt er auch mit den Auffassungen der Kunstgeographie überein. Die Methoden, die hierbei entwickelt werden, kann man kaum historisch nennen: Über eine direkte Konfrontation mit den Kunstwerken und über das Erlebnis der Kunstwerke, und speziell ihrer formalen Aspekte, versucht man das wahre Wesen, die Totalität zu deuten, die das Kunstwerk ausdrückt (oder besser: die es ist). Dieses wahre Wesen wird immer als Seinsgrund von Mensch und Volk interpretiert.

2. *›Sonderleistungen‹ und ›Sonderweg‹*

Mitten im Ersten Weltkrieg begann 1916 eine polemische Auseinandersetzung zwischen dem französischen Kunsthistoriker Emile Mâle und seinen deutschen Kollegen[200]. Mâles Haltung läßt sich kurz zusammenfassen: »L'Allemagne a rien inventé.« Alles haben die

Deutschen von den Franzosen und den Italienern übernommen. Die Deutschen sind wie die Meistersänger von Nürnberg; sie kennen alle Regeln, die Grammatik, die Syntax und die Versmaße, aber eines fehlt ihnen: Genialität.

Die deutschen Kunsthistoriker ließen dies nicht auf sich beruhen, sie setzten sich zur Wehr und warfen Male Nachlässigkeit und Völkerhaß vor. Kein einziges Volk hat das Patent auf die Erfindung bestimmter Kunstformen. Rudolf Kautsch kam mit einem anderen Argument: Mâle ging seiner Auffassung nach viel zu sehr von feststehenden Merkmalen bestimmter Stile aus. Die deutsche Gotik läßt sich jedoch nicht mit der französischen vergleichen: »Es gibt eine eigene deutsche Gotik, die Ausdruck eines besonderen eigenen Kunstwillens ist«[201].

Nun könnte man dieses Kriegsintermezzo als eine Kuriosität betrachten, wenn es nicht so wäre, daß die deutschen Kunsthistoriker auch nach 1918 weiterhin die Frage nach dem spezifisch Deutschen in der Kunst stellten. Pinder hat diese Frage oftmals, und speziell in der Einleitung seines Werkes *Vom Werden und Wesen deutscher Formen*, zum Ausgangspunkt seiner Darlegungen gemacht. Noch zugespitzter geschieht dies in zwei späten Publikationen Pinders, in *Sonderleistungen der deutschen Kunst*, einer Vorlesung aus dem Jahre 1942, und ganz ausführlich in *Sonderleistungen der deutschen Kunst* von 1944[202]. Das letztgenannte Buch ist offenbar für ein großes Publikum geschrieben, wenn man die für 1944 gewiß sehr luxuriöse Ausstattung betrachtet, die großzügige Typografie, die vielen Abbildungen und das Fehlen von Anmerkungen.

Dieses letzte Buch folgt in den Fragestellungen der Vorlesung von 1942, und es ist, was die Schlußfolgerungen über das wahre Wesen der deutschen Kunst angeht, nahezu identisch mit der oben behandelten Einleitung des ersten Teils der Reihe *Vom Werden und Wesen deutscher Formen*. In der Vorlesung und dem späteren Buch wird jedoch mehr auf jene Formen der Kunst eingegangen, die in Deutschland zuerst auftreten, oder ausschließlich hier. Ein paar Beispiele Pinders: die erste völlig in Stein überwölbte Basilika (Speyer), die erste freistehende Plastik seit dem Altertum (der Braunschweiger Löwe), das erste Reiterstandbild seit dem Altertum (Magdeburg), die erste Darstellung von Menschen im zeitgenössischen Gewand seit der Antike (Naumburg), die ersten monumentalen Pietàs, das erste kritische Selbstporträt (Dürer), die ersten Landschaftsaquarelle (Dürer), die ersten selbständigen Landschaften (Altdorfer), das erste Mezzotinto (Ludwig von Siegen) und das erste europäische Porzellan (Meißen).

Nur die Deutschen haben die Ritterburgen im Osten gebaut, nur sie haben die Jungfrauen–Ikonografie monumental dargestellt, auch die plastische Johannes-Christus-Gruppe. Die Deutschen sind die Erfinder der beweglichen Altarretabel. Sie haben Reihen von Bronzefiguren aufgestellt (Innsbruck). Sie gaben architektonischen Lösungen den Vorzug, die beinahe nirgendwo anders vorkommen, wie dem doppelten Chor, dem Kleeblattchor, dem Chor mit Bildnissen im Innenraum (Magdeburg, Meißen, Naumburg), der Hallenkirche. Echt deutsch sind die Grafik, die selbständige Meisterzeichnung, die barocken Treppenhäuser und die barocken Klosterkomplexe, sowie auch die Rathäuser mit ihrer Innenraumgestaltung.

Pinder vergleicht die deutsche Kunst mit der italienischen. Die italienische Kunst gibt seiner Auffassung nach nur einen Abschnitt, eine isolierte Darstellung des Alls. Um diese Isolation auszugleichen, braucht die Kunst bellezza, Schönheit, zur Kompensation. Die deutsche Kunst dagegen ist Ausschnitt aus einem Ganzen, ohne dieses Ganze selbständig zu repräsentieren. Mit anderen Worten: sie ist ein Fragment.

Das Besondere an der deutschen Kunst ist das Interesse für die Landschaft, wie es in der Romantik als neue Gemeinschaftskunst wiedererwacht. Dieses Verlangen nach Gemeinschaft ist laut Pinder urdeutsch. Ebenso deutsch ist die Hinwendung zum Linearen auf formalem Gebiet. Zeichnung und Grafik sind die besonderen Ausdrucksmöglichkeiten des deutschen Volkes. So kann Pinder die Verbindung zur alten germanischen Kunst wiederherstellen, die in der deutschen weiterlebt.

Dieses Germanische, Lineare und Mystische verbindet Pinder zu einer Vision des Deutschen, das das Unsichtbare darstellen will. Hier erwähnt er erneut die Parallele zur Musik und Literatur. Die ganze deutsche Kunst ist eine einzigartige Leistung. »Zuletzt nämlich ist die ganze deutsche Kunst eine einzige Sonderleistung«[203].

Bernd Faulenbach untersuchte in einer 1980 erschienenen Veröffentlichung, *Ideologie des deutschen Weges*[204], die historische Variante der kunsthistorischen Sonderleistung, den Sonderweg. Die Niederlage von 1918 vermittelte vielen Deutschen ein Gefühl der Minderwertigkeit. Darum war eine neue Orientierung auf das Deutsche notwendig. Das alte System war zusammengebrochen, aber mußte das bedeuten, daß die westeuropäischen Demokratien mit ihren liberalen Grundsätzen besser waren, weil sie gewonnen hatten? Viele, meist konservativ eingestellte Historiker fanden das Eigene doch besser als das Fremde. Deutschland ließ sich, historisch gesehen, nicht mit den westeuropäischen Ländern vergleichen, und es nahm in der Geschichte und in der zeitgenössischen politischen Konstellation einen besonderen Platz ein.

Dieser eigene Platz ist eng verbunden mit einem Volkscharakter, der sich durch die Jahrhunderte hin gleich geblieben sein soll. Diese Ansicht führt zu einer fertigen ›Deutschen Ideologie‹, die schon früher, während des Ersten Weltkrieges, im sogenannten Kulturkampf gegen England und Frankreich Form annahm. Von diesem Volkscharakter ist der Schritt zu rassistischen Theorien nicht mehr groß.[205]

Der deutsche Sonderweg durch die Geschichte, so schreibt Faulenbach, wird in zwei Richtungen ausgearbeitet: für die Anwendung im Lande und im Ausland. Für die Situation im Inland greift man auf die preußische Tradition zurück, und man vergleicht einen starken, sozial denkenden Staat, der eine zentral geführte Bürokratie hat, mit der heterogenen Demokratie der Weimarer Republik. Daß diese Demokratie nach 1918 nicht gerade gut funktionierte, erklärt man dann damit, daß sie mit dem deutschen Volkscharakter unvereinbar sei.

Dieser Volkscharakter wird als unpolitisch definiert. »Häufige Topoi waren: die Deutschen sind religiös introvertiert, philosophisch-spekulativ begabt, individuell freiheitsliebend, arbeitsam, ordnungsliebend und tapfer, nicht zuletzt aber unpolitisch.«[206] Kurzum, es ist dasselbe wie das, was wir im ersten Kapitel, in einem etwas anderen Kontext, als ›deutsch‹ kennenlernten.

Nation und Volk werden nach dieser Auffassung als etwas Gegebenes angesehen, und nicht als politische Produkte. Deutsche sind anders, verglichen mit Franzosen und Engländern, die ein politisches Bild von sich haben und danach handeln. Gerade das Fehlen einer politischen Tradition in Deutschland wird von diesen Historikern als Merkmal des deutschen Volkscharakters angenommen. Man will auch die deutsche Situation nach 1918 nicht als eine politische Tatsache anerkennen, und sucht nach einem tiefer liegenden ›Wesen‹; analog zur phänomenologischen Strömung in der damaligen Philosophie, so schreibt Faulenbach, die zwar das Wesen, aber nicht die Erscheinung erforscht.[207] Indem man den Gedanken von den wahrhaften, naturgegebenen deutschen Eigenschaften weiterführte, skizzierte man eine Politik, in der diese Eigenschaften gestärkt werden und sich entwickeln können.

Im Zusammenhang mit der Haltung Deutschlands zum Ausland betonte man Deutschlands geopolitische Lage zwischen West- und Osteuropa. Deutschland ist der Puffer zwischen West und Ost, ja sogar der Retter Europas. Diese Betonung Mitteleuropas war die Grundlage für eine aktive Ostpolitik, die viel später mit Hitler ihre grausame Verwirklichung erfahren wird.[208] »So heterogen und unterschiedlich die Mitteleuropa-Ideen auch waren, sie konvergierten darin, daß sie dem deutschen Volke eine – mehr oder weniger akzentuierte –Führungsaufgabe im mittelöstlichen Europa zusprachen.«[209]

Die Katastrophe von 1918 und die Auflösung des Habsburgischen Kaiserreiches in Mittel- und Osteuropa waren die politischen Faktoren, die zu einer scheinbar unpolitischen Anschauung führten. Nach dieser Auffassung konnte Deutschland in dem entstandenen Vakuum die Führung übernehmen. Man konstruierte gleichsam einen Volkscharakter, der geeignet war, eine solche Politik zu verwirklichen. Auf diese Weise konnte man die deutsche Geschichte auch nach 1918 als ein Kontinuum betrachten, und sie erhielt wieder einen Sinn.[210]

Vor diesem Hintergrund kann Pinders Suche nach dem Wesen der deutschen Kunst gelesen werden. Es gab eine alte kunsthistorische Kontroverse aus der Zeit des Ersten Weltkrieges, die später für den inländischen Gebrauch weiterentwickelt wurde, im engen Zusammenhang mit der Kunstgeographie und der Phänomenologie Heideggers. Den Deutschen wird eine neue Interpretation ihrer kulturellen Tradition vorgesetzt, die sie davon überzeugen soll, daß sie zur europäischen Kultur einen wertvollen Beitrag geleistet haben und noch stets leisten. Da die Kunst das ›deutsche Wesen‹ zum Ausdruck bringt, wird auch die Kunst der Zukunft von demselben Niveau sein, denn dieses Wesen hat sich in den Jahrhunderten nicht verändert.

Pinder versteht es sogar, die deutsche Kunst zu präsentieren als eine Synthese des Nordischen, Germanischen mit dem Mediterran-Klassischen. Auf diese Weise wird die deutsche Kunst zur europäischen Kunst par excellence, ja sogar zum Zentrum der europäischen Kunst.

Schlußbemerkungen

In diesem Kapitel ist Pinder weniger zu Worte gekommen als in den zwei ersten Kapiteln. Ich habe in diesem Kapitel versucht, zu zeigen, in welcher Weise der Methodenstreit und die Kunstgeographie miteinander verwandt sind, und wie Pinders Veröffentlichungen ab 1935, *Vom Werden und Wesen deutscher Formen* und die *Sonderleistungen der deutschen Kunst* in diese Diskussionen passen.

Sowohl der Methodenstreit, die Kunstgeographie als auch Pinders Veröffentlichungen lassen sich zurückführen auf Auffassungen, die in der kunsthistorischen Welt bereits um 1900 Beifall fanden, nämlich auf die Geistesgeschichte und die formale Analyse. Sie erhalten jedoch durch die Phänomenologie Heideggers und durch die besondere deutsche Situation nach 1918 einen neuen Impuls.

WILHELM PINDER ERGREIFT PARTEI

Einleitung

In diesem vierten und letzten Kapitel werden wir uns weniger mit dem Kunsthistoriker Pinder befassen. Pinder der Professor steht in diesem Kapitel im Mittelpunkt. Pinder war durch seine Publikationen – besonders in der Reihe ›Die blauen Bücher‹ – in der Öffentlichkeit sehr bekannt. Diese Bekanntheit führte nach 1933 zu Situationen, in denen sich Pinder, freiwillig oder auch unfreiwillig, über die moderne Kunst, über den nationalsozialistischen Staat und über die Rolle der Universitäten in diesem Staat äußerte.

Im ersten Kapitel habe ich zu zeigen versucht, wie eng die Auffassungen über Kunst und Kunstgeschichte zu Beginn dieses Jahrhunderts in Deutschland verbunden waren mit dem Bild der kulturellen Elite von sich selbst. In diesem Kapitel nehme ich dieses Thema wieder auf. Pinders Aussagen sind nicht nur Teil einer Diskussion über Kunstgeschichte, sondern auch Bestandteil einer Debatte über Platz und Verantwortlichkeit des Professors in der deutschen Gesellschaft. Nicht, daß die Gemeinschaft sich so sehr für die Professoren interessiert hätte. Die Professoren selbst mußten nach 1918, und erst recht nach 1933, ihre Auffassungen von ihrer Aufgabe und Verantwortung neu formulieren. Es gibt daher auch eine große Flut an ›Professorenliteratur‹ aus dieser Zeit, bei der ich ausführlich verweilen werde.

Dieses Kapitel gliedert sich folgendermaßen: Was bedeutet Pinder für die ›Blauen Bücher‹, und was bedeuten die ›Blauen Bücher‹ für die Kunstgeschichte? Auf welche Weise nahm Pinder an der Expressionismus-Debatte nach 1933 teil? Welche Folgen hatte dies für ihn? Wie war das Verhältnis zwischen Staat und Universität vom Beginn dieses Jahrhunderts bis 1945? Welche Haltung bezieht Pinder zu diesem Problem?

Zum Schluß will ich eine Art Bilanz ziehen: War Pinder nun ein echter Nazi, oder nicht? Wie können wir erklären, daß sich jemand wie Pinder gegenüber dem Nazi-Regime so blind verhalten hat? Dieses letzte Kapitel – wie diese ganze Studie – ist nicht als Ehrenrettung für Wilhelm Pinder gedacht. Meine Absicht war lediglich, einen zum Teil vergessenen, zum Teil oberflächlich kritisierten Abschnitt der Geschichte der Kunstgeschichte zu rekonstruieren. Pinder kann sich sehr gut selbst verteidigen. Darum habe ich als Beilage zu diesem Kapitel die Texte aufgenommen, die er und andere nach 1945 über seinen Standpunkt zwischen 1933 und 1945 verfaßt haben.

A. Pinder als Erfolgsautor

Wie wir im vorigen Kapitel feststellten, schrieb Pinder seit 1935 an einer Geschichte der deutscher Kunst. Diese Bände waren für eine breite Öffentlichkeit gedacht. Sie sind locker geschrieben, schön herausgegeben, und sie haben keinen Anmerkungsapparat oder anderen abschreckenden wissenschaftlichen Ballast. Die Auflagen der Bände müssen sehr hoch gewesen sein; der erste Teil, *Die Kunst der deutschen Kaiserzeit*, erlebte 1940 bereits seine vierte Auflage. Unmittelbar nach dem Krieg versuchte der Seemann-Verlag in Leipzig, die Bände noch einmal herauszugeben, aber das war anfangs unmöglich.[1] Nachdem der Verlag von Leipzig nach Köln umgezogen war, brachte Seemann die Reihe 1951 erneut heraus, noch prächtiger ausgestattet als 1935 und in den folgenden Jahren.[2]

Pinder war ein Mensch, der gern für ein großes Publikum schrieb oder vor ihm sprach. Pinder war ein großer Popularisierer der Kunstgeschichte; er verkörperte in einem Maße die Gemeinsamkeit von wissenschaftlicher Forschung und ihrer Verbreitung für eine große Öffentlichkeit, wie wir uns das kaum noch vorstellen können. Im Grunde ist es kaum möglich, in seinem Werk klar zwischen dem streng wissenschaftlichen und dem populären Teil zu trennen. Was er schreibt, ist fesselnd und klar, außerdem sehr unterhaltsam und nicht ohne Humor. Als Redner muß er noch beeindruckender gewesen sein. In Leipzig bereitete er sich wie ein Schauspieler auf die Vorlesungen vor, er war vorher vollkommen nervös. Nach dem Ende der Vorlesungen war er schweißgebadet, und er wusch sich in seinem Zimmer mit einem Eimer kaltem Wasser. In Berlin waren seine Vorlesungen gesellschaftliche Treffpunkte, und Damen legten Blumen auf sein Katheder.[3]

Große Bekanntheit erwarb Pinder durch seine Einleitungen für die Bildbände der Reihe ›Die blauen Bücher‹. Für diese Reihe schrieb er *Deutsche Dome* (1910), *Deutscher Barock* (1912), *Deutsche Burgen* (1913), *Große Bürgerbauten* (1915), *Der deutsche Park* (1926), *Deutsche Barockplastik* (1933) und *Deutsche Wasserburgen* (1940). Die Auflage dieser Bände war gewaltig. Bis 1945 wurden von Pinders Büchlein insgesamt 971 000 Exemplare verkauft, aber auch noch nach dem Krieg wurden manche Teile immer wieder herausgegeben; absoluter Spitzenreiter waren die *Deutsche(n) Dome*. Bis heute hat Pinder in der Reihe ›Die blauen Bücher‹ 1.263.000 Exemplare verkauft – mehr als eine Million![4]

Für den Herausgeber der ›Blauen Bücher‹ schrieb Pinder auch andere Bücher, die nicht in diese Reihe paßten, die aber doch vergleichbar sind: *Der Bamberger Dom; Drei Kaiserdome Mainz, Worms und Speyer; Innenräume deutscher Vergangenheit aus Schlössern und Burgen, Klöstern, Bürgerbauten und Bauernhäusern und Rembrandts Selbstbildnisse.*[5]

Im Deutschen Kunstverlag in Berlin erschien von ihm eine Reihe von Bildbänden, die nach einem festen Muster angelegt waren: Der Naumburger Dom und der Meister seiner Bildwerke; *Der Bamberger Dom und seine Bildwerke; Das Straßburger Münster; Der Dom zu Bamberg.*[6]

Seit am Ende des 19. Jahrhunderts von Verlagen wie Alinari Fotos auf den Markt gebracht wurden, die das kunsthistorische Handwerk sehr vereinfachten, und seitdem in kunsthistorischen Vorlesungen Dias gezeigt werden konnten[7], ist das Verhältnis des Kunsthistorikers zum Kunstwerk ein anderes geworden.

Für den Kunsthistoriker bedeutete die Verfügbarkeit von neuen und genauem Bildmaterial, daß er seine Methoden verfeinern konnte, und daß Zuschreibungen ein besseres Fundament erhielten. Die Bequemlichkeit, mit welcher man Fotos und Dias benutzen konnte, ließ jedoch das Bewußtsein schwinden, daß die Abbildung eines Kunstwerks, wie detailliert sie auch sein mochte, nicht das Kunstwerk selbst war. Die Leichtigkeit, mit der man über die fotografischen Abbildungen verfügte, wurde eine Bequemlichkeit im Umgang mit Kunstwerken im Allgemeinen.

So werden die Kunstwerke zu einer Sache für jedermann, sie werden so normal, daß man Kunsthistoriker braucht, um zu erklären, was denn Besonderes an ihnen sei. Die Popularität der Kunstwerke ist die Folge der Verfügbarkeit fotografischer Abbildungen; aber das bedeutet zugleich, daß die Botschaft des Kunstwerks als Kunstwerk verschwindet, weil man es bereits zu kennen glaubt. Die Sprache des Kunsthistorikers wird dann zu einem neuen Medium, zu einem neuen Vehikel für das Kunstwerk. Der Kunsthistoriker ist der ›Idealbetrachter‹, der die anderen sehen lehrt.[8]

Sauerländer spricht von der Vulgarisierung des Kunstwerkes durch die Fotobücher, in denen Kunstwerke wie Filmdivas dargestellt werden, von jedermann und für jedermann.[9] Er beschwert sich über die enormen Projektionen, derer sich Kunsthistoriker schuldig machen, auch Pinder, und auch darüber, wie sie sich historische Kunstwerke zum persönlichen Gebrauch aneignen. Die moderne Technik aktualisiert das historische Kunstwerk, und sie gibt ihm eine neue Funktion.[10]

Pächt wies schon 1930 auf die Tatsache hin, daß das Publikum lieber ein »lebhaftes Gefühl« von einem Kunstwerk haben will als eine »klare Vorstellung«.[11] Er behauptet, daß die Öffentlichkeit eine Vorliebe für Kunsthistoriker und -kritiker besitzt, die bei der Besprechung von Kunstwerken ihren eigenen Gefühlen leichtfertig den Vorrang geben vor sachlicher Information.

Reproduktion und Popularisierung, mit Hilfe der Fotografie oder der Sprache, bedeuten Aktualisierung, und nach Auffassung Pächts oder Sauerländers auch Hineininterpretieren. Pächt spricht sich für eine exakte Beschreibung aus, die dem Kunstwerk seinen eigenen Wert beläßt. Sauerländer beklagt sich darüber, daß die Fotografie die Kunstwerke ihrer Aura beraubt habe.

Pächt und Sauerländer behandeln dieses Problem ausschließlich wegen der Folgen für die kunsthistorische Disziplin. Sie stellen sich nicht die Frage, für wen diese Fotobücher und die populärwissenschaftlichen kunsthistorischen Publikationen bestimmt waren.

Am Ende des 19. Jahrhunderts stieg das Entwicklungsniveau der deutschen Bevölkerung schnell, gleichzeitig mit dem Niveau des Wohlstandes. Zwischen 1896 und 1912 wuchs die Gruppe, die man ›bürgerlicher Mittelstand‹ nennen könnte (mit einem Einkommen etwa zwischen 900 und 3000 Mark pro Jahr) um 167%. Zu dieser Gruppe gehören Beamte des unteren und mittleren Dienstes, Lehrer, die freien Berufe, Angestellte, Facharbeiter und selbständige Handwerksleute[12]. Das schnelle Wachstum dieser Gruppe läßt sich wiederum erklären durch die industrielle Entwicklung, die mehr Bürokratie, mehr Unterricht und mehr Dienstleistungen erfordert, und daher werden mehr Menschen ausgebildet, auch in Berufen, die es bisher nicht gab.

Diese ›neue Bourgeoisie‹ ahmt in ihrem Benehmen die alte nach, obwohl sie zumeist weder die Tradition der bürgerlichen Lebensweise kennt, noch eine entsprechende Erziehung und Ausbildung genossen hat. Man legt viel Wert auf Bildung – und dazu gehört nun einmal Kunstgeschichte. Das alteingesessene Bürgertum hatte bereits im 19. Jahrhundert die Gewohnheit, Kupferstiche, Lithographien und später auch Fotos von Bildender Kunst zu sammeln. Die waren jedoch nicht billig.

1907 begann das Erscheinen der Reihe ›Die blauen Bücher‹. Für nur 1,80 Mark konnte man sich ein Fotobuch zu einem kunsthistorischen Thema anschaffen. Die Abbildungen waren das Wichtigste. Die thematische Anordnung gab es auch in den Alben mit Reproduktionen, die im 19. Jahrhundert von bürgerlichen Familien angelegt wurden. Die Abbildungen in den ›Blauen Büchern‹ waren für jene Zeit von einer außerordentlich hohen Qualität, und sie waren alle neu, speziell für die ›Blauen Bücher‹ angefertigt. Ihnen ist auch ein Text beigefügt, aber er ist nur einige Seiten lang und nicht allzu schwer. Die Reihe wurde ein durchschlagender Erfolg.

Der Herausgeber, Karl Robert Langewiesche[13], begann mit einem Band über die Griechische Kunst. Er ließ sich bei seinen Ausgaben von sozialen Überlegungen leiten. Der Verlag war für ihn kein Instrument, um Reichtum zu erwerben, sondern um dem Volk zu dienen; speziell den weniger entwickelten Klassen. Er wollte schöne, billige Bücher herausgeben, »vornehme Massenartikel«[14], um Leser zu gewinnen. Er glaubte an die Erziehung des Volkes. Sein großes Vorbild war der Politiker Friedrich Naumann.

Naumann gehörte 1908 zusammen mit Muthesius und Lichtwark zu den Gründern des Deutschen Werkbundes[15]. Naumanns politische Überzeugung war, daß ein kraftvoller Nationalismus, der den Problemen der niederen Stände Aufmerksamkeit widmete, dem Sozialismus den Wind aus den Segeln nehmen konnte. Um die machtpolitischen imperialistischen Ziele Deutschlands zu verwirklichen, ist die Mobilisierung der Masse notwendig, und die ist nur möglich durch Demokratisierung, soziale Maßnahmen und Volkserziehung. Nach seinen Vorstellungen sollte eine »Nationalpolitische Erziehung« aus den

Staatsbürgern starke, selbständige und freie Menschen machen, die gemeinsam ein starkes Deutschland bilden würden. Der Arbeiter sollte zum Mitbürger werden, das ist sowohl für den Fabrikanten gut (ein bewußter, gut ausgebildeter Arbeiter arbeitet besser) als auch für den Staat. In diesem politischer Prozeß mußten die Bürger die Führung übernehmen, also nicht der Adel oder die internationalistisch denkenden sozialistischen Führer.

Naumann unterstützte die ›Werkbundideologie‹: gute und schöne, vor allem bezahlbare Produkte bedeuten eine Erhöhung des Lebensstandards der niedersten Stände, und zugleich eine Verbesserung der Exportposition der deutschen Industrie. Bessere Qualität der Waren bedeutet auch für denjenigen, der sie herstellt, mehr Spaß an der Arbeit und ein höheres Selbstwertgefühl. Gute Produkte bedeuten auch, daß der Arbeiter, der sie herstellt, von der Gesellschaft mehr Achtung er fährt als vollwertiger Bürger. Schließlich bedeutet ein gutes und billiges Produkt Einsparung von Grundstoffen und also einen Vorteil für den Fabrikanten, der wiederum höhere Löhne auszahlen kann.

Lichtwark hoffte, über die Kunstbetrachtung große Gruppen der Bevölkerung zu erreichen, die sich nicht mit dem deutschen Staat identifizierten, und sie für das Deutsche zu gewinnen. Mit Hilfe der Kunst müßte die Kluft zwischen den Klassen verringert werden können. Man würde das kulturelle Niveau der Bevölkerung verbessern können, wenn billige und gute Gebrauchsgüter auf den Markt kämen, die den bisherigen Mischmasch an Möbeln ersetzen würden.

Langewiesches »vornehme Massenartikel« passen völlig in die Bestrebungen des Deutschen Werkbundes. Durch billige, aber künstlerisch verantwortungsvoll gestaltete Produkte würde man das allgemeine kulturelle Niveau der Bevölkerung auf das der bürgerlichen kulturellen Elite anheben können. Diese neuen, billigen Massenprodukte verkörperten mit ihrer einfachen, neoklassizistisch-schinkelianisch strengen Formgebung (siehe die Einbände der ›Blauen Bücher‹) genau die Werte, die das deutsche Bürgertum für sich selbst in Anspruch nahm, und die es gern den weniger Glücklichen vermitteln wollte: Verinnerlichung, kulturelle Entwicklung, Spiritualismus, Antimaterialismus etc. Kurz, dieselben Auffassungen, die ich im ersten Kapitel als Elemente der Selbstdarstellung des deutschen Bürgertums um 1900 beschrieben habe.

Langewiesches erstes ›Blaues Buch‹ war ein Bändchen über Griechische Kunst. Was brachte Langewiesche schließlich dazu, seine Reihe vor allem zum Thema der deutschen Kunst aufzubauen?

Pinder brachte Langewiesche auf die Idee. Langewiesche schrieb in seinen Memoiren: »Von diesen Bilder-Bänden erschienen dann in den vier Jahren (...) im ganzen die ersten acht. (...) So die ›Dome‹ welche mir die Beziehung zum genialen Professor Pinder einbrachte. Bis zum Sommer 1910 war ich am nationalen Leben wesentlich nur nach der sozialen Seite hin innerlich interessiert gewesen. In jenem Sommer aber war da irgendwo in Darmstadt an Professor Pinders Wohnung ein Straßenbalkon, den ich nach einem übrigens nur kurzen und beiläufigen Gespräch über diese Dinge anders verließ, als ich ihn fünfzehn Minuten vorher betreten hatte. (...) Die erste geschäftlich berufliche Folge der veränderten persönlichen Stellung war die bewußtere Einstellung der Bilderbände auf eine Bevorzugung der alten deutschen Kunst. Den ›Domen‹ und der ›Mittelalterlichen deutschen Plastik‹, die mehr zufällig schon vorhergegangen waren, folgten in den nächsten Jahren: der ›Barock‹, die ›Burgen‹, die ›Bürgerbauten‹ und die ersten beiden Bände altdeutscher Malerei.«[16]

Pinder steht also an der Wiege des Erfolges der ›Blauen Bücher‹ Abgesehen von dem Band *Die schöne Heimat* (bis einschließlich 1971 619.000 Exemplare!) liegt Pinder mit seinen *Deutschen Domen*, die einschließlich der letzten Auflage von 1969 455.000 Exemplare erreichten, ganz vorn.

Ob die Büchlein wirklich die unteren Schichten der Bevölkerung erreicht haben, ist fraglich. Es geht hier nicht darum, ob die Werkbunddeologie Wirkung gezeigt hat, oder ob die ›Blauen Bücher‹ für die Volksentwicklung den gewünschten Effekt hatten. Die Ideen existierten; es gab eine bestimmte Anschauung, das war die Realität. Die Abnehmer von *Die schöne Heimat* und *Deutsche Dome* waren wahrscheinlich mit den Trägern dieser Anschauung identisch. Eine Mark Achtzig bleibt für eine Arbeiterfamilie eine ziemliche Ausgabe, und ich sehe nicht, daß diese Familie am Abend, noch müde und schmutzig von der Fabrik, einfach so *Die Schöne Heimat* zur Hand nahm.

Die ›Blauen Bücher‹ waren ebenso wie die Bücher im Deutschen Kunstverlag Fotobände mit kurzen Einleitungen. In den dreißiger Jahren eröffnete der Herausgeber Seemann in Leipzig mit dem Erfolgsautor Pinder eine Buchreihe, die an Entwicklungsstand und Portemonaie der Leser höhere Anforderungen stellte. *Vom Werden und Wesen deutscher Formen* beruhte jedoch auf demselben Muster wie die ›Blauen Bücher‹. Es waren Bücher für ein breites Publikum, die Information und Erklärung boten, ohne daß man sich bei der Lektüre allzu sehr anstrengen mußte. Neben den Textteilen brachte der Leipziger Verlag bald dazugehörende Bildbände auf dem Markt. Sogar in den fünfziger Jahren erschien in demselben Verlag noch eine Ausgabe in Luxus-Ausführung.

Wenn wir das Obenstehende zusammenfassen, so stellen wir fest, daß sich mit der Verfügbarkeit fotografischer Reproduktionen der Kunstwerke der Umgang mit dem Kunstwerk für Kunsthistoriker und Publikum ändert. Von dem Kunsthistoriker wird ein Kommentar zu der Bildern erwartet, der den Verlust der traditionellen Aura ersetzen muß. In Deutschland entstand durch die Erweiterung der Mittelschichten eine Nachfrage nach populärwissenschaftliche Bildung. Dieser Nachfrage kam der Werkbund entgegen. Der Werkbund arbeitete außerdem mit einem kulturellen Entwicklungsprogramm, um die seiner Auffassung nach gespaltene deutsche Gesellschaft zu vereinen. Langewiesches ›Blaue Bücher‹ paßten sehr gut in dieses Programm. Pinders lebendiger Stil und seine nationalen Anschauungen machten ihn mehr als jeden anderen geeignet, die Bände dieser Reihe zu schreiben. Dadurch errang Pinder in der Öffentlichkeit einen Ruf und einen Grad der Bekanntheit, die viel weiter reichten als der Ruhm, den er als Kunsthistoriker innerhalb der akademischen Welt bereits erworben hatte. Pinder wurde zu einer Autorität für Kunstfragen im allgemeinen.

B. Die Schlacht um die moderne Kunst nach 1933

1. Nationalsozialistische Auffassungen über moderne Kunst

Um zu einem guten Verständnis jener wüsten Diskussionen zu gelangen, die nach 1933 über die moderne Kunst im allgemeinen und über den Expressionismus im besonderen geführt wurden, müssen wir uns zu den zwanziger Jahren zurückwenden. Viele Deutsche konnten die moderne Gesellschaft nicht akzeptieren, und auch nicht die Kunst, die sich einer neuen Formensprache bediente. Die Ablehnung der modernen Kunst ging oft einher mit einer Ablehnung des Modernen im allgemeinen.

Besonders in den industriell weniger entwickelten Gebieten Deutschlands ergriff man gegen die moderne Kunst Partei. In Thüringen führte dies bekanntlich zum Umzug des Bauhauses von Weimar nach Dessau[18]. Thüringen war die Heimat des ›Kampfbundes für deutsche Kultur‹, der 1927 gegründet wurde.

In den ersten Jahren nach der Gründung dieser Vereinigung war noch nicht erkannbar, daß sie geheime Beziehungen zur NSDAP hatte. Alfred Rosenberg war der Redakteur der Zeitschrift der Vereinigung. Man sucht die Öffentlichkeit durch Publikationen, Petitionen und durch die Gründung örtlicher Arbeitsgruppen. 1929 waren es bereits 25. Auf einer der Petitionslisten prangte auch der Name Heinrich Wölfflins. Diese Petitionen waren Beifallsbekundungen für die nationalistischen Zielstellungen des Kampfbundes auf kulturellem Gebiet. Offenbar hat sich Rosenberg auch einmal an Pinder gewandt, wie aus unserer Beilage VI hervorgeht.

Die im Kampfbund lebendigen Auffassungen sind stark rassenkundlich orientiert. Rosenberg behauptet zum Beispiel, aufbauend auf den Ideen Chamberlains und Hans Günthers, daß die Menschen nicht gleich sind[19]. Die arische Rasse ist die höchstentwickelte Rasse, und die besten kulturellen Hervorbringungen wurden von Ariern geschaffen. Die biologischen und charakterologischen Eigenschaften dieser Rasse lassen sich in all ihren Erzeugnissen nachweisen. Für Rosenberg gibt es eine Wechselbeziehung zwischen dem physisch-arischen und dem klassischen Schönheitsideal. Er geht von polaren Gegensätzen aus, wie z. B. weiblich – männlich; schwach – stark; asiatisch – jüdisch gegenüber arisch – nordisch; phantastisch – religiös gegenüber positiv – objektiv und ähnlichen.

Ebenso wie Chamberlain, auf den er sich auch beruft[20], hat Rosenberg eine sehr einfache Geschichtsauffassung: überall, wo etwas Großes geschaffen wurde, waren Arier oder Germanen am Werke, und das Ausbleiben großer Kunst ist die Folge von Rassenvermischung.

Man kann sich vorstellen, daß Rosenberg nicht viel vom Expressionismus hält: »Das Wesen dieser ganzen chaotischen Entwicklung liegt u.a. im Verlust desjenigen Schönheitsideals, welches in noch so vielen Formen und Trachten doch der tragende Untergrund alles europäischen Kunstschaffens gewesen war. Die demokratische, rassenverpestende Lehre, die volksvernichtende Weltstadt vereinigten sich mit der planmäßigen jüdischen Zersetzungstätigkeit. Das Ergebnis war, daß nicht nur Weltanschauungen und Staatsgedanken zerbrachen, sondern auch die Kunst des nordischen Abendlandes.«[21]

Eine andere wichtige Gestalt im Kampfbund war Paul Schultze Naumburg. Schultze-Naumburg war vor dem Ersten Weltkrieg ein Vertreter der mehr konservativen Richtung innerhalb des Deutschen Werbundes. Er plädierte für eine Neubesinnung nach der Modernisierung und Industrialisierung Deutschlands. Anhand von Fotos bot er in vielen Teilen seiner *Kulturarbeiten*[22] eine Übersicht davon, wieviel Schönes verschwunden war, wie man mit dem Erbe der Vergangenheit umging, und wie wenig man – bis auf einige Ausnahmen – von der Organisierung des Raumes verstand. Auf zahlreichen Seiten seiner *Kulturarbeiten* gab er Beispiele für schöne und häßliche Plätze, für schöne und häßliche Straßen, für angenehme und abscheuliche Parks usw. Seine Ästhetik ist verwandt mit der Camillo Sittes, und sie weist Parallelen zur Gartenstadtbewegung auf.[23]

Nach dem Ersten Weltkrieg wurden die konservativen Tendenzen bei Schultze-Naumburg stärker. Der Trost und die Bereitschaft zum Schutz, die aus den alten Vorbildern sprachen, wurden jetzt zur Unduldsamkeit gegenüber allem Neuen. Schultze-Naumburg reiste durch das Land und hielt Vorträge mit Lichtbildern, und er bediente sich in diesen Vorträgen derselben Methode wie in den *Kulturarbeiten*, nämlich der Gegenüberstellung von Abbildungen. Ein Ergebnis dieser Vorträge ist das Buch *Kunst und Rasse*.[24] Darin geht Schultze-Naumburg von der These aus, daß die Kunst immer etwas Reales abbildet, und daß dieses Reale die Rasse des Künstlers selbst ist, oder das Rassenideal einer bestimmten Zeit. Wenn in der Kunst nichtarische, kranke, mißgebildete oder häßliche Menschen zu sehen sind, so sagt dies etwas über den Künstler selbst aus, oder über die Zeit, in der er lebt.

Seiner Ansicht nach läßt sich die Kunst von Epochen, in denen für die Darstellung von Menschen das klassische Schönheitsideal galt, letztlich auf die Dominanz der germanisch-nordischen Wurzeln dieser Kultur zurückführen. »Beispiele für ausgesprochen nordische Gestalten finden wir in der gesamten Kunst der italienischen Renaissance, am häufigsten in der früheren Zeit und abnehmend in der späteren, was einen berechtigten Schluß auf die allmählich zunehmende Entnordung zuläßt.«[25] Sehr tief gesunken sind Kunst und Kultur in der Weimarer Republik. »Dabei fällt es als wesentliches Merkmal auf, daß in den Zeiten der Republik die Darstellung des nordischen Menschen nur noch als ganz seltene Ausnahme anzutreffen war. (...) Daneben sehen wir überall eine Bevorzugung und Betonung der Erscheinung der Entartung, wie sie uns aus dem Heer der Gesunkenen, der Kranken und der körperlich Mißgebildeten bekannt sind.«[26]

Trotzdem ist es nach der Machtübernahme 1933 nicht der Kampfbund, der die Kulturpolitik bestimmt. Rosenberg hatte erwartet, daß ihm ein Ministerium zufallen würde, aber dem war nicht so. Goebbels wurde Propagandaminister, und Rosenberg war ihm unterstellt. Die beiden Herren kamen persönlich nicht gut miteinander aus. Vieles von dem jetzt zu Besprechenden läßt sich denn auch auf ihre persönliche Kontroverse zurückführen, die schnell politische Züge annahm.

1933 strebte die neue Nazi-Regierung danach, die Bevölkerung für sich zu gewinnen; man wollte zeigen, daß man fähig war, Deutschland zu regieren. Für eine gewisse Zeit war die Regierung unter Hitler eine Koalitionsregierung. Es wurde eine gemäßigte Politik geführt, von der viele ›Alte Kämpfer‹ enttäuscht waren. In tonangebenden künstlerischen und wissenschaftlichen Kreisen wurden Rosenberg und der thüringische Ministerpräsident Frick, der schon vor 1933 moderne Kunst aus den Museen holen lassen hatte, lächerlich gemacht. Goebbels wußte es so einzurichten, daß Künstler und Teile der Intelligenz zu der offiziellen Politik auf dem Gebiete der Kunst eine abwartende Haltung einnahmen: Sie hatten gerüchteweise vernommen, Goebbels stände der modernen Kunst aufgeschlossen gegenüber. Hitler kümmerte sich wie immer anfänglich um gar nichts, er ließ seine Paladine einander gegenseitig zerfetzen.

In Berlin wurden von jungen Nazi-Künstlern und Nazi-Studenten Ausstellungen zu den deutschen Expressionisten organisiert. Diese jungen Nationalsozialisten sahen in den Künstlern der ›Brücke‹ und des ›Blauen Reiters‹ die Verkörperung des neuen deutschen Lebensgefühls. Sie betonten den nationalen Charakter dieser Kunst und setzten sich zur Wehr gegen alles, worin sie eine akademische, blutlose und altmodische Kunstauffassung zu erkennen glaubten, oder eine ›Heimatkunst‹-Haltung, die keine Verbindung zur neuen Zeit hatte. Am 29. Juni 1933 kam es zu einem Höhepunkt, als im großen Hörsaal der Universität eine Zusammenkunft abgehalten wurde. Die Führer des Nationalsozialistischen Deutschen Studentenbundes (NSDStB) setzten sich gegen die Wiedereinführung des wilhelminischen Akademismus und gegen jede Reglementierung der Kunst zur Wehr. Als große Vorbilder wurden Nolde, Barlach, Heckel und Schmidt-Rotluff genannt, aus denen eine neue Tradition hervorgehen sollte. Man erklärte die Rosenbergschen Kampfbund–Gruppen an den Berliner Akademien für aufgelöst und kündigte Ausstellungen mit modernen Künstlern an. Dies fand viel Beifall, und auch andere Universitätsstädte schlossen sich an. Die bürgerlich-liberale Presse, die in jener Zeit noch erschien, kommentierte diese Entwicklung positiv. Allgemein nahm man an, daß Goebbels der Anstifter dieser liberalen Politik war.

Rosenbergs Antwort ließ nicht lange auf sich warten: in zwei Artikeln im *Völkischen Beobachter* schlug er hart zurück, und er warf den Nazi-Studenten vor, eine Art künstlerische Otto-Strasser-Bewegung (also eine Dissidentenbewegung) innerhalb der Partei zu sein.

Der Streit ging im Sommer 1933 hin und her: Hitler erklärte in am 1. und 6. Juli gehaltenen Reden, daß die nationalsozialistische Revolution vorbei war, und auf dem Reichsparteitag von 1933 übernahm Hitler einige Redewendungen Rosenbergs gegen den Expressionismus. Während dieses Sommers wurde in vielen Zeitungen heftig über die einzuschlagende politische Linie diskutiert.

Am 22. Juli wurde in Berlin in der Galerie Ferdinand Moeller die Ausstellung ›Dreißig deutsche Künstler‹ eröffnet, mit Rohlfs, Pechstein, Macke, Nolde, Barlach und anderen Expressionisten. Frick, der inzwischen zum Reichsminister des Inneren aufgestiegen war, schloß die Ausstellung nach drei Tagen. Der NSDStB verlor seine Führer. Die Ausstellung wurde wieder geöffnet, aber der NSDStB, der ursprünglich als Organisator der Ausstellung genannt worden war, wurde nicht mehr erwähnt.

Im Oktober 1933 fand im Kronprinzenpalais, dem damaligen Museums für moderne zeitgenössische Kunst in Berlin, die Ausstellung ›Was ist deutsche Kunst‹ statt. Unten hingen die deutschen Romantiker, in der ersten Etage hingen von Marées, Feuerbach und ähnliche, und in der obersten Etage wurden Barlach, Nolde, Lehmbruck, Feininger, Mitglieder des ›Blauen Reiters‹ und der ›Brücke‹ gezeigt. Die Ausstellung erregte viel Aufsehen, aber das Konzept des damaligen Direktors, Schardt, war nicht für jedermann erkennbar.

In der Diskussion um die Politik auf dem Gebiete der Kunst entstand eine Pattsituation. 1934 wurde die Position Rosenbergs durch die Gründung der ›NS-Kulturgemeinde‹, dem späteren ›Amt für Kunstpflege‹ oder ›Amt Rosenberg‹, gefestigt, aber dies erwies sich später doch als eine leere Hülle ohne wirkliche Macht. Auf jeden Fall wurde deutlich, daß die Forderung des NSDStB, den Expressionismus als offizielle Kunst anzuerkennen, nicht honoriert wurde. Die Macht und der Einfluß von Goebbels wurden übrigens nicht im geringsten geschmälert. Es war ein Bestandteil von Hitlers Machttaktik, daß er viele parallele Organisationen gründete, die sich durch ihre endlose Rivalität in Kompetenzfragen stets auf Hitler berufen mußten und so letztlich seine Macht verstärkten.

Die Anhänger des Expressionismus ließen die Dinge nicht auf sich beruhen. Es wurden wieder Ausstellungen organisiert, und eine neue Zeitschrift wurde gegründet, *Kunst der Nation*, die von Herbst 1933 bis zum Sommer 1935 erschien. Die Zeitschrift hatte 3500 Abonnenten. Im freien Verkauf wurden jedoch mehr Exemplare verkauft. Mitarbeiter waren unter anderen Werner Haftmann und Wilhelm Pinder. Goebbels gründete als Unterabteilung von ›Kraft durch Freude‹ eine kulturelle Organisation, die in Fabriken und Betrieben kulturelle Manifestationen organisieren mußte. Dabei wurden Künstler wie Mies van der Rohe, Heckel, Hindemith und Strauss einbezogen.

In Galerien fanden noch Ausstellungen mit Expressionisten statt, die in der bürgerlich-liberalen Presse positiv besprochen wurden. So ging es noch eine Zeit lang weiter, mit Zeitungsartikeln, öffentlichen Manifesten (Benn für die Expressionisten) und Ausstellungen, z.B. von den Futuristen aus dem faschistischen Italien. Der Kurs der Kulturpolitik schwankte weiter.

Im September 1934 fällt jedoch der Vorhang. Hitler lehnt in einer großen Rede auf dem Reichsparteitag alle Liberalisierungsbestrebungen ab. Aber überraschenderweise auch die ›völkischen‹ Tendenzen Rosenbergs. Zwei Gefahren bedrohen nach Hitlers Auffassung die Kunst im Nationalsozialismus: einerseits die Kunstverderber wie Kubisten, Dadaisten und ähnliche, die den gesunden Instinkt der Nazi-Bewegung bedrohen, und andererseits die »Rückwärtse, die meinen, eine ›teutsche Kunst‹ aus der krausen Welt ihrer eigenen romantischen Vorstellungen der nationalsozialistischen Revolution als verpflichtendes Erbteil für die Zukunft mitgeben zu können.«[27]

Hitler rechnet so auf künstlerischem Gebiet mit einer Gruppe ab, die er politisch schon Ende Juni aus dem Wege geräumt hatte: mit den ›Alten Kämpfern‹, die sich von Hitler die Verwirklichung ihrer anti-modernistischen und Antikapitalistischen Ideen erhofft hatten. Er benötigt diese Gruppe zur Konsolidierung seiner Macht nicht länger. In Wirklichkeit rechnet Hitler mit allen bürgerlichen und kleinbürgerlichen Gruppierungen ab, die ihm in den Sattel geholfen haben, sowohl mit dem moderneren, auf die Zukunft gerichteten Bürgertum (ungefähr die nationalistische kulturelle Elite), als auch mit dem beschränkteren

Kleinbürgertum. Wenn wir betrachten, wie die deutsche Kunst nach 1934 aussieht, so sehen wir einen Stil, der für die auf künstlerischem Gebiet analphabetische Bevölkerung klar und deutlich ist, und der zugleich für die neue politische, militärische und ökonomische Elite die Macht repräsentiert: die alte wilhelminisch-akademische Kunst, aufgebessert mit Salon-Ingredienzien.

Nach 1934 greift die Obrigkeit vor allem auf organisatorischem Gebiet stärker ein als zuvor: viele Museumsdirektoren verlieren ihre Anstellung; kunsthistorische Professoren werden versetzt[28]; 1935 wird die Reichskunstkammer gegründet; das Kronprinzenpalais wird geschlossen, und die Sammlungen der verschiedenen deutschen Museen werden nach moderner Kunst durchsucht. Ein Teil davon wird ins Ausland verkauft, ein anderer Teil wird 1937 für die Ausstellung ›Entartete Kunst‹ benutzt, und der Rest verschwindet oder wird vernichtet. Eine düstere Rolle in der Kunstpolitik der späten dreißiger Jahre spielte unter anderen das Duo Graf Baudissin und Karl Kurt Eberlein. Baudissin war Direktor des Museums in Essen geworden, und er verkaufte bereits 1936, also vor dem völligen Ausverkauf, einen Kandinsky aus dem Besitz des Museums. Seiner Meinung nach war übrigens ein Stahlhelm das Schönste, was es gab.[29] Dieses kulturpolitische Auftreten wurde von der Nazi-Presse bejubelt, und 1937 wurde Baudissin mit Eberleins Hilfe Abteilungsleiter der Abteilung Kunstverwaltung im Erziehungsministerium. Dies war eine sehr einflußreiche Position, von der Universitäten und Kunstausbildung direkt betroffen waren.

2. *Pinder kämpft für die moderne Kunst*

Am 3. August 1933, auf dem Höhepunkt der Schlacht um die moderne deutsche Kunst, ergriff Pinder das Wort. Unter dem Titel »Die bildende Kunst im neuen deutschen Staat« hielt er während des Kongresses des Pädagogisch-Psychologischen Instituts der Universität München eine Rede[30]. In dieser sehr langen Rede ging es um zwei Fragen: Was ist die wahre deutsche Kunst, und welche Politik ist gegenwärtig auf dem Gebiete der Kunst möglich und wünschenswert? In dem Vortrag geht vieles durcheinander, und der Redner tritt abwechselnd als Befürworter des neuen Regimes und als kritischer, international orientierter, moderner Kunsthistoriker auf. Diese zwei Aspekte vertragen sich nicht gerade gut miteinander, und sie werfen ein scharfes Licht auf Pinders Position während dieses Sommers.

Pinder beginnt mit der Ankündigung, daß er keine Antwort geben wird, die jedermann zufriedenstellt. Er unterstützt die momentane politische Machtkonstellation, aber er weist jeden Versuch zurück, mit Vorschriften eine deutsche Kunst zu erzwingen.

Pinder vergleicht die kulturelle Situation im Europa seiner Zeit mit der im späten antiken Altertum. Damals standen jedoch junge Völker bereit, um das Erbe anzunehmen und zu vervollkommnen. Jetzt muß die Reserve aus dem Volke selbst hervorgehen. Das Volk muß wieder jung werden, tatkräftig, und es muß eine positive Einstellung zum eigenen Charakter bekommen. »Wo darf dieses notwendige und so stark vorhandene Tätertum einsetzen, *wo* gerade ist es vielleicht richtiges Tätertum – zu warten? Das, was bereits geschehen ist, ist ungeheuer groß. Nur Einiges will ich nennen, was einzigartig und gewaltig ist: Das Ja-Sagen zu uns selbst; die verachtungsvolle Abschüttelung aller Minderwertigkeits-, aller uns aufgelogenen Schuldgefühle; die Überwindung der Parteien; die Überwindung der parlamentarischen Schwatzbude; die Überwindung der Kleinstaaterei; die Überwindung des politischen Katholizismus, nach tausend schweren jahren jetzt endlich angebahnt; die Bekämpfung des Kommunismus, die bekämpfung der Arbeitslosigkeit und ganz besonders die Nationalisierung des Arbeiters.«[31]

Pinder stellt sich in dieser Passage völlig hinter die Machtergreifung. Einen eigenen Standpunkt nimmt er jedoch ein, wo es um Kunst geht. Er schreibt, daß sowohl Goebbels als auch Rosenberg eine Diskussion über die Kunst wünschen, und daß schon seit Wochen eine Diskussion im Gange ist. Pinder ist der Auffassung, daß Kunst und Innenpolitik streng voneinander getrennt werden müssen. Kunst und Volk gehören zusammen, Kunst und Politik jedoch nicht. Pinder beklagt sich über verschiedene Maßnahmen; daß mal der eine, dann der andere Künstler verboten wird, daß einem Museumsdirektor Beschränkungen auferlegt werden, wo der andere, in einer vergleichbaren Dienststellung und mit einem vergleichbaren Aufbau seiner Sammlung, gerade alle Möglichkeiten erhält, und ähnliches. Pinder nennt keine Beispiele, er spricht sehr allgemein.

Pinder meint, daß man politische Überzeugungen nicht mit künstlerischen Auffassungen in Zusammenhang bringen darf. Er erwähnt dann einige Beispiele aus der Vergangenheit. Der Don Juan Mozarts wurde anfänglich nicht von jedermann verstanden und geschätzt. »Stellen Sie sich einmal vor, daß gering musikalische Menschen als die Macht gehabt hätten, zu erklären: Mozart ist undeutsch und wird beurlaubt.« Oder was wäre geschehen, wenn Michelangelo die Möglichkeit gehabt hätte, seine Verachtung für Raffael in politische Schritte umzusetzen: »... aber stellen Sie sich vor, daß etwa Michelangelo damals seiner persönlichen Rivalität eine politische Macht dienstbar gemacht hätte, deren eigentlicher Sinn ein ganz anderer, nämlich der gewesen wäre, die ganze Italienische Nation zu einigen – daß es ihm gelungen wäre, Leonardo, Raffael und Bramante als ›unitalienisch‹ beurlauben und absetzen zu lassen.«[33] Gegenwärtig, so fährt er fort, haben wir keine solchen Genies mehr, aber doch eine größere politische Macht. Diese Macht darf nicht mißbraucht werden, um einige Künstler oder einige Richtungen aus sehr undurchsichtigen Gründen für undeutsch oder deutschfeindlich zu erklären. Dafür gäbe es zur Zeit noch überhaupt keine geeigneten Richtlinien.

Um die Verwirrung über das Verhältnis zwischen künstlerischen Stilen und politischen Weltanschauungen noch zu vergrößern, verweist Pinder auf die Unterschiede zwischen der modernen sachlichen Baukunst des faschistischen Italiens zum neoklassizistischen Baustil des sozialistischen Rußlands. Er erzählt, daß Italien anfänglich auch eine Art Neoklassizismus gepflegt habe, aber daß man in den letzten Jahren, inspiriert von der modernen deutschen Baukunst – derselben, die jetzt von manchen Nationalsozialisten so kritisiert wird! –, modern und funktional baut. In Rußland dagegen hat man das moderne Bauen völlig fallengelassen, und man baut unter Stalin im Stil eines pompösen Klassizismus. Wer jetzt noch weiß, was ›faschistische Kunst‹ in der Architektur sei, der möge es sagen.[34]

Pinder stellt fest, daß die Formenvielfalt der Stile ein Erbe des 19. Jahrhunderts ist. Es ginge jetzt darum, ebenso wie im Mittelalter wieder einen gemeinsamen Stil zu entwickeln, aber so weit sei man noch nicht. »Wir aber sind erst auf dem *Wege* zu einer neuen Gemeinschaft. Sie *wird*, sie wird *sicher*! Aber sie *wird* erst!«[35]

Der neue Stil könne nicht vor der neuen Gemeinschaft kommen. Darum könne zu diesem Zeitpunkt noch keine neue Kunst für das neue Deutschland entstehen. Denn diese neue Kunst müsse auf einem neuen Glauben beruhen. »Es wird einen Stil geben, weil wir Stil haben werden. Der Mensch macht den Stil! Der Glaube macht den Stil. Stil ist nur nach außen Form, Stil ist Glaube und Gemeinschaft und gemeinschaftlicher Glaube.«[36]

In Erwartung der neuen Kunst, die aus dem neuen Glauben kommen soll, hält Pinder ein Plädoyer für eine moderne Kunst, die jedenfalls alle alten Überzeugungen und Werte von sich abgeschüttelt hat: für den Bauhaus-Stil. »Dieser Stil glaubt vom ›Zweck‹ auszugehen und tut es zum Teil auch. Er hat aber schon Ausdruck, nur nicht für das Letzte und Höchste, weil eben dieses selbst noch nicht wieder da ist! Er ist zu ehrlich, um für das, was noch nicht da ist, schon einen Ausdruck zu haben.«[37] Es ist ein moderner Stil für Menschen von heute. »Ein nüchternheller, klarer, männlicher Kapitänsstil ist das, ein Stil von Menschen mit Luft um den Kopf herum, der Stil des geistigen Menschen, der auch sein

Auto oder sein Motorrad chauffieren kann (...). Noch fehlt die Weihe allerdings; die müssen und werden wir uns verdienen.«[38]

Stil ist für Pinder mit Glauben verbunden. Ein Stil kann jedoch niemals aus Zielstrebigkeit erwachsen. Stil ist die Verkörperung von dem, was ein ganzes Volk fühlt und glaubt. Diese Gemeinsamkeit ist jedoch im späten Mittelalter verloren gegangen. Pinder nimmt hier ältere Themen wieder auf: Die Entstehung des Bürgertums, und die zunehmende Bedeutung der Malerei ließen die Monumentalität der Plastik verloren gehen. Dieses bürgerliche, liberale Denken schließt die Anerkennung des Betrachters ein. Mit der Entstehung der Perspektive, so erklärt Pinder, beginne der Maler, sich auf einen Betrachter einzustellen. »Der Platz für den einzelnen vor dem Kunstwerke wird nunmehr in der Form des Kunstwerks mitberechnet – durch Augenpunkt und Distanzpunkt –, das ist der wahre Sinn der Perspektive. Damit wird Herr X. anerkannt, und man darf sagen: Nicht Gott nimmt mehr die Form als Opfer entgegen, sondern Herr X. betrachtet sie mit Interesse.«[39] Die Meister des Mittelalters dagegen schufen ihre Bilder, nicht um sie vor dem Betrachter auszustellen, sondern vor Gott. »Die Form erreichte das Höchste, weil sie kein Problem war. Sie war kein Problem, weil das Überformale unangetastet war; der Glaube und die Gemeinschaft.«[40] Darum kennt die Kunst in Pinders Augen auch keinen Fortschritt, sondern höchstens, was er einen Sündenfall nennt. »Die ganze Welt ist einen Weg gegangen: vom Verehrenden zum Genießenden, von der Gemeinde zum Publikum!«[41]

Wir befinden uns jetzt in einer Krise. Es gibt Kunst, die niemand braucht, und es gibt viel zu viele Künstler. Es muß weniger Künstler geben, aber diejenigen, die es dann noch gibt, müssen notwendig sein. Zum Glück ist jetzt, mit dem Aufkommen des Nationalsozialismus, die Hoffnung auf einen solchen Zustand real geworden. Wenn das neue Gemeinschaftsgefühl kommt, der neue Glauben, dann kommt von selbst auch der Stil in seiner höheren Bedeutung. Die bindende Kraft von alledem ist »das Selbsterlebnis der Nation«[42]. Pinder erklärt, daß er nicht das Recht habe, zu sagen, wie dieser neue Stil aussehen werde – es werde ein zeitgenössischer Stil sein, also kein Biedermeier, Barock oder Klassizismus. Pinder vermutet, daß der so häufig als bolschewistisch verschrieene moderne Baustil das Rohmaterial für diesen Stil bilden werde. Der neue Stil werde eine »Steigerung und Verklärung«[43] des modernen Funktionalismus sein, und keinesfalls ein Zurückfall in ältere Stile.

Am Schluß seiner Rede sagt Pinder, daß er für die alte deutsche Kunst mehr Enthusiasmus aufzubringen vermag als für die moderne Kunst. Aber die ehrliche Suche junger Künstler verrät für ihn mehr von dem Kommenden als die Verachtung eifernder Spießbürger. Pinder wirft ihnen vor, daß sie nicht an die Größe der neuen Bewegung des Nationalsozialismus glauben, wenn sie behaupten, daß die neue Kunst schon vorhanden wäre: das sei völlig unmöglich, denn diese neue Kunst müsse gerade durch die neue politische Bewegung hervorgebracht werden. Er plädiert dafür, daß man der Kunst ihre Freiheit lassen möge, daß man weder die alte noch die moderne Kunst verbieten möge und sie auch nicht politisch verdächtigen solle.[44]

Pinder argumentiert auf des Messers Schneide: gerade dic funktionell-sachliche Kunst sei für die Gegenwart am besten geeignet, weil sie keine Werte von früher verkörpere, und solange die neuen (faschistischen) Werte sich noch nicht herauskristallisiert hätten, könne sie uns helfen. Es ist eine sehr geschickte Rede; denn ohne den Nationalsozialismus anzugreifen oder diese oder jene Strömung als die einzig wahre auf den Schild zu heben, nimmt er doch einen Standpunkt ein, nämlich den, daß man gegenwärtig noch keinen Standpunkt einnehmen könne. Alles befindet sich bei Pinder in einem schwebenden, transitorischen Zustand, der 1933 für große Teile der deutschen Bevölkerung typisch gewesen sein muß: man wartet ab.

Die Diskussion wurde um die Jahreswende 1933/34 wieder angefacht, mit dem Erscheinen des Buches *Was ist deutsch in der deutschen Kunst?* von Karl Kurt Eberlein[45]. Was Eberlein genau erklären will, läßt sich nur schwer zusammenfassen. Es ist eine bösartige und giftige Streitschrift, die vielen Künstlern und Strömungen der Zeit den Kampf ansagt, ohne daß deutlich wird, was genau Eberleins Ziel ist. Eberlein sucht eine lineare, bewegte, emotionale, farbenreiche und handwerkliche Kunst als die einzige wahrhaft deutsche Kunst zu propagieren, während er den Expressionismus, der einen großen Teil dieser Bedingungen erfüllt, als international, verjudet und großstädtisch ablehnt. Eberlein unterscheidet zwischen der Kunst des Volkes und der internationalen, nicht mit dem Volke verbundenen Kunst von Hof und Kirche. Auf diese Weise gelingt es Eberlein, viele Strömungen der Kunstgeschichte zu verwerfen, die nicht in seine linearen etc. Auffassungen hineinpassen. Eberleins Darlegungen enthalten übrigens viele Ansichten, die übereinstimmen mit dem, was Pinder über die deutsche Kunst schrieb: die Kunst als Sprache eines Volkes, mit der etwas ausgedrückt wird, und nicht abgebildet; die deutsche Kunst als etwas, das nicht an sich besteht, sondern für etwas anderes – als ein Mittel zur Erreichung eines Zieles, das außerhalb der Kunst liegt.

In dem Kampf zwischen den verschiedenen Strömungen der Kunst sieht Eberlein einen Kampf zwischen den verschiedenen Klassen und einen Konflikt zwischen Land und Stadt: »Geht hier nicht eigentlich ein Hotel gegen ein Volk an, ein Pack von Gästen gegen die Wirte vor? Und sollen wir uns bieten lassen im nationalsozialistischen Volksstaat, daß ein Aesthetengesindel dem neuen Deutschen eine kurzlebige, längst begrabene Großstadtmode aufdrängen will?«[46]

Mit großen sprachlichen Kaskaden setzt Eberlein sich gegen alles zur Wehr, was er als undeutsche Kunst ansieht, sei es nun der »Zahnarztstil mit seinen Siedlungswürfeln« des Werkbundes oder des Bauhauses, oder die »formzerhackte(n), breiverschmierte(n), angemalte(n) Telegramme«, welche die Expressionisten verschicken, usw. Die wirkliche deutsche Kunst ist die, die vom Völkerwanderungsornament abstammt, wie man es im Mittelalter und auch noch zur Zeit des Jugendstils sehen konnte. Wahre deutsche Kunst kann erst wieder entstehen, wenn die Volksgemeinschaft, und speziell die Familie, wiederhergestellt sind. Die wichtigste Aufgabe wird darin bestehen, Wohnzimmer zu entwerfen. Die Ausschmückung dieser Zimmer muß die Grundlage der neuen Kunst werden.[47] Karl Kurt Eberlein propagiert einen radikalen Antimodernismus und eine deutsche Kunst, die auf nur wenige, vor allem dekorative Formenmerkmale zurückgeführt ist.

Wilhelm Pinder schlägt hart zurück. In seiner Kritik in der *Zeitschrift für Kunstgeschichte* fragt er sich sogar, ob Eberlein noch bei Sinnen sei: »Manchmal zweifelt man an Eberleins Denkfähigkeit«.[48]

Pinders Kritik läuft darauf hinaus, daß der Ton, in dem Eberleins Buch verfaßt ist, des Themas unwürdig sei. Es bleibe unklar, gegen wen oder was Eberlein sich eigentlich zur Wehr setze, und Pinder stellt fest, daß Eberlein bestimmte Künstler und Strömungen, die er jetzt kritisiere, früher bewundert habe. Außerdem gebrauche Eberlein in seinen Auffassungen über den Klassengebundenen Charakter der deutschen Kunst (deutsch gleich Volk und undeutsch gleich Hof, Kirche oder internationale Gruppierungen) marxistische Begriffe. Pinder sagt, daß ein solcher Ansatz zur Feststellung eines nationalen Charakters der deutschen Kunst im Widerspruch stehe. Außerdem hält Pinder Eberleins Anschauung von der deutschen Kunst für einseitig. »Ist es wissenschaftlich richtig, die deutsche Kunst überall auseinanderzusägen und ganzer Epochen zu berauben? Ließe man diesen falschen Roland weiterrasen, er hinterließe das Bild der deutschen Kunstgeschichte als ein Trümmerfeld.«[49] Alles, was Eberlein richtig erkennt, wurde bereits von anderen gesagt (einschließlich von Pinder!). Aber auf die wirklich wichtigen Fragen nach dem nationalen Charakter der deutschen Kunst kommt keine Antwort.

Meiner Meinung nach müssen es speziell die Auffassungen von jemandem wie Eberlein gewesen sein, die Pinder dazu bewegten, sein *Vom Werden und Wesen deutscher Formen* zu schreiben, das ab 1935 erschien. *Vom Werden und Wesen* paßt aus zwei Gründen sehr gut in die Kunstdiskussion der Jahre 1933 und 1934: erstens, weil Pinder betont, daß die deutsche Kunst als ein Ganzes behandelt werden muß, und daß man nicht nach Belieben bestimmte Perioden auslassen oder sie als undeutsch abstempeln kann, und zweitens, weil in Vom *Werden und Wesen* eigentlich kein bestimmter Stil als der typisch deutsche benannt wird. Das Deutsche liegt für Pinder gerade nicht in bestimmten formalen Eigenschaften, sondern in einer allgemeinen Auffassung von deutscher Kunst: der Darstellung des Unsichtbaren. Durch den Bezug hierauf kann Pinder ohne Schwierigkeiten zwei im Grunde entgegengesetzte Kunstauffassungen als Wurzeln der deutschen Kunst aufzeigen: die nördliche, dekorative, lineare Kunst einerseits und die naturalistische, klassische Kunst andererseits. Man kann das Buch daher auch nicht als eine Verteidigung des Expressionismus ansehen denn das Buch will über diesen Dingen stehen. Es geht darin nicht um die Wahl: Rosenberg und der Akademismus einerseits gegen Goebbels und den Expressionismus andererseits; es geht in *Vom Werden und Wesen* um die Deutsche Kunst.

Die Zeitschrift *Kunst der Nation*, die zwischen dem Herbst 1933 und dem Sommer 1935 erschien, kann man als eine Plattform des Expressionismus ansehen. Es war eine sehr schön und schick herausgegebene, zweiwöchentlich erscheinende Zeitschrift im A3-Format, gedruckt auf Glanzpapier, mit einem lebendigen Layout und vielen gut gedruckten Schwarz-weiß-Fotos. Als Illustrationsmaterial wurden vor allem Arbeiten älterer Expressionisten verwendet, so z.B. am 2. November 1934 das Bild eines frierenden Mädchens von Barlach, zu einem Aufruf für die Winterhilfe: »Niemand darf frieren in diesem Winter – Darum gebt für die Winterhilfe«. In der Zeitschrift erschienen viele Artikel über Expressionistische Kunst, die oft mit der Frage nach dem deutschen Charakter dieser Kunst verbunden waren. Hans Eckstein schrieb über den deutschen Charakter; Johannes Jahn über die Entdeckung der deutschen Kunst; Werner Haftmann über die Formenvielfalt der deutschen Kunst; und zu Ehren einer Ausstellung von Paula Modersohn–Becker wurde ihr ein großer Artikel gewidmet.[50] Pinder schrieb eine lange Abhandlung über den Wikinger-Charakter der deutschen Kultur, in der viele Ideen aus dem Buch über die Generationen und aus der späteren Einleitung zu *Vom Werden und Wesen* zu finden sind.[51] Zur Illustration sind ein Bronzebeschlag aus Gotland und die Treppe von Schloß Mirabell abgebildet; als Beispiele dessen, was Pinder eine höhere Form der Abstraktion nennt; nicht der Reiter wird dargestellt, sondern der Ritt; nicht das Schiff, sondern die Reise.

1935 geht es schief. Die Redaktion schreibt; »Ein Jahr des Kampfes liegt hinter uns (...) Die Zeitschrift ›Kunst der Nation‹ kämpft nicht um Richtungen, sondern um die schöpferische Kunst, die aus dem Geiste des heutigen Staates, für den Menschen des heutigen Staates geschaffen wird. Ihr Kampf gilt denen, die nur mit den Symbolen des nationalsozialistischen Staates jonglieren, um Konjunktur zu machen. Wohlan, meine Herren, die ihr behauptet, ich kämpfe im händlerischen Interesse, was ist heute einträglicher, ein Bild zu loben, das mit photographischer Treue eine nationalsozialistische Uniform wiedergibt, oder für ein Kunstwerk sich einzusetzen, das, weil es kein Markenartikel, euch noch unbekannt ist? (...) Vielleicht ist es euch dann leichter verständlich, daß man um Kunst kämpfen muß. Auch wenn man ein guter Nationalsozialist ist.«[52]

Es konnte nicht mehr helfen. Die mit fotografischer Genauigkeit dargestellten Uniformen haben über das frierende Mädchen und über das Treppenhaus von Schloß Mirabell gesiegt. Pinders zweiter Auftritt im Kampf um die Kunst-Politik liegt etwas später, am Ende der dreißiger Jahre, und zu Beginn der vierziger Jahre: Pinder setzt sich hier für den Bildhauer Georg Kolbe (1877-1947) ein.

Georg Kolbe war schon seit Beginn dieses Jahrhunderts ein anerkannter Künstler; er arbeitete im Stile eines gefühlvollen Klassizismus, der Richtung Hildebrandt-Rodin-Maillon. Sein Thema ist beinahe immer der Mensch. Er arbeitete in Bronze, und er erreichte besonders in bezug auf die Oberflächen eine große Perfektion im Ausdruck des Stoffes und in der Lichtbehandlung. Die Bildnisse sind, obwohl traditionell in ihrer Ikonografie, doch nicht monumental oder akademisch, und sie haben eine Art ergebener Melancholie an sich, die vergleichbar ist mit der Stimmung von Bildnissen Minnes oder Lehmbrucks.[53]

Man kann Kolbe keinesfalls einen Avantgarde-Künstler nennen, und er steht in einer langen Tradition figürlicher Bildhauer, welche die klassische Kunst zu ihrem Ausgangspunkt machten. Vor dem Ersten Weltkrieg war die künstlerische Situation in Berlin dermaßen erstarrt, daß nicht einmal für jemanden wie Kolbe Aufträge zu erwarten waren. Für ihn wurden Rom und Paris zu den wichtigsten Orten seiner Inspiration. In Berlin wurde er von dem Kunsthändler Paul Cassirer unterstützt, der neben dem französischen und deutschen Impressionismus auch Künstler wie Nolde und Barlach förderte. 1910 gewann Kolbe den Wettbewerb für das Heinedenkmal in Frankfurt; 1912 wurde seine ›Tänzerin‹ von der Nationalgalerie angekauft, was viel Empörung hervorrief.

Kurz nach dem Ersten Weltkrieg wurde Kolbe Mitglied der Novembergruppe und des Arbeiterrates für Kunst. 1919 wurde er zum Dozenten an der Hochschule für Bildende Künste in Berlin ernannt. Danach erhielt er viele Aufträge. Die Statue im Hof des deutschen Pavillons auf der Weltausstellung Barcelona 1929, gebaut von Ludwig Mies van der Rohe, ist zum Beispiel von Georg Kolbe.

1933 wurde sein Heinedenkmal für Düsseldorf verboten, und Kolbe fiel in Ungnade. Obwohl sein Werk infolge des klassischen Idealismus, auf dem es beruhte, von vielen Anhängern des Nationalsozialismus sehr gut aufgenommen wurde, wurde Kolbe doch von einigen fanatischen Nazi-Journalisten angegriffen, und er verlor zeitweilig seine Anstellung an der Berliner Akademie. Kolbe konnte offenbar für einen großen Teil der faschistischen Bildhauerkunst zwar als Inspirator dienen; aber als wirklicher Protagonist dieser Kunst war er nicht geeignet. Das war einer jüngeren Generation vorbehalten, die schon bald mit viel aktivistischeren und ikonografisch mehr auf die Bewegung zugeschnittenen Bildnissen daherkam.

In den späten dreißiger Jahren wurde Kolbe rehabilitiert. 1936 wurde ihm der Goethepreis der Stadt Frankfurt verliehen, und zu seinem fünfundsechzigsten Geburtstag 1942 – wenn auch in aller Stille – die Goethemedaille[54].

Diese Wendung in der offiziellen Wertschätzung läßt sich nach Meinung mancher Autoren damit erklären, daß man die anfängliche ›revolutionäre‹ Phase von 1933 und 1934 mit ihrer sehr propagandistischen Kunst später als einen falschen Weg ansah, unter anderem wegen der geringen Qualität dieser Kunst. Diese schlechte Qualität stieß Gruppen der Bevölkerung ab, die man gerne für das Regime gewinnen wollte[55]. Darum arbeitete man nach 1934 lieber mit den Künstlern weiter, die in der Weimarer Republik einen großen Anhang gehabt hatten: die traditionellen, harmonischen Künstler vom Typ Kolbe, Marcks und Wackerle.

Um 1937 fand eine zweite Säuberungswelle statt, zu derselben Zeit wie die Ausstellung ›Entartete Kunst‹ und die erste ›Große Deutsche Kunstausstellung‹ in München. Diese Säuberungswelle läßt sich teilweise mit der Vergrößerung der Macht des Propagandaministeriums und der Gründung der ›Generalbauinspektion‹ erklären; teilweise durch den Wunsch, endgültig mit allen Künstlern abzurechnen, die die ersten Säuberungen um 1933 und 1934 überstanden hatten. Nach 1937 wurde Kolbe zwar in Ruhe gelassen, aber die großen Aufträge gingen an eine jüngere Generation, die offenbar mehr vom wahren Nazi-Geist durchdrungen war: Thorak und Breker. Breker bekam ein großes Atelier zugewiesen, und er erhielt alles Material, das er nur wollte, während Kolbe von Speer nichts bekam, als er ein Beethovendenkmal für Frankfurt schaffen wollte.[56]

Ich glaube, daß man die beiden Bücher Pinders über Kolbe: *Georg Kolbe – Werke der letzten Jahre* von 1937, und *Georg Kolbe – Zeichnungen* von 1942[57], im Lichte des Obenstehenden betrachten kann. Die Veröffentlichung von 1937 hat möglicherweise dazu gedient, Kolbe zu unterstützen, und das Buch von 1942 hängt sicherlich mit der Verleihung der Goethemedaille zusammen. In beiden Büchern liegt der Schwerpunkt bei den Abbildungen; der Text Pinders ist nicht mehr als eine Einleitung. Pinder stellt Kolbes Werk in eine große deutsche Tradition des Schaffens von Bronzeplastiken: der Braunschweiger Löwe, die Türen von Hildesheim, die Magdeburger Bischofsgrafen, das Denkmal von Innsbruck, Peter Vischer, Hubert Gerhart, Adriaan de Vries, Schlüter und Donner. Kurz: Kolbe ist ein *deutscher* Bildhauer.

Kolbe und Pinder teilen dieselben nationalistischen Auffassungen, wie aus Kolbes posthum herausgegebenen Schriften[58] hervorgeht. Ein überzeugter Nazi war Kolbe nicht, daher erhielt er nach 1945 wieder Aufträge, beispielsweise ein Denkmal für die Opfer des Faschismus in Halle/Saale.

In einer Veröffentlichung behauptet Andreas Hüneke, daß der nach 1933 geführte Kampf um die Kunstrichtungen von vornherein verloren war, weil die Verteidiger der moderneren Strömungen der Auffassung waren, die Kunst läge jenseits der Politik (siehe z.B. Pinders Rede von 1933).[59]

Um die Kunst zu retten, so meint Hüneke, gingen viele gutwillige Kunstkritiker, Kunsthistoriker und Museumsdirektoren mit dem Regime manchen Kompromiß ein, während hier doch nichts mehr zu retten war. Gerade ihr Unvermögen, den Zusammenhang zwischen Kunst und Politik zu erkennen, hinderte sie daran, das wahre Wesen des Nationalsozialismus rechtzeitig zu durchschauen.

Hüneke stellt die Ereignisse hier so dar, als habe man sich nur mit dem Faschismus eingelassen, um die Kunst zu retten. Er kann sich offenbar nicht vorstellen, daß ein großer Teil dieser Kunstkritiker, Kunsthistoriker u. ä. ideologisch schon für den Faschismus gewonnen war, oder sich ohne große Schwierigkeiten damit abfinden konnte. Die Unklarheiten in der Bewegung bewirkten während der ersten Jahre, daß es noch rivalisierende Kunstrichtungen gab. Außerdem vergißt Hüneke, daß der Expressionismus – denn um den wurde der Streit geführt – 1933 schon lange nicht mehr die moderne Richtung ist, die er 1905 noch war. Die Führer des Expressionismus haben in den dreißiger Jahren ein mittleres Alter erreicht. Die moderne Kunst der Zeit nach dem Ersten Weltkrieg wird überhaupt nicht mehr erwähnt.

Es ging in diesem Kampf darum, die richtige Mitte zu finden zwischen zwei Arten deutscher Kunst: dem Expressionismus und dem Klassizismus. Diese Auseinandersetzung findet nicht statt zwischen einer modernen Avantgarde von Dadaismus, Surrealismus, Konstruktivismus, Bauhaus und Neuer Sachlichkeit einerseits und einer rückwärtsgewandten Partei von Salonstilen andererseits, sondern zwischen zwei ziemlich konservativen Gruppierungen. Diese Gruppierungen haben sich nach dem Ersten Weltkrieg in Akademien, Museen und Universitäten gut etabliert.

Diese beiden Gruppierungen hatten nach 1933 beide etwas zu verlieren, und das galt nicht für die modernen avantgardistischen Strömungen, die in den Institutionen kaum hatten Fuß fassen können. Diese Avantgarde wurde nach 1933 ohne weiteres hinweggefegt, das erforderte keine große Anstrengung. Die wirklichen Machtpositionen lagen in den Händen von Künstlern, Kunsthistorikern und Museumsdirektoren, die sich während oder kurz nach dem Ersten Weltkrieg entschieden hatten zwischen dem, was damals Avantgarde war; dem Expressionismus und dem akademischen Klassizismus. Für die Expressionisten und ihre Verteidiger war es nach 1933, im Unterschied zu vielen jüngeren Avantgardisten, auch sehr schwer wegzugehen, weil die Strömung, mit der sie sich identifizieren, für Paris oder New York schon völlig passé war, oder weil sie zu eng mit der deutschen Kultur verbunden war. Die Klassizisten befanden sich schon viel länger mit den modernen Strömungen im Konflikt, und jetzt, wo die Zeiten sich zu wandeln schienen, waren sie daher wenig geneigt, Toleranz zu zeigen.

Der Kampf um die moderne Kunst nach 1933 ist der Kampf um den Expressionismus. Die Expressionisten und ihre Verteidiger repräsentieren eine etwas tolerantere und modernere Strömung, die anfänglich mit dem Nationalsozialismus vereinbar schien. Der Expressionismus, den sie verteidigen, ist ein deutscher Expressionismus. Die Zeitschrift *Kunst der Nation*, die dieser Strömung für kurze Zeit als Podium diente, zeigt niemals andere moderne Kunst, geschweige denn ausländische Kunst. Pinder ist ein Vertreter dieser Gruppe, der erstaunlich weit ging, durch seine Verteidigung des Bauhauses und des Funktionalismus.[60] Die Männer der *Kunst der Nation* verteidigen die Avantgarde von gestern. Barlach ist 1933 63 Jahre alt, Hofer 55, Nolde 66 und Pinder 55.

Wie auch immer, Pinder nimmt Stellung, ohne Partei zu ergreifen. Dies wurde ihm nicht gedankt. Die schärfste Kritik wurde 1940 geäußert, als Pinders Einleitung zum ersten Teil von *Vom Werden und Wesen* unter dem Titel *Wesenszüge deutscher Kunst*[61] als Einzelpublikation erschien.

Aus der Wochenzeitung der SS, dem *Schwarzen Korps*, blies Pinder am 12. Dezember der Wind ins Gesicht.[62] Der Aufsatz trägt den Titel »Kulturpolitik und Kunstwissenschaft«, und der Untertitel lautet »Unfruchtbare Geschichtsbetrachtung«. Das ganze wird heiter umrahmt von einer Werbung für Vasenol-Fußpuder und für »die angenehm schäumende Zahnpasta Kaliklora«.

Der anonyme Autor weiß offenbar nicht, daß das Büchlein zuvor schon einmal als Einleitung erschienen war, und er behandelt es als eine neue Publikation. Der Tonfall des Artikels ist sehr hart, und gegen Ende sogar drohend. Der Text weist wenig Zusammenhang auf. Die Kritik des Zeitungsautors läßt sich in folgenden Punkten zusammenfassen:

Erstens wird Pinder und anderen Kunsthistorikern seiner Generation vorgeworfen, daß sie bisher zur Kunst eine subjektive und kaum politische Haltung hatten, und daß sie jetzt auf einmal mit Begriffen wie »Nordischer Geist« operieren. Der zweite Vorwurf schließt eng an den ersten an: Pinder äußert plötzlich alle möglichen Behauptungen über das Nordische, und anscheinend weiß er darüber mehr als das, was Spezialisten bisher geschrieben haben. Aber er interpretiert nach Auffassung des Schwarzen Korps dieses Nordische absolut nicht richtig; er übersieht daran das Mythische und Heldenhafte.

Wirklich wütend wird der Kritiker auf Pinder wegen der Wichtigkeit, die dieser dem Christentum für die Entstehung des deutschen Volkes beimißt. Der Kritiker will im Grunde von einer Entstehung des deutschen Volkes nichts hören, für ihn gibt es nur südliche Germanen. Auch die Rolle der Sprache, auf die Pinder verweist, bringt den Kritiker zu einem Wutausbruch: »Aha – wir sind das Volk der Denker und Dichter. Nur unsern Kulturleistungen verdanken wir unsern Bestand, nicht der vermaledeiten Politik, die uns doch, Gott sei's geklagt, im letzten Jahrtausend immer nur wieder ins Unglück gebracht hat (... und also, läßt Pinder zwischen den zeilen durchblicken, auch diesmal, im neuen Reich, wieder ins Unglück bringen wird).«[63] Am Schluß des Artikels stolpert der Anonymus über das von Pinder angesprochene gestörte Selbstbewußtsein. Pinder sagt, daß die Ablehnung bestimmter Aspekte der deutschen Kunst mit einem gestörten Selbstbewußtsein zu tun habe. Der Kritiker denkt hierüber jedoch anders; »Selbstverständlich ist auch dieser Satz richtig und nur das Vorzeichen falsch. Erkenntnis der Bedrohung heiligster Werte bedeutet nämlich für jene Leute von gestern Resignation, für uns aber kühl rechnenden, nüchternen

Neuaufbau. Und dazu gehört die Ausmerzung all der Komplexe, die ›unser Selbstbewußtsein stören‹, also auch einer lediglich kontemplativen und daher unschöpferischen Weise der Kunstbetrachtung.«[64]

Die Kritik ist für den heutigen Leser nicht leicht zu durchschauen man muß den Jargon und den Tonfall kennen, um zu ermessen, was für entsetzliche Dinge hier gesagt werden: Pinder als ein »Mann von Gestern«, der seinen Auffassungen ein neues politisches, »nordisches« Mäntelchen umgehängt hat, der aber damit nicht verbergen kann, daß er von dem wahren Zusammenhang zwischen Kunst und nationalsozialistischer Politik doch keinen Schimmer hat. Das zeige sich speziell, wenn er von einer deutschen Nation mit einer deutschen Kultur spreche; während der Kritiker der Auffassung ist, daß es um germanische Kunst gehen muß.

Im *Schwarzen Korps* auf diese Weise erwähnt zu werden, war im Kontext der damaligen Zeit schrecklich.[65] Wie sehr Pinder erschrak, geht auch aus seinen späteren Verteidigungen hervor (siehe die Beilage). Der Artikel im *Schwarzen Korps* erwies sich nachträglich als ein Rettungsanker; als nämlich 1946 der Beweis erbracht werden mußte, wie wenig freundschaftlich die Beziehungen Pinders zu den Nazis waren. Aber im Tonfall der Verteidigung klingt die alte Angst noch durch. Angriffe dieser Art waren Bestandteil einer Strategie der Nazis: sie griffen Intellektuelle an und machten sie vor den Augen der Öffentlichkeit lächerlich.[66]

3. Schlußfolgerungen

Obwohl man Pinders Publikationen nach 1933 bestimmt nicht als eine geschlossene Verurteilung der Kunstpolitik der Nazis lesen kann, ist ihr Ton doch kritisch. Kritisch in dem Sinne, daß Pinder versucht, der Kunst eine gewisse Freiheit zu erhalten, und daß er die Kunst vor den Angriffen der Nazis zu schützen sucht, vor allem vor den Beschuldigungen, daß die moderne Kunst undeutsch sei.

Pinder jongliert mit zwei Argumenten, nämlich daß Kunst und Politik keinen direkten kausalen Zusammenhang haben, und daß der deutsche Charakter der Kunst nicht in einigen fertigen formalen Eigenschaften bestehe; ebensowenig sei die deutsche Kunst identisch mit der germanischen. Gerade wegen dieser Punkte wurde er vom *Schwarzen Korps* angegriffen.

Pinders Kunsttheorie – wenn man davon sprechen kann – konnte innerhalb des Nationalsozialismus nicht funktionieren. *Kunst der Nation* wurde verboten, und die Einleitung zu *Vom Wesen und Werden* wurde heftig kritisiert. Pinders Bücher über Georg Kolbe ließen seine Entscheidung für einen Künstler erkennen, der zwar dem Kunstideal der Nazis etwas näher stand, der aber doch nicht zu den Favoriten des Regimes gehörte.

Trotz der Tatsache, daß Pinder als populärwissenschaftlicher Autor sehr bekannt war, und daß er in der wissenschaftlichen Welt einen Namen hatte – Professor; Vorsitzender des Deutschen Vereins für Kunstwissenschaft; Mitglied der Preußischen Akademie der Wissenschaften – ist es ihm nicht gelungen, die Politik auf dem Gebiete der Kunst nach 1933 in der von ihm gewünschten Richtung zu beeinflussen. Pinder hatte offensichtlich durchaus etwas von dem Regime erwartet, und das Regime auch von ihm: Warum wäre er sonst 1935 als Professor nach Berlin berufen worden?

Pinder hatte gehofft, daß er eine wichtige Rolle spielen könnte, und er versuchte dies mit den Mitteln, die ihm zur Verfügung standen – mit der Presse. Dabei hat er seine eigenen Möglichkeiten überschätzt und die des neuen Regimes unterschätzt. Mit seinen eigenen Worten (Beilage I): »(Waren Sie jemals Mitglied der NSDAP?) Nein, obwohl im Juni 1933 von offizieller Seite zum Eintritt aufgefordert, damals zugesagt in der Absicht zu bessern; dann aus gleicher Absicht öffentlich mit Kritik an der Kunstpolitik hervorgetreten (Vorträge)«. Oder, etwas anders formuliert (Beilage II): »Vorwurf: ich sei P.G. gewesen. Entkräftung: Ich war es niemals, obwohl ich im Juni 1933, von der fachschaft der Studenten zum Eintritt aufgefordert wurde und auch zugesagt habe. Ich bin aus dem gleichen Grunde nicht aufgenommen worden, aus dem ich zugesagt habe. Mein Gefühl war nämlich damals, daß es vielleicht möglich sei, der neuen Bewegung gute Richtung zu geben, wenn die Intelligenz sich rechtzeitig beteilige, also: Kritik. Diese habe ich offensichtlich so deutlich vorgebracht, daß von da ab die Partei keinerlei Wert auf meine Mitarbeit legte.«

Wie naiv Pinder sich angestellt hat, wird in demselben offiziellen Text eine Seite später deutlich: »Es ist aber durchaus wahr, daß ich eine fruchtbare Kritik gemeint habe, d.h. also, daß ich damals noch Hoffnungen auf die Bewegung setzte. Ich war wie viele meiner Schicht bis dahin aller Politik fern geblieben, politisch geradezu ungeschult, lediglich voller Liebe zu meinem Lande. Die Schäden, die ich sah, lagen in meinem eigenen Sektor, dort bekämpfte ich sie. Die allgemeineren konnte ich erst später erkennen. Die Hoffnung, nach soviel Elend mein Land wieder aufsteigen sehen, ließ mich kurze Zeit manches günstiger sehen als es war.«

Pinder entwirft hier ein Bild von sich selbst als Mitglied einer Gruppe, einer »Schicht«, die zwar nicht politisch dachte, die aber von einer großen Liebe zu ihrem Land getrieben wurde, das nach einer schweren Zeit wieder einen aufwärts führenden Weg eingeschlagen hatte. Als wenn das keine politische Aussage wäre!

Pinders Verhältnis zur Partei ist von derselben Wankelmütigkeit geprägt, die wir auch in seiner kunsttheoretischen Auffassungen nach 1933 bemerkten. Einerseits ist Pinder durchaus für die Nazis, andererseits jedoch nicht. Politisch, so könnte man sagen, steht Pinder – gerade, weil er nichts von Politik versteht – auf ihrer Seite, aber auf dem Gebiet, auf dem er Experte ist, der Kunst, nicht. Pinder glaubt dieses Dilemma zu lösen, indem er Kunst und Politik trennt, aber die Partei denkt darüber ganz anders.

Pinders Nationalismus war vor allem ein kultureller Nationalismus. Darin unterscheidet er sich von dem politischen und rassistischen Nationalismus der Nazis. Pinder ist ein Repräsentant einer älteren Generation konservativer Nationalisten, die das deutsche Wesen psychologisch aus dem kulturellen deutschen Erbe ableiteten. Diese »Männer von gestern« werden 1933 von einer jüngeren, viel radikaleren Generation eingeholt, die dieses deutsche Wesen auf eine biologische und rassistische Grundlage zurückführt. Beide Gruppen haben sich ineinander geirrt: Für Pinder wurde bald deutlich, daß das nationalsozialistische Regime etwas völlig anderes war als sein kultureller Nationalismus, und die Nazis erkannten, daß Professor Pinder, der so schön über das deutsche Wesen in der Kunst schreiben konnte, für rassistische und nordische Töne taub war.

C Pinders Stellungnahme als Professor

Bisher haben wir uns mit Pinders Stellungnahme als Volkserzieher in den ›Blauen Büchern‹ und in anderen populärwissenschaftlichen Veröffentlichungen befaßt, und mit dem Befürworter von mehr Toleranz für die moderne Kunst nach 1933. Seit 1933 ist Pinder auch einige Male als Professor in der Öffentlichkeit aufgetreten: mit einem »Ja« für Adolf Hitler 1933; 1935 mit einem Plädoyer für die Freiheit der wissenschaftlichen Forschung innerhalb bestimmter Grenzen, und 1939, zu Ehren von Hitlers fünfzigstem Geburtstag, mit einer Übersicht zum Stand der deutschen Kunstgeschichte.[67]

Im Folgenden werde ich erst die Vorgeschichte des öffentlichen Auftretens als Professor skizzieren, und ich werde auf zwei Professoren aus Pinders unmittelbarer Umgebung eingehen, die sich zu den Verhältnis Universität – Gesellschaft geäußert haben. Danach kommen Heidegger und Pinder mit Äußerungen aus dem Jahr 1933 zu Wort; und dann werden

Pinders obengenannte Publikationen kurz behandelt. Ich gehe dann in meinen Schlußfolgerungen auf das allgemeine Verhältnis zwischen Universitäten und Nationalsozialismus nach 1933 ein, und auf die Haltung der nationalistischen Intelligenz zum Regime.

1. Vorgeschichte

Die Geschichte des politischen Auftretens von Universitätsprofessoren in Deutschland ist von einer Art Wellenbewegung gekennzeichnet: Engagement wechselt mit Distanz zum politischen Leben. Zu Beginn des 19. Jahrhunderts erhob Fichte seine Stimme in seinen *Reden an die deutsche Nation* (1809), aber diese Form der Stellungnahme wurde erst von Napoleon und später von Metternich nahezu unmöglich gemacht. Erst 1848, mit dem Professorenparlament in Frankfurt, meldeten die Professoren sich wieder zu Wort. Obwohl die Revolution von 1848 keine Ergebnisse brachte, eiferten manche Professoren (Treitschke, Droysen, Dahlman) weiterhin für die deutsche Einheit. Nachdem diese Einheit 1871 erreicht wurde – wenn sie auch ganz anders aussah, als es sich so mancher Professor erträumt hatte –, blieb für eine aktive politische Stellungnahme der Professoren kaum noch ein Anlaß; höchstens, daß die Nationalökonomen, denen eine Integration des Staates und der Arbeitermassen vorschwebte, leichte Kritik äußerten. Die meisten Professoren zogen sich auf ihr Fachgebiet zurück. Außerdem vertrat man die Auffassung, daß die tägliche Parteipolitik mit den höheren Werten der Wissenschaft unvereinbar sei: eine unpolitische Haltung am Rande könnte einen objektiven wissenschaftlichen Standpunkt garantieren. Indem man sich zu einer solchen, angeblich überparteilichen Wahrheit bekannte, unterstützte man zugleich die Wilhelminische Regierung, welche die wachsenden Klassengegensätze durch den Appell an das allumfassende Deutsche zu bezwingen suchte.[68]

In Anbetracht der materiellen und gesellschaftlichen Position der deutschen Professoren bestand auch wenig Anlaß, den Status quo zur Diskussion zu stellen: man konnte höchstens auf einen Mangel an Vaterlandsliebe, an Idealen und Bildung verweisen; und diese Aussage schloß wiederum die Notwendigkeit der Universität ein. Eine konservative Berufungspolitik verhinderte übrigens jeden einigermaßen kritischen Ton. Die Berufung von Professoren wurde genauso gehandhabt wie die Anstellung von Beamten. Das schloß jede Kritik an der Obrigkeit aus.[69] Von Professoren wurde wissenschaftliche Arbeit verlangt, und keine politische Stellungnahme. Und umgekehrt: Wissenschaftler, die doch politisch auftraten, wurden einfach nicht berufen.

Mit dem Ausbruch des Ersten Weltkrieges änderte sich dies plötzlich. Eine wirkliche Erklärung dafür, warum Professoren ihr politisches Schweigen nach 1914 brachen, konnte ich nicht finden. Die enorme Begeisterung, und die großartigen Ausbrüche von Vaterlandsliebe und Volksverbundenheit scheinen auch die Professoren so weit gebracht zu haben, daß sie ungefragt an der politischen Debatte teilnahmen. In der ersten Phase des Krieges ging es vor allem darum, die deutsche Teilnahme an dem Krieg vor dem In- und Ausland zu rechtfertigen. Etwa in der Mitte des Krieges kippte diese Haltung um: Einerseits wurden die Forderungen, welche die Professoren an die Alliierten stellten, immer extremer; andererseits wurden manche Professoren gerade vorsichtiger und gemäßigter, als der Sieg ausblieb.

Die erste Gruppe empfand das als Defätismus, und sie schraubte die Erwartungen an Gebietserweiterungen nach dem Sieg immer höher. 1915 unterzeichneten 1341 Intellektuelle und Professoren die sogenannte Seeberg-Adresse, einen Antrag an den deutschen Kanzler, in dem eine Westgrenze von Boulogne bis Belfort und im Osten eine vom Peipussee bis an die Dnjeprmündung reichende Grenze vorgeschlagen wird. Andere, gemäßigte Professoren wandten sich dagegen (z.B. die Gebrüder Weber, aber auch Albert Einstein, Edmund Husserl, Friedrich Meinecke und Werner Weisbach). Sie meinten, daß der Feind durch solche

Forderungen in dem Verlangen bestärkt würde, das imperialistische Deutschland zu vernichten. Ihrer Auffassung nach müßte man eher einen »Verständigungsfrieden ansteuern, anstelle eines »Sieg-Friedens«.[70]

Nach dem Zusammenbruch des deutschen Kaiserreiches blieben die Professoren Gespalten, in eine kleine Gruppe, welche die Konsequenzen der Niederlage akzeptierte, und sich – wenn auch nicht von ganzem Herzen – mit der Existenz einer demokratischen Republik abfand, und eine viel größere Gruppe, die weiterhin an die nationalistischen Parolen von 1914 glaubte und die Schmach von Versailles nicht verkraften konnte, und die ebenso wenig die Existenz der Weimarer Republik guthieß.

Zu der ersten Gruppe gehört Max Weber (der auch beim Entwerfen des Grundgesetzes von Weimar mithalf). Weber betrachtet es überhaupt nicht als die Aufgabe der Universität, den Staat zu unterstützen oder zu kritisieren: die Universitäten sind keine Institutionen, wo man moralische Werte eingepflanzt bekommt.[71] Es ist ihre Aufgabe, die Fakten zu analysieren und Ideen auf ihren logischen Zusammenhang zu prüfen. Entscheidungen des Individuums bleiben Sache dieses Individuums und seiner eigenen Verantwortung. Das einzige sittliche Ziel, das die Universität erstreben darf, ist die Vermittlung einer intellektuellen Integrität.

Weder der Prophet noch der Demagoge sind an der Universität zu Hause, weil die Universität vor allem eine kritische Gemeinschaft ist, wo alles zur Diskussion gestellt werden muß. Max Weber ist der Meinung, daß religiöse und politische Überzeugungen nicht auf Fakten beruhen, daß sie sich also einer wissenschaftlichen Überprüfung entziehen. Außerdem ist in der modernen Kultur kein Platz für große und letztgültige Werte, da im 20. Jahrhundert der Prozeß der Entzauberung und der damit zusammenhängenden Rationalisierung bereits zu weit fortgeschritten ist. Auch in der Politik ist kein Platz für religiöse und ethische Schwärmerei, weil die Politik vor allem das Gebiet der Verantwortung ist. Das ethisch orientierte Handeln und das politisch verantwortliche Handeln sind in Webers Anschauung zwei sehr unterschiedliche Größen. Der Politiker muß, im Unterschied zum Propheten, auch für die Folgen seines Handelns einstehen können, und er trägt gegenüber denen, die er vertritt, eine direkte Verantwortung. Seine Mittel sind die der politischen Macht, und der Politiker darf die Mittel niemals seinen Zielen opfern, wenn er als Politiker auf die Dauer etwas erreichen will.

Weber legt Rechenschaft ab von den unterschiedlichen Verantwortlichkeiten des Gläubigen, des Politikers und des Universitätswissenschaftlers, wobei die Zielstellungen des ersten unvereinbar sind mit dem Auftreten der zwei letztgenannten. Den Gelehrten und den Politiker betrachtet er als Repräsentanten der neuen rationalen Epoche, in der man sich von Glauben und Ethik distanziert. Wir werden später feststellen, daß Gelehrte mit einer mehr konservativen Einstellung die Einteilung genau umgekehrt vornehmen: der Politiker wird abseits eingeordnet, und der Ethiker/Moralist verschmilzt mit dem Gelehrten. Rationalisierung und die »Entzauberung der Welt«[72], wie Weber das nennt, werden von ihnen nicht als moderne Errungenschaften betrachtet, die man akzeptieren muß, sondern als moderne Übel, die man bekämpfen muß.

Das relative Schweigen vor 1914 und die politischen Aktivitäten nach 1914 und 1918 stehen nicht im Gegensatz zueinander, sondern man muß sie aus dem Wandel der gesellschaftlichen Strukturen erklären. Nicht die Professoren haben ihre Meinung geändert, sondern die Gesellschaft hat sich geändert.

Die Proteste gegen die Weimarer Republik lassen sich folgendermaßen zusammenfassen: Man plädiert für eine Trennung zwischen der akademischen und der politischen Welt; aber im Gegensatz zu Max Weber ist man der Auffassung, daß die Normen und Werte der akademischen Welt besser sind als die der politischen. Nur an den deutschen Universitäten werden noch die Werte in Ehren gehalten, die in der übrigen Gesellschaft verlorengegangen sind. Wir finden hier dieselbe Zweiteilung wieder, die wir schon zuvor in den Vorstellungen der kulturellen Elite antrafen: die Politik ist das Materielle, Chaotische, Instabile und Vergängliche, während an der Universität die immateriellen, spirituellen und dauerhaften Werte des deutschen Volkes gehütet werden. Diese Werte werden ständig untergraben, daher müssen sie beschützt werden.

Eine wirkliche Erneuerung der gesellschaftlichen und kulturellen Situation in Deutschland kann nicht von der Politik erreicht werden, sondern nur, indem man sich auf diese deutschen Werte beruft. Denn die Politik spaltet das Volk, während den deutschen Werten gerade das Bindende und Gemeinsame zugrunde liegt.

Diese deutschen Werte stimmten zum großen Teil überein mit denen des Deutschen Kaiserreiches von vor 1914: sie sind konservativ. Die deutschen Professoren wollen ihre eigene Stellung und ihre Privilegien, wie sie die kannten, um jeden Preis beschützen. Diese Professorenideologie kann man nicht losgelöst von der Problematik der deutschen Universitäten betrachten.

Die Universitäten wurden von einer großen Anzahl Studenten überflutet, die auch aus Milieus kamen, welche früher keinen Zugang zur Universität hatten oder einem Studium wenig Wert beimaßen. Viele der nach 1918 entstandenen Probleme lastete man der Weimarer Republik an. Allerdings hatte das enorme Wachstum der Studentenzahlen schon nach 1870 begonnen, bei einer nahezu unveränderten Besetzung des Wissenschaftlerstabes (der ›Ordinarien‹). Die Mehrarbeit wurde dann von den ›Extra-Ordinarien‹ oder den ›Privat-Dozenten‹ erledigt. 1914 gab es ungefähr 60 000 Studenten, 1931 mehr als 100 000. Nach 1918 wurde der Personalbestand der Universitäten zwar erweitert (z.B. wurden die Privatdozenten jetzt endlich bezahlt), aber das alles nützte nur wenig, und das Niveau sank eher, als daß es Fortschritte machte.[73]

Die Professoren betrachteten sich selbst als eine Elite, welche die Führung des Landes übernehmen müßte. Weil immer breitere Schichten der Bevölkerung ihre Kinder studieren ließen, damit diese den Status erwarben, auf den die Professoren selbst so stolz waren, drohte eine Demokratisierung des Professorenstandes und der mit ihm eng verbundenen anderen akademischen und Beamtenberufe. Anfänglich suchte man diese Entwicklung aufzuhalten, indem man die Vertreter der unteren Schichten auf technische Ausbildungen verwies, und auf Verwaltungsberufe. »The lower middle class should stay in its social place, but that place should be made more attractive by providing education and incentives for members of this class to enter trades and manufacturing. Universities were training the ›staff officers‹ but there were too many of these; Germany needed more ›non-commissioned officers‹«, schreibt Charles Mac Clelland, und er weist auf die Analogie zur deutschen Armee hin, wo die höheren Ränge ebenfalls den Vertretern des Adels vorbehalten waren[74].

Zwischen der Situation an der Universität und dem politischen Denken der Professoren bestand ein enger Zusammenhang. Der Zustrom von Studenten bedeutete für die Professoren sowohl einen Anschlag auf das Niveau der Universität als auch eine gesellschaftliche Bedrohung ihrer Stellung. Sie gaben der Politik die Schuld daran. Die Politik war für sie der Feind jeder Ausübung von Wissenschaft.

Die positive Aufnahme, die den Nationalsozialisten von manchen deutschen Professoren zuteil wurde, läßt sich so besser begreifen. Die Nazis versprachen, der Politik von Weimar ein Ende zu bereiten, und außerdem versprachen sie den deutschen Universitäten mehr Einfluß. Auch die Studenten erwarteten viel von den Nazis: Schon 1931 hatten die Nazis die meisten Studentenvertretungen an den Universitäten übernommen. Ob sich nach 1933 die gesellschaftliche Stellung und das gesellschaftliche Ansehen der Professoren wirklich verbesserten, ist fraglich.[75]

2. Ludwig Curtius

Ludwig Curtius war Professor der klassischen Archäologie, und während seiner Professur in Würzburg 1908 war er mit Pinder befreundet. »Pinder ergab mich dem Zauber der Stadt, deren Gotik eben damals Pinder, der übersprundelnd von Geist und deutscher Leidenschaft neben mir lehrte, in seinem Buch entschlossen hatte«, schreibt Curtius in seinen Memoiren.[76] Wir sind Curtius schon im 1. Kapitel begegnet.

Curtius' Memoiren sind für uns so interessant, weil er in bezug auf seine politischen Auffassungen sehr offen ist, und weil er sich sehr ernsthaft mit der Frage auseinandersetzt, warum die Universitäten gegen Hitler keinen Widerstand leisteten.

Seine politischen Überzeugungen sind so, wie man sie von einem Professor im damaligen Deutschland erwarten kann: naiv und in sich gegensätzlich. Er bezeichnet sich selbst als einen nationalistischen Sozialisten, oder als »Tory mit sozialistischem Einschlag«[77], und er stellt Stöcker, Bebel, Naumann und Max Weber als »Idealisten« in eine Reihe. Er träumt von einer breiten Volkspartei, die aus den linken Strömungen der DNVP und der OVP (Konservative und Liberale) und aus dem rechten Flügel der SPD bestehen müßte – aber sein Engagement beschränkt sich auf die Jugendbewegung zum Beginn des 20. Jahrhunderts. Er würde die Jugend gern zu einer intellektuellen Elite erziehen, durch die Neugründung des alten humanistischen Gymnasiums, das von den gerade gegründeten Realgymnasien, an denen Mathematik und moderne Sprachen unterrichtet wurden, verdrängt worden war.

Curtius' politisches Spektrum war undeutlich, aber doch integer: Er hat die besten Absichten mit Deutschland, er will Politik machen auf der Grundlage einer nationalistischen Begeisterung mit starken kulturellen Aspekten, und diese Begeisterung will er auf die Jugend übertragen: typisch für die ›Generation von 1914‹.

Für uns besonders wichtig ist die Antwort, die Curtius 1950 auf die Frage nach den Ursachen für das Versagen der deutschen Universitäten gegenüber dem Nationalsozialismus gibt. Curtius betrachtet die deutschen Professoren (sich selbst einbegriffen) als eine intellektuelle Aristokratie mit einer hohen ethischen und wissenschaftlichen Moral: warum verstanden sie es dann nicht, »der Selbstvernichtung Deutschlands durch den Nationalsozialismus vorzubeugen, warum ließen sie sich genau ebenso schwächlich wie alle Institutionen, Rechtspflege, Verwaltung, heer, überwältigen und erwürgen? (...) Wie war dieser geistige Selbstmord möglich?«[78]

Curtius glaubt, daß die Universitäten an zwei Fronten schwach waren, nach innen und nach außen. Die Universitäten waren innerlich gespalten, erstens durch die große Anzahl an Universitäten in Deutschland, und zweitens durch die damit zusammenhängende enorm große Anzahl an Professoren (die seiner Meinung nach fachlich nicht alle gleich gut waren), von denen sich jeder auf sein Spezialgebiet zurückzog, und drittens durch die Kluft zwischen den Geistes- und den Naturwissenschaften. Man kannte einander nicht länger und verstand sich auch nicht mehr.

Nach außen versagte die Universität durch den Mangel an wirklich großen Persönlichkeiten, meint Curtius. Für ihn steht fest, daß eine Universität eine »geistige Einheit« bilden muß, und daß man von den Professoren erwarten muß, daß sie »geistige Personlichkeiten« sind.[79]

Das ist genau die Falle, in die Curtius und andere gegangen sind: einerseits befürworten sie für die Universität außerordentlich hohe Ziele, welche eine Sonderstellung rechtfertigen, aber andererseits können sie ihre Hände in Unschuld waschen, wenn diese hohen Ziele durch allerlei Umstände nicht erreicht werden. Curtius kommt einfach nicht auf die Idee, daß die Universität keine Sonderstellung hat, und daß man an den Professor keine außergewöhnlichen Anforderungen stellen muß, außer daß er niveauvolle wissenschaftliche

Arbeit leistet. Will die Universität ihre Freiheit und ihre Selbständigkeit bewahren, so darf dies nicht durch die Errichtung einer »geistigen Einheit« geschehen oder durch das Auftreten »geistige(r) Persönlichkeiten«, sondern man muß politische Mittel anwenden, um ein politisches Gut – die Freiheit der Meinungsäußerung und Meinungsbildung – zu verwirklichen, ebenso wie jede andere Organisation. Nicht durch eine Berufung auf Geistigkeit.

Curtius hatte ein scharfes Auge für die Anziehungskraft, welche die Nationalsozialisten für große Gruppen der deutschen Bevölkerung besaßen, und er gesteht ein, daß er anfänglich mit dem Ziel der Nazis, der Wiederherstellung von Deutschlands Größe, übereinstimmte. Aber schon bald durchschaute er die Partei, und er lehnte ihre Mittel ab: die dumme Agitation, den Chauvinismus, und den Antisemitismus. »Das alles war mir von Anfang an so widerwärtig, daß ich im Unterschied von manchen Freunden, die glaubten, man könne durch Mitwirkung klärend und mildernd die noch in Gärung befindliche Partei beeinflussen« – sollte Curtius hier an Pinder gedacht haben? – »jede, auch die leiseste Berührung mit ihr ablehnte und freilich hoffte, das deutsche Volk würde im Laufe der Jahre diese psychische Krankheit überwinden.«[80]

Die Entstehung des Nationalsozialismus erklärt Curtius ebenfalls ›geistig‹: Er betrachtet den Nationalsozialismus als eine Form von allgemeinem Nihilismus, als ein Symptom dafür, daß das europäische Denken des 20. Jahrhunderts nicht in Ordnung ist. »Dieses ungeheuren, durch Nationalismus vernebelten Vakuums, des Nichts, hatte sich mit allen anderen Krisentendenzen der ›Führer‹ bemächtigt, selbst ein Nichts«.[81]

Ich bin so ausführlich auf die Memoiren von Curtius eingegangen, weil sie in all ihrer Vagheit ein so klares Bild geben vom Denken eines deutschen Professors in der ersten Hälfte des 20. Jahrhunderts, den man bestimmt nicht der Sympathie für den Nationalsozialismus bezichtigen kann. Curtius denkt nach über die Politik, aber was dabei zum Vorschein kommt, läßt sich zu keinem Zeitpunkt als politisch bezeichnen, weil er nirgends in Begriffen der Macht denkt. Eine systematische Erforschung der vielen Professorenmemoiren aus jener Zeit könnte das Bild vielleicht schärfer machen, so glaube ich, aber es nicht wesentlich ändern.[82]

3. Eduard Spranger

Eduard Spranger war von 1920 bis 1946 Professor für Philosophie und Pädagogik in Berlin, und er genoß in Deutschland sehr großes Ansehen. Er war Mitglied der ›Mittwochsgesellschaft‹, in der führende Persönlichkeiten aus wissenschaftlichen und Beamtenkreisen zusammenkamen. Man könnte die Stimmung dieser Runde als gemäßigt konservativ beschreiben. Pinder wurde unmittelbar nach seiner Ankunft in Berlin zu der Mittwochsgesellschaft eingeladen, und er war ein regelmäßiger Teilnehmer der vierzehntäglichen Zusammenkünfte.

Spranger beschrieb seine politische Einstellung folgendermaßen: »Ich stand damals auf der Seite der Deutschnationalen – einer Partei habe ich übrigens nie angehört, weil ich anfangs glaubte, es sei noch möglich, das Reich aus den Kräften des alten politischen Ethos, besonders auch vom Berufsbeamtentum her, zu erneuern.«[83]

1927 hielt Spranger in Weimar eine sehr lange Rede zum Thema Universität und Staat.[84] Spranger meint, daß die Freiheit der Universität vom Staat immer weiter eingeschränkt wird, es ist nicht die Universität, die sich seit 1918 verändert hat, sondern der Staat hat eine Revolution durchgemacht. Wissenschaft kann jedoch niemals revolutionär sein. Er glaubt, daß die Universität unter der Instabilität der Weimarer Republik leidet: »Die Labilität wird zum Prinzip erklärt. Die ruhenden Faktoren der Staatsgewalt werdend herabgedrückt«[85], während die ehemals stabilen Gruppierungen, die Beamten, zum bloßen »Verwaltungsapparat« zu werden drohen.

Das neue Parlament übernimmt außerdem Funktionen, die früher der Universität vorbehalten waren: das Vertreten der öffentlichen Meinung. Laut Spranger kommen Politik und Universität nicht miteinander aus, weil das wechselhafte demokratische Machtspiel der Suche nach einer überparteilichen, objektiven Wahrheit im Wege ist. Politische Bindungen, seien sie nun links oder rechts, sind unvereinbar mit der Aufgabe der Universität.

Aber was ist eigentlich der spezifische Beitrag, den die Universität zum Staatswesen leistet? Spranger sagt, daß dieser Beitrag im Nachdenken über den wahren Staat besteht, und in der Verwirklichung dieses wahren Staates – daher auch das Recht auf Kritik. Spranger ordnet sich hier also in eine typisch deutsche universitäre Tradition des 19. Jahrhunderts ein.[86]

Das wirkliche Fundament des Staates ist das Volk. Spranger sieht eine Kluft zwischen der Macht des Volkes, die er als organisch beschreibt, und der parlamentarischen Machtausübung, die er eine Erfindung aus der Zeit Newtons nennt und als mechanisch-mathematisch kennzeichnet.

Es ist eine wichtige Aufgabe von Staat und Universität, dem Volk zu dienen. »Beide sind Erzeugnisse der nationalen Geistesart; beide dienen daher einem Volkstum, dessen sittlichen Gehalt sie sichern und bereichern sollen; beide sind Formungen der Kultur«[87] – es ist, als hörten wir Hegel und Humboldt. Spranger bleibt jedoch nicht in dieser romantischen Auffassung befangen, denn er sieht ein, daß das Nationale jetzt eine andere Bedeutung hat als damals. Die Entwicklungen gehen jetzt eher zum Internationalen. Spranger knüpft dann an die Diskussion über die nationalen Charaktere an. Seiner Meinung nach wird das Nationale in dieser neuen internationalen Epoche ein neues Gewicht bekommen, denn das Nationale existiert auf jeden Fall: man erkennt es im Staat, in der Gesellschaft, in der Kunst und in der Wissenschaft. Besonders in der Wissenschaft, sofern es sich um die Wissenschaft vom Staat, von der Gesellschaft und von der Kunst handelt. Spranger betrachtet dieses Nationale als eine Kraft, die sich durch alles hindurchzieht.

Kann es dann nicht passieren, daß das Nationale zu der Objektivität der Wissenschaft in Widerspruch gerät? »Man muß etwas sein, um etwas zu sehen. Man kann und darf sein Selbst nicht auslöschen (...) aber man muß es erweitern und erhöhen. Auch dann noch und gerade dann wirkt in dieser Arbeit die nationale Bestimmtheit des geistes mit: sowohl im erkennenden *Subjekt,* wie hinsichtlich der *objektiven* Geisteslage, aus der heraus und über die es forscht und denkt. Das eigentümlich nationale Ethos kann hier nicht ausgeschaltet werden, ohne daß man stärkste Kräfte fesselt.«[88]

Das deutsche Volk wurde durch die moderne Entwicklung jedoch nicht nur von seiner Herkunft entfremdet, sondern es wurde auch noch einmal innerlich gespalten. Die organische Einheit des Volkes gibt es nicht mehr. Die Universität wird die zukünftigen Führer des Volkes hervorbringen müssen, und sie wird die Aufgabe haben, die Einheit wiederherzustellen. Dazu ist es notwendig, daß der Akademiker das Land in all seinen Aspekten studiert; der Akademiker muß das Volk als Persönlichkeit beeindrucken, speziell durch seine sittlichen Auffassungen und durch die Natürlichkeit seines Auftretens; der Akademiker muß offen sein für die Nöte des arbeitenden Menschen, und er muß seine eigene Zeit verstehen.

Spranger faßt diese Haltung in dem Begriff Dienstbarkeit zusammen. Die höchste Form des Dienstes am Staat ist es, ihn mit Ethos zu erfüllen. Ein Staat kann nur dann zwischen anderen Staaten überleben, wenn er eine eigene sittliche Kraft besitzt. Die Universitäten müssen dieses Staatsethos in der heutigen, extrem individualistischen Zeit am Leben erhalten. Auf den Universitäten lastet die Verantwortung für das Ganze, für die Gemeinsamkeit in einem Geiste der Dienstbarkeit, der Opferbereitschaft, der Hingabe und der Ehrfurcht vor allem, was über dem Individuellen und der »Schöngeistigen Behaglichkeit« steht[89].

Die Universität muß die politischen Parteien an diese Gemeinsamkeit erinnern. Sie müssen mehr sein als Interessengruppierungen und Stoßtrupps machthungriger Klassen. Letztlich sind auch die Parteien an sittliche Grundlagen gebunden, die mehr sind als »partikularer Lebenshunger und Glücksanspruch«[90]. Für mich bleibt es undeutlich, wie diese sittlichen Grundlagen aussehen, und warum Glück kein sittliches Ziel sein könnte.

Spranger ist nirgends in der Lage, dieses Staatsethos zu definieren: es ist das Allgemeine, das nur durch die Universität vertreten wird. Die Jugend an der Universität muß in dieser Staatsethik ausgebildet werden. Die Jugend muß an der Universität lernen, zu dienen, denn der Weg zur Führerschaft verläuft über das Dienen. Dieses freiwillige Dienen gehört zum großen Erbe des deutschen Geistes. »Wenn es in Zukunft irgendeine Art von Adel gibt, so wird es wieder ein Dienstadel sein.«[91] Gerade, weil die Jugend jetzt nicht mehr in den Militärdienst eintreten kann (1927, Deutschland durfte damals keine Armee haben), muß es eine andere Form von Staatsdienst geben (auch die Armee vertrat das Allgemeine).

Was Spranger in dieser Rede de facto durchführt, ist die Trennung von Staat und Politik. Politik ist das Privat-Interesse, sind die Gruppeninteressen, das Nicht-Allgemeine. Der Politik stehen die Vertreter des Allgemeinen gegenüber: der Staat als Institution, die von dem Allgemeinheitsethos erfüllt werden muß; das Volk als Quelle dieses Ethos (aber geschwächt und gespalten) und die Universität, die das Ethos formulieren und die zukünftigen Führer des Volkes im Geiste der Dienstbarkeit zu diesem Ethos erziehen muß.

In diesem Konglomerat sind der Staat (als reine Institution) und das Volk (als reiner Organismus) die passiven Faktoren, während Politik und Universität die aktiven sind. Man kann Politik und Universität als Konkurrenten ansehen. Sie kämpfen um die Macht des Staates und um die Gunst des Volkes. Aber da sowohl der Staat als auch das Volk als das Allgemeine und Nationale charakterisiert werden, kann die Politik (die parlamentarische Demokratie) niemals einen positiven Einfluß ausüben, denn die Politik steht gerade für das Nicht-Allgemeine, Besondere, Individuelle usw.

Spranger behauptet, daß das Streben nach dem Objektiven, Allgemeingültigen die Universität für eine aktive Rolle in Volk und Staat besonders geeignet macht. Das wissenschaftliche Denken beruht selbst auf dem Nationalen, und es wird durch dieses Nationale intensiviert. Auf diese Weise gelingt es Spranger, Volk, Staat und Universität in eine Reihe zu stellen und die Politik auszuschließen. Trotzdem ordnet er Staat, Volk und Universität jeweils einen eigenen Platz zu. Spranger jongliert äußerst geschickt mit den Begriffen, so daß für die Universität letztlich der »Dienst am Volk« übrig bleibt. Ein Dienst von Dienstadligen, denn Spranger zweifelt keinen Moment am Platz des Akademikers in der Gesellschaft.

Spranger ergriff anfänglich klar gegen den Nationalsozialismus Partei. Er beklagte sich bei dem preußischen Vizekanzler von Papen über den Antisemitismus mancher Studenten. Als neben ihm ein besonderer Professor für politische, sprich nationalsozialistische, Pädagogik angestellt wurde, reichte er beim Wissenschaftsminister Rust seinen Rücktritt ein. Als Mitglied des Vorstandes des Verbandes der deutschen Hochschulen legte er im April 1933 in Würzburg ein Manifest vor, in dem gegen »Lüge und Gesinnungsdruck« an den Universitäten Partei ergriffen wurde, wenn man auch der neuen Regierung positiv gegenüberstehe. Alle in Würzburg Anwesenden unterzeichneten.

Aber nach einiger Zeit stellte sich heraus, daß Spranger doch allein stand, und das Ministerium drohte damit, ihn ohne Pensionsberechtigung zu entlassen. Spranger sah sich gezwungen, um seine Familie zu versorgen, seine Entschuldigung anzubieten und seinen Rücktritt zurückzuziehen.

Weisbach, der auch Mitglied der Mittwochsgesellschaft war, hielt diesen Klub für eine Gruppe von Opportunisten. Er erwähnte speziell Eugen Fischer, der sich von den Nazis zum Rektor der Berliner Universität berufen ließ, obwohl er das Regime im kleinen Kreise kritisierte. Spranger war in Weisbachs Augen konservativ, aber integer. »Als die ersten Entlassungen und Beurlaubungen nichtarischer Dozenten stattfanden, suchte er, nachdem er in einen Konflikt mit dem Unterrichtsminister geraten war, im Mai um seine Beurlaubung nach. Aber nach einiger zeit ließ er sich bewegen, seine Vorlesungen wieder aufzunehmen. (...) Diese schwankende haltung, durch die er bewies, daß er seien ethischen Überzeugungen kein Opfer zu bringen gewillt und den Kreisen der Jugend, die zu ihm hielten, als Vorbild zu dienen nicht der Mann war, hat sein moralisches Ansehen – namentlich auch im Ausland – stark beeinträchtigt.«[92]

Die Mittwochsgesellschaft wurde immer mehr zu einem politischen Debattierklub, und Weisbach fühlte sich dort von einem bestimmten Zeitpunkt an nicht mehr zu Hause, obwohl er bis zu seiner Emigration nach Basel 1935 Mitglied blieb (man könnte vermuten, daß Pinder, als er 1935 nach Berlin kam, als kunsthistorischer Nachfolger für Weisbach eingeladen wurde). Weisbach fragte alle Mitglieder persönlich, ob sie ihn als Juden noch in ihrer Mitte haben wollten. Die Antwort war Ja. »So dachten deutsche Gelehrte privatim über ihre Regierung, während vor der Öffentlichkeit der Schein erweckt wurde, als ob sie ihr einmütig Gefolgschaft leisteten.«[93]

Für Spranger wäre es übrigens beinahe völlig schiefgegangen. General a. d. Beck, Mitglied der Mittwochsgesellschaft, stand in enger Beziehung zu den Verschwörern vom 20. Juli 1944. Beck, Jessen (Nationalökonom), von Hassel (Botschafter in Rom) und Popitz (preußischer Finanzminister) alle wichtige Mitglieder der Mittwochsgesellschaft, wurden verhaftet und kurz darauf hingerichtet. Spranger wurde auch verhaftet, wegen seiner Freundschaft mit Beck, aber er kam mit zehn Wochen Moabit davon[94].

Nach der Befreiung Berlins war Spranger für kurze Zeit Rektor der Friedrich-Wilhelm-Universität, bis der zunehmende russische Druck es ihm zunächst unmöglich machte, das Rektorat auszuüben, und später auch, Professor zu bleiben. Aber auch die Amerikaner sperrten ihn für einige Tage ein[95]. Wenn man sich von den chaotischen Zuständen, die 1945 an der Berliner Universität herrschten, und mit denen auch Pinder konfrontiert wurde, ein Bild machen will, sind die Memoiren Sprangers äußerst informativ.

Ich bin im Obenstehenden ziemlich ausführlich auf Curtius und Spranger eingegangen, weil sie meiner Auffassung nach für eine bestimmte Art des Denkens repräsentativ sind, wie sie in Pinders Milieu üblich gewesen sein muß.

4. Nationalsozialistische Wissenschaftspolitik

Die Nazis sind mit den deutschen Universitäten ziemlich vorsichtig umgegangen. Vor 1933 waren es vor allem die Studenten, die sich in zunehmenden Maße für den Nationalsozialismus empfänglich zeigten, und ihre Vereinigungen wurden nach Infiltrierung durch die Nazis von diesen ohne weiteres übernommen. Die Agitationen und Bücherverbrennungen von 1933 gingen von den Studenten aus.[96] Von den Professoren war vor 1933, soweit sich das nachprüfen läßt, niemand Parteimitglied.[97]

Da die Universitäten von unten von den Studenten bedrängt wurden, behandelte man sie von oben mit einer gewissen Vorsicht. Die von den Nazis angewandte Taktik wies mehrere Formen auf.

Auf einige sensible Lehrstühle wurden Professoren berufen, deren Vorstellungen denen der Nazis sehr nahe kamen. Dies galt besonders für Fächer wie Germanistik und Rassenlehre.

An den Universitäten wurde das ›Führerprinzip‹ eingeführt, was bedeutete, daß die Universität nicht von den Fakultäten geleitet wurde, sondern daß alles direkt unter die Verantwortung des Rektors fiel. Dieser Rektor wurde nicht von den Professoren gewählt, sondern vom Minister ernannt. Übrigens geschahen alle Ernennungen über den Minister.

Die Habilitation wurde auch nicht länger von der Fakultät verliehen. Die venia legendi lag letzten Endes beim Minister, der die rassische Reinheit des Kandidaten überprüfen mußte und ihm auferlegte, ein ›Dozentenlager‹ zu absolvieren. Kandidaten, die dort einen ungünstigen Eindruck hinterließen, wurden nicht habilitiert. Pinder mußte sich z.B. 1938 sehr für seinen Schüler Graf Rothkirch einsetzen. (Siehe Beilage VI.)

Alle Professoren, die nicht arischer Herkunft waren, oder die man für zu links hielt, wurden entlassen. Dies führte für die philologischen Fakultäten in Deutschland zur Entlassung von nicht weniger als 43% der Ordentlichen und Außerordentlichen Professoren und der Privatdozenten.[98] Es wurde eine neue Dienstvorschrift für Beamte eingeführt, die Entlassungen erleichtern sollte, und die Pensionsansprüche u. ä. von der politischen Einstellung abhängig machte.[99]

In der Nazi-Presse wurden Intellektuelle und Professoren angegriffen und lächerlich gemacht, wie es Pinder 1940 mit dem *Schwarzen Korps* geschah.

De facto wurden die Universitäten einem Regime der Willkür unterworfen. Die Unabhängigkeit ging verloren, und mit der ministeriellen Entscheidungsgewalt über Anstellungen und Entlassungen (wie wir es im Falle Sprangers sahen) hielten die Nazis gegen nicht willfährige Professoren und Dozenten eine mächtige Waffe in der Hand. Der verantwortliche Minister, Rust, war jedoch keine sehr starke Persönlichkeit, und es gelang ihm nicht, die hohlen Parolen der Nazi-Ideologie in eine solide Universitätspolitik zu übersetzen. Alfred Rosenberg wollte eine eigene Universität, eine ›Hohe Schule‹ für die Parteikader der NSDAP gründen, und er geriet darüber ständig mit Rust in Konflikt. Der schwankende Kurs des Ministeriums hielt die Universitäten zwar in einer ständigen Angst, aber er sorgte andererseits auch für eine gewisse Freiheit. (Siehe auch Beilage VII.)

Das Niveau der wissenschaftlichen Ausbildung sank nach 1933 ständig. Erstens durch den starken Abgang jüdischer und linksdenkender Gelehrter, und außerdem durch die inkonsequente Berufungspolitik und die wechselhaften Maßnahmen des Ministeriums.

Die Anzahl der Studenten sank nach 1933 durch den Rückgang der Geburtenzahlen (während und nach dem Ersten Weltkrieg), durch die Einführung eines numerus clausus, und dadurch, daß man den Anteil weiblicher Studenten gesetzlich auf zehn Prozent begrenzte. Später kam der Universitätsbetrieb durch den Krieg nahezu zum Erliegen. Die Semester wurden kürzer, und die Studenten wurden in Arbeitslagern u. ä. zur Arbeit verpflichtet.

Die meisten Professoren – sofern sie nicht zu der kleinen Gruppe überzeugter Nazis gehörten – reagierten auf die Situation, indem sie sich auf ihre eigenen Forschungen zurückzogen. Nach den enthusiastischen Beifallskundgebungen von 1933 wurde es auf Seiten der Professoren immer stiller; man versuchte offenbar, im Hause zu retten, was noch zu retten war. Die Kontakte zum Ausland wurden durch Devisenvorschriften erschwert, und außerdem mußte jeder Professor, der im Ausland sprach, dort zu den örtlichen Nazi-Vereinigungen Kontakt aufnehmen, die wiederum von den Botschaften kontrolliert wurden. Publikationen, die von der Parteilinie abwichen, konnten nur schwer herausgegeben werden, und so mancher Professor sah sich gezwungen, einige Phrasen von Nazi-Größen ins Vorwort aufzunehmen.

Nach dem Kriege verteidigten viele Professoren ihre Ergüsse und Auftritte mit dem Argument, sie seien dazu gezwungen worden. Sie mußten dies oder jenes sagen oder schreiben, denn sonst... Es wird natürlich solche Fälle gegeben haben.[100] Aber – um einige Kunsthistoriker zu erwähnen – wer hat Niels von Holst oder Dagobert Frey gezwungen, in Osteuropa auf Raubzug zu gehen? Warum mußte Brinckmann im Vorwort zu *Kunst der Natio-*

nen ausführlich Goebbels und Göring zitieren? Wer oder was zwang Sedlmayr, einen Glückwunsch zu Pinders sechzigstem Geburtstag mit Heil Hitler zu unterzeichnen?[102] Was trieb Schrade dazu, Grisebach, der mit einer jüdischen Frau verheiratet war, durch eine Rufmordkampagne vom Heidelberger Lehrstuhl zu vertreiben, so daß er diesen Platz übernehmen konnte? Warum durfte Goldschmidt 1933 nach seiner Emeritierung sein Arbeitszimmer im Berliner Institut nicht behalten, ja warum verbot Brinckmann ihm sogar persönlich, seine Bücher von dort abzuholen?[103]

5. Professoren für Adolf Hitler

Als Martin Heidegger 1933 Rektor der Universität Freiburg wurde, hielt er eine Rede mit dem Titel »Die Selbstbehauptung der deutschen Universität.«[104] Heidegger betonte in dieser Rede die Wichtigkeit des Dienens für den Studenten: im »Arbeitsdienst«, im »Wehrdienst« und in dem »Wissensdienst«. Die ersten zwei Formen der Dienstbarkeit sind ökonomischer und militärischer Art, die dritte ist in einem allgemeinen Sinne der Beitrag des Studenten zum Staat, durch die Stelle, die er einnimmt, und durch den Beruf, den er dort ausübt.

Die Studenten dürfen die Universität nicht als einen Ort betrachten, wo sie ausgebildet werden, um einen Beruf zu erlernen. Die Kenntnisse, die sie erwerben, dürfen nicht im Dienste der Berufe stehen, sondern die Berufe müssen im Dienste eines Wissens stehen. Dieses Wissen ist ein Wissen um das Dasein in Beziehung zum Sein. Dies ist eine aktive und ständig gefährliche Beschäftigung. Dieses Wissen ist auch das Wissen vom spezifischen Auftrag des Volkes in der Geschichte.

Die drei Formen der Dienstbarkeit sind einander ebenbürtig, und sie ergänzen einander. Wie wir es schon bei Spranger beobachteten, ist das Dienen eine andere Form des Führens, und die Studenten und die Universität haben eine besondere Verpflichtung gegenüber Volk und Staat. Für die Universitäten bedeutet das, daß Studenten und Dozenten gemeinsam für eine Vertiefung des Wissens kämpfen müssen. Ziel dieses Kampfes ist es, den Grund des Wissens zu erreichen; eines Wissens, das letztlich auch ein Wissen vom Wesen des deutschen Volkes ist.

Die deutsche Universität muß zu einer Kampfgemeinschaft reformiert werden, die dem Volke den allerhöchsten Dienst erweist, indem sie »härter und bedürfnisloser als alle anderen Volksgenossen ihr Dasein einrichte(t).«[105] Die jüngsten historischen Ereignisse zwingen zu einer neuen Stellungnahme, denn das deutsche Volk ist sich seiner selbst wieder bewußt geworden. Auch die Universitäten wollen, daß das Volk seinen historischen Auftrag erfüllt, unter Leitung des Führers.

Es fällt auf, daß es Heidegger offensichtlich keine Schwierigkeiten bereitet, seine eigene existentialistische Philosophie der neuen historischen Situation des Jahres 1933 anzupassen. Es ist vielleicht etwas komplizierter formuliert, aber ebenso wie bei Spranger gehen Dienen, Wissenschaft und Vaterlandsliebe nahtlos ineinander über. Noch viel krasser erleben wir das in einer späteren Rede Heideggers im Herbst desselben Jahres.

Am Vorabend der Volksabstimmung über die nachträgliche Billigung von Deutschlands Austritt aus dem Völkerbund (der war am 14. 10. 33; das Referendum war am 12. 11. 33) sprachen sich in Leipzig verschiedene Professoren für diesen Schritt aus.[106] Diese Reden wurden später unter dem Titel »*Bekenntnis der Professoren an den deutschen Universitäten und Hochschulen zu Adolf Hitler und dem nationalsozialistischen Staat*« gesammelt, ins Englische, Französische und Spanische übersetzt und an alle europäischen Universitäten verschickt.

Gauobmann Arthur Göpfert, Führer der sächsischen nationalsozialistischen ›Lehrerschaft‹, sagt in seiner Einleitung, daß diese Reden organisiert wurden, um im Ausland den

Eindruck zu zerstreuen, das Referendum wäre unter Druck abgehalten worden. Im Gegenteil, so stellt er fest, man entscheidet sich aus freiem Willen für Hitler und gegen eine Fortsetzung der Mitgliedschaft im Völkerbund. »Die Männer der Wissenschaft, die in unserer heutigen Kundgebung ihr Bekenntnis für Adolf Hitler und den national-sozialistischen Staat ablegen wollen, könnte keine Gewalt der erde zu Worten und Taten zwingen, die ihre Absicht ihnen nicht gestattet. Sie sprechen heute in voller Gewissensfreiheit. Ihr adeliger geist veranlaßt sie, den Gebildeten aller Völker zu sagen, daß sie sich in freudigem und freiem Mannesstolz zu Adolf Hitler bekennen.«[107]

Die Freiwilligkeit, von der Göpfert spricht, muß mit Vorsicht genossen werden. Der Leipziger Professor Werner Heisenberg, dem kurz zuvor der Nobelpreis für Physik verliehen worden war, weigerte sich, an diesem Treffen teilzunehmen. Die Nazis wollten ihn gern als Paradepferd benutzen, und sie reagierten besonders verärgert, als dies nicht gelang.[108] Die Auswahl der Professoren, unter ihnen der damals sehr populäre Arzt Ferdinand Sauerbruch, läßt vermuten, daß es sich um eine sehr sorgfältig vorbereitete Veranstaltung handelte.

Auch Heidegger ergriff bei diesem Treffen das Wort. In dem Austritt aus dem Völkerbund sieht Heidegger ein Zeichen für Deutschlands neue Kraft und sein neues Selbstbewußtsein.[109] Durch diesen Schritt gewinnt das Volk die Wahrhaftigkeit seines Daseins wieder. Diese Wahrhaftigkeit ist die Quelle des Wissen-wollens. Dieses Wissen-wollen steht im Zusammenhang mit dem Anspruch auf das Wissen, und so kommt Heidegger auf das Wissen zu sprechen. Wissenschaft ist seiner Auffassung nach die didaktische Leidenschaft, Wissen zu wollen, und wissend machen zu wollen. Aber wissend zu sein, bedeutet auch, die Dinge in ihrer Klarheit zu beherrschen und tatkräftig zu sein.

Der Bruch mit dem Völkerbund ist laut Heidegger eine Tat des Selbstbewußtseins. Dieses Selbstbewußtsein korrespondiert mit der neuen Wissenschaft, die einen Bruch mit dem »boden- und machtlosen Denken« von früher beinhaltet. Der Bruch mit dem Bestehenden ist ein ungewisser Schritt, aber »der ursprüngliche Mut, und die Auseinandersetzung mit dem Seienden an diesen entweder zu wachsen oder zu zerbrechen, ist der innerste Beweggrund des Fragens einer völkischen Wissenschaft. Denn der Mut lockt nach vorn, der Mut löst sich vom Bisherigen, der Mut wagt das Ungewohnte und Unberechenbare.«[110]

Und so weiter: es geht (wie in Heideggers ganzer Philosophie) nicht um eine konkrete Ausfüllung des Wissens oder um eine Verantwortlichkeit des Handelns, sondern um das Wissen an sich, um das Vollziehen eines Schrittes, um den Mut, das Handeln an sich, um das Ausbrechen aus »bequemen Antworten«.[111]

Heidegger endet damit, daß jedes Volk zu seiner eigenen Größe und Wahrheit finden müsse, und dies sei zugleich eine Garantie für den Frieden. »Diesen Willen hat der Führer im ganzen Volke zum vollen Erwachen gebracht, und zu *einem* einzigen Entschluß zusammengeschweißt. Keiner kann fernbleiben am Tage der Bekundung dieses Willens. Heil Hitler.«[112]

Wir sehen hier bei Heidegger, wie schon in seiner Rektoratsrede, den Versuch, politische Ereignisse mit seinem philosophischen System in Übereinstimmung zu bringen. Man kann sich die Frage stellen, ob ein anderer Schritt Hitlers Heidegger nicht ebenso begeistert hätte, denn es geht Heidegger kaum um die genauen politischen Ereignisse. Für Heidegger ist wichtig, daß etwas geschieht, daß das Volk einen Schritt unternimmt.

Pinder ist bei derselben Zusammenkunft viel ausdrücklicher.[113] Auch bei ihm finden wir die Verbindung zwischen der kunsthistorischen und der politischen Anschauung.

Für Pinder ist die Geschichte ein lebendiges Ganzes. Das Vergangene ist auch das Heute. Was heute geschieht, hängt zusammen mit allem Vergangenen, und mit allen Menschen, die früher lebten. Wir tragen zu einer Entwicklung bei, und gerade derjenige, der die Geschichte studiert, trägt eine besondere Verantwortung. »Er setzt alle Ehre seiner Lebensarbeit und die ganze Würde seiner Wissenschaft zum Pfande, wenn er auch einmal sein kleines Teil zum Handeln beiträgt und wenn er jetzt sein Ja sagt, wo uns der Führer ruft. Wir sagen Ja.«[114]

Pinder sagt hier also mehr oder weniger, daß sein Lebenswerk mit den politischen Schritten, die er unternimmt, steht und fällt, und seien diese auch noch so klein. Wer dies sagt, verdient, daß man alles, was er jemals geschrieben hat, im Lichte dieses Treffens vom 11. November 1933 betrachtet. Pinder hat es wahrscheinlich so nicht gemeint, und er dachte vielleicht, daß sein Ja schwerer wiegen würde als das von jemand anderem, weil er dabei sein Prestige als Wissenschaftler als Pfand einsetzte.

Pinder begrüßt den Austritt aus dem Völkerbund als einen Schritt, auf den er schon seit Jahren gewartet hat. Es ist ein friedensliebender Schritt, und eine rechtmäßige Tat. Diese Art von Politik ist mehr als Politik. »Das ist Politik aus Sittlichkeit, das ist Politik aus dem Herzen, aus einem religiöser Untergrund her.«[115]

Also genau, wie wir es schon bei Spranger lasen: Politik an sich ist nicht gut, »Sittlichkeit« ist mehr. »Politik – bisher – eine Sprache, die dafür sein will, die Gedanken zu verbergen – und dagegen dieser Klang aus dem Herzen des ganzen Volkes durch den Führer, den es als seine eigene Verdichtung hervorbrachte in dem Augenblick der allerhöchsten Not.«[116]

Danach wechselt Pinder zu einen anderen Thema. Die Richtigkeit des neuen politischen Kurses wird seiner Auffassung nach durch die völlige Erneuerung der deutschen Gesellschaft bestätigt. Die Kunst spiegelt wider, wie es um die Gesellschaft steht. Das Mittelalter z.B. war eine völlig gesunde Periode der europäischen Kultur. Was jetzt anbricht, wird »im edelsten Sinne wieder einmal ein neues Mittelalter werden, und es wird ein Ehrentitel sein (...) denn das Mittelalter hatte die letzte ganz große Sicherheit, die wir Stil nennen.«[117] Und dann folgt eine Passage über die Sehnsucht nach einem neuen Stil, die mit der neuer Gemeinschaft zusammenhängt. Ähnliches konnten wir lesen in der Rede vom 3. August 1933, »Die bildende Kunst im neuen deutschen Staat«.

Als ein Beispiel für die neue Gemeinschaftskunst nennt Pinder das Treffen zum Gedenken an den mißlungenen Nazi-Putsch von 1923, welches am 9. November 1933 in München stattfand. Dies war laut Pinder ein Bild, wie man es seit den Tagen des kirchlichen Theaters nicht mehr gesehen hatte. »Das gab es nicht mehr seit den Tagen des geistlichen Trauerspiels. Das war nicht mehr Theater, das war nicht mehr die Trennung in Spieler und Zuschauer, Bühne und Publikum, hier war kein Publikum mehr, hier war wieder die Gemeinde da. Da wirkte alles zusammen. Das ist mehr als ein Bild – das Bild war ja der letzte flache Rest, der von aller Kunst im 19. Jahrhundert noch geblieben war. Das ist Stil, das heißt untrennbare Vereinigung der gemeinschaft zur Form, unwillkürlich geschaffenes Symbol für den Gehalt (...).«[118] Pinder vergleicht die Bedeutung dieser Gedenkveranstaltung mit der der Bildnisse aus Bamberg und Naumburg: »So sind einst die Statuen von Bamberg und Naumburg entstanden, nicht um genossen zu werden, sondern um heilige Gefühle zu gestalten, nicht um betrachtet zu werden, sondern um da zu sein.«[119]

Es ist interessant, daß Pinder hier als Beispiel für diesen neuen Stil kein Kunstwerk bespricht, sondern eine politische Kundgebung in München. Um mit Walter Benjamin zu sprechen: Pinder ästhetisiert hier die Politik.[120] Pinder hält eine solche Massenkundgebung für eine ganz andere Form von Kunst, die zum alten individuellen Ästhetizismus im Gegensatz stehe. Benjamin dagegen sieht in solchen Kundgebungen die »Vollendung des l'art pour l'art. Die Menschheit, die einst bei Homer ein Schauobjekt für die Olympischen Götter war, ist es nun für sich selbst geworden. Ihre Selbstentfremdung hat jenen Grad erreicht, der sie ihre eigene Vernichtung als ästhetischen Genuß ersten Ranges erleben läßt.«[121]

Pinders Auffassung vom Verhältnis zwischen Politik und Wissenschaft wird etwas deutlicher in dem Artikel »Pflicht und Anspruch der Wissenschaft« aus dem Jahre 1935.[122]

Wissenschaft kennt Rechte und Pflichten. Die entstehen aus der wissenschaftlichen Leistung selbst: aus einem inneren Drang, der gerechtfertigt werden muß, »oft gegen schweren Widerstand, kämpferisch und opfernd«[123]. Wissenschaft zu betreiben, bedeutet, diesem Drang zu gehorchen. Die Pflicht deckt sich hier mit den hohen Anforderungen, die man an sich selbst stellt.

Aber die Wissenschaft hat auch eine Verpflichtung vor dem, was er die »Allgemeinheit« nennt, vor der Gesellschaft als Ganzem, denn die Wissenschaft hat keinen Sinn, wenn sie keine Ergebnisse hervorbringt. Andererseits kann die »Allgemeinheit« die Wissenschaft nicht zwingen, weil die Gesellschaft die Wissenschaft nicht immer sofort verstehen kann.

Pinder zieht einen Vergleich zur Tätigkeit des Generalstabs in Kriegszeiten. Jeder muß gehorchen, auch wenn man die Befehle nicht versteht. Wo würde es hinführen, wenn die Befehle des Stabes sich dem Verständnis der Einfachsten anpassen müßten? Dann ginge die Allgemeinheit erst recht zugrunde. Nicht, daß zwischen Stab und Soldaten eine große Kluft bestehen muß – beide gehören zu demselben Volk. Ein guter Stab kenne das Volk, und er wird die Befehle dem anpassen, was das Volk kann.

Pinder schreibt, daß es zwischen dem Lehrer und dem Gelehrten einen Unterschied gibt. Natürlich muß jemand das Wissen vermitteln, aber es muß auch jemand die Fragen stellen können.[124] Die Wissenschaft befragt, erforscht und findet schließlich das, was erst später allgemeinen Eingang findet (Pinder erwähnt hier als Beispiele den Bamberger Reiter und Grünewald). Das Beste und wissenschaftlich Bewiesene kann dann schließlich dem Volke vorgeführt werden, denn das Volk hat ein Recht auf die besten wissenschaftlichen Resultate.

In den historischen Wissenschaften ist Leidenschaft notwendig; die Leidenschaft, die Geschichte aufzuklären, indem man die Formen der Vergangenheit dieser Vergangenheit entreißt. Auf diese Weise kann Kunstgeschichte einen Dienst am Volke bedeuten. Pinder formuliert den Zusammenhang zwischen Kunstgeschichte und Nationalismus folgendermaßen: »Dem echten Kunsthistoriker sind Formen Zeugnisse menschlicher Haltungen. Heute mehr als je ist seine Pflicht, Haltungsgeschichte hinter Formengeschichte aufzudecken. Seit mehreren Jahrzehnten ist das im Gange. Zur Frage nach der eigenen alten Kunst drängt das völkische Selbstbewußtsein. Die Antworten verstärken es. Kunstgeschichte also kann ihren Dienst am Volke in heller Bewußtheit leisten.«[125]

Pinder kommt dann zu derselben Frage, der wir auch schon bei Spranger begegneten: wie verhält sich eine nationale Einstellung zu den objektiven Zielen der Wissenschaft? Sind Leidenschaft und Wissenschaft miteinander vereinbar? Pinders Antwort lautet, daß man mit einer solchen Einstellung viel mehr findet. »In Wahrheit findet man jedoch mehr, wenn man etwa so fragt, mit einer Art innerer Wut: ist es wirklich denkbar, daß die deutsche Kunst hier und da 150 jahre schwieg? Oder daß sie sich selbst verriet? Oder daß sie immer nachhinkte? Oder nur empfing, statt zu geben? (...) Wer so fragt, findet mehr, als wer voraussetzungslos vorgeht. Er dient auch noch sicherer lebensstärkenden Gefühlen, er bekämpft die lebensmindernden, die geschichtlich verkleideten Minderwertigkeitsgefühle.«[126] Indem er sich auf Rothacker beruft, behauptet Pinder: »Die Fragestellung muß national sein: ist die Frage gestellt, dann gibt es nichts als Wahrheitsliebe.«[127]

Die Wissenschaft kann nicht ohne die Wahrheit auskommen, und darum ist sie in ihrer Wahrheitsliebe letztlich eine sittliche Aktivität. Dies kommt auch dem Volke zugute, und es gilt auch für Wissenschaften, die sich nicht so unmittelbar mit nationalen Themen befassen.

Schließlich ist der Gelehrte auch ein Staatsbürger. Er darf sein eigenes Volk nicht verraten oder beschimpfen – dies darf man von allen Bürgern fordern. Mißbraucht jedoch ein

Gelehrter seinen Lehrstuhl für staatsfeindliche Ziele, dann versündigt er sich auch gegen die Wissenschaft, denn die Institutionen der Wissenschaft dürfen nicht mißbraucht werden. Pinder gesteht ein, daß dies in der Weimarer Republik geschah, aber das war nicht die Schuld der Wissenschaft, sondern des Staates. »Wenn in der Nachkriegszeit sich derartiges ungestraft begab, so versagte der damalige Staat.«[128]

Pinder endet, indem er dafür plädiert, daß die Wissenschaft nach ihren eigenen Gesetzen leben darf. Das schließt ein, daß man selbständige Forscher nicht durch »kleinere Vermittler« ersetzen darf. Die Wissenschaft muß das Recht haben, ihre eigenen Leistungen selbst zu beurteilen, und sie braucht für diese Leistungen Manneskraft und Zeit.

Rechte und Pflichten sind zwei Seiten des Wesens der Wissenschaft als einer Form des Dienens. »Dienst ist die Pflicht der Wissenschaft, Dienst ist ihr Anspruch; dienen müssen ist ihre Pflicht, dienen dürfen ist ihr Anspruch.«[129]

In Pinders Artikel geht es ständig um die Frage des Verhältnisses zwischen Universität und Gesellschaft, zwischen dem individuellen Forscher und der Allgemeinheit. Pinder ist hier auf der Suche nach dem richtigen Mittelweg. Einerseits muß die Wissenschaft für das Volk Resultate erbringen, andererseits braucht die Wissenschaft eine bestimmte Freiheit. In der Kunstgeschichte ist die Anwendung nationaler Fragestellungen sinnvoll, aber letzten Endes ist die Wahrheit noch wichtiger. Es bedeutet auch einen Dienst am Volk, wenn man der Wahrheit nachspürt, denn dies hat einen sittlichen Charakter.

Pinder spricht sich in diesem Artikel dafür aus, daß die Forscher von der Universität mehr Freiheit erhalten sollten, und daß sie nicht gezwungen werden, wiederzugeben, was andere schon entdeckt haben, wie die Lehrer und die kleineren Vermittler, und er plädiert für eine Forschung, die auf Wahrheitsliebe beruht.

Aber es gibt eine Grenze. Die Wissenschaft muß vor allem dienen. Dienen war in jener Zeit offenbar ein Zauberwort, das die Tatsache verhüllen sollte, daß die Interessen der Universität nicht immer mit denen des Staates übereinstimmten. Pinder, Spranger und Heidegger legen mit dem Wort dienen einen Nebelschleier über die wirklichen Beziehungen zwischen Universität und Staat. In den zwanziger Jahren wollte die Universität mit dem Staat nichts zu tun haben, zumindest nicht mit Weimar, sie wollte damals nur Höherem dienen; in den Jahren nach 1933 wird dienen zu einem Euphemismus für gehorchen. Pinder entgeht dem selbst auch nicht, dies beweisen seine doch sehr schiefen Argumente zum Mißbrauch des Universitätslehrstuhls. Was vor 1933 erlaubt war, das darf jetzt nicht mehr sein.

Trotzdem ergreift Pinder – wenn auch nur sehr vorsichtig – gegen die Wissenschaftspolitik der Nazis Partei. Einerseits betont er, daß die Verbundenheit zwischen Wissenschaft und Volk in der Kunstgeschichte besonders eng sei, andererseits fordert er mehr Freiheit für die Wissenschaft, die nach ihren eigenen Gesetzen leben wollte.

Kein einziger kritischer Ton kam von ihm jedoch 1939, in der Schrift anläßlich des 50. Geburtstages von Adolf Hitler. Alle tonangebenden Professoren wurden aufgefordert, in einer prunkvollen Sammlung eine Übersicht zu ihrem Fachgebiet zu geben.[130]

Für die Kunstgeschichte wurde diese Ehre geteilt zwischen Alfred Stange, der als der bessere Nazi den höher geschätzten Lehrstuhl in Bonn bekleidete, und Pinder, der als der bessere Kunsthistoriker in Berlin arbeitete. Stange schrieb für die Kunstwissenschaft, Pinder für die Kunstgeschichte.

Stange und Pinder erzählen eigentlich genau dieselbe Geschichte. Die Kunstgeschichte blüht, über deutsche Kunst wird viel veröffentlicht, die Inventarisierung der Denkmäler macht gute Fortschritte. Den Grenzgebieten wird jetzt mehr Aufmerksamkeit geschenkt, und man entdeckt den deutschen Hintergrund von Künstlern, die außerhalb Deutschlands lebten (beide erwähnen Memlinc). Stange ist jedoch in seinen Formulierungen viel schärfer als Pinder. Bei Stange heißt es bereits im ersten Satz: »Die deutsche Kunstwissenschaft war trotz mancher guter, ja ausgezeichneten Arbeiten in den letzten Jahrzehnten vor 1933 von einem beherrschenden Standpunkt erschreckend herabgesunken«[131], während Pinder es beläßt bei: »Sie (die Kunstgeschichte, M.H.) selbst war immer unversehrt geblieben, ihr äußerer Anblich aber vor der Machtübernahme durch eine um sie herum wuchernde Scheinwissenschaft, eine ungeheuerliche Vielschreiberei Unberufener, verdunkelt.«[132]

Stange gibt ohne weiteres den Juden die Schuld; er nennt die jüdischen Kunsthistoriker »jüdische Geschäftemacher«. Pinder ist darin etwas zurückhaltender und er schreibt, daß das »Ausscheiden« jüdischer Kunsthistoriker das Fach befreit habe von »allzu begriffliche(m) Denken«.[133]

Trotzdem gleichen sich beide Schriften in der Anlage sehr: als habe Pinder das Beispiel Stanges gesehen und dann widerwillig etwas ähnliches geschrieben. Die Bemerkung über das »allzu begriffliche Denken« ist einer der wenigen Fälle, wo Pinder sich negativ über jüdische Kunsthistoriker äußert. 1934 behauptete Pinder in einer Buchbesprechung, daß der jüdische Kunsthandel und die jüdische Presse französisch beeinflußt wären.[134]

Ungefähr 1944 schrieb Pinder ein sonst niemals veröffentlichtes *In Memoriam* für Adolph Goldschmidt, der in diesem Jahr in Basel gestorben war. Pinder war eigentlich – wenn wir das Interregnum Brinckmanns weglassen – der direkte Nachfolger Goldschmidts in Berlin, und beide Männer verband eine große Liebe für die deutsche Bildhauerkunst des Mittelalters.

Das *In Memoriam*[135] umfaßt 21 Seiten, auf denen Pinder alle Veröffentlichungen Goldschmidts bespricht, und auch die vielen Dissertationen, die unter ihm erschienen waren. »Die ganze wissenschaftliche Welt achtete ihn hoch. Der XIII. Internationale Kunsthistoriker-Kongreß in Stockholm machte ihn zum Ehrenvorsitzenden. Die dankbaren Schüler haben den sechzigsten und siebzigsten Geburtstag ihres Lehrers durch gehaltvolle festschriften geehrt. Zum achtzigsten Geburtstag war Adolph Goldschmidt nicht mehr in Berlin. In Basel wurde ihm eine würdige feier bereitet. 81jährig ist er dort gestorben, wahrhaft in biblischem Alter.«[136]

Warum Goldschmidt damals nicht mehr in Berlin war, schreibt Pinder nicht. Goldschmidt konnte nicht bleiben, weil man jüdische Kunsthistoriker plötzlich für »jüdische Geschäftemacher« hielt, die das Fach durch »allzu begriffliches Denken« verdarben.

Werner Weisbach mußte auch weggehen, und er schildert ergreifend, wie Goldschmidt anfänglich nicht zu überreden war, Berlin zu verlassen, denn er fühlte sich durch seinen Titel eines Preußischen Geheimrats geschützt.[137]

Pinder beendet das *In Memoriam* mit dem Seufzer: »Die Zerstörung der deutschen Kunst hat er nicht mehr zu sehen, ihr volles Ausmaß auch nicht mehr zu erleben brauchen. Der deutsche Kunsthistoriker von heute ist durch das Schicksal das geworden, was Goldschmidt schon durch Anlage war: ein Archäologe, der hinter Resten das ganze sucht. Deutsche Kunst ist auf weite Strecken hin nur noch ein geistiger Besitz geworden – ein Bild.«[138]

Dies ist zwar eine sehr traurige Feststellung, aber auch eine logische Konsequenz aus Pinders eigener Haltung. Sollte denn das deutsche Kunstwerk nicht das Unsichtbare ausdrükken, und besteht das Wesentliche nicht in der Erinnerung des Betrachters, ist das deutsche Kunstwerk nicht nur »Erinnerungsbild«? So gesehen, ist die konkrete Anwesenheit der Kunstwerke nur stören zu nennen, und ging die deutsche Kunstgeschichte mit dem Auftreten Adolf Hitlers großen Zeiten entgegen.[139]

6. *Schlußfolgerungen*

Wenn wir die Aussagen der oben zitierten Professoren, einschließlich Pinders, noch einmal durchlesen, dann stellen wir fest, daß sich trotz aller Kontinuität doch eine leichte Verschiebung vollzieht. Die Betonung der Dienstbarkeit der Wissenschaft dem Volke gegenüber;

Ausübung der Wissenschaft als sittliche Aufgabe; die nationale Einstellung als Voraussetzung wissenschaftlicher Forschung und die besondere Stellung der Universität sind Konstanten, die immer wieder postuliert werden. Aber die Umstände, unter denen diese Aussagen getroffen werden, ändern sich. Die Professoren, die während des Ersten Weltkrieges und zur Zeit der Weimarer Republik das Wort ergriffen, taten dies auf eigene Initiative. Während des Ersten Weltkrieges diskutierten sie mit der Obrigkeit und untereinander den Kurs, den man während des Krieges und danach einschlagen müßte. Nach 1918 bezog ein großer Teil der Professoren gegen das in ihren Augen politisierte Weimar Stellung, und sie befürworteten eine Rückkehr zu einem starken Staat auf nationalkonservativer Grundlage. Da sie mit dieser Haltung zur politischen Wirklichkeit im Gegensatz standen, war es verständlich, warum sie für sich selbst und auch für die Universitäten, denen sie verbunden waren, eine große Freiheit forderten. Unter Weimar wurde ihnen diese Freiheit auch zugestanden. Nach der Machtübernahme finden Obrigkeit und Professoren in ihren politischen Auffassungen zueinander. Aber die Professoren nehmen jetzt nicht mehr freiwillig und auf eigene Initiative für oder gegen das Regime Stellung, sondern sie werden dazu aufgefordert. Das ist eine völlig neue Erscheinung in der ›Professorenpolitik‹, die es nicht einmal zwischen 1914 und 1918 gab. Das Regime forderte die ihm offenbar wohlgesonnenen Professoren auf, sich für dieses Regime auszusprechen, und gerade die Betonung dieses »freien Willens«, wie wir ihn am 11. November 1933 in Leipzig erlebten, muß uns zu denken geben. In späteren Jahren ist davon überhaupt keine Rede mehr, und die Professoren, die zu der Sammlung anläßlich von Hitlers Geburtstag beitrugen, hat man sicher nicht darum gebeten, sondern man hat sie dazu gedrängt.

In Anbetracht dieser Situation erscheint das – wenn auch sehr vorsichtig formulierte – Plädoyer Pinders für mehr Freiheit in Kunst und Wissenschaft in einem deutlicheren Licht. Nachdem er den nationalsozialistischen Staat anfänglich begeistert begrüßt hatte, schlägt Pinder einen sehr vorsichtigen Kurs ein, aber zwischen den Zeilen läßt sich Kritik herauslesen. Zu einer wirklichen Konfrontation mit dem Regime ist es nicht gekommen. Die Nazis haben ihn zwar mit manchem Nadelstich bedroht, wie anonymen Telefonanrufen, Ansichtskarten aus der Schweiz und einschüchternden Artikeln wie dem im *»Schwarzen Korps«*[140]; sie haben ihm in seiner Karriere und in der Führung des Kunsthistorischen Instituts manche Hindernisse in den Weg gelegt (siehe Beilagen I, II, VI); aber wirklich angegriffen haben sie ihn nicht. Pinder stand ihnen in den Momenten, wo die Nazis ihn brauchten, zur Verfügung[141]. Seine große Bekanntheit und sein Prestige als Wissenschaftler im In- und Ausland ermöglichten es Pinder andererseits offenbar, vorsichtige Kritik zu äußern und sich hinter den Kulissen für Kunsthistoriker-Kollegen einzusetzen (siehe Beilagen II, IV, VI). Pinders politische Stellungnahme als Professor kann man als undeutlich bezeichnen, aber die Wissenschaft- und Kunstpolitik der Nazis war auch nicht gerade beständig. Die Angriffe, von denen in den Beilagen immer die Rede ist, werden nicht so sehr aus der Universität oder aus dem Wissenschaftsministerium gekommen sein, sondern vielmehr aus der Ecke Rosenbergs und der seinen. Der Kampf, den Rosenberg erst mit Goebbels und später mit Rust austrug, wurde unter anderem um Menschen wie Pinder geführt. Pinders Ideen sind nach 1933 nicht wirklich andere als früher.

Die politischen Verhältnisse haben sich jedoch dramatisch verändert. Vor 1933 nahmen sich Professoren die Freiheit, ihre Meinung über die Staatsführung zu äußern, und sie bedienten sich dazu der Hörsäle, Zeitungen und wissenschaftlicher Veröffentlichungen. Nach 1933 bedient sich die Staatsführung der Professoren um ihre eigenen internen Konflikte auszutragen. Den Hörsaal, die Zeitungen und die wissenschaftlichen Veröffentlichungen gibt es nach 1933 noch immer. Sie sind jedoch nicht länger das Forum der freien Meinungsäußerung, sondern ein sorgfältig gelenktes Propagandamittel.

Weil dieser Hintergrund sich 1933 so verändert hat, scheint es, als würden die Akteure einen anderen Text vortragen. Aber der Text ist nahezu derselbe geblieben. Sind darum die Akteure auch für den Szenenwechsel verantwortlich?

D. Konservatismus, Nationalismus und Nationalsozialismus

Viele Forscher, die sich mit dem Nationalsozialismus beschäftigen, setzen eine Verwandtschaft zwischen Konservatismus, Nationalismus und Nationalsozialismus voraus[142], ohne daß es ihnen gelänge, die Begriffe klar voneinander abzugrenzen, oder einen logischen Zusammenhang zu konstruieren, in dem die Konservativen und Nationalisten für den späteren Nationalsozialismus verantwortlich wären, oder seine Vorläufer wären.

Konservative und Nationalisten, oder die spezifisch deutsche Form der ›Konservativen Revolution‹ bilden kein geordnetes Ganzes. Es ist ein Konglomerat verschiedener Gruppierungen und Individuen. Möglicherweise läßt sich der zusammenhangslose Charakter der Nazi-Ideologie auch aus dem chaotischen Ganzen konservativer und nationalistischer Auffassungen erklären, die schon seit dem späten 19. Jahrhundert Beifall fanden. Aber vor 1933 waren es Ideen, danach wurde es in konkrete Politik umgesetzt. Dies ist schon ein wichtiger Unterschied zwischen dem nationalistischen Konservatismus und dem Nationalsozialismus. Die Konservativen waren weder vor noch nach 1933 in der Lage, ihren Ideen in irgendeiner Weise politisch Form zu verleihen; die Nazis waren dazu sehr wohl in der Lage.

Dies läßt sich mit einem wichtigen Mangel in der konservativen Theoriebildung erklären, nämlich mit dem Fehlen einer Auffassung von Politik als *Macht*. Was man auch von den Konservativen liest, immer geht es um geistige Standpunkte, um Haltungen, um Einsichten, um Gefühle und Projektionen. Die Nazis haben das konservative Gedankengut radikal vereinfacht, und sie haben es mit einer Machtstrategie verbunden.

Das ändert nichts daran, daß der deutsche Konservatismus die Nazi-Ideologie stark beeinflußt hat: der Hang zu einer starken Autorität des Staates; das Verwerfen von Demokratie und Liberalismus; der Antimodernismus; die Verherrlichung des Volkes und der Glaube an einen spezifisch deutschen Charakter, eine deutsche Kultur und einen deutschen politischen Weg. Man könnte die Konservativen als die intellektuellen Vorläufer des Nationalsozialismus bezeichnen, wenn die Nazi-Ideologen auch nicht mit den Konservativen identisch sind. Wie wir am Beispiel Pinder sehen konnten, gab es sogar eine starke Antipathie zwischen beiden Gruppen, und viele Konservative wandten sich nach einer anfänglichen Begeisterung enttäuscht von den Nazis ab.[143]

Es gibt auch auffällige Unterschiede zwischen dem deutschen konservativen Denken und dem Nationalsozialismus. Die Konservativen werden in erster Linie von einer kulturellen Anschauung getrieben. Es geht ihnen um die Rettung dessen, was sie als wichtige deutsche Werte ansehen. Der Staat ist nach der konservativen Auffassung nicht so sehr eine Institution der Macht, sondern eine sittliche Institution, ein Wert-an-sich. Das Denken in biologisch-rassistischen Begriffen ist dem Konservatismus fremd. Antisemitismus findet man in den Schriften der Konservativen gar nicht oder nur vereinzelt. Das kulturelle Weltbild der Konservativen ist letztlich unstofflich und antimateriell, und es kann biologische Ideen daher kaum in sich aufnehmen. Ihre Auffassung von Geschichte ist eine idealistische, ›geistige‹, im Sinne des deutschen Idealismus.

Die Verantwortlichkeit, oder wenn man so will, die Tragik des deutschen Konservatismus bestand darin, daß sie mit ihrem unaufhörlichen Bestehen auf dem undeutschen Charakter der Demokratie, des Liberalismus und der modernen, pluralistischen Gesellschaft den Nährboden für den Nationalsozialismus bildeten: sie boten dem späteren Nationalsozialismus eine Chance, eine Gelegenheit, als die politischen und ökonomischen Umstände dafür günstig waren.

Die Träger des nationalistischen konservativen Denkens nahmen wie niemand anders die Verantwortlichkeit für den deutschen Staat für sich in Anspruch, aber sie haben diesem Staat damit bestimmt keinen Dienst erwiesen. Die Nazis haben sich das Ansehen, das viele dieser Konservativen in der deutschen Gesellschaft genossen, geschickt zunutze gemacht: die Konservativen waren führende Gelehrte, Schriftsteller, Militärs und hohe Beamte. Der Fall Pinders muß uns zu denken geben. Pinder ist nicht irgendein Kunsthistoriker: er ist der viel gelesene und allseits bewunderte Wilhelm Pinder, der mit seinem schönen Stil im Münchner auditorium maximum volle Säle anzieht, und dessen Bücher hohe Auflagen erreichen. Und wenn sich jemand wie er (und es gab viele wie ihn) für das Regime ausspricht, nicht nur einmal, sondern mehrmals: dann muß dieses Regime doch Qualitäten aufweisen?

Die Nazis stützten sich auf diese konservative intellektuelle Elite, die nicht intelligent genug war, um die Ziele der Nazis rechtzeitig zu durchschauen. Tim Mason spricht von der Auflösung der deutschen Gesellschaft, aus welcher der Nationalsozialismus hervorging[144]: die »civil society« war nicht länger imstande, die großen Probleme politischer, sozialer und ökonomischer Natur zu lösen. Was das Rückgrat der Gesellschaft hätte sein können, die bürgerliche Elite, brach zusammen. Es erwies sich, daß die Gruppe, die sich so gern als die führende anpries, auf keine Weise einen adäquaten politischen Kurs aufzuzeigen vermochte, und sie überließ es den Nazis, erst ihre Ideologie zu pervertieren und sie danach in einer unmenschlichen Politik zu realisieren.

Schon in den dreißiger Jahren wies der Soziologe Geiger darauf hin, daß bestimmte Mittelschichten in Deutschland ein Bewußtsein pflegten, das in keinem Teil übereinstimmte mit der Stellung, die sie in der Gesellschaft einnahmen.[145] Er schreibt, daß sie inadäquat denken, daß sie sich eine Art des Denkens erhalten, die zu einer früheren Stellung gehört. »Sie bringen die Ideologien und den Lebensduktus mit ein, die an ihrem früheren Sozialstandort gewachsen sind, hier aber ›inadäquat‹ werden.«[146]

Auch die gesellschaftliche Stellung des Professors ist nicht klar umrissen. Die Freiheit und die Position, die er sich anmaßt, indem er sich auf die Sonderstellung von Wissenschaft und Universität beruft, lassen vermuten, daß er diese Freiheit und diese Stellung kaum besitzt. Die Universitäten nehmen schon lange keinen führenden Platz mehr ein, die akademische Freiheit ist keine besondere Freiheit mehr, und nach 1918 interessiert sich kaum noch jemand dafür, unter welchen Bedingungen sich das akademische Leben vollzieht. Wären die Professoren wirklich so mächtig gewesen und hätten die Universitäten wirklich eine unabhängige Stellung gehabt, dann hätten sie dem Nationalsozialismus 1933 ohne weiteres ein Halt! zugerufen. Zwischen ihren Ansprüchen und der gesellschaftlichen Stellung, die sie im Ergebnis eines historischen Prozesses einnahmen, liegt eine tiefe Kluft.

Im Grunde spiegelt sich dies in der Ideologie des deutschen konservativen Professors auch wider. In ihrem Denken ist jeder Zusammenhang zwischen philosophischer Reflexion und historischer Kausalität zerstört. Speziell in der Lebensphilosophie werden alle Spannungen zwischen dem Individuum und seiner Umgebung und alle Spannungen, die im Laufe der historischen Entwicklung zwischen den Völkern auftreten, nach innen verlegt, und sie werden als Eigenschaften dieses Individuums, dieses Volkes betrachtet, unabhängig von jeder Geschichte.

Hans Lieber verweist auf den Pessimismus und Nihilismus, die seiner Meinung nach dieser Auffassung von Geschichte zugrunde liegen. Die Geschichte hat kein Ziel, keinen Sinn; die Geschichte bleibt sich selbst immer gleich.[147] Die einzige Aufgabe des Historikers besteht darin, die historische Identität der Ereignisse aufzuspüren. Veränderung gibt es nicht, es ist also auch nicht erforderlich, sie zu erstreben.

Alle Aktivität, die unternommen wird, ist eine Aktivität um ihrer selbst willen. Ein Entschluß wird gefaßt, weil Geschichte nun einmal das Fällen von Entscheidungen ist, und der Vollzug bestimmter Handlungen.[148]

Diese Entscheidungen und Aktivitäten sind niemals auf ein außerhalb liegendes Ziel gerichtet, sondern sie dienen zur internen Bestätigung eines Individuums oder eines Volkes. Wer entscheidet und handelt, der existiert.

Die Probleme, mit denen ein Individuum oder ein Volk konfrontiert wird, werden als Seinsprobleme betrachtet, oder als Gesetzmäßigkeiten des historischen Seins des Menschen, nicht als konkrete gesellschaftliche Situationen, die man auf verschiedene Weisen lösen kann, abhängig von der jeweiligen Situation und den zur Verfügung stehenden Mitteln. Kurt Lenk spricht von »Komplementärideologien«, in denen gesellschaftliche Gegensätze als »Wesensgesetze menschlichen Daseins« betrachtet werden, und wo das gesellschaftliche System, in dem man lebt, über das direkt Politische hinaus eine kosmisch-metaphysische Weihe erfährt. »Ausdrucksideologien« nennt er Ideologien, die bestehende gesellschaftliche Gegensätze verschärfen und aggressiver machen. Alles wird zu einem Ausdruck von etwas anderem, höheren, schlimmeren: »Ausdrucksideologien sind dadurch gekennzeichnet, daß sie ein aller Kritik entzogenes Absolutes einführen, ein *ens realissimum:* Rasse, Volk, Nation etc.«[149]

Greiffenhagen und Schulz weisen beide auf das ungreifbare, vage, utopische und unausgefüllte Denken der Konservativen hin.[150] Greiffenhagen fragt sich, ob man im Falle des deutschen Konservatismus noch von Konservatismus sprechen kann, weil er den historischen Ausgangspunkt immer weiter in eine mythische Urzeit zurückverlegt. Novalis berief sich noch auf das Mittelalter, aber im 20. Jahrhundert ging man zurück bis zu Karl dem Großen; bis zur Völkerwanderung, bis die Nazis endlich in der germanischen Vorgeschichte ankamen. Diese Reise in die Vergangenheit, so bemerkt Greiffenhagen, ist mit einem Irrationalismus verbunden, mit einer »nihilistische(n) Entschlossenheit, die nicht weiß und auch nicht wissen will, wozu sie entschlossen ist«. Gerade diesen Nihilismus macht Greiffenhagen für den »Mut zum Abgrund« verantwortlich, für eine Sehnsucht nach dem Chaos, das allem Leben vorausgeht, und für die letztliche Ablehnung jeder Verantwortlichkeit und Verantwortung.[151]

Die Konservativen der dreißiger Jahre haben diesen Nihilismus in ihren eigenen Reihen eingestanden, man denke nur an den oben zitierten Ludwig Curtius. Hermann Rauschning, ein konservativer Denker, der die Nazis anfänglich unterstützte, der sogar 1933 und 1934 Danzig regierte, aber sich später von der Partei abwandte, schrieb 1937 ein aufsehenerregendes Buch, als Analyse der nationalsozialistischen Machtstruktur: *»Die Revolution des Nihilismus«*.[152]

Er beschreibt den Nationalsozialismus als »de(n) zu politischer Aktion gewordene(n) Ausdruck eines totalen Nihilismus«[153], und er verbindet diesen modernen Nihilismus mit dem »geistige(n) Nihilismus aus der fin-de-siècle-Stimmung des vorigen Jahrhunderts, nicht imstande, aus dem Banne von Nietzsche herauszukommen«. Auch die Intellektuellen des nationalistischen und konservativen Bürgertums und Adels sind seiner Auffassung nach diesem Nihilismus verfallen: »Diese ganzen ›führenden‹ Gesellschaftsschichten befanden sich, nicht minder wie die Masse des Großstadtproletariats, auf dem Marsch in den Nihilismus. Sie waren dem Proletariat vielleicht voraus. Es war die eigene Traditionslosigkeit der Tradtionsmächte (...) was diese Schicht, die dem Nationalsozialismus in den Sattel geholfen hatte, daran hinderte, ihm entgegen zu treten.«[154]

Rauschning nennt es »Die Traditionslosigkeit der Traditionsmächte«, und dies ist genau das, was ich hier zu beschreiben versuche: eine Gruppe, die an den Rand des gesellschaftlichen Entscheidungsprozesses geraten ist, und die darauf reagiert mit einer gesellschaftlichen Auffassung, der jeder Ansatz zu politischer Beschlußfassung fehlt. Gerade das Leugnen jeder historischen Veränderung und das Nichterkennen ihrer eigenen, historisch so gewachsenen gesellschaftlichen Stellung brachte sie dazu, eine Ideologie zu formulieren, die bei näherer Betrachtung auf leeren Begriffen und Werten beruhte[155].

Gottfried Benn beschreibt in seinem *Der neue Staat und die Intellektuellen* aus dem Jahre 1933, was für ihn und für die Jugend zum historischen Symbol für 1933 geworden ist: »... und wenn das historische Symbol der liberalen Ära ein Schloß mit Nippessachen war, die Tuilerien, und ein Ballspielhaus, das sie stürmten, für diese wurde es ein Pass: Thermopylae«[156].

Schlußbemerkungen

Die ›Deutsche Kunstgeschichte‹, geprägt von einer stark antipositivistischen und antihistorischen Einstellung und suchend nach dem allumfassenden Wesen der Kunst und der deutschen Kunst, weist viele Übereinstimmungen zum bürgerlichen konservativen Denken in Deutschland zwischen 1900 und 1945 auf. Die ›Deutsche Kunstgeschichte‹ tendiert zu einer totalen Wesensschau, die letztlich in unlösbare Lebensrätsel mündet, oder sie führt über die kunstgeographische Methode zu einer Kunstauffassung, die für das Wesen des Kunstwerkes hält, daß es etwas Unsichtbares abbildet. Die Resultate der ›Deutschen Kunstgeschichte‹ sind leere, kaum faßliche Begriffe, in welche sich die Kunstwerke auflösen. Ernst Bloch bezeichnet das als aussichtslosen Subjektivismus, der es nur zuläßt, über Gefühle zu kommunizieren, so fremd ist alles geworden. Der Bürger hat sich verirrt in einem Labyrinth von »sehr gepresster, sehr heilloser Subjektivität. Es ist alles Labyrinth, einschließlich eines Leitfadens hindurch bis zum Minotauros am Ende – und der Ariadnefaden fehlt.«[157]

Anlage I

Military Government of Germany Fragebogen

Warnung: Im Interesse von Klarheit ist dieser Fragebogen in Deutsch und Englisch verfaßt. In Zweifelsfällen ist der englische Text maßgeblich. Jede Frage muß so beantwortet werden, wie sie gestellt ist. Unterlassung der Beantwortung, unrichtige oder unvollständige Angaben werden wegen Zuwiderhandlungen gegen militärische Verordnungen gerichtlich verfolgt. Falls mehr Raum benötigt ist, sind weitere Bogen anzuheften.

A. Personal
Name, Vorname
Geburtsdatum, Geburtsort
Staatsangehörigkeit, gegenwärtige Anschrift
Ständiger Wohnsitz, Beruf
Gegenwärtige Stellung, Stellung für die Bewerbung eingereicht
Stellung vor dem Jahre 1933

B. Mitgliedschaft in der NSDAP
Waren Sie jemals Mitglied der NSDAP
Daten
Haben sie jemals eine der folgenden Stellungen in der NSDAP bekleidet
Reichsleiter oder Beamter in einer Stelle, die einem Reichsleiter unterstand
Titel der Stellung
Kreisleiter oder Parteibeamter innerhalb eines Kreises
Gauleiter oder Parteibeamter innerhalb eines Gaues
Ortsgruppenleiter oder Parteibeamter innerhalb einer Ortsgruppe
Ein Beamter in der Reichskanzlei
Ein Beamter in der Reichsleitung der NSDAP
Ein Beamter im Hauptamte für Erzieher? Im Amte des Beauftragten des Führers für die Überwachung der gesamten geistigen und weltanschaulichen Schulung und Erziehung der NSDAP? Ein Direktor oder Lehrer in irgend einer Parteiausbildungsschule? Waren Sie Mitglied des Korps der Politischen Leiter? Waren Sie ein Leiter oder Funktionär in irgend einem anderen Amte, Einheit oder Stelle (ausgenommen sind die unter C angeführten Gliederungen, angeschlossenen Verbände und betreuten Organisationen der NSDAP)? Haben Sie irgend welche nahe Verwandte, die irgend eine der oben angeführten Stellungen bekleidet haben?

C. Tätigkeiten in NSDAP-Hilfsorganisationen
Geben Sie hier an, ob Sie ein Mitglied waren und in welchem Ausmasse Sie an den Tätigkeiten der folgenden Gliederungen, angeschlossenen Verbände und betreuten Organisationen teilgenommen haben.
1. Gliederungen: SS, SA, HJ, NSDSTB, NSD, NSF, NSKK, NSFK
2. Angeschlossene Verbände: Reichsbund d. Deutschen Beamten DAF einschl. KdF, NSV, NSKOV, NS Bund D. Technik, NSD Ärztebund, NS Lehrerbund, NS Rechtswahrerbund

Anlage I

Military Government of Germany Fragebogen

Warnung: Im Interesse von Klarheit ist dieser Fragebogen in Deutsch und Englisch verfaßt. In Zweifelsfällen ist der englische Text maßgeblich. Jede Frage muß so beantwortet werden, wie sie gestellt ist. Unterlassung der Beantwortung, unrichtige oder unvollständige Angaben werden wegen Zuwiderhandlungen gegen militärische Verordnungen gerichtlich verfolgt, Falls mehr Raum benötigt ist, sind weitere Bogen anzuheften.

A. Personal
Name, Vorname
Geburtsdatum, Geburtsort
Staatsangehörigkeit, gegenwärtige Anschrift
Ständiger Wohnsitz, Beruf
Gegenwärtige Stellung, Stellung für die Bewerbung
eingereicht
Stellung vor dem Jahre 1933

B. Mitgliedschaft in der NSDAP
Waren Sie jemals Mitglied der NSDAP
Daten
Haben sie jemals eine der folgenden Stellungen in der NSDAP bekleidet
Reichsleiter oder Beamter in einer Stelle, die einem Reichsleiter unterstand
Titel der Stellung
Kreisleiter oder Parteibeamter innerhalb eines Kreises
Gauleiter oder Parteibeamter innerhalb eines Gaues
Ortsgruppenleiter oder Parteibeamter innerhalb einer Ortsgruppe
Ein Beamter in der Reichskanzlei
Ein Beamter in der Reichsleitung der NSDAP
Ein Beamter im Hauptamte für Erzieher? Im Amte des Beauftragten des Führers für die Überwachung der gesamten geistigen und weltanschaulichen Schulung und Erziehung der NSDAP? Ein Direktor oder Lehrer in irgend einer Parteiausbildungsschule? Waren Sie Mitglied des Korps der Politischen Leiter? Waren Sie ein Leiter oder Funktionär in irgend einem anderen Amte, Einheit oder Stelle (ausgenommen sind die unter C angeführten Gliederungen, angeschlossenen Verbände und betreuten Organisationen der NSDAP)? Haben Sie irgend welche nahe Verwandte, die irgend eine der oben angeführten Stellungen bekleidet haben?

C. Tätigkeiten in NSDAP-Hilfsorganisationen
Geben Sie hier an, ob Sie ein Mitglied waren und in welchem Ausmasse Sie an den Tätigkeiten der folgenden Gliederungen, angeschlossenen Verbände und betreuten Organisationen teilgenommen haben.
1. Gliederungen: SS, SA, HJ, NSDSTB, NSD, NSF, NSKK, NSFK
2. Angeschlossene Verbände: Reichsbund d. Deutschen Beamten DAF einschl. KdF, NSV, NSKOV, NS Bund D. Technik, NSD Ärztebund, NS Lehrerbund, NS Rechtswahrerbund

Betreute Organisationen: VDA, Deutsches Frauenwerk, Reichskolonialbund, Reichsbund deutsche Familie, Reichsbund für Leibesübungen, Reichsbund deutscher Schwestern, Altherrenbund
4. Andere Organisationen: RAD, Deutscher Gemeindetag, NS Reichskriegerbund, Deutsche Studentenschaft, Reichsdozentenschaft, DRK, Deutsche Christenbewegung, Deutsche Glaubensbewegung
5. Waren Sie jemals Mitglied irgend einer nationalsozialistischen Organisation, die vorstehend nicht angeführt sind (sic)?
6. Haben Sie jemals das Amt eines Jugendwalters in einer Schule bekleidet.
7. Wurden Ihnen jemals irgend welche Titel, Rang, Auszeichnungen oder Urkunden von einer der oben genannten Organisationen ehrenhalber verliehen oder seitens dieser andere Ehren zu teil?

D. Schriftwerke und Reden:
Verzeichnen Sie auf einem besonderen Bogen alle Veröffentlichungen von 1923 bis zum heutigen Tage, die ganz oder teilweise von Ihnen geschrieben, gesammelt oder herausgegeben wurden, und alle Ansprachen und Vorlesungen, die Sie gehalten haben. Der Titel, das Datum und die Verbreitung oder Zuhörerschaft sind anzugeben. Falls keine, schreiben Sie »Keine Reden und Veröffentlichungen.«

E. Dienstverhältnis
Alle Ihre Dienstverhältnisse seit 1. Januar 1930 bis zum heutigen Tage sind anzugeben. Alle Ihre Stellungen, die Art Ihrer Tätigkeit, der Name und die Anschrift ihrer öffentlichen und privaten Arbeitgeber sind zu verzeichnen. Ferner sind anzuführen: Dauer der Dienstverhältnisse, Grund ihrer Beendigung, Dauer etwaiger Arbeitslosigkeit einschliesslich der durch Schulausbildung oder Militärdienst verursachten Postenlosigkeit.

F. Einkommen
Verzeichnen Sie hier die Quellen und die Höhe Ihres Einkommens seit dem 1. Januar 1933.

G. Militärdienst
Haben Sie seit 1919 Militärdienst geleistet?
In welcher Waffengattung?
Wo haben Sie gedient?
Haben Sie militärischen Organisationen Dienst geleistet.
In welchen?
Sind Sie vom Militärdienst zurückgestellt worden? Haben Sie an der Militärregierung in irgend einem von Deutschland besetzten Lande einschliesslich Österreich und Sudetenland teilgenommen?
Wenn ja, geben Sie Einzelheiten über bekleidete Amter, Art Ihrer Tätigkeit, Gebiet und Dauer des Dienstes an.

H. Auslandsreisen
Verzeichnen Sie hier alle Reisen, die Sie außerhalb Deutschlands seit 1933 unternommen haben. Haben Sie die Reise auf eigene Kosten unternommen?
Falls nicht, unter welchem Beistand wurde die Reise unternommen?
Besuchte Personen oder Organisationen?
Haben Sie in irgend einer Eigenschaft an der Zivilverwaltung eines von Deutschland besetzten oder angeschlossenen Gebietes teilgenommen?

I. Politische Mitgliedschaft
Welcher politischen Partei haben Sie als Mitglied vor 1933 angehört?
Waren Sie Mitglied irgend einer verbotenen Oppositionspartei oder Gruppe seit 1933? Waren Sie jemals Mitglied einer Gewerkschaft, Berufsgewerbl. oder Handelsorganisation, die nach dem Jahre 1933 aufgelöst oder verboten wurde?
Wurden Sie jemals aus dem öffentlichen Dienste, einer Wehrtätigkeit oder einem kirchlichen Amte entlassen, weil Sie in irgend einer Form den Nationalsozialisten Widerstand leisteten oder gegen deren Lehren und Theorien auftraten?
Wurden Sie jemals aus rassischen oder religiösen Gründen, oder weil Sie aktiv oder passiv den Nationalsozialisten Widerstand leisteten, in Haft genommen oder in Ihrer Freizügigkeit, Niederlassungsfreiheit oder sonstwie in Ihrer gewerblichen oder beruflichen Freiheit beschränkt? Falls ja, dann geben Sie Einzelheiten sowie Namen und Anschriften zweier Personen an, die die Wahrheit ihrer Angaben bestätigen können.

J. Anmerkungen:
Die Angaben auf diesem Formular sind wahr.

Angaben zum Fragebogen des Military Government of Germany

Zu C. Tätigkeiten in NSDAP Hilfsorganisationen
Vermutlich Mitglied der NSV
Mitglied des Altherrenbundes und des Reichskriegerbundes, korporativ in diese Organisationen übernommen.

Zu D. Schriftwerke und Reden
1923 Die deutsche Plastik vom ausgehenden Mittelalter bis zum Ende der Renaissance
-28 (Handbuch der Kunstwissenschaft, Akademische Verlagsanstalt Potsdam Wildpark)
1925 Der Bamberger Reiter[1] und seine Bildwerke Der Naumburger Dom und seine Bildwerke
1926 Das Problem der Generation
1934 Deutsche Barockplastik »Verlag der Blauen Bücher« (Ergänzung zum Deutschen Barock (Architektur) von 1911)
1935 Die Kunst der deutschen Kaiserzeit
1937 Die deutsche Kunst der Bürgerzeit
1939 Die deutsche Kunst der Dürerzeit
1943 Rembrandts Selbstbildnisse (Verlag der »Blauen Bücher«)
1944 Sonderleistungen der deutschen Kunst

Zu E. Dienstverhältnis
seit dem 1. 4. 1927 o. Professor der Kunstgeschichte an der Universität München
seit 1. X. 1935 o. Professor der Kunstgeschichte an der Universität Berlin

Zu F. Einkommen
Übl. Gehalt des Universitätsprofessors mit Zulagen, die durch die Berufungen bedingt waren
Einkommen aus wissenschaftlicher schriftstellerischer Tätigkeit im Einzelnen nicht mehr genau festzustellen

Zu H. Auslandsreisen

1933 Erholungsreise nach Lussingrande
Madrid, Sitzung einer Abteilung des Völkerbundes: Entretien sur l'avenir de la culture
Stockholm, XIII. Internationaler Kunsthist. Kongreß

1934 Erholungsreise nach Mallorca

1935 *London*, Vorträge auf Einladung des Courtauld-Instituts of Art. In England wurden im gleichen oder den nächsten Jahren Vorträge gehalten in *Oxford* und in *Cambridge* (auf Veranlassung von Prof. Williams).

1936 Austauschprofessur in Budapest
Schweiz: XIV. Internationaler Kunsthist. Kongreß.

1937 der Erinnerung nach 6 wöchiger Aufenthalt in *Rom* auf Einladung der Biblioteca Herziana zu Studienzwecken ohne Vortragsverpflichtung

1938 Lettland, Estland, Finnland, Schweden, Vortragsreise

1939 April: Paris, Vortrag

1940 Vortragsreise nach *Belgrad*
Festvortrag zur Rubensfeier in *Antwerpen*

1941 Vortragsreise in *Rumänien*[2]

1943 Vortrag über Rembrandts Selbstbildnisse in mehreren Städten der Schweiz.

Die hauptsächlichsten Themen waren:
Romantik in der Malerei um 1500
Deutsche Plastik des 13. Jahrhunderts
Deutsche Landschaftsmalerei um 1500
Rembrandts Selbstbildnisse

Kleine Vortrags- und Studienreisen durchwegs streng wissenschaftlichen Charakters sind im Einzelnen nicht mehr genau erinnerlich.

Die Kosten für diese Vortragsreisen wurden von den veranstaltenden Stellen getragen, Erholungs- und Forschungsreisen selbstverständlich von mir.

Besuchte Personen oder Organisationen?

Zu I. Beschränkung der beruflichen Freiheit

1933 oder 1934 bestand im Rheinland ein Redeverbot. Zeuge: Carl Neumann jr. aus Barmen, jetzt Rottach-Egern am Tegernsee, der statt des verbotenen öffentlichen Vortrags einen privaten in seinem Hause veranstaltete und weitere Bürgen namhaft machen kann.

Anlage

Zu B.I. »Waren Sie jemals Mitglied der NSDAP« Nein[3], obwohl im Juni 1933 von offizieller Seite zum Eintritt aufgefordert, damals zugesagt in der Absicht zu bessern; dann aus gleicher Absicht öffentlich mit Kritik an der Kunstpolitik hervorgetreten (Vorträge), infolgedessen nicht[4] aufgenommen. Habe mich persönlich niemals um Aufnahme bemüht. Von der Parteileitung sichtlich abgelehnt und öffentlichen Angriffen ausgesetzt. Beweis u.a. Angriff des »Schwarzen Korps vom 12. Dezember 1940« (liegt bei in Photokopie und beglaubigter Abschrift). Die angegriffene Schrift war nicht anders als ein Sonderdruck aus dem 1. Teile meiner »Kunst der deutschen Kaiserzeit«, geschrieben 1933. Der Angreifer hatte das nicht einmal bemerkt. Das ganze Buch ist bekannt als gegen die offizielle Anschauung der NSDAP gerichtet. Die vom Schwarzen Korps besonders hervorgehobene Analyse eines wikingschen Zaunbeschlages ging auf ältere eigene Vorträge seit 1921 zurück. Ferner Redeverbot im Rheinlande, Zeuge Herr Carl Neumann jun., jetzt Rottach-Egern am Tegernsee, sowie dessen Vater Carl Neumann sen. Ferner ist meine Wahl in die preußische Akademie der Wissenschaften gegen jede Gewohnheit erst nach reichlich einem Jahre bestätigt worden (1936). Alle offiziellen wissenschaftlichen Ehrungen wurden von der Parteileitung abgelehnt oder sabotiert, die Verleihung der Goethemedaille zum 60. Geburtstage abgelehnt, zum 65. Geburtstage sabotiert.

Zu C 2 g Mitgliedschaft beim NSLB
Die Aufnahme in den NS Lehrerbund gemäß oben gegebener Mitteilung damals selbstverständlich, jede Beteiligung von mir bald aufgegeben seit 1937[5] auch die Zahlungen.

D. Schriftwerke und Reden

1923 -28: Die deutsche Plastik vom ausgehenden Mittelalter bis zum Ende der Renaissance (im Handbuch der Kunstwissenschaft, Akadem. Verlagsanstalt, PotsdamWildpark)
1925 Der Bamberger Dom und seine Bildwerke Deutscher Kunstverlag, Berlin
1925 Der Naumburger Dom und seine Bildwerke Deutscher Kunstverlag, Berlin
1926 Das Problem der Generation Frankfurter Verlagsanstalt, Frankfurt
1933 Reden aus der Zeit E.A. Seemann, Leipzig
1934 Deutsche Barockplastik (Ergänzung zum Deutschen Barock von 1911) Verlag der Blauen Bücher, K.R. Langewiesche, Königstein i. T.
1935 Die Kunst der Deutschen Kaiserzeit E.A. Seemann, Leipzig
1937 Die deutsche Kunst der Bürgerzeit ebda
1939 Die deutsche Kunst der Dürer zeit ebda
1943 Rembrandts Selbstbildnisse Verlag der Blauen Bücher, K.R. Langewiesche, Königstein i. T.
1944 Sonderleistungen der deutschen Kunst Verlag F. Bruckmann, München

Zu H. Auslandsreisen

1933 Erholungsreise nach *Lussingrande*
Madrid: Sitzung einer Abteilung des Völkerbundes: Entretiens sur l'avenir de la Culture
Stockholm: XIII. Internationaler Kunsthistorischer Kongreß
1934 Erholungsreise nach *Mallorca*
1935 *London*: Vorträge auf Einladung des Courtauld Institute of Art. In gleichen oder nächsten Jahre Vorträge in *Oxford* und *Cambridge* (dort auf Veranlassung von Prof. Williams)
1936 Gastvorlesung in *Budapest*
Schweiz; XIV. internationaler Kunsthistorischer Kongreß
1937 Sechswöchiger Aufenthalt in *Rom*, Einladung der Biblioteca Hertziana zu Studienzwecken ohne Vortragsverpflichtung.
1938 Kunstwissenschaftliche Vorträge in *Estland, Finnland, Schweden*
1939 April Vortrag vor *Pariser* Studenten über »Romantik um 1500«.
1940 Vortragsreise nach *Belgrad* (Deutsche Plastik des 13. Jahrhunderts). Vortrag zur Rubensfeier in *Antwerpen*
1941 Wissenschaftliche Vorträge in *Rumänien* (deutsche Landschaft um 1500)
1942 Vorträge über Rembrandts Selbstbildnisse in *Florenz* und *Rom*
1943 Vorträge über gleiches Thema in Sofia und mehreren Städten der Schweiz.
Kleine Vortrags- und Studienreisen durchwegs streng wissenschaftlichen Charakters im einzelnen nicht mehr erinnerlich.

Zu I (e) politische Mitgliedschaft
s. Absatz 1 dieser Anlage

Anlage II

1) [6] *Vorwurf*: Ich sei P.G. gewesen
Entkräftung: Ich war es niemals, obwohl ich im Juni 1933, von[7] der Fachschaft der Studenten zum Eintritt aufgefordert wurde und auch zugesagt habe. Ich bin aus dem gleichen Grunde nicht aufgenommen worden, aus dem ich zugesagt hatte. Mein Gefühl war nämlich damals, daß es vielleicht möglich sei, der neuen Bewegung gute Richtung zu geben, wenn die Intelligenz sich rechtzeitig beteilige, also: Kritik. Diese habe ich öffentlich so deutlich vorgebracht, daß von da an die Partei keinerlei Wert auf meine Mitarbeit legte. Ich habe mich auch später nie um Aufnahme bemüht.

2) *Vorwurf*: Ich solle Beziehungen zur Gestapo unterhalten haben.
Entkräftung: Dieser Vorwurf ist vollständig aus der Luft gegriffen. Ich versichere an Eides statt, daß er erfunden ist. Der mir unbekannte Zeuge hätte den Beweis zu leisten, der ihm niemals möglich sein würde.

3) *Vorwurf*: Ich soll Kunstwerke für die Regierung angekauft haben.
Entkräftung: Es gilt genau das Gleiche wie für Punkt 2.

4) *Vorwurf*: Ich soll 1933 bei Vorträgen in London für den Nationalsozialismus geworben haben.
Entkräftung: Ich habe ohne Manuskript gesprochen, und habe in der Richtung dieses Vorwurfes bei keinem der Hörer irgend etwas vernommen. Träfe der Vorwurf zu, so wäre ich bestimmt nicht später nach Cambridge zu Vorträgen aufgefordert worden. Auch über den Bamberger Reiter kann ich nichts anderes gesagt haben, als was vor und nach 1933 in meinen Büchern über diesen Gegenstand geschrieben ist. Dieses Kunstwerk galt mir immer als ein europäisches Ideal, jenseits von aller Politik. Dagegen erinnere ich mich noch genau daran, daß ein paar Studenten sich geärgert haben, weil ich die Strassburger Plastik des 13. Jahrhunderts gemäß wissenschaftlicher Pflicht als deutsche Kunst behandelt habe. Das Institut hat sich damals ganz auf meine Seite gestellt und in einer Zeitung betont, daß ich nur wissenschaftlich nicht politisch gesprochen habe. (Wissenschaft hat sich nach der Geschichte zu richten, und Politik wäre es, Strassburger Kunst fast ein halbes Jahrtausend vor der Annektion durch Ludwig XIV für französisch zu erklären![8]

Zu 1) Es ist aber durchaus wahr, daß ich eine fruchtbare Kritik gemeint habe, d.h. also, daß ich damals noch Hoffnungen auf die Bewegung setzte[9]. Ich war wie viele meiner Schicht, bis dahin aller Politik fern geblieben, politisch geradezu ungeschult, lediglich voller Liebe zu meinem Lande. Die Schäden, die ich sah, lagen in meinem eigenen Sektor, dort bekämpfte ich sie. Die allgemeineren konnte ich erst später erkennen. Die Hoffnung, nach soviel Elend mein Land wieder aufsteigen zu sehen, ließ mich kurze Zeit manches[10] günstiger sehen als es war.

Zu 4) Weder Lord Lee[11], noch die Dame vom Courtauld Institut, die mich im Auto zu ihm gefahren hat, haben mir irgend welche Einwände gemacht.

Zu 2) Ich kann mich nur dreier Fälle erinnern, in denen ich in der ganzen Zeit Polizeistellen begegnet bin.
Erster Fall: Professor Berliner vom Bayer, Nationalmuseum in München war wegen seiner Abkunft 1933 von der SS verhaftet worden. Damals habe ich in München die Polizei aufgesucht, Berliners Aufenthalt festgestellt, zu seiner baldigen Befreiung (nach drei Tagen) in Dachau beigetragen[12], Professor Berliner ist im Laufe des Jahres 1934 nach Amerika gegangen.

Zweiter Fall: Anfang Juli 1934, in den Tagen der Röhm-Affaire, bin ich telephonisch am Leben bedroht worden. Damals[13] habe ich bei der Polizei Anzeige erstattet und mich erkundigt, ob irgend etwas gegen mich vorläge, was übrigens verneint wurde.
Dritter Fall: 1935 oder 1936 kam an die Adresse Universität Berlin eine Postkarte aus der Schweiz[14], mit der Mitteilung, daß auf mein Konto in der Schweiz wieder eine größere Summe eingezahlt sei. Es handelt sich natürlich um eine plumpe Fälschung, darauf berechnet, mich zu schädigen (Besitz ausländischer Konten unter strenge Strafe gestellt!) Diese Karte habe ich der Polizei zugeschickt, um von vornherein jede Schädigung abzubiegen. Die schriftliche Bestätigung der Einsendung ist das einzige, was mir jemals von der Polizei zugekommen ist. Der ganze Fall aber gehört zu der Reihe schwerer Verleumdungen, denen ich seit 1933 mehrfach ausgesetzt war.
Im übrigen Verweise ich auf den Fragebogen und seine Beilagen.
Keiner der Beamten[15] meines Institutes ist Parteigenosse gewesen.

Anlage III

Lieber, Verehrter Herr Schöffler!
Alles ist phantastisch, schon die Reisezeit Ihres Briefes. Vor 2 Tagen ist er angekommen, und vor 9 Wochen ist er geschrieben. Es liegt eine Zeit völlig grauen Wartens hinter mir. Ich fühlte mich von Göttingen völlig verlassen, wenn auch in Wahrheit nur durch die Post. Nun kann ich endlich Ihnen von Herzen danken für Ihren Brief, der zu den schönsten Zeugnissen gehört, die in dieser dunklen Zeit von früheren besseren Zeiten reden. Ich habe, als der Brief meines Sohnes kam, sofort Wusterhausen verlassen, wo ich ohnehin nicht mehr zu bleiben wünschte. Ich wollte meine Antwort sehr persönlich bringen, mich selbst nämlich als Antwort. Das ist nun schon viele Wochen her, und ich sitze immer noch hier. Die Fragebogen habe ich langst ausgefüllt und vom hiesigen Hauptquartier an die westfälische Zentrale gehen lassen. Längst bin ich auch mit Colonel Percival in Verbindung, auf den das Hauptquartier am Alten Reichskanzlerplatz mich verwiesen hatte. Ihm sollen die Universitäten unterstehen. Dieser, persönlich sehr zuvorkommend, hatte mir pflichtgemäß eine Reihe Vorhaltungen zu machen, die auf geradezu ungeheuerlich unverschämte Verleumdungen zurückgehen (woran Colonel Percival selbstverständlich unschuldig ist). Das Ungeheuerlichste daran ist die Behauptung, ich hätte mit der Gestapo Beziehungen unterhalten. So etwas greift ein Hund von Verleumder frei aus der Luft und lacht sich ins Fäustchen, weil der Beschuldigte die Beweislast zu tragen hat. Ich fragte vergeblich nach der Quelle. Auch soll ich für die letzte Regierung Kunstwerke gekauft haben. Schließlich hat dies jeder Museumsdirektor getan, aber ich war nun einmal keiner. Ich sollte in der Minerva 1936 sogar als P.G. stehen. Ein ausgesprochener Unsinn für jeden Kenner der Minerva, aber ich hatte wieder die Last, mich um den Nachweis zu kümmern. Selbst was ich 1933 in Londoner Vorträgen etwa über den Bamberger Reiter gesagt habe, haben freundliche Leute vermerkt und dann eben so freundlich entstellt. Selbstverständlich habe ich niemals den Bamberger Reiter als Ideal NS hingestellt. Aber was hilft dies. Der Verleumder erreicht doch immer mindestens Verzögerungen. Schließlich bin ich ja von Williams nach Cambridge eingeladen worden, auf Grund eben jener Londoner Vorträge.

Damit Sie nur das rechte Bild gewinnen. Ich war nicht P.G.! Wohl ist aber wahr, daß ich im Sommer 1933 und auch noch etwas länger unter dem Eindruck stand, man könne der Bewegung noch eine Richtung geben, wenn die Intelligenz sich ihrer annähme. Es war mir ebenso selbstverständlich, mich nicht zur Partei zu melden. Dagegen sagte ich zu, als im Juni 1933 meine Studenten von der Fachschaft mir mitteilten, die Partei bäte mich, mich als angenommen zu betrachten. Es wäre nicht einmal gut möglich gewesen, hier nein zu sagen. Aber ich wollte es auch nicht, und aus eben jener Zeit stammen ein paar günstige Bemerkungen, die auch im Druck noch festzulegen sind. In Wahrheit sind dies immer noch Einräumungen gegenüber kulturpolitischer Kritik an der Partei, die ich – wie ich ruhig mit Stolz erklären darf – reichlich mutig in aller Öffentlichkeit geübt habe. Ich habe dann festgestellt, daß die Partei mich überhaupt nicht wollte, daß jene (sic) studentische Angebot als ungültig bezeichnet wurde, und so habe ich niemals die Mitgliedschaft der Partei besessen. Daß ich einmal eine gewisse Hoffnung auf die Partei setzte, kann ich mir durchaus nicht übel nehmen. Daß ich mit freimütiger Kritik aufgetreten bin, macht mich heute noch stolz, daß ich der Mitgliedschaft in der Partei dadurch entging und ehrlich sagen darf, ich habe ihr niemals angehört, dies halte ich für ein verdientes Glück auch wenn es noch Schwierigkeiten gibt, die Wahrheit durchzusetzen. Auch Sie werden den schmutzigen Artikel eines Herrn Eckstein in der Neuen Zeitung vom 17. 12. gelesen haben. Schon der Titel ist eine bewußte Gemeinheit. »Hitlers Kunsthistoriker« müßte doch mindestens P.G. gewesen sein; ich war es nicht. Ja, er müßte Hitler persönlich bekannt gewesen sein. Ich habe den Mann nur von weitem gesehen und er wird von mir kaum etwas gewußt haben. Sein Kunsthistoriker war gewiß nicht vom Schwarzen Korps angegriffen worden; mir ist es geschehen. Aber Schaden hat der Artikel gewiß angerichtet. Es ist gut, wenn Sie diese Einzelheiten kennen. In den Anlagen zum Fragebogen, den ich längst abgeschickt, habe ich diese Dinge kurz festgelegt.

Nun erst die eigentliche Antwort: ich komme gerne und voller Dank. Ich will in keiner Weise Rosemann zur Last fallen, auch wenn ich nur eine Wochenstunde nehme, würde ich meine Stellung in Göttingen rechtfertigen. Hier ist es übrigens so, daß nach dem Zusammenbruch zunächst alle Professoren erst wieder neu ernannt werden mußten. Diese Neuernennung hat man mir, dem im 68. Lebensjahr stehenden, nicht zugebilligt, wohl aber die Aussicht auf Ruhegehalt ausdrücklich betont. Dies ist, was man hier eine negative Entscheidung nennt, aber mir einem positiven Kränzelein. Meine »Grundrichtung« gilt den hier entscheidenden Kreisen offensichtlich als nationalistisch. Sie in Göttingen wissen, daß mein Nationalgefühl immer innerhalb eines europäischen gelebt hat. Ich habe an meiner Gesinnung nichts zu ändern. Für früher darf ich sagen, daß ich wohl meine Meinung ändern könnte, aber nicht meine Haltung. Für die Meinungen erinnere ich an das viel zu wenig gekannte Wort des hl. Augustinus: ich gehöre nicht zu den Dummen, die ihre Gedanken niemals ändern mußten. Schließlich haben auch Regierungen noch weit später als ich mit der letzten Regierung gute Beziehungen unterhalten, als ich schon längst gleich allen Trägern der alten deutschen Bildung auf das Tiefste enttäuscht mich abgewendet hatte. Diejenigen, die durch Fach und manchmal auch durch allgemeine Teilnahmslosigkeit jedes Hervortreten vermieden, haben es heute allzuleicht, über solche zu Gericht zu sitzen, die Kopf und Herz bewiesen haben. Von ganzem Herzen danke ich Ihnen, lieber Herr Schöffler, und der Universität Göttingen für die Hand, die mir geboten wird.

Nun möchte ich gerne schriftlich festgelegt haben, was Sie in Ihrem ja schon etwas weit zurückliegenden Briefe mir sagten. Ich muß vor allen Dingen davor geschützt sein, daß ich etwa meinen Anspruch auf Ruhegehalt verlöre. In dieser Hinsicht herrscht allgemeine Unklarheit. Ich höre durch Dr. Leister, daß die Frage günstig entschieden sei. Ich wäre aber sehr dankbar für eine richtige schriftliche Festlegung. Sobald ich den nun einmal betretenen Weg frei sehe – ich habe mich nun einmal an Percival gewendet und muß nun die Einladung der britischen Behörden abwarten – so möchte ich dann auch anreisen.

Noch einmal herzlichen Dank und hoffentlich auf ein baldiges glückliches Wiedersehen. Ende April 1896 bin ich in Göttingen als Student eingerückt. Wie gerne käme ich gerade 50 Jahre später wieder.

Treulich immer der Ihrige!

Anlage IV

DEUTSCHER VEREIN FÜR KUNSTWISSENSCHAFT E.V.
BERLIN C2 SCHLOSS POSTSCHECKKONTO BERLIN 111632
FERNSPRECHER: 510244

Zur Tätigkeit Wilhelm Pinders als dem Vorsitzenden des von mir als Schriftführer seit dem 1. 1. 1937 verwalteten Deutschen Vereins für Kunstwissenschaft kann ich Folgendes aussagen:

Bis zum Ende des Jahres 1937 hat der Verein unter Pinders Antrieb Werke nichtarischer Gelehrter herausgegeben, so einen Fortsetzungsband der von Paul Frankl edierten »Deutschen Glasmalerei«. Als sich aus dem Erscheinen dieses Buchs Schwierigkeiten für mich persönlich ergaben und meine Entlassung schon ausgesprochen war, hat Pinder sich durch eine Eingabe beim Ministerium tatkräftig und mit Erfolg für mich eingesetzt.

Seinem persönlichen Eingreifen ist es zu verdanken, daß Fachgenossen, die wegen ihres Eintretens für die moderne Kunst ihre Stellung und das Recht zu wissenschaftlicher Betätigung verloren hatten, wenigstens als Forscher weiter tätig sein durften. So hat der Verein im Jahr 1939 das Buch von Ludwig Grote über die Brüder Olivier und späterhin laufend Aufsätze von Carl Georg Heise, G.F. Hartlaub und Anderen bringen können.

Für die Objektivität der deutschen wissenschaftlichen Arbeit wichtig war es ferner, daß Pinder im Jahr 1940 dem verlangen des Ministeriums Widerstand entgegengesetzt hat, in die jährlich erscheinende Überschau über das »Schrifttum zur Deutschen Kunst« die Werke jüdischer Autoren nicht mehr aufzunehmen und in wissenschaftlichen Veröffentlichungen die Arbeiten dieser Männer nicht mehr zu zitieren. Pinder ist es auch zu danken, daß der Verein in allen Fällen das an ihn herangetragene Ansinnen strikt zurückgewiesen hat, Bücher jüdischer Autoren durch arische umschreiben und neu erscheinen zu lassen.

In jeder dieser Fragen hat Pinder die Gesetze menschlichen Anstands und wissenschaftlicher Lauterkeit über die Forderungen der Partei und ihrer Vertreter gestellt.

16. 4. 1946
Erich Meyer

Anlage V

Seit 1939 war ich Wissenschaftlicher Assistent am Kunstgeschichtlichen Institut der Universität Berlin (mit Unterbrechungen von April bis Dezember 1940 in einem Urlaub und von April 1943 bis Januar 1944 im Wehrdienst). Mir sind während dieser Zeit wohl alle

Vorgänge der öffentlichen Tätigkeit von Herrn Geheimrat Pinder bekannt, da sie büromäßig durch meine Hand gingen. Ich möchte folgende Aussage machen, die vielleicht zur Klärung des Falles beitragen kann.

1) Stellung der Partei zu Pinder. Herr Geheimrat Pinder war nicht Parteimitglied. Diese Tatsache ging aus vielen dienstlichen Vorgängen hervor, in denen diese Tatsache ein Stein des Anstoßes war. Die Partei hat ihn immer eindeutig abgelehnt, woran viele Pläne, die von bestimmten Kreisen des Ministeriums ausgingen, scheiterten. Zu den parteigebundenen Unternehmungen auf dem Gebiet der Kunstgeschichte, z. B. dem Einsatzstab Rosenberg, Bilderkäufen im Ausland, der Angelegenheit des Museums in Linz, stand er in erklärtem Gegensatz. Das hat er öfters vor dem versammelten Seminar ausgesprochen.

2) Seine Lehrtätigkeit wirkte sich nicht im Sinne der nationalsozialistischen Ideologie aus. Das beweist die Tatsache, daß in seinem Mitarbeiterstab und auch unter den Mitgliedern und Studierenden des Instituts in weitaus überwiegender Mehrzahl sich Gegner des Nationalsozialismus befanden. Die objektive Einstellung von Herrn Geheimrat Pinder zu jeder freien wissenschaftlichen Betätigung, selbst dort, wo sie seinen eigenen Anschauungen nicht entsprach, wirkte sich praktisch durchaus als Schutz der unabhängigen wissenschaftlichen Tätigkeit aus. Hätte er seine Stellung verloren, so wäre es zweifellos in der ganzen deutschen Kunstwissenschaft zu einem großen Erdrutsch zugunsten der nationalsozialistischen Kunsthistoriker gekommen. Es ist von dieser Seite wiederholt der Versuch gemacht worden, ihn zu diffamieren und von seiner repräsentativen Stellung zu stürzen. Ich darf daran erinnern, daß 1940 seine wissenschaftliche Einstellung in einem Artikel des »Schwarzen Korps« als im völligen Gegensatz zur nationalsozialistischen Einstellung bezeichnet wurde. Es war mir ferner aus dienstlichen Vorgängen bekannt, daß bei der Gestapo eine ausführliche Akte über Geheimrat Pinder lag, die eine große Reihe von Vorwürfen gegen ihn enthielt.

3) Auslandsreisen. Bei seiner Vortragstätigkeit im In- und Ausland hat Herr Geheimrat Pinder sich immer, wie schon die Auswahl der Themen beweist (Rembrandts Selbstbildnisse usw.) streng auf dem Felde sachlicher Wissenschaft bewegt. Die Reise, die er 1942 nach Krakau und Lemberg unternahm, hatte keinerlei irgendwelchen offiziellen Charakter, sondern diente lediglich der privaten wissenschaftlichen Besichtigung einer kleinen Ausstellung mittelalterlicher Kunstwerke in Krakau. Die Ausstellung in den Räumen der Jageiellonischen Bibliothek in Krakau war durch das Institut für Deutsche Ostarbeit aufgebaut worden und enthielt in der Hauptsache mittelalterliche Plastiken aus der Umgebung von Krakau, deren Verbleib im Lande meines Wissens niemals in Frage gestellt war und die auch niemals aus Krakau entfernt worden sind. Das Institut für Deutsche Ostarbeit hing in keiner Weise mit dem Kunstgeschichtlichen Institut der Universität Berlin zusammen.

Herrn Geheimrat Pinder und das ganze Kunsthistorische Institut erhielt von dort lediglich eine Einladung zur Teilnahme an der Eröffnung und Besichtigung der Ausstellung. Die Teilnahme an der Eröffnung lehnte Herr Geheimrat Pinder ab, entschloß sich aber später, die Ausstellung als Privatmann zu besichtigen, da sie bedeutende Kunstwerke enthielt. Auch ich entschloß mich aus dem gleichen Grunde zur Besichtigung der Ausstellung. Wir reisten beide zusammen, besichtigten bei dieser Gelegenheit auch die Stadt Lemberg. Irgendwelche andere offizielle Funktion übte Herr Geheimrat Pinder nicht aus. Ich selbst hatte bei dieser Gelegenheit eine private Gefälligkeit übernommen, für Herrn Landesrat Reinhold Niemeyer, damals meines Wissens in der Reichsstelle für Raumforschung und Raumordnung tätig, ein Buch aus der Bibliothek des Instituts für Deutsche Ostarbeit in Lemberg (m. W. ein Atlas) zu entleihen. Dieses Vorhaben lief negativ aus, da das Ostinstitut keine Bücher entlieh. Vielleicht könnte dieser Punkt Anlaß zu Mißverständnissen gegeben haben. Herr Geheimrat Pinder hatte damit nicht das Geringste zu tun. Er wußte wohl auch kaum von dieser belanglosen Angelegenheit. Mit der Reichsstelle für Raumforschung und Raumordnung hatte weder das Kunstgeschichtliche Institut, noch Herr Geheimrat Pinder, noch ich etwas zu tun.

Dies erklärt ich an Eides statt.
gez. Dr. Scheja

Kloster Medingen bei Bevensen
Kreis Uelzen; den 4. Mai 1946

Anlage VI

Einige Notizen über Professor Pinders Stellung zum Nationalsozialismus

1932 Eine Aufforderung Rosenbergs zur positiven Mitarbeit ist von Prof. Pinder abgelehnt worden.

1933 Pinder empfand es als seine Pflicht, auf Grund des früheren Briefes, Rosenberg auf die fähigsten Kunsthistoriker aufmerksam zu machen. Eine Antwort hat er niemals erhalten, wohl aber sind die Meisten der Empfohlenen sehr schnell abgesetzt worden entweder ihrer jüdischen Herkunft wegen oder weil sie moderne Kunst gekauft hatten (Swarzenski, Frankfurt; Heise, Lübeck; Grote, Dessau; Wiese, Breslau; Sauerlandt, Hamburg; im Falle Sauerlandt hat sich Pinder besonders bemüht, das Erscheinen von S.' letztem Buche zu ermöglichen!)
Neben sachlicher Kritik an der Kunstpolitik hat sich Pinder in allen öffentlichen Vorträgen stets für die zu Unrecht Gemaßregelten eingesetzt. Dies trug ihm viele öffentliche Zeitungsangriffe ein.
Die Kunsthistorische Fachschaft in München beantragt Pinders Aufnahme in die Partei. Die Partei lehnte Pinder ab – ohne Angabe von Gründen.
Dank Pinders Hilfe gelang es, Professor Dr. Berliner vom Bayer. Nationalmuseum in München aus dem Konzentrationslager Dachau zu befreien.

1933/34 Bücherbesprechungen in der »Völkischen Kultur« (durch den sehr bald abgesetzten sächsischen Kultusminister Hartnacke veranlaßt) stellen stets die wirkliche Wissenschaft heraus und prangern Unsachliches und Falsches an. Dort wie auch in anderen öffentlichen Kritiken findet man das ausgesprochen, was Pinder vom Nationalsozialismus erwartete. Die Kritik an dem Buche von Eberlein (Zeitschrift für Kunstgeschichte 1933, Dezemberheft, S. 405) tragt ihm die Feindschaft des 1937 mächtig werdenden ein. Nach 1934 sind Kritiken in der »Völkischen Kultur« nicht mehr erschienen.

1935 Die Kunst der deutschen Kaiserzeit wird überall als gegen Rosenbergische Theorien geschrieben verstanden und als besonders mutige Tat bewertet. Es gab seiner Zeit genug Wohlmeinende, die Pinder nahe gelegt haben, mit seiner Kritik etwas zurückhaltender zu sein. In der sogenannten NS Presse wurde das Buch durchwegs abgelehnt. Noch 1940 beschäftigt sich das Schwarze Korps mit einem Kapitel aus diesem Buch (Wesenszüge deutscher Kunst). Pinders Berufung nach Berlin ist von den guten Kräften im Ministerium gefordert worden. Er ist vom Beginn seiner Forschertätigkeit an der *deutsche* Kunsthistoriker gewesen, die Erforschung fast ausschließlich der deutschen Kunst darf nicht als vom Tage diktiert angesehen werden.

Wie wenig Pinder als Nationalsozialist angesehen wurde, zeigt seine rasche Wahl in die sogen. Mittwochsgesellschaft, die ja wohl aus ausgesprochenen Gegnern des Regimes bestand.

1936 Anfang dieses Jahres beginnt der hartnäckige Kampf um die Umhabilitierung Heydenreichs (Hamburg), den Pinder aus rein wissenschaftlichen Gründen hier haben will. Gegen alle Parteischwierigkeiten und obwohl ihm von allen Seiten (Ministerium usw!) nahe gelegt wird, auf H. zu verzichten, gelingt es ihm nach unendlichen Mühen, eine Dozentur in Berlin für Heydenreich zu erreichen.
Ebenso setzte Pinder sich für den Münchener Dr. Keller ein.
Ober Pinders Tätigkeit für den Deutschen Verein für Kunstwissenschaft liegt ein besonderer Bericht vor.

1937 Die Folge dieses Eintretens für Recht und Anstand war (während der Tätigkeit Graf Baudissins und Eberleins im Ministerium), daß Pinder keine öffentlichen Vorträge halten durfte, wenn bei gleicher Gelegenheit eine Parteigröße zu Worte kam. Als besonderer Gegner galt in diese Zeit Dr. Scholz, der Leiter der Abt. Bildende Kunst im Amte Rosenberg. Die guten Kräfte unter den Studenten bemühten sich stets, diese Schwierigkeiten zu überbrücken, da sie ein Recht zu haben glaubten, von Gelehrten wie Pinder zu lernen.
Im Juni 1937 wurde Pinder einstimmig in die Preußische Akademie der Wissenschaften gewählt; der Vorschlag erfolgte durch Professor Goldschmidt und wurde auch von ihm vertreten. Gegen alle Übung ist die Bestätigung durch das Ministerium erst ein volles Jahr später ausgesprochen worden.

1938 Zum 60. Geburtstag wurde Pinder die Goethe-Medaille nicht verliehen (auch beim 65. erhielt er sie trotz vorheriger Ankündigung nicht!). – Das geplante Reichsinstitut für Kunstgeschichte, das unter Pinders Leitung stehen sollte (ein alter Gedanke der Notgemeinschaft der Deutschen Wissenschaft), kam wegen nationalsozialistischer Quertreibereien nicht zustande.
Die Habilitation des Grafen Rothkirch wurde auf Grund eines Gutachtens vom Leiter des Dozentenlagers Tännich (Prof. Storm, Rektor der Technischen Hochschule) abgelehnt. Auch hier war Pinders Eingreifen erst nach langen Mühen erfolgreich.

Pinders Vortragsreisen ins Ausland erfolgten stets auf Einladung der ausländischen Stellen oder einzelner gescheuter Leute in den deutschen Ämtern. Mit führenden Persönlichkeiten der Partei ist Pinder niemals in Berührung gekommen. (gelegentliche offizielle Einladungen bei Rust ausgenommen!)

Von Beamten und Angestellten seines Institutes ist m. W. keiner Parteigenosse gewesen. Dr. Kroll, der unter Pinders Vorgänger persönlich von Hitler als Lehrbeauftragter eingesetzt wurde, verließ Berlin etwa 1942 nach ausgiebiger Beschwerde, daß er unter Pinder sein erstrebtes Ziel – eine Professur für Kunstgeschichte des 19. Jahrhunderts – nicht erreichen könne.

Bei der Ablehnung Pinders als Lehrer an der neuen Universität ist ihm durch den Magistrat ausdrücklich das Recht auf Pension zugebilligt worden, das anderen Professoren, denen der Vorwurf nationalsozialistischer Gesinnung gemacht wurde, versagt blieb.

Anlage VII[16]

Ich, der Unterzeichnete, Theodor Heinrich Deisel, geboren am 20. 12. 1909 zu Ottenau, wohnhaft zu Stuttgart-13, Richard Kochstraße 10, gebe hiermit zur Kenntnis der Bedeutung und des Wesens einer solchen Erklärung die folgende Versicherung an Eidesstatt:

In der »Neuen Zeitung« vom 19.5.1947 wurde ein Nachruf unter der Überschrift »Wilhelm Pinder gestorben« von Hans Eckstein veröffentlicht (...)[17].

Dieser Nachruf wäre Pinder zu Lebzeiten und im »Dritten Reich« bestimmt sehr nützlich gewesen. Damals hatte er kaum so entschiedene Helfer und galt keineswegs als Nationalsozialist oder als Persönlichkeit, die sich mit dem Nationalsozialismus identifiziert hatte. Letztlich verdankte er seine Stellung nur dem in Berlin aktenkundigen Umstand, daß man »es sich nicht leisten konnte«, einen Wissenschaftler vom Range Pinders abzusetzen oder kaltzustellen, wodurch das Ansehen des Nationalsozialismus im In- und Ausland mehr geschädigt wäre.

Als ehemaligem Studierenden einer Akademie der bildenden Künste von 1928 bis 1935, als Studienassessor für Zeichen- und Kunstunterricht und nachmaligem Sachbearbeiter für das Gebiet der bildenden Kunst im Reichssicherheitshauptamt, Amt III, von 1937 bis 1945, ist mir über den »Fall Pinder« Folgendes bekannt:

Nach der Machtübernahme war es unter meinen Kollegen, die bei Pinder studierten ein offenes Gespräch, daß er wahrscheinlich nicht mehr lange Hochschullehrer bleiben werde, er sei zwar ein guter Wissenschaftler, aber eben kein Nationalsozialist.

In nationalsozialistischen offiziellen Kreisen betrachtete man daher auch 1935 die Berufung Pinders auf den Lehrstuhl in Berlin als einen Erfolg der »Reaktion«, die, wie es hieß, noch immer ihr Haupt erhebe, und als eine Herausforderung der Bewegung. In nicht politisch im Sinne des Nationalsozialismus interessierten Fachkreisen wurde die Berufung begrüßt und zum Ausgangspunkt der Hoffnung gemacht, daß die überall spürbare strenge Parteidoktrin allmählich durchbrochen werde.

Als ich im Jahre 1937 nach Berlin kam, fand ich diese beiden einander entgegengesetzten Meinungen über Pinder als nunmehriger Sachbearbeiter für das Gebiet der bildenenden Kunst in den Akten »Pinder« im SD-Hauptamt wieder. Es lagen zahlreiche Stimmen bei den Akten, die sich gegen die Berufung Pinders aus politischen Gründen ausgesprochen hatten. Nirgends jedoch wurde Pinder als Nationalsozialist oder sein Wirken als auch nur brauchbar im nationalsozialistischen Sinne bezeichnet. Wer seine Berufung nach Berlin schließlich durchgesetzt hatte, ergab sich aus den Akten nicht. Ich persönlich nahm an, daß sie durch den Einfluß der »Reaktion« im Reichserziehungsministerium zustande gekommen war, die damals durch den Leiter der Abteilung »Volkskultur«. Herrn von Staa, dessen Mitarbeiter, Herrn von Oppen und Regierungsrat Schwarz vertreten wurde. Diese Herren wurden nach dem »Tag der Deutschen Kunst« 1937 strafweise aus ihren Stellen im Ministerium versetzt bzw. entfernt.

Bei meinem Eintritt ins SD. Hauptamt hatten sich die Vorgänge um Pinder bereits zu einem sogenannten »Fall« entwickelt, dessen »Bereinigung« der Ehrgeiz bestimmter Parteidienststellen war. Neue Tatsachen hatten sich zum Teil aus Pinders Vorlesungen an der Universität Berlin ergeben. Man versuchte auch, Pinder mit dem Nachweise beizukommen, er habe jüdische, halbjüdische und verdächtige ausländische Studenten gehabt, ja promoviert und habe sie noch. Ich besuchte 1935 – ich glaube im Sommerhalbjahr – Vorlesungen Pinders, die die deutsche Zeichenkunst vor der Dürerzeit zum Gegenstand hatten. Pinder hat damals ununterbrochen in jeder Vorlesung Seitenhiebe gegen die Partei und ihre Gliederungen oder gegen offizielle Verlautbarungen der nationalsozialistischen Bewegung ausgeteilt. Es wurde mir auch bekannt, daß er dies nicht nur in den von mir besuchten, sondern auch in anderen Vorlesungen, ja überhaupt in seinem gesamten privaten und öffentlichen Umgang immer wieder tat. So zeigte er im Lichtbild nacheinander die »Törichten Jungfrauen« von Martin Schongauer und Zeichnungen des Meisters E.S. Diese Anfangsbuchstaben Martin Schongauers lauten M.S. Pinder verstand es nun, M.S. und E.S. ausgerechnet an solchen Stellen dauernd zu versprechen, wo er eines schadenfrohen Lacherfolges seiner Zuhörer sicher sein konnte. Wenn er gelegentlich bestrebt war, solche Zungenfehler, die natürlich keine waren, nachträglich zu verbessern, so war er dessen meist durch einen wilden Beifall enthoben[18].

Bezeichnend ist es, daß seine Studenten ihren Lehrer nicht angezeigt, sondern zu ihm gehalten haben. Dies wurde vielfach, so auch im Reichserziehungsministerium als Beweis dafür angeführt, daß Pinder nicht geeignet sei, den Nachwuchs auf dem Gebiete der Kunstwissenschaft im nationalsozialistischen Geiste zu erziehen, sodaß seine Amtsenthebung notwendig sei. Kennzeichnend für die Einstellung des offiziellen Nationalsozialismus zu diesem »Repräsentanten der nationalsozialistischen Kunstwissenschaft« ist auch das Verhalten des Reichsführer-SS Heinrich Himmler, als er von der Akademie der Wissenschaften zu einem Vortrag Pinders über das österreichische Kunstschaffen im gesamtdeutschen Raume eingeladen wurde. Himmler lehnte die Teilnahme an dieser Veranstaltung ab, um nicht die »reaktionäre« Persönlichkeit Pinders noch durch seinen Besuch zu unterstützen. Um deutlich seine Ablehnung zu bekunden, ließ er sich durch einige völlig unbedeutende SS-Führerdienstgrade vertreten. Diese meldeten ihm, daß der Vortrag zahlreiche Stellen enthalten habe, die sich ausgesprochen gegen die nationalsozialistische Kunstauffassung gerichtete hätten. Auch dies reichte aber nicht aus, einen Gelehrten von Pinders Range zu entfernen, zumal sich Himmler in derartigen Angelegenheiten in der bildenden Kunst zurückhielt.

Nach Kriegsausbruch stand Pinder neben zwei anderen Kandidaten zur Wahl als Betreuer deutscher Kunstgüter in Italien. Pinder wurde abgelehnt weil er die gestellte Anforderung nicht gewährleistete, das »Dritte Reich« in Italien zu vertreten. Bekanntlich konnte der SD niemand ernennen und niemand absetzen, mußte aber als Nachrichtendienst über die Vorgänge auf den verschiedenen Lebensgebieten unterrichtet sein. So auch im Falle Pinder. (...).

Als im Jahre 1942 – etwa[19] – die Schrift Pinders »Vom Wesen und Werden der Deutschen Kunst« erschien, verdichteten sich die Angriffe gegen Pinder erneut. Diesmal schien es zu einer Amtsenthebung kommen zu wollen. Die damalige Dienststelle des Beauftragten des Führers für die geistige und weltanschauliche Schulung und Erziehung der NSDAP (Amt Rosenberg) griff diese Schrift auf, um einen sehr heftigen Artikel gegen Pinder im »Schwarzen Korps« veröffentlichen zu lassen. Robert Scholder, Beauftragter Rosenbergs für die bildende Kunst und Rosenberg selbst unternahmen Schritte gegen Pinder bis ins Führerhauptquartier. Hierüber sollte Heinrich Hoffmann Auskunft geben können. Pinder hatte damals einen sehr schweren Stand und wandte sich hilfesuchend an eine Reihe von Reichsbehörden. Soviel ich mich erinnere, gelang es ihm nur deshalb im Amte zu bleiben, weil einige Diensstellen wiederum auf die Schädigung des deutschen Ansehens im In- und Ausland hinwiesen, wie sie durch eine Amtsenthebung zu erwarten sei und zu einem Teil durch die Kampagne gegen Pinder im »Schwarzen Korps« bereits eingetreten war. Dieser Aufsatz war in verschiedenen Punkten sachlich falsch, wofür Pinder den Nachweis brachte. Man richtete das Augenmerk deshalb nicht mehr in erster Linie auf den »Fall Pinder«, sondern auf die Vorsorge, daß im »Schwarzen Korps« künftig keine Falschmeldungen mehr gebracht würden. Ich führe es auf das immer lastendere Gewicht der Tagesfragen im Kriege zurück, wenn die geplante »Bereinigung« des »Falles Pinder« die auch trotz dieser Verteidigung akut blieb, auch jetzt wieder verschoben wurde.

So als wurde nach meinem Wissen die Person und das Wirken Pinders von offiziellen Seiten angesehen und bewertet, ein »Reaktionär« und »Gegner«, der nicht geeignet ist, die nationalsozialistische Kunstwissenschaft zu repräsentiern oder den Nachwuchs der Kunsthistoriker in dem erwünschten Sinne heranzubilden.

Im Hinblick auf das seinerzeit aktenkundige »Bekenntnis« Pinders zu Hitler war es für Eingeweihte ein offenes Geheimnis, daß hier entweder von einem wohlmeinenden Dritten oder Pinder selbst ein Gerücht[20] in die Welt gesetzt worden sein mußte, um bestimmte Verfolger ein zeitlang abzusetzen.

Pinder war ein künstlerischer Mensch und als Wissenschaftler ein Diener der Wahrheit, unabhängig von politischen Systemen. Solche Persönlichkeiten können nicht mit politischen Maßstäben gemessen werden, wie es im nationalsozialistischen Staat geschehen ist, als Pinder als »Reaktionär« und »Gegner« beurteilt wurde, und wie es in dem Nachruf Ecksteins wieder geschieht, der ihn als »Nationalsozialisten« abstempeln möchte.
gez. Theo Deisel

ZUSAMMENFASSUNG

In dieser Studie werden drei Probleme miteinander in Verbindung gebracht: es wird der Versuch unternommen, die methodischen Ausgangspunkte und die inhaltlichen Ergebnisse des Oeuvres des Kunsthistorikers Wilhelm Pinder (1878-1947) zu rekonstruieren; anhand dieses Oeuvres wird ein Abschnitt der Geschichte der Kunstgeschichte in den deutschsprachigen Ländern zwischen 1900 und 1945 beschrieben; die methodischen Ausgangspunkte und die Bevorzugung bestimmter Perioden in der Kunstgeschichte Pinders und seiner Zeitgenossen werden zu der Position und der gesellschaftlichen Stellungnahme des deutschen Intellektuellen in der ersten Hälfte dieses Jahrhunderts in Beziehung gesetzt. Diese drei Aspekte bilden zusammen das Paradigma »Deutsche Kunstgeschichte«: Kunstgeschichtsschreibung, die sich auf die deutsche Kunst und deren Wesen richtet. Wilhelm Pinder kann als Repräsentant der Verschiebung gelten – kurz vor dem Ersten Weltkrieg – von einer stark physisch-psychologischen Auffassung zu einer mehr spirituell-idealtypischen Betrachtungsweise. ›Kunstgeschichte als Geistesgeschichte‹ bedeutet ein ästhetisch-idealistisches Kunst- und Wirklichkeitsbild. Individuum, Wirklichkeitserleben und bildende Kunst können in dieser Sicht auf nur wenige mögliche ›Haltungen‹ hinsichtlich der Wirklichkeit zurückgeführt werden. In der Kunst der Vergangenheit kann man nach einer ausführlichen formalen Analyse diese Haltungen feststellen.

Diese ästhetische Betrachtungsweise, bei der das Individuum in den Phänomenen um es herum die Konkretisierung von im Grunde spirituellen und psychologischen Prozessen zu sehen glaubt, war für viele deutsche Gelehrte und Intellektuelle die Antwort auf gesellschaftliche Entwicklungen, wozu sie immer weniger beitragen konnten. Dadurch daß sie das Spirituelle, das sich hinter dem von ihnen verabscheuten materiellen gesellschaftlichen Prozeß versteckte, nachdrücklich betonten, glaubten sie aber dennoch eine Rolle spielen zu können. Als das Wesentliche der deutschen Kunst setzten sie einen Hang zum Spirituellen voraus oder – wie Pinder es formuliert – »die Ausdruckskraft für das Unsichtbare«.

Diese Kunsthistoriker glaubten nicht, daß die Geschichte statisch wäre. Wie keine Generation vor ihnen wurden die Intellektuellen zu Anfang des 20. Jahrhunderts mit einer schnellen und grundlegenden Veränderung der europäischen Gesellschaft konfrontiert. Durch das traumatische Erleben des Ersten Weltkrieges und durch den Untergang des deutschen Kaiserreichs wurde dies noch verstärkt. Sie erkannten sich selbst ein ›Generationsbewußtsein‹ zu und glaubten sich beauftragt, über eine kulturelle Erneuerung eine politische zustande zu bringen. Sie stellten die Behauptung auf, daß die europäische Kultur einen dynamischen Charakter habe –, aber diese Dynamik wurde letzten Endes dennoch als eine Konstante der europaischen Kultur betrachtet. Durch diesen fundamentalen Widerspruch kann Pinders Buch *Das Problem der Generation in der Kunstgeschichte Europas* als bezeichnend betrachtet werden für die Position vieler Intellektueller – einige von ihnen gehörten zu der ›Konservativen Revolution‹ – zwischen Engagement und intellektueller Autonomie.

Pinders Auffassungen über Charakter und Wesen der deutschen Kunst bringen ihn nach 1933 gegen seinen Willen in das Kraftfeld der Politik. Seine Ideen haben sich aber schon lange vor 1933 geformt und werden innerhalb der sogenannten ›Kunstgeographie‹ von vielen anderen Kunsthistorikern geteilt.

Die Kunstgeographie bildet einen Teil der Diskussion über die kunsthistorische Methode, wie sie seit dem Ersten Weltkrieg bis in den Zweiten hinein in den deutschsprachigen Ländern geführt worden ist. In dieser Methodendiskussion läßt sich eine Entwicklung

feststellen, bei der der historische Platz des Kunstwerks zwischen anderen Kunstwerken im Rahmen einer stilkritischen oder geisteswissenschaftlichen Fragestellung fallen gelassen wird zugunsten einer Betrachtungsweise, wobei das Kunstwerk als ein völlig autonomes Phänomen betrachtet wird. Die Fragestellungen sind zuletzt nicht auf die Bedeutung des Kunstwerks gerichtet, sondern auf die Bedeutung und den Ursprung der Kunst. Beide werden dann im Charakter der Völker gesucht.
Das Unvermögen, unter Ausschluß eines jeden Aspekts des Kunstwerks, der nicht zu dessen Kunstcharakter gerechnet wurde, zu nachprüfbaren Aussprüchen zukommen, widerspiegelt die Position vieler deutschen Kunsthistoriker. Sie verstrickten sich in unlösbare methodische Rätsel gegenüber einer für sie gleich unentwirrbaren gesellschaftlichen Konstellation.

Pinder unterschätzte die Macht der Nationalsozialisten anfangs sehr. Er glaubte, daß das Regime in die richtige Bahn gelenkt werden könnte, wenn sich bedeutende Gelehrte beteiligten würden. Selber versuchte er, an der Kunstpolitik Kritik zu üben. Die Unterschätzung der politischen Macht der Nationalsozialisten und die Überschätzung der intellektuellen Kraft der deutschen Gelehrten sind für Pinder und seine Kollegen als charakteristisch zu bezeichnen.

Anmerkungen

1 Willibald Sauerländer hat diesen Gegenstand in seinem Artikel »Die Naumburger Stifterfiguren« auf unnachahmliche Weise dargestellt, *Die Zeit der Staufer*, Kat. Stuttgart 1979, V, S. 169-247. Er behandelt die Entwicklungen in der Naumburgliteratur systematisch und geht auf den politischen und gesellschaftlichen Kontext ein, in dem diese geschrieben wurde.

2 Als Beispiel eines solchen Herangehens kann der Artikel von Berthold Hinz gelten, »Der Bamberger Reiter«, M. Warnke (Hrsg.), *Das Kunstwerk zwischen Wissenschaft und Weltanschauung*, Gütersloh 1970, S. 26-47.

3 Siehe dafür *Erbe als Gegenwartsaufgabe, Arbeitstagung des Bereichs Kunstwissenschaft April 1975, Humboldtuniversität Berlin 1975*, Berlin 1975; Pierre Francastel, *L'histoire de l'art. Instrument de la propagande germanique*, Paris 1945; Harald Justin, *Tanz mir den Hitler, Kunstgeschichte und (faschistische) Herrschaft*, Münster 1982; Ingrid Schulze, *Der Mißbrauch der Kunstgeschichte durch die imperialistische deutsche Ostpolitik*, Leipzig 1970. Biographisches zu Pinder ist auch zu finden bei Waltraud Irmscher, *Der ideologische Gehalt der Geschichtsauffassungen Wilhelm Pinders und seine Stellung innerhalb der bürgerlichen Kunstwissenschaft,* Phil. Diss. Berlin (DDR) 1976, Manuskript; Heinrich Dilly, *Deutsche Kunsthistoriker 1933-1945,* Berlin 1988.

4 Ich denke hier an die Monografien von E. H. Gombrich, *Aby Warburg, an intellectual biography*, London 1970 und von W. Hofmann, G. Syanken und M. Warnke, *Die Menschenrechte des Auges – Aby Warburg*, Frankfurt/M. 1980 (diese Essaysammlung behandelt Warburg mehr von der Fragestellung her, warum Warburg auch heute noch für uns von Interesse ist); Renate Heidt, *Erwin Panofsky, Kunsttheorie und Einzelwerk*, Wien 1977; Meinhold Lurz, *Heinrich Wölfflin, Biographie einer Kunsttheorie*, Worms 1981 und Hans Berthold Busse, *Kunst und Wissenschaft, Untersuchungen zur Ästhetik und Methodik der Kunstwissenschaft bei Riegl, Wölfflin und Dvořák*, Mittenwald 1981, zeichnen sich durch sehr detaillierte Wiedergabe und Analyse der wissenschaftstheoretischen Ausgangspunkte der genannten Kunsthistoriker aus, aber sie behandeln diese nicht historisch. Gombrich's Biografie von Warburg ist noch immer unübertroffen in der Kombination von biografischen und kulturhistorischen Fakten. Die Figur Warburgs ist jedoch dermaßen untypisch für die kunsthistorische Welt von damals, daß diese Veröffentlichung kein Bild zu vermag von der kunsthistorischen Problematik und von der Postion des Intellektuellen um 1900.

5 Franklin L. Baumer, »Intellectual History and its Problems«, *The Journal of Modern History*, XXI, September 1948, Nr. 3, S. 191-204, sagt, daß bei einer derartigen Untersuchung vier Probleme im Mittelpunkt stehen: 1.) die Bestimmung des »Zeitgeistes«, wobei es um die Gesamtheit der Auffassungen geht, auch um die weniger wichtigen Autoren und um banale Veröffentlichungen, und um entgegengesetzte und übereinstimmende Meinungen; 2.) die Ursachen von intellektuellen Veränderungen; 3.) der Einfluß von intellektuellen Veröffentlichungen auf die Mehrheit der Bevölkerung; 4.) ein Begriff von den Alternativen, aus denen die Menschen zu einem bestimmten Zeitpunkt wählten, und das damit zusammenhängende Benehmen. »Intellectual history« hat nicht den Wert einer Voraussage.
Außerdem haben mich die Auffassungen von Thomas Kuhn beeinflußt, *The Structure of Scientific Revolutions*, Chicago 1963, wenn es dabei auch um die Naturwissenschaften geht.

6. In jüngerer kunsthistorischer Literatur wird Pinder nicht genannt. Ausnahmen sind Otto Pächt, *Methodisches zur kunsthistorischen Praxis. Ausgewählte Schriften*, München 1977 und die Dissertation von Dagmar Lies, *Plastik als Gestaltung. Wilhelm Pinders Aussagen zur deutschen Plastik in den Jahren 1914-1930,* Bonn 1980. Lies konstruiert anhand einer Publikation Pinders eine Art »Theorie des Plastischen«, die dann wieder mit Autoren wie Pomponius Gauricus, Winckelmann, Herder, Hildebrandt, Wölfflin und Panofsky verglichen wird, ohne daß von einer brauchbaren Fragestellung die Rede sein kann. Den Wert dieser kunstwissenschaftlichen Übung vermag ich denn auch nicht einzusehen.

7 Zu diesem Aspekt von Pinders Persönlichkeit siehe Erich Rothacker, *Heitere Erinnerungen*, Bonn 1963, S. 126, 133-134, 138. Pinder hat seine Witzsammlung auch in verschiedenen Zeitungen veröffentlicht, z.B. »Zur Topographie des Humors. Ein kleiner Beitrag zur deutschen Stammeskunde«, in der Sonntagsbeilage der *Berliner Börsen-Zeitung*, 21. 3. 1937.

8 Angaben über Pinders Leben erhielt ich aus folgenden Quellen: Hans Eckstein, »Hitlers Kunsthistoriker«, *Neue Zeitung* vom 17. 12. 1945; Richard Hamann, »Nachruf auf Wilhelm Pinder«,

Jahrbuch der Deutschen Akademie der Wissenschaften zu Berlin 1946-1949, Berlin 1950, S. 213-216; Edith Hoffmann, »Obituary on Wilhelm Pinder«, *Burlington Magazine*, vol. 89, Juli 1947, S. 198; Hans Jantzen in *Jahrbuch der Bayerischen Akademie der Wissenschaften 1944-1948*, München 1948, S. 178-179: Hans Sedlmayr, »Ein Entdecker der Kunstwissenschaft. Wilhelm Pinder zum 100. Geburtstag«, *Rheinischer Merkur* Nr. 25, 23. Juni 1978, S. 27: Gerhard Strauss, »Neubeginn ab 1945«, *Erbe als Gegenwartsaufgabe*, Berlin (DDR) 1975, S. 197ff., *Winkler Prins van de Kunst*, Amsterdam 1969, III, S. 96. Aus den letzten Lebensjahren Pinders sind einige sein persönliches Leben betreffende Schriften erhalten geblieben, siehe dazu den Anhang dieser Untersuchung.

Paul Fechter beschreibt Pinder in seinem *Menschen und Zeiten. Begegnungen aus fünf Jahrzehnten*, Gütersloh 1948, folgendermaßen: (er vergleicht ihn mit dem Germanisten Julius Petersen, der ebenso wie Fechter und Pinder Mitglied der Mittwochsgesellschaft war): »Er (Petersen) war das Gegenteil von Wilhelm Pinder, dem unruhigsten und nervösesten Manne der Mittwochsgesellschaft, dessen glattrasierter, kahler Schädel mit gutem Grund immer wieder Erinnerungen beschwor an die Köpfe der Santa conversazione an den Chorschranken des Bamberger Doms. Pinders Gesicht war niemals in Ruhe: ein nicht vom Willen zu beherrschendes Leben flatterte, zuckte um den Mund, um die suchenden, tastenden hellen Augen, die nur selten einmal, wenn ein Problem, eine Diskussion seinen unruhigen Geist für Augenblicke wirklich bannte, Festigkeit und klare Richtung bekamen. In Julius Petersen herrschte zuletzt die Ratio: in Wilhelm Pinder irrlichterte das Irrationale, aus dem er lebte und wirkte. Er war trotz allen Wissens eigentlich ein künstlerischer Mensch, nicht nur um seiner starken musikalischen Veranlagung willen, sondern weil er sich nicht mit dem objektiv Fassbaren begnügen konnte, weil er hinter allem die letzte Unmittelbarkeit suchen ging. Er suchte sie oft nur mit Worten; er hatte zugleich das Misstrauen gegen die Worte, spürte ihre Unzulänglichkeit, wenn es galt das Wesentliche zu fassen, und rächte sich an ihnen, indem er sie zerpflückte und mit ihnen spielte wie Franz Dülberg. Der Mann, der die Vorstellung vom Wesen der grossen deutschen Plastik des dreizehnten Jahrhunderts entscheidend mitbestimmt hat, der zuweilen eine Situation der geistigen Welt mit einem Satz zu umreissen vermochte, war (...) ein Gefangener der Sprache und der Elemente. Er gehörte nicht nur mit Anton Kippenberg zu den leidenschaftlichen Schüttelreimern seiner Generation: er konnte stundenlang wie Dülberg um immer neue Variationen von Silben, Wortteilen, Buchstaben ringen. (...) Etwas von der Neigung sehr musikalischer Menschen zum Gewagtesten brach hier aus und zugleich etwas von dem ungewollten Zerfall allen Sinns, der als Nihilismus wider Willen hinter so mancher Nervosität steht. Zuletzt sah ich ihn 1946. Eine Namensverwechslung hatte ihn vorübergehend in eine Untersuchung bei den Alliierten verwickelt: die Aufregungen dieser tage hatten eine alte Trombose wieder akut gemacht, so dass er in das Krankhaus von St. Gertrauden gebracht werden musste. Als ich davon hörte, suchte ich ihn auf; er war nervös lebendig wie nur je, voll von Plänen für Vorträge im Reich und in der Schweiz, von Vorarbeiten zu neuen Büchern und Aufsätzen. Wir sassen lange beisammen in dem Besuchsraum, er im Schlafanzug, wie er aus dem Bett gestiegen war, und redeten.« (S. 413-415).

Siehe über Pinders Zeit in München Sybille Dürr, *Geschichte des kunstgeschichtlichen Instituts der Universität München*, München 1990, S. 61-69 (Magisterarbeit, Manuskript). Erinnerungen an Pinder auch bei H. Rosemann, »Nachruf für Wilhelm Pinder, *Göttinger Universitätszeitung 13*, 6.6.1947 und J.A. Schmoll gen. Eisenwerth, »Frühe Wege zur Kunstgeschichte«, Martina Sitt (Hrsg.), *Kunsthistoriker in eigener Sache. Zehn autobiographische Skizzen*, Berlin 1990, S. 275-301.

9 Siehe Anmerkung 3.

10 Mit einem ideologiekritischen Herangehen meine ich die Aufstellung einer Argumentationskette aus verschiedenen Aussprüchen zu demselben Thema: das Betonen und Erforschen des Verhältnisses zwischen Aussage und gesellschaftlichen Interessenstandpunkten, die diese Aussage übertragen und tragen: das gilt auch für die Zielgruppe, an welche sich die Aussage richtet; das Betonen und Erforschen des Verhältnisses zwischen der Aussage und dem Betragen der sich mit dieser Aussage identifizierenden sozialen Gruppen und/oder der sozialen Gruppen, die sich dieser Aussagen bedienen, und das Verdeutlichen des latenten Inhalts und der beabsichtigten Ziele der Aussage. Siehe Werner Hofmann, »Wissenschaft und Ideologie«, *Universität, Ideologie, Gesellschaft*, Frankfurt 1968, S. 63-66 und Eike Henning, *Bürgerliche Gesellschaft und Faschismus in Deutschland, Ein Forschungsbericht*, Frankfurt 1977, S. 104.

Anmerkungen zur Einleitung/zum ersten Kapitel

11 In der deutschen Kunstgeschichtsschreibung gibt es noch genügend Gegenstände, die der Erforschung bedürfen: abgesehen von Studien über die erste und zweite Wiener Schule könnte man auch an eine Untersuchung zu den verschiedenen Instituten in Deutschland denken (in der Art der *Chronik des Kunsthistorischen Seminars der Universität Hamburg 1919-1949*, Hamburg 1981) oder zu den Beziehungen zwischen Kunstwissenschaft und Psychologie (Dessoir, Sedlmayr, Kris & Kurz etc.). Erst wenn die Entwicklungen in Deutschland gut dargestellt worden sind, hat es meiner Meinung nach Sinn, so etwas wie die Geschichtsschreibung der niederländischen Kunstgeschichte zu beginnen (siehe den Aufruf in E. R. M. Taverne: »Aufruf für eine Revision der Ausübung der Kunstgeschichte in den Niederlanden«, *Akt*, 8, 1984/4, S. 4-14, S. 6). Die niederländische Kunstgeschichte hat natürlich eine eigene Selbständigkeit, aber sie ist stark von der deutschen beeinflußt (in welchem Maße, dies könnte eine fesselnde Problemstellung für weitere Forschungen liefern).

Anmerkungen zum ersten Kapitel

1 Siehe zum Beispiel Max Dvořák, »Idealismus und Naturalismus in der gotischen Skulptur und Malerei«, *Kunstgeschichte als Geistesgeschichte*, München 1924, Anmerkung 1 auf S. 90. Der Artikel erschien ursprünglich in der *Historischen Zeitung* von 1918.
2 Wilhelm Pinder, *Einleitende Voruntersuchungen zu einer Rhythmik romanischer Innenräume in der Normandie*, Straßburg 1904, S. 12.
3 Ebenda, S. 18.
4 Ebenda, S. 19.
5 Ebenda, S. 43.
6 Wilhelm Pinder, *Zur Rhythmik romanischer Innenräume in der Normandie, weitere Voruntersuchungen*, Straßburg 1905, S. 28.
7 Ebenda, S. 62 f.
8 Wilhelm Pinder, *Mittelalterliche Plastik Würzburgs. Ein Versuch einer lokalen Entwicklungsgeschichte vom Ende des 13. bis zum Anfang des 15. Jahrhunderts*. Würzburg 1911, S. 53 und 55. Eine zweite, kaum veränderte Auflage erschien in Leipzig 1924.
9 Ebenda, S. 68.
10 Ebenda, S. 68.
11 Ebenda, S. 69.
12 Ebenda, S. 69.
13 Ebenda, S. 77.
14 Ebenda, S. 82.
15 Ebenda, S. 124.
16 Ebenda, S. 164
17 Ebenda, S. 166-168.
18 Ebenda, S. 168.
19 Ebenda, S. 168.
20 Ebenda, S. 169
21 Wilhelm Pinder, *Die deutsche Plastik vom ausgehenden Mittelalter bis zum Ende der Renaissance,* Berlin-Neubabelsberg 1914-1928, S. 6.
22 Ebenda, S. 9.
23 Ebenda, S. 9.
24 Ebenda, S. 27.
25 Ebenda, S. 32.
26 Ebenda, S. 34.
27 Ebenda, S. 93.
28 Wilhelm Pinder, »Die dichterische Wurzel der Pietà«, *Repertorium für Kunstwissenschaft*, 42, 1920, S. 146-163 und Wilhelm Pinder, *Die Pietà*, Leipzig 1922.
29 Pinder, *Deutsche Plastik*, S. 118.
30 Der Manierismus wurde in den zwanziger Jahren als spezielle und vollwertige Strömung zwischen Renaissance und Barock entdeckt. Über diese Wiederentdeckung müßte ein ungefähr genau so ausführlicher Bericht geschrieben werden wie über die Wiederentdeckung des 14. Jahrhunderts. Offenbar hat der Manierismus als spiritueller, anti-klassischer und anti-naturalistischer Stil aus

denselben Gründen die Aufmerksamkeit der Kunsthistoriker gefunden wie zwanzig Jahre zuvor die späte Gotik.

Die Welle der Manierismus-Publikationen beginnt mit dem noch negativ gestimmten Artikel von Werner Weisbach, »Der Manierismus«, *Zeitschrift für bildende Kunst*, 54, 1919, S. 161-183. Danach kommt die Lesung von Max Dvořák im Österreichischen Museum 1920, »Über Greco und den Manierismus«, aufgenommen in dessen *Kunstgeschichte als Geistesgeschichte*, München 1924, S. 259-276. Dvořák schätzt den Manierismus positiver ein und zieht Parallelen zur zeitgenössischen Situation, die auch mehr zum »Geistigen« gehe, genau wie das 16. Jahrhundert. Ebenso positiv und in heftigem Konflikt mit den Auffassungen Weisbachs ist Lilli Fröhlich-Bum, *Parmigianino und der Manierismus*, Wien 1921. Der Manierismus erfährt auch große Aufmerksamkeit in der Quellenveröffentlichung von Julius Schlosser, *Die Kunstliteratur*, Wien 1924, S. 305-407. Zu einem echten Durchbruch kommt es 1925 mit den Artikeln von Nikolaus Pevsner und Walter Friedländer im *Repertorium für Kunstwissenschaft*, 46, 1925, resp. »Manierismus und Gegenreformation«, S. 243-262 und »Die Entstehung des antiklassischen Stils in der italienischen Malerei um 1520«, S. 49-86. Pevsner fordert für den Manierismus eine eigene Stilperiode, er ist seiner Auffassung nach sowohl der Renaissance als auch dem Barock entgegengesetzt; Friedländer sieht in der Kunst Pontormos, dar sich von Dürer beeinflussen läßt, die Wiederkehr der Gotik. Die mehr psychologische Interpretation des Manierismus als Lebensauffassung, wie sie schon bei Dvořák vorkam, ist charakteristisch für Margarete Hoerner, »Der Manierismus als künstlerische Anschauungsform«, *Zeitschrift für Ästhetik und allgemeine Kunstwissenschaft*, 22, 1928, S. 200-210. Pinder hat später noch einen speziellen Artikel über den Manierismus veröffentlicht, den Manierismus an eine psychische Haltung koppelt, nämlich »Zur Physiognomik des Manierismus«, *Festschrift Klages*, Leipzig 1932, S. 148-156.

Pinder behauptet, daß der Manierismus mit einer barocken Tendenz beginnt, die dann jedoch verschwindet und erst mit Rubens wiederkehrt. Danach habe eine echte manieristische Strömung eingesetzt, die bis zu El Greco führt. Pinder hat mit dieser Ansicht keine Nachfolger, außer vielleicht Antal, der 1934 und 1935 am Courtauld Institute Vorlesungen über den Manierismus gehalten hat (ins Deutsche übersetzt: Frederick Antal, *Raffael zwischen Klassizismus und Manierismus*, Giessen 1980, siehe S. 189). Für die Geschichte der Würdigung des Manierismus siehe Georg Weise, »Le Manierisme: histoire d'un terme«, *L'information d'histoire de l'art*, 7, 1962, S. 113-125 und John Shearman, *Mannerism*, Harmondsworth 1967, S. 207-208, und R.J.W. Evans, *Rudolf II and his World. A Study in intellectual History 1576-1612*, Oxford 1984.

31 Pinder, *Deutsche Plastik*, S. 252f.

32 Ebenda, S. 255.

33 Ebenda, S. 356.

34 Ebenda, S. 396.

35 Ebenda, S. 483.

36 Ebenda, S. 483.

37 Ebenda, S. 500.

38 Georg Dehio, *Geschichte der deutschen Kunst*, Berlin und Leipzig 1919-1926.

39 Heinrich Dilly, »Lichtbildprojektion-Prothese der Kunstbetrachtung«, *Kunstwissenschaft und Kunstvermittlung* (Irene Below, Hrsg.), Gießen 1975, S. 153-172.

40 Wilhelm Vöge, *Die Anfänge das monumentalen Stiles im Mittelalter*, Straßburg 1894. Siehe zu Vöge Susanne Deicher, »Produktionsanalyse und Stilkritik. Versuch einer Neubewertung der kunsthistorischen Methode Wilhelm Vöges«, *Kritische Berichte*, 19, 1991, 1, S. 65-83.

41 Ein Blick in den systematischen Katalog der Berliner Kunstbibliothek zeigt dies überdeutlich. Pinders Absicht sehr nahe kommt Siegfried Graf Pückler-Limpurg, *Die Nürnberger Bilderkunst um die Wende des 14. und 15. Jahrhunderts*, Straßburg 1904. Die übrigen Publikationen sind sehr dürftig. Berthold Riehl, *Geschichte der Stein- und Holzplastik in Ober-Bayern vom 12. bis zur Mitte des 15. Jahrhunderts*, München 1904, formuliert als Kritik an der gangbaren Behandlung der mittelalterlichen Bildhauerei, daß immer wieder dieselben Höhepunkte beschrieben werden, ohne daß man ein Auge hat für die allgemeine Entwicklung. Er plädiert für eine Sammlung allen Materials, die dann in eine neue Übersicht der deutschen Bildhauerei eingefügt werden kann. Dies letzte hat Pinder dann seit 1914 getan. Wölfflin ist sehr kritisch gegenüber dem was er die Arbeiten von »Lokalkunsthistorikern« nennt: »Lokalkunsthistoriker, kranke Leute, die eine Beschäftigung brauchen und dann sagen, ihre Arbeit sei notwendig«. *Heinrich Wölfflin 1864-1945. Auto-*

biographie, Tagebücher und Briefe, Hrsg. von Joseph Gantner, Basel/Stuttgart 1982, S. 185, Juli 1903.

42 Georg Dehio, *Handbuch der deutschen Kunstdenkmäler*, Berlin 1905-1912.

43 Carl Schnaase, *Geschichte der bildenden Künste im Mittelalter*, IV, Düsseldorf 1874 (ursprüngl. 1850), S. 345ff.

44 Ebenda, S. 346.

45 Ebenda, S. 348.

46 Ebenda, S. 349.

47 Franz Kugler, *Handbuch der Kunstgeschichte*, Stuttgart 1861 (ursprüngl. 1842).

48 Ebenda, I, S. 493.

49 Ebenda, I, S. 493 und II, S. 127ff.

50 Wilhelm Lübke, *Grundriß der Kunstgeschichte*, Stuttgart 1860; ders., *Geschichte der Plastik*, Leipzig 1880 (ursprüngl. 1863); ders. *Geschichte der deutschen Kunst von den frühesten Zeiten bis zur Gegenwart*, Stuttgart 1890.

51 Lübke, *Grundriß*, S. 427.

52 Lübke, *Geschichte der Plastik*, S. 494.

53 Ebenda, S. 681.

54 Lübke, *Geschichte der deutschen Kunst*, S. 370.

55 Ebenda, S. 370.

56 Wilhelm Bode, *Geschichte der deutschen Plastik*, Berlin 1885 (Teil II seiner *Geschichte der deutschen Kunst*).

57 Ebenda, S. 73.

58 Ebenda, S. 74.

59 Ebenda, S. 110.

60 Ebenda, S. 111.

61 Bode sammelte für das Berliner Museum (später Kaiser-Friedrich-Museum) viel italienische Kunst des 15. Jahrhunderts, damals ein relativ neues Sammelgebiet. Siehe Wilhelm Bode, *Mein Leben*, Berlin 1930 und Wilhelm Bode, *50 Jahre Museumsarbeit*, Leipzig 1922 und Rüdiger Klessmann, *Gemälde Galerie Berlin*, Gütersloh,Berlin und Wien 1972, S. 47-65. Siehe zu Bode Wolfgang Beyrodt, »Wilhelm von Bode. 1845-1929«, Heinrich Dilly (Hrsg.) *Altmeister moderner Kunstgeschichte*, Berlin 1990, S. 19-37

62 Franz Xaver Kraus, *Geschichte der christlichen Kunst*, II, Freiburg/Br. 1897, S. 225.

63 Karl Woermann, *Geschichte der Kunst aller Zeiten und Völker*, Leipzig 1904-1911 (I-III) und Leipzig 1915-1922 (I-VI).

64 Ebenda, IV, S. 334ff.

65 Georg Dehio, *Geschichte der deutschen Kunst*, Berlin-Leipzig 1919-1926, II.

66 Ebenda, S. 3.

67 Ebenda, S. 12.

68 Ebenda, S. 133.

69 Wilhelm Worringer, *Formprobleme der Gotik*, München 1920 (1910).

70 Ebenda, S. 34.

71 Ebenda, S. 45.

72 Ebenda, S. 120.

73 Ebenda, S. 126.

74 Ebenda, S. 97 und S. 126.

75 Siehe Hendrik Schulte Nordholt, *Das Bild der Renaissance, eine historiografische Studie*, Diss. Amsterdam 1948, S. 89 und die Sammlung *Johan Huizinga 1872-1972, Papers delivered to the Johan Huizinga Conference 11-15 December 1972*, W. R. H. Koops, E. H. Kossmann und Gees van der Plaat (Hrsg.), Den Haag 1973, und W.E. Krul, *Historicus tegen de tijd. Opstellen over leven en werk van J. Huizinga,* Groningen 1990 (Dt. *Historiker gegen die Zeit. Aufsätze über Leben und Werk J. Huizingas*). Ich weiß nicht, ob Huizinga Dvořáks Arbeit über die Brüder van Eyck aus dem Jahre 1904 kannte (erneut herausgegeben in Buchform, Max Dvořák, *Das Rätsel der Brüder van Eyck*, München 1925). Ebenso wie Huizinga kommt Dvořák zu der Schlußfolgerung, daß die Kunst Jan van Eycks nicht der Beginn einer neuen Epoche ist, sondern der Abschluß der alten, des Mittelalters. Dvořák weist auf die Kontinuität des Naturalismus hin, die in der Teppichkunst, der Plastik im Frankreich des 14. Jahrhunderts und in der französischen Malerei zu erken-

nen ist; diese französische Malerei verbindet sich an den prachtliebenden französischen Höfen mit der italienischen Kunst. Das 15. Jahrhundert vervollkommnet, was im 14. begonnen wurde.

76 Pinder, *Deutsche Plastik*, S. 117.
77 Dvořák, *Rätsel*, S. 72.
78 Georg Wilhelm Friedrich Hegel, *Ästhetik*, Stuttgart 1977, S. 49f.
79 Carl Schnaase, *Geschichte der bildenden Künste bei den Alten*, Düsseldorf 1866, ursprüngl. 1843.
80 Ebenda, S. 10.
81 Willi Oelmüller, *Friedrich Theodor Vischer und das Problem der nachhegelschen Ästhetik*, Stuttgart 1959.
82 Ebenda, S. 144ff.
83 Konrad Fiedler, *Schriften zur Kunst*, reprint München 1971 (München 1913-1914), S. 52. Hier wird aus dem Aufsatz *Beurteilung von Werken der bildenden Kunst* zitiert, der ursprünglich 1876 erschien.
84 Ebenda, S. 15.
85 Ebenda, S. 17.
86 Heinrich Dilly, *Kunstgeschichte als Institution, Studien zur Geschichte einer Disziplin*, Frankfurt/M. 1979, S. l07ff. Siehe auch Wolf Lepenies, »Der andere Fanatiker. Historisierung und Verwissenschaftlichung der Kunstauffassung bei Johann Joachim Winckelmann«, *Ideal und Wirklichkeit* (H. Beck Hrsg.), Berlin 1984, S. 19-31.
87 Hannelore Schlaffer und Heinz Schlaffer, *Studien zum ästhetischen Historismus*, Frankfurt/M. 1975, S. 8ff und Hans Robert Jauss, »Geschichte der Kunst und Historie« in dessen *Literaturgeschichte als Provokation*, Frankfurt 1971, S. 208f f.
88 Alfred Arnold, *Wilhelm Wundt – Sein philosophisches System*, Berlin 1980; L. K. A. Eisenga und J. F. H. van Rappard, »Wilhelm Wundt, de onbegrepen vader van de wetenschap Psychologie«, (W. W., der unverstandene Vater der Wissenschaft Psychologie), *Intermediair* 15, 22, 1. Juni 1979, S. 17-25; Thomas H. Leahay, *A History of Psychology*, Englewood Cliffs N. J., 1980, und Eno Beuchelt, *Ideengeschichte der Völkerpsychologie*, Meisenheim am Glan 1974 (Kölner Beiträge zur Sozialforschung und angewandten Soziologie, Band 13)
89 Dilly, *Kunstgeschichte*, S. 80ff; S. 175ff, S. 240ff, S. 257. Wie eine Analyse der Geschichtsschreibung des 19. Jahrhunderts – auch für die Kunstgeschichte –aussehen könnte, zeigt Josine Blok, »Sexual Asymmetry. A Historiographical Essay«, *Sexual Asymmetry. Studies in Ancient Society*, (Josine Blok and Peter Mason ed.), Amsterdam 1987, S. 1-59.
90 Joseph Ben-David und Randall Collins, »Social Factors in the Origins of a new science: the case of Psychology«, *American Sociological Review*, 31, 4, 1966, S. 451-465.
91 Wilhelm Wundt, *Grundriß der Psychologie*, Leipzig 1901, S. 125.
92 Ebenda, S. 395.
93 Arnold, *Wundt*, S. 53ff.
94 Wilhelm Wundt, *Grundzüge der physiologischen Psychologie*, II, Leipzig 1903, S. 793f.
95 Ebenda, S. 781f.
96 Arnold, *Wundt*, S. 173.
97 Heinrich Wölfflin, *Prolegomena zu einer Psychologie der Architektur*, Diss. Basel 1886, gedruckt in seinen *Kleinen Schriften*, Basel 1946, S. 13-47.
98 Meinhold Lurz, *Heinrich Wölfflin, Biographie einer Kunsttheorie*, Worms 1981, S. 65-89. Siehe auch Joan Hart, »Reinterpreting Wölfflin: Neo-Kantianism and Hermeneutics«, *Art Journal*, 42-4, Winter 1982, S. 292-300. Siehe zu Wölfflin auch Nikolaus Meier, »Heinrich Wölfflin 1864-1945, Heinrich Dilly (Hrsg.) *Altmeister moderner Kunstgeschichte*, Berlin 1990, S. 63-81.
99 Wölfflin, *Kleine Schriften*, S. 21.
100 Lurz, *Wölfflin*, S. 77f.
101 Wölfflin, *Kleine Schriften*, S. 14 und 12.
102 Ebenda, S. 44.
103 Ebenda, S. 45-46.
104 In Göttingen fügte Schmarsow die Ästhetik »hinzu«, als Hermann Lotze als Professor für Ästhetik 1883 nach Berlin ging. Schmarsow schrieb darüber: »... eine Einleitung in die Kunstwissenschaft vom psychologisch orientierten Gesichtspunkt«, zitiert bei Johannes Jahn, *Die Kunstwissenschaft der Gegenwart in Einzeldarstellungen*, Leipzig 1924, S. 141.
105 Inauguralrede Schmarsows, *Das Wesen der architektonischen Schöpfung*, Leipzig 1893, S. 11.

106 August Schmarsow, »Der Wert der Dimensionen im menschlichen Raumgebilde«, *Berichte über die Verhandlungen der sächsischen Akademie der Wissenschaften, Philolog. Hist. Klasse*, 1896, S. 44-61.

107 Ebenda, S. 60.

108 August Schmarsow, *Unser Verhältnis zu den bildenden Künsten, Sechs Vorträge über Kunst und Erziehung*, Leipzig 1903, S. 13 u. 17.

109 August Schmarsow, *Grundbegriffe der Kunstwissenschaft, am Übergang vom Altertum zum Mittelalter kritisch erörtert und in systematischem Zusammenhange dargestellt*, Leipzig und Berlin 1905.

110 Ebenda, S. 8, Anmerkung 1.

111 Ebenda, S. 33: »Ort und Stellung der beteiligten Organe, der Grad ihrer Beweglichkeit oder ihrer Abhängigkeit vom Rumpfe, die Bedingungen des Zusammenwirkens der beiden Hände an den beiden Armen, der beiden Füße an den beiden Beinen, der beiden Augen an der Vorderseite des Kopfes samt der inneren Anlage des paarigen Sehapparates, alle diese Verhältnisse bestimmen nicht allein unsere Orientierung, sondern auch unsere Auffassung und Hervorbringung, alle Möglichkeiten und Äußerungsweisen unserer Wirksamkeit, wie die Ausdehnung und die Grenzen unseres Wirkungskreises.«

112 Schmarsow, *Grundbegriffe*, S. 350. Was Wundt schreibt über die Erhaltung der Energie, siehe auch Anmerkung 95.

113 Die Auffassung, daß in der Geschichte der Kunst stets eine Disziplin den Ton angibt, ist ein Erbe der Romantik. Diese Idee ist bei Hegel und auch bei Schnaase zu lesen. Für eine Übersicht dieser Auffassungen aus dem 19. und 20. Jahrhundert, siehe Christian Töwe, *Die Formen der entwickelten Kunstgeschichtsschreibung*, Neue Deutsche Forschungen, Abt. Kunstwissenschaft und Kunstgeschichte, Hrsg. Alfred Stange, Berlin 1939, S. 86ff.

114 Schmarsow, *Grundbegriffe*, S. 86.

115 Ebenda, S. 94.

116 Ebenda, S. 86.

117 August Schmarsow, »Kunstwissenschaft und Kulturphilosophie mit gemeinsamen Grundbegriffen«, *Zeitschrift für Ästhetik und Allgemeine Kunstwissenschaft*, 13, 1918, S. 165-190 und 225-258.

118 Ebenda, S. 181. Schmarsow vergleicht die für eine bestimmte Epoche tonangebende Disziplin den Gattungstypus mit den Idealtypen von Max Weber und dem Wertemodell von Mex Scheler (*Der Formalismus in der Ethik und die materiale Wertethik*, Bern 1954; ursprüng. 1913 und 1914 als Artikel erschienen). Scheler versucht, ausgehend von der Ethik Kants, die unserem Handeln zugrunde liegenden Werte zu definieren. Diese Werte gehen auf Typen zurück, die man auch als Persönlichkeiten lesen kann. Scheler unterscheidet den Heiligen, das Genie, den Helden, die führende Persönlichkeit (»führender Geist«) und den Ästheten (»Künstler des Genusses«). Reine Typen in der Form historischer Persönlichkeiten bestehen jedoch nicht, es sind Abstraktionen, a proiri's, die nicht von den Menschen selbst abgeleitet sind, sondern von uns als Werte anerkannt werden. Scheler glaubt, daß es möglich sein muß, diese Typen mit dem historischen Verlauf der menschlichen Entwicklung zu verbinden. Scheler betrachtet diese Entwicklung als einen Prozeß, in dem die individuelle Entfaltung der menschlichen Möglichkeiten immer stärker betont wird. Dies läßt sich in mancher Hinsicht mit Schmarsows Auffassung vergleichen, daß die Kunstgeschichte uns von der sich ständig verfeinernden menschlichen Wahrnehmung berichtet. (Scheler, a.a.O., S. 130; 510; S. 586-587.)

119 August Schmarsow, *Die Kunstgeschichte an unseren Hochschulen*, Berlin 1891. Dieses Buch hat mit der damaligen Kontroverse zwischen Wilhelm Bode (der 1890 Direktor des Kaiser-Friedrich-Museums wurde) und Hermann Grimm zu tun, dem Ordinarius für Kunstgeschichte an der Berliner Universität. Bode setzte sich für eine Beschränkung der Ausbildungsmöglichkeiten in Deutschland ein: nur in den Städten sollte ein Lehrstuhl für Kunstgeschichte existieren dürfen, die auch ein großes Museum hatten. Bode beklagte sich nämlich darüber, daß die Kunsthistoriker, die zu ihm in das Museum kamen, für die praktische Arbeit nicht taugten und erneut ausgebildet werden mußten. Grimm dagegen wollte die allgemeinen ästhetischen Voraussetzungen des Faches nicht dem Spezialistentum preisgeben. Schmarsow nahm in dieser Diskussion eine Zwischenposition ein. Als er das Buch schrieb, war er noch Professor in Breslau, das nicht mehr als eine Provinzstadt im deutschen Grenzgebiet war. Nach Schmarsows Auffassung sollte die Universität eine all-

gemeine Ausbildung anbieten, und außerdem praktische Arbeitsveranstaltungen, die in Zusammenarbeit mit Museumsangestellten durchgeführt werden müßten. Nach dem Universitätsexamen könnte dann eine weitere, fachgerichtete Ausbildung folgen. Schmarsow zeigte sich empfänglich für Bodes Argument, daß der durchschnittliche Kunsthistoriker kaum Spezialkenntnisse besaß. Schmarsow sprach sich für einige allgemeine Grundsätze aus, die dem Universitätsstudium zugrunde liegen müßten: alle Perioden müßten gleichberechtigt behandelt werden, und es dürfte keine Steckenpferde in Form einer Periode oder eines Meisters geben (S. 50f). Auf die These Bodes, daß Kunstgeschichte in Städten ohne großes Museum niemals gelehrt werden dürfte, antwortete Schmarsow mit dem Argument, daß Bode nur an Gemälde denkt, und an Plastiken und Kunstgewerbe, die im Museum ausgestellt sind. Nach Schmarsows Auffassung könnte man die Studenten sehr gut die Denkmäler der Umgebung studieren und erforschen lassen, oder den Besitz örtlicher Museen und Altertumssammlungen. Dieser Besitz steht uns viel näher als die Sammlungen von Museen in einem Gebiet, das ansonsten arm ist an Kunst. (S. 84f.) Bode selbst hatte keine wirkliche kunsthistorische Ausbildung. Später gibt er auch zu, daß er auf dem Gebiet der Philologie und der Ästhetik unzureichend gebildet ist (Wilhelm von Bode, *Mein Leben*, I, S. 29). Bode und Schmarsow hatten außerdem miteinander zu tun, als ein gewisser Max Lautner (*Wer ist Rembrandt? Grundlagen zu einem Neubau der holländischen Kunstgeschichte*, Breslau 1891) glaubte, anhand von Kennzeichen, die sich in Ritzen, Grashalmen u. ä. verbargen, Gemälde von Rembrandt Bol zuschreiben zu können. Lautner forderte Bode auf, die Rembrandts in Berlin zu untersuchen. Bode hörte später, daß Lautner sein Buch finanzieren konnte, weil Schmarsow dazu ein positives Urteil abgegeben hatte (Bode, *Mein Leben*, II, S. 92). Bode und Schmarsow waren beide keine unkomplizierten Menschen (siehe z. B. Werner Weisbach über Schmarsow in seinem *Und alles ist zerstoben, Erinnerungen aus der Jahrhundertwende*, Zürich 1937, S. 168ff.)

120 Wilhelm Pinder, *Von den Künsten und der Kunst*, Berlin und München 1948, schreibt über seinen Lehrer: »Schmarsow lehnte jede geschichtliche Auslegung für die Unterschiede der Künste ab, er sah überhaupt die Künste, sah namentlich die Beziehungen unter ihnen völlig anders. Wohl jedoch scheint dem Verfasser die kritische Haltung gegenüber der Überbewertung des Auges (...), die hohe Bewertung der Ortsbewegung unseres Körpers und des Tastsinnes, ein unvergängliches Verdienst des bei Lebzeiten viel verkannten Lehrers.« (S. 9f.)

121 Julius von Schlosser, *Die Wiener Schule der Kunstgeschichte*, Innsbruck 1934, S. 201. Siehe zu Schlosser Michael Podro, »Against Formalism. Schlosser on Stilgeschichte, *Wien und die Entwicklung der kunsthistorischen Methode,* Wien, Köln und Graz 1984, S. 37-45; Thomas Lersch, »Schlosser schreibt an Vossler. Notizen zu einer Gelehrtenfreundschaft«, *Kritische Berichte*, 17, 1989, 1, S. 39-56 und Sandro Scarrocchia, *Studi sul Alois Riegl*, Bologna 1986 (Richerche dell'Istituto per i beni artistici culturali naturali della Regione Emilia-Romagna, Bd. 12). Zu Schlosser allgemein die Themanummer der *Kritischen Berichte* 16, 1988, 4. Zu Schlosser allgemein die Themanummer der *Kritischen Berichte*, 16, 1984, 4 und Edwin Lachnit, »Julius von Schlosser. 1866-1938«, Heinrich Dilly (Hrsg.) *Altmeister moderner Kunstgeschichte*, Berlin 1990, S. 151-165.

122 Wilhelm Pinder, *Das Problem der Generation in der Kunstgeschichte Europas*, München 1961, S. 14 (ursprüngl. 1926 und 1928).

123 Otto Benesch, »Max Dvořák. Ein Versuch zur Geschichte der historischen Geisteswissenschaften«, *Repertorium für Kunstwissenschaft*, 44, 1924, S. 159-197.

124 Alois Riegl, *Spätrömische Kunstindustrie*, Wien 1927^2, S. 401.

125 Jede Besprechung von Riegls Kunsttheorie wird davon ausgehen müssen, was dieses »Kunstwollen« nun eigentlich ist. In Bezug auf die Herkunft dieses Begriffes hat jemand wie Schlosser, der grundsätzlich jedem Theoretisieren abgeneigt ist, 1934 mehr Scharfsinn bewiesen als Sauerländer 1977. Schlosser (Julius von Schlosser, *Die Wiener Schule der Kunstgeschichte*) verweist auf verschiedene Übereinstimmungen mit der Psychophysik, speziell mit Wundts »Völkerpsychologie«, dabei ist das »vitalistische« Element im Kunstwollen mit der Kreativität der Völker verwandt, und es kann sich nur zu schnell mit rassistischen Ideen verbinden (S. 186, 190, 200, 201). Die Besprechungen von Riegls Theorie bei Ernst Heidrich, *Beiträge zur Geschichte und Methode der Kunstgeschichte*, Basel 1917, bei Erwin Panofsky, »Der Begriff des Kunstwollens« (ursprüngl. 1920) in *Aufsätze zu Grundfragen der Kunstwissenschaft*, Berlin 1974, S. 29-45, und bei Hans Sedlmayr, »Kunstgeschichte als Stilgeschichte« (ursprüngl. 1929), *Kunst und Wahrheit*, Mittenwald 1978, S. 32-48, sind eher Kritiken als Versuche zu historischer Erklärung. Willibald Sauer-

länder, »Alois Riegl und die Entstehung der autonomen Kunstgeschichte am Fin de Siècle«, *Fin de Siècle, Zu Literatur und Kunst der Jahrhundertwende*(»Neunzehntes Jahrhundert«, Forschungsthemen der Fritz Thyssen Stiftung), Frankfurt/M 1977, S. 125-143, weist auf die Beziehungen des Kunstwollens zum Neuidealismus und zur Lebensphilosophie der Jahrhundertwende hin, und auf die Beziehung zur neuen Geschichtsphilosophie, die in der Kunst einer Epoche den Geist dieser Epoche sieht, »die Ästhetisierung der Geschichte« (S. 136), oder im Stilbegriff den Demiurgen der Geschichte. Aber der größte Teil von Sauerländers Argumentation ist eine Art Stilkritik an Riegls Theorie, die wegen ihrer Vorliebe für Perioden des Verfalls als typisch Fin-de-siècle bezeichnet wird (»décadence«, S. 128): wegen ihrer Vorliebe für Kunsthandwerk wird sie mit dem Jugendstil auf eine Stufe gestellt (S. 132), und das ausschließliche Denken in Stilbegriffen (nicht in Begriffen der Ikonografie, der Technik oder der Funktion) wird mit der »reinen Formkunst« der abstrakten Kunst um 1900 in Verbindung gebracht (S. 133). Die Schlußfolgerung von Sauerländers kulturhistorisch angelegtem Artikel ist, daß Riegl versucht hat, von einigen allgemeinen Voraussetzungen ausgehend, eine neue »Universaltheorie« zu entwickeln. Was das Kunstwollen eigentlich ist und mit welchen anderen philosophischen Geschichtssystemen es zu vergleichen oder nicht zu vergleichen ist, bleibt undeutlich. Ich selbst bin der Auffassung, daß eine wissenschaftstheoretische Darstellung zum »Kunstwollen« mit einer vergleichenden Interpretation von Begriffen bei Schopenhauer, Nietzsche und Wundt und von vitalistischen und lebensphilosophischen Theorien um 1900 beginnen müßte. Das ändert nichts daran, daß der Begriff, wie alle, obengenannten Autoren nicht müde werden zu bedauern, von einer sehr großen Vagheit und Undeutlichkeit ist. Eine vielleicht fruchtbare Interpretation des Kunstwollens könnte mit der Frage operieren, *warum* das so ist und *ob* Riegl überhaupt zu solchen Vagheiten verurteilt war.

126 Franz Wickhoff, *Die Wiener Genesis*, Wien 1895.

127 Riegl, *Kunstindustrie*, S. 403-404.

128 Max Dvořák, »Alois Riegl«, *Gesammelte Aufsätze zur Kunstgeschichte*, München 1929, S. 279-299. Siehe zu Riegl und Dvořák auch Margaret Olin, »Spätrömische Kunstindustrie: The Crisis of Knowledge in fin-de-siècle Vienna« und Jan Bakos, »The Vienna School's Views of the Structure of Art Historical Process«, *Wien und die Entwicklung der kunsthistorischen Methode*, Akten des XXV. Internationalen Kongresses für Kunstgeschichte, Wien 1983, Band 1; Sektion 1 unter Leitung von Leopold D. Ettlinger, Red. Stefan Krenn u.a., Wien, Köln und Graz 1984, S. 29-37 und S. 117-122.

129 Max Dvořák, »Über die dringendsten methodischen Erfordernisse der Erziehung zur kunstgeschichtlichen Forschung«, *Die Geisteswissenschaften*, 1914, 34/35, S. 932-936 und 958-961.

130 Ebenda, S. 934.

131 Ebenda, S. 934.

132 Ebenda, S. 935.

133 Ebenda, S. 960.

134 Zitiert im Vorwort zu Dvořáks *Kunstgeschichte als Geistesgeschichte*, München 1924, von Karl M. Swoboda und Johannes Wilde auf S. X der Einleitung.

135 Benesch, »Dvořák«, *RKW*, 1924, S. 176.

136 Ebenda, S. 194.

137 Wilhelm Windelband, *Geschichte und Naturwissenschaft*, Rektoratsrede Straßburg 1894 (3. Auflage Straßburg 1904); Georg G. Iggers, *Deutsche Geschichtswissenschaft, Eine Kritik der traditionellen Geschichtsauffassung von Herder bis zur Gegenwart*, München 1971, S. 194ff.; idem, *Neue Geschichtswissenschaft*, München 1978.

138 Windelband, *Geschichte*, S. 26.

139 Wilhelm Dilthey, »Beiträge zum Studium der Individualität« (erschienen 1895-1896), *Gesammelte Schriften*, V, Leipzig und Berlin 1924, S. 241-317, speziell S. 256ff.

140 Ebenda, S. 273.

141 Wilhelm Dilthey, »Weltanschauungslehre, Abhandlungen zur Philosophie der Philosophie«, *Gesammelte Schriften*, VIII, Leipzig und Berlin 1931, S. 94-118. Für Diltheys Auffassungen siehe auch Ilse N. Bulthof, *Wilhelm Dilthey, A Hermeneutic Approach to the Study of History and Culture*, Den Haag 1980, S. 110-131 und Helmut Johach, *Handelnder Mensch und objektiver Geist, Zur Theorie der Geist- und Sozialwissenschaften bei Wilhelm Dilthey*, Meissenheim am Glan 1974, S. 107ff.

142 Karl Lamprecht, *Moderne Geschichtswissenschaft, Fünf Vorträge*, Freiburg 1905, S. 18 und idem, *Einführung in das historische Denken*, Leipzig 1913², S. 53. Siehe auch Alfred Doren,

»Karl Lamprechts Geschichtstheorie und die Kunstgeschichte«, *Zeitschrift für Ästhetik und allgemeine Kunstwissenschaft*, 11, 1917, S. 353-389.

143 Für eine Definition des »Idealtyps« siehe Iggers, *Neue Geschichtswissenschaft*, S. 50; W. Mommsen, »Verstehen und Idealtypus: zur Methodologie einer historischen Sozialwissenschaft« in seinem *Max Weber, Gesellschaft, Politik und Geschichte*, Frankfurt/M 1974, S. 208-233 und J. Janoschka-Bendl, *Methodologische Aspekte des Idealtypus, Max Weber und die Soziologie der Geschichte*, Berlin 1965.

144 Max Weber 1919 in der Rede »Wissenschaft als Beruf«, aufgenommen in seine *Gesammelte(n) Aufsätze zur Wissenschaftslehre*, Tübingen 1922 (S. 524-555).

145 Karl Löwith, »Max Webers Stellung zur Wissenschaft«, *Max Weber, Sein Werk und seine Wirkung*, Hrsg. Dirk Käsler, München 1972, S. 310-338.

146 Ebenda, S. 326. Weber nennt Wölfflin als Beispiel für einen kunsthistorischen Ansatz, bei dem empirische Beobachtungen von einem ästhetischen Werturteil getrennt werden: »Für das Gebiet der Entwicklung der Malerei ist die vornehme Bescheidenheit der fragestellung in Wölfflins ›Klassischer Kunst‹ ein ganz hervorragendes beispiel der Leistungsfähigkeit empirischer Arbeit. Die völlige Geschiedenheit der Wertsphäre von dem Empirischen tritt nun darin charakteristisch hervor: daß die Verwendung einer bestimmten noch so ›fortgeschrittenen‹ *Technik* über den *ästhetischen* Wert des Kunstwerks nicht das geringste besagt.« Max Weber, »Der Sinn der ›Wertfreiheit‹ der soziologischen und ökonomischen Wissenschaften«, *Ges. Aufsätze zur Wissenschaftslehre*, Tübingen 1922, S. 451-502, S. 485.

147 Ernst Cassirer, *Philosophie der symbolischen Formen*, Berlin 1923, Teil I. Obwohl diese Publikation aus der hier behandelten Periode herausfällt, geht sie auf Einsichten zurück, die Cassirer schon vor dem Ersten Weltkrieg formulierte und veröffentlichte. Siehe zu Cassirer und seinem Einfluß auf die Kunstgeschichte auch Sylvia Ferretti, *Cassirer, Panofsky and Warburg. Symbol, Art and History*, New Haven and London 1989.

148 Ebenda, S. 50f.

149 Herman Nohl, *Stil und Weltanschauung*, Jena 1920 (früher erschienen als *Die Weltanschauungen der Malerei*, Jena 1908 und *Typische Kunststile in Dichtung und Musik*, Jena 1915), S. 39; für die Dilthey-Begriffe siehe auch S. 41ff.

150 Walter Passarge, *Die Philosophie der Kunstgeschichte der Gegenwart*, Berlin 1930, S. 15.

151 Ebenda, S. 37.

152 Wilhelm Pinder, *Das Problem der Generation in der Kunstgeschichte Europas*, München 1961 (ursprüngl. 1926 und 1928), S. 23.

153 Siehe hierüber Passarge, a.a.O., S. 95f., und was das Verbinden der kunsthistorischen Methode mit den künstlerischen Stilen einer Epoche betrifft, siehe den bereits zitierten Artikel von Sauerländer über Riegl (Anmerkung 125) und die Dissertation von Dagmar Lies über Pinder. Meiner Meinung nach ist es fraglich, ob man so direkt, wie Lies es tut (Lies, a. a. O., S. 135-151), den »Stil« des Kunsthistorikers mit den Kunststilen der Zeit verbinden kann. Auch Jost Hermand, *Literaturwissenschaft und Kunstwissenschaft*, Stuttgart 1971[2] tut dies sehr stark. Siehe ferner auch J. A. Schmoll, gen. Eisenwerth, »Simmel und Rodin«, *Ästhetik und Soziologie um die Jahrhundertwende: Georg Simmel*, (Hrsg. Hanne Böhringer und Karlfried Gründer), Frankfurt/M. 1975, S. 18-39 und S. 43.

154 Der Wandel vom direkt-physischen zu einem mehr psychologisch; spirituellen Herangehen kann auch bei Warburg (Gombrich, a.a.O., S. 319ff.) und Dvořák (Hans Berthold Busse, *Kunst und Wissenschaft*, Mittenwald 1981, S. 85-105) festgestellt werden. Siehe zu Warburg auch Horst Bredekamp (Hrsg.), *Aby Warburg. Akten des internationalen Symposions Hamburg 1990*, Hamburg 1991 und Martin Warnke, »Aby Warburg. 1866-1954«, Heinrich Dilly (Hrsg.) *Altmeister moderner Kunstgeschichte*, Berlin 1990, S. 117-133.

155 Karl Mannheim, »The Problem of the Intelligentsia«, *Essays on the Sociology of Culture*, London 1956, S. 91-171.

156 Fritz Ringer, *The Decline of the German Mandarins, The German Academic Community 1890-1933*, Cambridge Mass. 1969.

157 Eckart Kehr, »Zur Genesis der preußischen Bürokratie und des Rechtsstaats«, *Der Primat der Innenpolitik, Gesammelte Aufsätze zur preußisch-deutschen Sozialgeschichte im 19. und 20. Jahrhundert*, Frankfurt/M. 1970, S. 31-53 (ursprünglich erschienen diese Artikel zwischen 1928 und 1932).

158 Ebenda, S. 38.

159 Ringer, *Mandarins*, S. 9.

160 Helmut Schelsky, *Einsamkeit und Freiheit*, Düsseldorf 1971 Siehe auch Charles E. McClelland, *State, Society and University in Germany 1700-1914*, Cambridge Mass. 1980 und Arnold Labrie, *›Bildung‹ en politiek 1770-1830. De ›Bildungsphilosophie‹ van Wilhelm von Humboldt bezien in haar politieke en sociale context*, Diss. Amsterdam 1986 (Dt. *Bildung und Politik 1770-1830. Die Bildungspolitik von Wilhelm von Humboldt im Lichte ihres politischen und sozialen Kontext)*.

161 Schelsky, a.a.O., S. 55.

162 Ebenda, S. 21.

163 Ebenda, S. 72.

164 Karl Mannheim, *Mensch und Gesellschaft im Zeitalter des Umbaus*, Leiden 1935, S. 80.

165 Karl Mannheim, »Das konservative Denken«, *Archiv für Sozialwissenschaft und Sozialpolitik*, 57, 1927, 1, S. 68ff., 2, S. 470ff., S. 114.

166 Ebenda, S. 118.

167 Jenö Kurucz, *Struktur und Funktion der Intelligenz während der Weimarer Republik*, Köln 1967, S. 10.

168 Norbert Elias, *Über den Prozeß der Zivilisation*, Bern 1969^2, I, S. 45ff.

169 Dieter Mayer, *Linksbürgerliches Denken. Untersuchungen zur Kunsttheorie, Gesellschaftsauffassung und Kulturpolitik in der Weimarer Republik 1919-1924*, München 1981, S. 50.

170 Ludwig Curtius, *Deutsche und antike Welt, Lebenserinnerungen*, Stuttgart 1950, S. 240-241.

171 Ringer, *Mandarins*, S. 301.

172 Man denke zum Beispiel an Rilke oder Stefan George. Richard Hamann und Jost Hermand, *Stilkunst um 1900*, München 1973, S. 121ff.

173 Ebenda, S. 33ff.; siehe auch Kristiana Hartmann, *Deutsche Gartenstadtbewegung, Kulturpolitik und Gesellschaftsreform*, München 1976, S. 83ff; Kat. *Moderne Vergangenheit 1800-1900*, Wien und Groningen 1981 und 1982, Kat. *Heinrich Vogeler*, Berlin und Hamburg 1983.

174 Siehe Gerhard Kratsch, *Kunstwart und Dürerbund, Ein Beitrag zur Geschichte der Gebildeten im Zeitalter des Imperialismus*, Göttingen 1969, S. 164 und 174.

175 Ernst Heidrich, *Die altdeutsche Malerei*, Jena 1909, S. 5.

176 Bei Gustav Freytag in *Soll und Haben* (1855) kehrt der bürgerliche Held, nach vielen nahezu vergeblichen Versuchen, einer durch eigene Schuld und jüdische List verarmten adligen Familie zu helfen, schließlich in sein altes bürgerliches Milieu zurück und heiratet die Schwester seines Chefs. Hier ist das Bürgerliche das Positive, Tüchtige, gegenüber dem Adligen und dem Volksfremden (vergleiche auch die Rolle Polens in dem Buch). Eine Generation später, bei Fontane, ist das Bürgerliche nicht mehr so eindeutig. Das höhere Bürgertum kann Fontane noch kritisch (aber auch mit Liebe) beschreiben, bei seinen Beschreibungen des Kleinbürgertums verfällt er schnell auf Typen. Frau Kommerzienrätin Jenny Treibel (1893) ist eine lebendige und überzeugende Figur, während ihr Freund aus ihrem früheren, viel beschränkteren Milieu, der Gymnasiallehrer Willibald Schmidt, ein Rollencharakter ohne jede Überzeugungskraft ist. (Peter Demetz, »Der Roman der guten Gesellschaft«, *Theodor Fontane*, Hrsg. Wolfgang Preisendanz, Darmstadt 1973, S. 233-265, S. 243.) Bei Thomas Mann sind die Bürger um 1900 alle zu Intellektuellen geworden, und die Bürgerlichkeit umgibt ein Hauch von Nostalgie.

177 Walter Benjamin, »Der Autor als Produzent«, *Gesammelte Schriften*, Frankfurt/M. 1974, II, 2, (1934) S. 683-701.

178 Ebenda, S. 701: »Der revolutionäre Kampf spielt sich nicht zwischen dem Kapitalismus und dem Geist, sondern zwischen dem Kapitalismus und dem Proletariat ab.«

179 Kurucz, *Struktur*, S. 107.

180 H. Zehrer, »Die Revolution der Intelligenz«, *Die Tat*, 1929, 21 S. 486-507, siehe auch Kurucz, *Struktur*, S. 111.

181 Pinder schrieb über die Tischbeins »Ein Gruppenbildnis Friedrich Tischbeins in Leipzig«, *Festschrift für August Schmarsow*, Leipzig 1907, aufgenommen in Pinders *Gesammelte Aufsätze*, Leipzig 1938, S. 9-20. Bode beschrieb sich selbst auf den ersten Seiten seiner Memoiren als einen echten Bürger: »Ich bin von Geburt Niedersachse, Braunschweiger von so reiner, gutbürgerlicher Herkunft, wie sich wenige andere rühmen können oder wenigstens es nachweisen können. Meine Vorfahren väterlicherseits waren meist Gelehrte oder Beamte.« (*Mein Leben*, S. 5)

182 Ringer, *Mandarins*, S. 110ff.

183 Berthold Hinz, »Zur Dialektik des bürgerlichen Autonomie-Begriffs«, *Autonomie der Kunst. Zur Genese und Kritik einer bürgerlichen Kategorie*, Frankfurt/M. 1972, S. 173-199, besonders S. 187-189: Seit Kant wird der Schönheit ein Gebiet eingeräumt, das im Gegensatz steht zu den ›Interessen‹, die im Kapitalismus im Mittelpunkt des Interesses stehen. Hinz verweist darauf, daß das Wort Interesse im 18. Jahrhundert ein Begriff aus dem Bankwesen war, und daß es daher für den Leser direkt mit Geld und Geldverdienen verbunden war.

184 Mannheim, »Das konservative Denken«, S. 117.

185 Diese Sicht ist auch wörtlich zu finden bei Windelband und Huizinga. So schreibt Windelband (*Geschichte und Naturwissenschaft*, Straßburg 1904, S. 16f.): »Für den Historiker besteht die Aufgabe, irgend ein Gebilde der Vergangenheit in seiner ganzen individuellen Ausprägung zu ideeller Gegenwärtigkeit neu zu beleben. Er hat an dem, was wirklich war, eine ähnliche Aufgabe zu erfüllen, wie der Künstler an dem was in seiner Phantasie ist. Darin wurzelt die Verwandtschaft des historischen Schaffens mit dem ästhetischen, und die der historischen Disziplinen mit den belles lettres. (...) Hieraus folgt, daß in dem naturwissenschaftlichen Denken die Neigung zur Abstraktion vorwiegt, in dem historischen dagegen diejenige zur Anschaulichkeit.« Huizinga (J. Huizinga, »Het esthetisch bestanddeel van geschiedkundige voorstellungen«, *Verzamelde Werken*, VII – dt: Der ästhetische Bestandteil geschichtlicher Vorstellungen, *Gesammelte Werke*, VII, Haarlem 1960, S. 21f.) schreibt fast genau dasselbe: »Die Anschaulichkeit ist eine der Hauptvoraussetzungen der historischen Begriffsbildung. (...) Während in der Naturwissenschaft alles Wissen in strengen Begriffen festgehalten werden muß, wobei die Anschaulichkeit eher stören würde, hat die Geschichte eine andere Aufgabe. Will sie ihr Ziel, die Vergangenheit erneut zum Leben zu erwecken, erreichen, dann muß sie bewußt die Grenzen dessen überschreiten, was in Begriffen zu erkennen ist, und uns einen anschaulichen Vorstellungskomplex vor Augen bringen, mit anderen Worten ein *Bild.* (...) Was die Geschichte in Hinsicht auf die Vergangenheit tut, kann niemals Fotografieren sein, es ist immer Darstellen.«

186 Bei Worringer, *Formprobleme der Gotik*, München 1920 (ursprüngl. 1910), S. 41, ist zu lesen: »Denn das Wirkliche ist mit dem Natürlichen keineswegs identisch. Man kann die Wirklichkeit sehr scharf erfassen, ohne dadurch der Natur näher zu kommen. Vielmehr erkennen wir das Natürliche innerhalb des Wirklichen erst, wenn die Vorstellung des Organischen in uns lebendig geworden ist und wir daher zum aktiven, erkennenden Schauen befähigt worden sind.« Heino R. Möller, »Kunst als Ideologie«, *Visuelle Kommunikation. Beiträge zur Kritik der Bewußtseinsindustrie*, Köln 1974, S. 59-97, weist in seiner Besprechung der expressionistischen deutschen Kunst darauf hin, wie Kunst und Kunstgenuß es zu Beginn des 20. Jahrhunderts möglich machten, inmitten der am stärksten materiellen und kapitalistischen gesellschaftlichen Strukturen doch das Schöne und das Wahre zu sehen. Christoph Asendorf, *Batterien der Lebenskraft, Zur Geschichte der Dinge und ihrer Wahrnehmung im 19. Jahrhundert*, Giessen 1984 (Werkbund-Archiv 13) sagt, daß durch den Warencharakter der Dinge die Gegenstände im 19. Jahrhundert in zunehmendem Maße ihre Bedeutung verlieren und für den Menschen unbegreiflich werden. In der Kunst ist dieser Abschied von der sichtbaren Welt im späten 19. Jahrhundert deutlich zu sehen. Wenn die Dinge jedoch ihre Bedeutungen völlig verloren haben, wird es notwendig, neue Formen der Wahrnehmung und Kommunikation zu entwickeln (S. 128ff.): Asendorf sieht in der Entstehung der abstrakten Kunst nach 1900 einen Versuch, den von all ihren materialistischen und funktionalen Aspekten gereinigten Dingen eine neue Bedeutung, einen neuen Wert zu verleihen. »Die Bedeutung des Bildes ist immer etwas anderes, etwas was nicht sichtbar ist. Jede sichtbare Bedeutung wird getilgt, um die unsichtbare herzustellen.« (S. 146.)

187 Die Angst vor der Infizierung durch das Niedere, Stoffliche ist eine Form der Lustangst. Die ästhetischen Ideale der Jahrhundertwende sind gekennzeichnet durch die starke Betonung von Sauberkeit, Reinheit und Ordnung, von Glätte ohne Verzierungen. Siehe Michael Müller, *Die Verdrängung des Ornaments. Zum Verhältnis von Architektur und Lebenspraxis*, Frankfurt/M 1977 und Klaus Teweleit, *Männerphantasien*, Hamburg 1980.

188 Sibylle Hübner-Funk, »Ästhetizismus und Soziologie bei Georg Simmel«, *Ästhetik und Soziologie um die Jahrhundertwende: Georg Simmel*, Hrsg. Hanne Böhringer und Karlfried Gründer, Frankfurt/M 1976, S. 44-71 und A.M. Bevers, *Dynamik der Formen bei Georg Simmel. Eine Studie über die methodische und theoretische Einheit eines Gesamtwerkes*, Berlin 1985 (Sozialwissenschaftliche Abhandlung der Görresgesellschaft, Band 13).

189 Hübner-Funk, S. 48.

190 Georg Simmel, »Rodins Plastik und die Geistesrichtung der Gegenwart«, *Ästhetik und Soziologie* etc., S. 231-237, ursprüngl. erschienen im *Berliner Tageblatt* vom 29. 9. 1902.

Anmerkungen zum ersten/zweiten Kapitel

191 Wilhelm Dilthey, »Die Kunst als erste Darstellung der menschlichgeschichtlichen Welt in ihrer Individuation«, *Gesammelte Schriften*, V, Leipzig und Berlin 1924 (ursprüngl. 1895-96), S. 273-303, S. 274f.; 279f.

192 Wilhelm Dilthey, »Die Entstehung der Hermeneutik«, *Ges. Schriften*, V, S. 317-339, S. 331.

193 Ebenda, S. 329.

194 Hans-Joachim Lieber, *Kulturkritik und Lebensphilosophie. Studien zur Deutschen Philosophie der Jahrhundertwende*, Darmstadt 1974, S. 33 und 38; Hamann und Hermand, *Stilkunst*, S. 93f.; Worringer, *Formprobleme der Gotik*, S. 86: »Eine rein stilpsychologische Untersuchung kann vielmehr nur den Idealtypus im Auge haben, wie er vielleicht niemals Realität gewonnen hat, wie er aber allen realen Bestrebungen als immanentes Ziel vorschwebt.«

Anmerkungen zum zweiten Kapitel

1 Von diesem Buch erschienen verschiedene Auflagen. Der vollständige Titel lautet: *Das Problem der Generation in der Kunstgeschichte Europas.* Zwei Auflagen erschienen 1926 und 1928 in Berlin. Die zweite Auflage hat ein ausführliches Vorwort. Eine dritte Auflage erschien 1941 in Leipzig, eine vierte 1949 in Köln und eine letzte, fünfte, 1961 in München (mit einem Vorwort von Herbert Wolfgang Keiser). Im Folgenden wird stets aus dieser letzten Ausgabe zitiert. 1946 erschien in Buenos Aires eine spanische Übersetzung. Das Buch geht auf einen Artikel zurück, »Kunstgeschichte nach Generationen«, *Zwischen Philosophie und Kunst, Johannes Volkelt zum 100. Lehrsemester*, Leipzig 1926.

2 Pinder, *Das Problem der Generation*, S. 32.

3 Ebenda, S. 20f.

4 Ebenda, S. 36.

5 Ebenda, S. 41.

6 Ebenda, S. 41.

7 Ebenda, S. 43.

8 Ebenda, S. 45.

9 Ebenda, S. 63.

10 Ebenda, S. 64.

11 Ebenda, S. 148.

12 Ebenda, S. 105.

13 Ebenda, S. 119-120.

14 Ebenda, S. 142-143.

15 Ebenda, S. 158.

16 Ebenda, S. 23.

17 Richard Hamann, *Frührenaissance der italienischen Malerei*, Jena 1909 und R. H., *Deutsche Malerei vom Rokoko bis zum Expressionismus*, Leipzig ohne Jahr, und mit nahezu demselben Inhalt R. H., *Die deutsche Malerei vom 18. bis zum Beginn des 20. Jahrhunderts*, Leipzig und Berlin 1925.

18 A. E. Brinckmann, *Spätwerke grosser Meister*, Frankfurt/M 1925.

19 Ebenda, S. 16 und passim.

20 Ebenda, S. 42.

21 Ernst Kretschmer, *Körperbau und Charakter*, Berlin 1922[2]. Zu Kretschmer siehe die völlig seinem Gedenken gewidmete Lieferung der *Zeitschrift für Psychotherapie und medizinische Psychologie*, 15, 2, 1965.

22 Kretschmer, a.a.O., S. 154.

23 Ebenda, S. 160ff.

24 Ders., S. 173. Hans Prinzhorn, *Bildnerei der Geisteskranken, Ein Beitrag zur Psychologie und Psychopathologie der Gestaltung*, Heidelberg 1922 (Reprint Berlin 1968) kommt von einem ganz anderen Ausgangspunkt her zu denselben Schlußfolgerungen; S. 346-349: »Ungeübte Geisteskranke, besonders Schizophrene, schaffen nicht selten Bildwerke, die weit in den Bereich ernster Kunst ragen (...). Die engste Verwandtschaft besteht aber zu der Kunst unserer Zeit und beruht darauf, daß diese in ihrem Drange nach Intuition und Inspiration seelische Einstellungen bewußt erstrebt und hervorzurufen sucht, die zwangsläufig in der Schizophrenie auftreten.« (349)

25 Ernst Kretschmer, *Geniale Menschen*, Berlin 1929.

26 Pinder ist nicht der einzige Kunsthistoriker, der Kretschmers Typenlehre anwendet. Auch Sedlmayr kommt in seinem Buch Die *Architektur Borrominis*, München 1930^2 (Fotoreprint New York Hildesheim 1973) zu der Schlußfolgerung, daß Borromini ein Vertreter des schizothymen Typs ist (S. 119ff.). Eine Zusammenfassung aller Beziehungen zwischen Kunstgeschichte und Psychologie (also nicht nur Freud und die Gestalt-Psychologie, und nicht nur die Paradepferde Kris & Kurz, Sedlmayr, Gombrich) wäre sehr nützlich. Siehe auch W. Eugene Kleinbauer, *Modern Perspectives in Western Art History*, New York 1971, S. 69-72.

27 Pinder, *Problem*, S. 19.

28 Ebenda, S. 19.

29 Edgar Dacqué, *Urwelt, Sage und Menschheit, Eine naturhistorische metaphysische Studie*, München 1925.

30 Ebenda, S. 13.

31 1937 erschien eine Prachtausgabe der vierten Auflage, *Literaturgeschichte des Deutschen Volkes, Dichtung und Schrifttum der Deutschen Stämme und Landschaften*, Berlin 1939. Die Teile haben die Titel Volk, Geist, Staat, Reich. Über Nadler siehe Jost Hermand, *Synthetisches Interpretieren, Zur Methodik der Literaturwissenschaften*, München 1978^6, S. 73ff. Außerdem *Germanistik – eine deutsche Wissenschaft*, Frankfurt 1970^4; besonders die Kapitel »Germanistik – eine deutsche Wissenschaft« und »Deutsche Literaturwissenschaft«, S. 7-43 und S. 71-111.

32 Oswald Spengler, *Der Untergang des Abendlandes, Umrisse einer Morphologie der Weltgeschichte*, München 1923. Ich zitiere aus der Ausgabe München 1972. Für eine Zusammenfassung der älteren Literatur über Spengler und eine neue Interpretation siehe Hermann Lübbe (Hrsg.), *Spengler heute*, München 1980.

33 Spengler, *Untergang*, II, S. 1194.

34 Friedrich Nietzsche, *Also sprach Zarathustra, Gesammelte Werke*, (ed. Goldmann), München ohne Jahr, S. 178: »Alles geht, alles kommt zurück; ewig rollt das Rad des Seins. Alles stirbt, alles blüht wieder auf, ewig läuft das Jahr des Seins. Alles bricht, alles wird neu gefügt; ewig baut sich das gleiche Haus des Seins. Alles scheidet, alles grüßt sich wieder; ewig bleibt sich treu der Ring des Seins. In jedem Nu beginnt das Sein; um jedes Hier rollt sich die Kugel Dort. Die Mitte ist überall. Krumm ist der Pfad der Ewigkeit.« Zu Nietzsches Auffassung der Zeit siehe Karl Löwith, *Nietzsches Philosophie der ewigen Wiederkehr des Gleichen*, Hamburg 1978 (ursprüngl. Berlin 1935) und Joan Stambough, *Nietzsches Thougt of Eternal Return*, Baltimore 1972, S. 126f.

35 Zu Klages siehe Hans Eggert Schröder, *Ludwig Klages, Die Geschichte seines Lebens*, Bonn 1966 und 1972. Diese Biografie ist Bestandteil der Ausgabe Ludwig Klages, *Sämtliche Werke*, Bonn 1969 und folgende. Siehe auch Hans Kasdorff, *Ludwig Klages – Werk und Wirkung*, Bonn 1969. Für Klages Einfluß auf Wölfflin und andere: Kurt Mitschells, »Die Bedeutung von Rechts und Links in der Bildkunst im Lichte der Kunsttheorie von Heinrich Wölfflin und der Raumsymbolik bei Ludwig Klages«, *Zeitschrift für Menschkunde*, 30, 1966, S. 260-280. Klages schrieb selbst viel über Kunst, und er beteiligte sich an Georges *Blätter(n) für die Kunst*, bis es zu einem Bruch zwischen George und Klages kam. Siehe Klages, »Vom Schaffenden«, *Blätter für die Kunst – eine Auslese aus den Jahren 1892-1898*, Berlin 1899, und Klages, »Aus einer Seelenlehre des Künstlers«, *Blätter für die Kunst*, 2, 1894-1895, S. 137-144. Zu einer Kritik der Lebensphilosophie siehe Georg Lukács, *Die Zerstörung der Vernunft*, Darmstadt 1974, »Die Lebensphilosophie im imperialistischen Deutschland« S. 351-474.

36 Wilhelm Pinder, »Zur Physiognomik des Manierismus«, *Festschrift Klages*, Leipzig 1932, S. 148-156.

37 Klages, Sämtliche Werke, I.

38 Ebenda, I, S. 69.

39 Ludwig Klages, *Vom Wesen des Rhythmus* in *Sämtliche Werke*, III, S. 501-555. Dieser Aufsatz erschien 1932, aber die darin enthaltenen Ideen finden sich schon früher in verschiedenen kleineren Veröffentlichungen.

40 Ebenda, III, S. 526.

41 Ebenda, III, S. 536.

42 Pinder, *Problem*, S. 32.

43 Ebenda, S. 32.

44 Für eine Übersicht der Generationstheorien siehe Jost Hermand, *Literaturwissenschaft und Kunst-*

wissenschaft, Stuttgart 1971, S. 45-48; Hans Jaeger, »Generationen in der Geschichte, Überlegungen zu einer umstrittenen Konzeption«, *Geschichte und Gesellschaft*, 3, 1977, S. 429-452; Detlev W. Schumann, »Cultural Age-groups in German Thougt«, *Publications of the Modern Language Association of America*, 51, 1936, S. 1180-1207; Robert Wohl, *The Generation of 1914*, Cambridge Mass., 1979.

45 Pinder, *Problem*, S. 13 und 16.

46 Wilhelm Dilthey, »Über das Studium der Geschichte der Wissenschaft vom Menschen, der Gesellschaft und dem Staat«, *Ges. Schriften*, V, Leipzig und Berlin 1924, S. 36-41.

47 Ottokar Lorenz, *Die Geschichtswissenschaft in Hauptrichtungen und Aufgaben. 2. Teil, L. von Ranke, Die Generationslehre und der Geschichtsunterricht*, Berlin 1891; Alfred Lorenz, *Musikgeschichte im Rhythmus der Generationen*, Berlin 1928; Friedrich Kummer, *Deutsche Literaturgeschichte des 19. Jahrhunderts dargestellt nach Generationen*, Dresden 1909.

48 Hans von Müller, *Die namhafteren deutschen Dichter und Denker seit Reimarus und Günther in Altersgruppen geordnet*, Berlin 1917, unter dem Titel *Zehn Generationen deutscher Dichter und Denker, Die Geburtsjahrgänge 1561-1892 in 45 Altersgruppen zusammengefasst*, 1928 in Berlin nochmals bearbeitet herausgegeben.

49 Julius Petersen, *Die Wesensbestimmung der deutschen Romantik. Eine Einführung in die moderne Literaturwissenschaft*, Leipzig 1926, und ders., »Die literarischen Generationen« in *Philosophie der Literaturwissenschaften* (Hrsg. Emil Ermatinger), Berlin 1930, S. 130-188.

50 Petersen, a.a.O. (1930), S. 182.

51 Eduard Wechssler, *Esprit und Geist*, Bielefeld und Leipzig 1927, S. IIff.; ders. »Generation als Jugendgemeinschaft« *Geist und Gesellschaft* (Festschrift Breysig), Berlin 1927, 7, S. 66-102 und ders., *Die Generation als Jugendreihe und ihr Kampf um die Denkform*, Leipzig 1930; ders., *Jugendreihen des deutschen Menschen 1733-1933*, Leipzig 1934.

52 Jose Ortega y Gasset, *El Tema de nuestro Tempo*, Madrid 1923, ins Deutsche übers. als *Die Aufgabe unserer Zeit*, Zürich 1928; in den Niederlanden erschienen als *De taak van onze tijd*, Den Haag 1964. Zitate aus dieser letztgenannten Ausgabe.

53 Ortega, a.a.O., S. 17 und 21.

54 Wohl, a.a.O., S. 128, 136.

55 Ortega, a.a.O., S. 183.

56 Wohl, a.a.O., S. 148-154.

57 Pinder nennt im Vorwort der Ausgabe von *Das Problem der Generation* von 1928 noch zwei Autoren, denen er sich verwandt fühlt. Das sind Paul Kammerer, *Das Gesetz der Serie. Eine Lehre von den Wiederholungen im Lebens- und im Weltgeschehen*, Stuttgart und Berlin 1919 und Wilhelm von Scholz, *Der Zufall, Eine Vorform des Schicksals. Die Anziehungskraft des Bezüglichen*, Stuttgart 1924.

Kammerer behauptet, daß es Zufall nicht gebe, daß vielmehr alle Ereignisse Teil eines aus Serien aufgebauten Ganzen seien, das er mit einer dreidimensionalen Spirale vergleicht, welche sich durch die Zeit bewegt und schließlich wieder zum Ausgangspunkt zurückkehrt. Zufällige Ereignisse sind letztlich miteinander verwandt. Das menschliche Handeln und die natürlichen Prozesse sind Äußerungen desselben dynamischen Prozesses. Von Scholz, dem Hans von Müller 1928 sein Buch widmete (siehe Anm. 48), bietet nicht mehr als eine Sammlung von Anekdoten über Menschen, die nach Jahren ihren Regenschirm im Zug wiederfinden und Ähnliches. Scholz' These lautet, daß zwischen den verschiedenen Ereignissen eine Art Magnetismus besteht, und daß der Mensch bestimmte Erlebnisse als zufällig erfährt, die in Wirklichkeit vom Individuum selbst beeinflußt sind. Die Gesetzmäßigkeit des Zufalls war ein Thema, das damals sehr großes Interesse fand, man denke z. B. an die Wahrscheinlichkeitsberechnungen zu Weissagungen von Paragnosten, wie der Psychologe Heymans sie in Groningen untersuchte.

Vergleichbar mit Pinder ist außerdem auch der Artikel von W. Vogel, »Über den Rhythmus im geschichtlichen Leben des abendländischen Europas«, *Historische Zeitschrift*, 129, 1924, S. 1-68. Vogel sieht in der Geschichte einen sich wiederholenden Zyklus von immer 300 Jahren. »In der Biologie (und selbstverständlich auch in der Musik, von wo der Ausdruck ja eigentlich stammt) bedeutet Rhythmus die in genauen zeitlichen Abständen erfolgende Wiederkehr bestimmter Erscheinungen, z.B. Bewegungen (...) Ich glaube, nun dartun zu können, daß ein im strengen Sinne rhythmischer Verlauf auch im Leben der großen Kollektivwesen, die wir als Kulturkreise bezeichnen können, nachweisbar ist und der Periodisierung zugrunde gelegt werden sollte. Diese Tatsache hat sich rein empirisch, aus der Beobachtung ergeben.« (S. 9f.) K. Joël, »Der säkulare Rhythmus der Geschichte«, *Jahrbuch für Soziologie,* 1, 1925, S. 137-166. geht auch von einem festen Rhythmus von jeweils 100 Jahren aus (identisch mit dem Jahrhundert), in die genau drei Generationen passen. Zu jedem Jahrhundertwechsel gibt es eine große Persönlichkeit, die der Zeit ihren Stempel aufdrückt. Karl Hoppe, »Das Problem der Generation in der Literaturwissenschaft«, *Zeitschrift für Deutschkunde*, 1930, S. 726-748, hat eine ziemlich vitalistische Auffassung von den Generationen. Eine Generation ist für ihn gekennzeichnet durch das Freiwerden eines bestimmten Lebensimpulses, und dieser Impuls kann auch von Menschen getragen werden, die nicht unbedingt zu dieser Generation gehören. Auch Martin Heidegger führt in Sein und Zeit (ursprüngl. 1927), Tübingen 1949, S. 384f., die Generation ein: »Das Geschick setzt sich nicht aus einzelnen Schicksalen zusammen, sowenig als das Miteinandersein als ein Zusammenvorkommen mehrerer Subjekte begriffen werden kann. Im Miteinandersein in derselben Welt und in der Entschlossenheit für bestimmte Möglichkeiten sind die Schicksale im vornhinein schon geleitet. In der Mitteilung und im Kampf wird die Macht des Geschickes erst frei. Das schicksalhafte Geschick des Daseins in und mit seiner ›Generation‹, macht das volle, eigentliche Geschehen des Daseins aus.« Heidegger zitiert bei ›Generation‹ Dilthey, siehe Anm. 46. Dilthey schreibt dort, daß die Ereignisse niemals »einfach so« geschehen, sondern immer in einem bestimmten Zusammenhang.

58 Buchbesprechung von Hans Schrader in *Deutsche Literaturzeitung*, 49, 1, 1928, S. 373-382. Walter Scheidt, *Lebensgesetze der Kultur, Biologische Betrachtungen zum »Problem der Generation« in der Geistesgeschichte*, Berlin 1929, bespricht verschiedene Generationstheorien, darunter ausführlich die Pinders. Ihm als Anthropologen (Professor in Hamburg) geht es darum, die biologischen Methoden zu erläutern, von denen die Anhänger der Generationstheorien seiner Meinung nach zu wenig wissen. Er wirft ihnen mangelhafte methodische Einsicht vor, z.B. das Verwechseln von Genetik und Genealogie.

59 Buchbesprechung von A. Grisebach in *Repertorium für Kunstwissenschaft,*49, 1928, S. 247-250.

60 Buchbesprechung von Max Dessoir in *Zeitschrift für Aesthetik und allgemeine Kunstwissenschaft*, 23, 1929, S. 348-350.

61 Buchbesprechungen von O. Holtze in *Zeitschrift für bildende Kunst*, 61, 1927-1928, S. 107-109 und Franz Roh in *Cicerone*, 19, 1928, S. 521f.

62 Buchbesprechung von Franz Landsberger in *Kritische Berichte* 1, 1927-1928, S. 33-37.

63 Ebenda, S. 36.

64 Buchbesprechung von Karl Kurt Eberlein in *Historische Zeitschrift*, 137, 1928, S. 257-266.

65 Ebenda, S. 261.

66 Ebenda, S. 265.

67 Karl Mannheim, »Das Problem der Generation«, *Kölner Vierteljahreshefte für Soziologie*, 7, 1928, S. 157-185 und S. 309-330. Aufgenommen in K. Mannheim, *Wissenssoziologie*, Berlin und Neuwied 1964, S. 509-565. Ich zitiere aus der letztgenannten Veröffentlichung.

68 Ebenda, S. 519f.

69 Ebenda, S. 520.

70 Ebenda, S. 554.

71 Richard Wohl, a.a.O. (Anm. 44), passim.

72 Wegen seines Sprachgebrauchs kann man Pinder auch als Expressionisten ansehen; siehe auch Dagmar Lies, *Plastik als Gestaltung*, S. 137ff. Pinders Stil läßt sich als dynamisch und mitreißend beschreiben; durch die Adjektive und die Interpunktion wirkt er sehr eloquent. Franz Roh, *Nachexpressionismus, Magischer Realismus, Probleme der neuesten Europäischen Malerei*, Leipzig 1925, beobachtet um 1925 eine Verschiebung dessen, was er den »magischen Vitalismus« nennt, zu den »nicht minder magischen Gesetze(n), denen sie letztlich unterworfen sind.« Roh nennt dies den »magischen Realismus«, in dem der Expressionismus sich mit dem Existierenden und mit den Naturwissenschaften verbindet: S. 63, 67ff., 114. Zu den Vater-Sohn-Konflikten siehe Richard Hamann und Jost Hermand, *Expressionismus*, Berlin 1975, S. 18ff und außerdem Hermann Glaser, *Sigmund Freuds zwanzigstes Jahrhundert, Seelenbilder einer Epoche*, München 1976, S. 201, 207ff.

73 Besonders um 1900, zur Zeit der sogenannten »Reformpädagogik«, interessierte man sich mehr als zuvor für das Kind als Kind. Man denke an Maria Montessori und Ellen Key (Das Jahrhundert des Kindes).

74 Wohl, a.a.O., S. 207.

75 Joachim Petzold, *Wegbereiter des deutschen Faschismus, Die Jungkonservativen in der Weimarer Republik*, Köln 1978, S. 92f.

76 So unterschiedliche Kunstrichtungen wie De Stijl, der Expressionismus und der Konstruktivismus gehen von einer grundlegenden Erneuerung der Gesellschaft aus. Diese Erneuerung entsteht durch eine spirituelle Verjüngung oder Erneuerung, die zuerst in der Kunst zu erkennen ist, später in der Gesellschaft als Ganzem. Zu diesen Aspekten des Konstruktivismus siehe den sehr überzeugenden John Milner, *Vladimir Tatlin and the Russian Avant-Garde*, New Haven und London 1983.

77 Hans-Joachim Lieber, *Kulturkritik und Lebensphilosophie, Studien zur Deutschen Philosophie der Jahrhundertwende*, Darmstadt 1974, S. 12-14.

78 Zu diesem Gegenstand gibt es eine sehr umfangreiche Literatur. Als klassische Darstellungen gelten Klemens von Klemperer, *Germany's new Conservatism*, Princeton 1968 (ursprüngl. 1957); Arnim Mohler, *Die konservative Revolution in Deutschland*, Stuttgart 1972 (ursprüngl. 1950); Kurt Sontheimer, *Antidemokratisches Denken in der Weimarrepublik*, München 1978 (ursprüngl. 1962) und Fritz Stern, *Kulturpessimismus als politische Gefahr*, Bern und Stuttgart 1963. Außer Mohler, der selbst noch aus den Kreisen der konservativen Revolution stammt (speziell aus dem Bereich der Jugendbewegung), kommen alle obengenannten Veröffentlichungen aus der BRD um 1960. Die konservative Revolution wurde damals sehr stark für den späteren Nationalsozialismus verantwortlich gemacht. Man wollte die junge Demokratie der Bundesrepublik beschützen, indem man diejenigen Kräfte aufzeigte, welche die Weimarer Republik frühzeitig untergaben hatten.

79 Hugo von Hofmannsthal benutzt diesen Begriff in einer Rede vor Münchner Studenten; *Das Schrifttum als geistiger Raum der Nation*, München 1927. Siehe auch Hermann Rudolph, *Kulturkritik und Konservative Revolution. Zum kulturell-politischen Denken Hofmannsthals und seinem problemgeschichtlichen Kontext,* Tübingen 1971 (Studien zur deutschen Literatur, Band 23).

80 H. W. von der Dunk, *Conservatisme*, Bussum 1976, S. 46ff., nennt den Gedanken der steten Wiederkehr des Gleichen einen Wesenszug des Konservatismus. Zeit und Geschichte als eine andauernde zyklische Bewegung ohne Endziel stehen dem christlichen Zeitbewußtsein entgegen, das linear auf ein Endziel hindeutet. Mit der Verbreitung der Aufklärung und der Industriellen Revolution, die sich beide durch eine Fortschrittsoptik auszeichnen, gewinnt der Konservatismus eine neue Schärfe, sagt von der Dunk. Er unterscheidet zwei Phasen: eine erste, romantische, die sich gegen die Französische Revolution zur Wehr setzt und die das Ancien Regime zurückhaben will; und eine zweite in der letzten Hälfte des 19. Jahrhunderts, die eher reformistisch eingestellt ist und in erster Linie einen Schutzwall gegen Liberalismus und Sozialismus errichten will.

81 Arthur Moeller van den Bruck, *Das dritte Reich*, Hamburg 1931[3], S. 269ff. Über Moeller siehe auch Petzold, a.a.O., S. 92-99 und Gerd-Klaus Kaltenbrunner, »Von Dostojewski zum Dritten Reich. Arthur Moeller van den Bruck und die ›Konservative Revolution«‹, *Politische Studien* 20, 1969, S. 184-200.

82 Jenö Kurucz, *Struktur und Funktion der Intelligenz während der Weimarer Republik*, Köln 1967, S. 66.

83 Walter Struve, *Elites against Democracy, Leadership Ideals in Bourgeois Political Thougt in Germany, 1890-1933*, Princeton 1973, S. 366-376 und Hans Zehrer, »Die Revolution der Intelligenz«, *Die Tat*, 1929, 21, S. 486-507. E. Günther Gründel, *Die Sendung der jungen Generation, Versuch einer umfassenden revolutionären Sinndeutung der Krise*, München 1932-1933, behauptet, daß der Generation, die den Ersten Weltkrieg im Schützengraben mitgemacht hat, in naher Zukunft die Aufgabe auferlegt werden wird, Deutschland sowohl vor dem Kapitalismus als auch vor dem Kommunismus zu retten. Zu diesem Zweck wird eine »Deutsche Revolution« stattfinden müssen. Diese Jugend wird die Aufgabe übernehmen, die Volksgemeinschaft wiederherzustellen. Diese Generation wird die der »Tatmenschen« sein, aus deren Reihen ein wirklich großer Führer aufstehen wird.

84 Siehe auch Wohl, a.a.O., S. 232: »For natural reasons, intellectuals were inclined to represent this threat (die sozialen Kräfte der nivellierenden Massengesellschaft) to the social and political dominance of existing upper- and middleclass elites as a menace to ›culture‹ and ›civilization‹. Moreover, they were right to do insofar as they identified culture and civilization with the *forms* of culture that were espoused and enshrined by the Western and Central European bourgeoisie during its climb to power in the eighteenth and nineteenth centuries. It was precicely those forms that were in danger, and it was paradoxically to preserve them that the intellectuals conceived the vision of a cultural rebirth.«

85 Mir sind keine Veröffentlichungen bekannt, in denen versucht wird, kunsthistorische Geschehnisse mit Hilfe von Pinders System zu erklären. Als Ausnahme verdient Hans Jaffé genannt zu werden, im Katalog *Europa 1907*, Stedelijk Museum Amsterdam 1957. Darin wird Pinder erwähnt, und die Einleitung handelt von der Polyphonie, von der gleichzeitigen Wirksamkeit der verschiedenen Generationen und von der Ungleichzeitigkeit des Gleichzeitigen. Laut Jaffé macht das Problem der Wirklichkeit allen Künstlern dieser Generation zu schaffen. Pinderianisch klingt die Redewendung: »In der Kunst des 20. Jahrhunderts sind die Dinge nicht mehr Gegenstand des Interesses, der Entdeckungslust der Künstler. Die Bildende Kunst unseres Jahrhunderts betrachtet es nicht als ihre Aufgabe, die sichtbaren Dinge darzustellen; sie will das Ungesehene sichtbar machen.« Auch bei anderen Ausstellungen, die Jaffé organisierte, ging er von Gegensätzen aus (Apollinisch-Dionysisch), die einander einigermaßen regelmäßig abwechseln. Zu Jaffés Grundauffassungen siehe Marlite Halbertsma, »Hans Jaffé, zijn visie op moderne kunst en moderne kunstgeschiedenis«, *Jong Holland*, 2, 1988, 4, S. 22-31 (Dt: »Hans Jaffé, seine Auffassungen zu moderner Kunst und moderner Kunstgeschichte«).

In einem völlig anderen Sinne benutzt Ernst Bloch, »Ungleichzeitigkeit und Pflicht zu ihrer Dialektik«, *Erbschaft dieser Zeit*, Frankfurt 1962, S. 105-126 (ursprüngl. 1935), Pinders Begriff »Ungleichzeitigkeit des Gleichzeitigen«: »Nicht alle sind im selben Jetzt da. Sie sind es nur äußerlich, dadurch, daß sie heute zu sehen sind. Damit leben sie noch nicht mit den anderen zugleich.« (S. 105) In diesem Artikel geht es Bloch um die unterschiedliche historische Entwicklung (im marxistischen Sinne) des Mittelstandes und der anderen Klassen in Deutschland.

Anmerkungen zum dritten Kapitel

1 Pierre Bourdieu, *Die politische Ontologie Martin Heideggers*, Frankfurt/M 1976, S. 7ff. (ursprüngl. erschienen als »L'ontologie politique de Martin Heidegger« in *Actes de la recherche en sciences soziales*, 1975, 5-6). Siehe auch Kitty Zijlmans, *Kunst/Geschiedenis/Kunstgeschiedenis*, Leiden 1990 (Dt: Kunst/Geschichte/Kunstgeschichte).

2 Siehe dazu die Literaturangabe unter Anm. 3 der Einleitung

3 Berthold Hinz, »Der Bamberger Reiter‹, M. Warnke (Hrsg.) *Das Kunstwerk zwischen Wissenschaft und Weltanschauung*, Gütersloh 1970, S. 26-47, S. 45-47.

4 Hinz, a.a.O., S. 40 und Anm. 100.

5 Michael Podro, *The Critical Historians of Art*, New Haven und London 1982. Frank Reijnders vermutet in seinem *Kunst-Geschiedenis, verschijnen en verdwijnen* (dt.: Kunst-Geschichte, Erscheinen und Verschwinden), Amsterdam 1984, S. 156, daß die Kunstgeschichte noch viele ›Krisen‹ erfinden wird, »um ihr Fortbestehen zu garantieren«. Nach seiner Aussage versuchen Kunst und Kunstgeschichte, den Dingen einen Sinn, eine Bedeutung zu verleihen, die diese Dinge schon lange nicht mehr besitzen. Siehe auch die Themanummer ›The Crisis in the Discipline‹ *Art Journal*, 42/4, Winter 1982 und E. R. M. Taverne, »Oproep voor een revisie van de beoefening van de kunstgeschiedenis in Nederland« (dt.: Aufruf zu einer Revision der Ausübung der Kunstgeschichte in den Niederlanden), *Akt*, 8, 1984/4, S. 4-14. Michael Ann Holly, *Panofsky and the Foundations of Art History*, Ithaca und London 1984, behandelt S. 97-114 den Methodenstreit als »contemporary issues«, aber die Darstellung ist sehr lückenhaft. Ein Versuch einer Zusammenfassung der wichtigsten Themen in der damaligen Kunstgeschichtsschreibung bietet das von Lorenz Dittmann herausgegebene Buch *Kategorien und Methoden der deutschen Kunstgeschichte 1900-1930*, Stuttgart 1985.

6 Podro, a.a.O., S. 211.

7 Erich Rothacker, *Logik und Systematik der Geisteswissenschaften*(Handbuch der Philosophie Teil II), München und Berlin 1927.

8 Rothacker, a.a.O., S. 29

9 Herbert von Einem, »Aufgaben der Kunstgeschichte in der Zukunft«, *Zeitschrift für Kunstgeschichte*, 5, 1936, S. 1-7.

10 Martin Heidegger, *Sein und Zeit*, Tübingen 1949 (ursprünglich 1927), S. 9f.

11 David Couzens Hoy, »History, Historicity. and Historiography in Being and Time«, *Heidegger and Modern Philosophy, Critical Essays*, Ed. by Michael Murray, New Haven und London 1978, S. 329-355.

12 Heidegger, a.a.O., S. 394.
13 Ebenda, S. 395.
14 Hoy, a.a.O., S. 344.
15 Heidegger, a.a.O., S. 386.
16 Von diesen Vorträgen gibt es verschiedene Versionen. Sie wurden gehalten am 13. November 1935 vor der Kunstwissenschaftlichen Gesellschaft in Freiburg i. Br., im Januar 1936 in Zürich und November/Dezember in Frankfurt/M. Das Nachwort wurde später hinzugefügt.
17 Martin Heidegger, »Der Ursprung des Kunstwerkes«, in der Sammlung *Holzwege*, Frankfurt/M. 1950.
18 M. van Nierop, *Martin Heideggers Ontologie van het kunstwerk*(dt.: Martin Heideggers Ontologie des Kunstwerks), Amsterdam 1977, in der Serie Filosofische Reeks (Philosophische Reihe), 3, 1977, S. 33. Siehe auch Udo Kultermann, *Kleine Geschichte der Kunsttheorie,* Darmstadt 1987, S. 259-266; Annemarie Gehtmann-Siefert, »Martin Heidegger und die Kunstwissenschaft«, *Heidegger und die praktische Philosophie* (Hrsg. von Annemarie Gehtmann-Siefert und Otto Pöggeler), Frankfurt/M 1988, S. 251-285; Konrad Hoffmann, »Kunstwerk als politischer Begriff. Zu Heideggers ›Zeitlichkeit‹«, *Kritische Berichte,* 18, 1990, 4, S. 6-13 und Hans Zerrahn, »Heideggers Nazismus, Van Goghs Schuhe: Politisierung der Kunstgeschichte?« *Kritische Berichte* 19, 1991, 3, S. 50-54.
19 Heidegger, *Ursprung*, S. 31.
20 Ebenda, S. 36.
21 Ebenda, S. 38.
22 Ebenda, S. 44.
23 Heidegger, *Sein und Zeit*, S. 223.
24 Heidegger, *Ursprung*, S. 50.
25 Ebenda, S. 59.
26 Ebenda, S. 60.
27 Ebenda, S. 63-64.
28 Ebenda, S. 54.
29 Ebenda, S. 64-65.
30 Siehe dazu Jost Hermand, *Literaturwissenschaft und Kunstwissenschaft*, Stuttgart 1971 und ders., *Stile, Ismen, Etiketten. Zur Periodisierung der modernen Kunst*, Wiesbaden 1978.
31 Richard Hamann, »Die Methode der Kunstgeschichte und die allgemeine Kunstwissenschaft«, *Monatshefte für Kunstwissenschaft*, 9, 1919, S. 64-78; 103-114; 141-154.
32 Hans Tietze, *Die Methode der Kunstgeschichte*, Leipzig 1913. Eine sehr lebendig geschriebene Kritik erschien von der Hand Carl Neumanns, »Zur Theorie der Geschichte und Kunstgeschichte«, *Historische Zeitschrift*, 116, 1916, S. 484-494. Neumann wirft Tietze ebenso wie Hamann vor, daß er zu sehr an Bernheims Handbuch hängt. Zugleich stellt er fest, daß Tietze (und in seinen Augen auch Riegl) eine Art objektives Schema für die Ausübung der Kunstgeschichte aufstellen will, in dem für individuelle Beiträge und für ein qualitatives Werturteil kein Platz ist; »Tietze vertritt die Meinung, die Kunstgeschichte als historische Wissenschaft habe es in keiner Weise mit Wertung ihrer Gegenstände zu tun; der Entwicklungswert des Kunstwerks als Gliedes einer kausalen Tatsachenreihe habe mit Qualität nichts zu tun.« (491) Neumann erwähnt dann Rickert und Weber, die doch gezeigt haben, daß Fakten bestimmt latente Werte enthalten. »Um der Gefahr der Subjektivität als des Todfeindes der exakt geglaubten Methode zu entgehen, soll hier ein Preis gezahlt werden, den das kunstgeschichtliche Studium nie zahlen kann, ohne sich selber aufzugeben. (...) Ohne Qualitätsgefühl keine Kunstkritik.« (492)
33 Hamann, a.a.O., S. 64.
34 Ebenda, S. 69f.
35 Josef Strzygowski, *Die Krisis der Geisteswissenschaften, Vorgeführt am Beispiele der Forschung über bildende Kunst*, Wien 1923. Dies waren Vorträge, die 1922 in den USA gehalten wurden. Siehe über Strzygowski in Wien Udo Kultermann, *Geschichte der Kunstgeschichte. Der Weg einer Wissenschaft*, Frankfurt/M, Berlin und Wien 1981, S. 292-297.
36 Strzygowsky, a.a.O., S. 9.
37 Ebenda, S. 82 und 191.
38 Ludwig Coellen, *Über die Methode der Kunstgeschichte – Eine geschichtsphilosophische Untersuchung,* Dresden und Darmstadt 1924.
39 Ebenda, S. 32.

40 Hans Tietze, »Verlebendigung der Kunstgeschichte«, *Lebendige Kunstwissenschaft. Zur Krise der Kunst und der Kunstgeschichte*, Wien 1925, S. 45-55.

41 Ebenda, S. 51 und 54.

42 Bendedetto Groce, »Zur Theorie und Kritik der Geschichte der bildenden Kunst«, übersetzt und eingeleitet von Julius Schlosser, *Wiener Jahrbuch für Kunstgeschichte*, 4, 1926, S. 1-52.

43 Ebenda, S. 8.

44 Ebenda, S. 9.

45 Ebenda, S. 11-13.

46 Ebenda, S. 46-47.

47 Julius von Schlosser, »Stilgeschichte« und »Sprachgeschichte« der bildenden Kunst, ein Rückblick.«, *Sitzungsberichte der Bayrischen Akademie der Wissenschaften, Philosophisch-historische Abteilung*, 1, München 1935.

48 Ebenda, S. 23.

49 Max Dessoir, »Kunstgeschichte und Kunstsystematik«, *Zeitschrift für Ästhetik und allgemeine Kunstwissenschaften*, 21, 1927, S. 131-142.

50 Ebenda, S. 134.

51 Ebenda, S. 142.

52 Paul Frankl, »Die Rolle der Ästhetik in der Methode der Geisteswissenschaften«, *Zeitschrift für Ästhetik und allgemeine Kunstwissenschaft*, 21, 1927, S. 145-159. In diesem Zusammenhang kann auch auf einen Artikel von Hermann Beenken verwiesen werden, »Konsequenzen und Aufgaben der Stilanalyse«, in derselben Zeitschrift, 18, 1924, S. 417-437. In diesem Artikel bricht Beenken eine Lanze für eine große kulturhistorische Ordnung (im Sinne Spenglers) aller kulturellen Produkte der Menschheit, in der alle Kunstwerke stilkritisch miteinander verglichen werden müßten: »Ordnung des kunstgeschichtlichen Materials nach inneren Wesenszusammenhängen, nach Verwandtschaften und Verschiedenheiten in dieser oder jener Hinsicht, vor allem nach der entwicklungsmäßigen inneren Folgerichtigkeit, das ist die große Aufgabe der Kulturwissenschaften in der nächsten Zukunft. (S. 435) Ziel der Stilanalyse muß die Aufstellung von Kategorien sein, die über das spezifisch-individuelle Historische hinausgehen.

53 Frankl, a.a.O., S. 157.

54 Ebenda, S. 158-159.

55 1928 veröffentlichte Friedrich Kreis *Der kunstgeschichtliche Gegenstand, Ein Beitrag zur Deutung des Stilbegriffes*, Stuttgart 1928. Kreis kommt in seinen Darlegungen Sedlmayr anfänglich erstaunlich nahe (der Unterschied zwischen historischen und ästhetischen Kriterien in der Forschung), aber er verliert sich dann in einer Aufzählung der Methoden Wölfflins und Dvořáks. Sedlmayr schrieb »Zu einer strengen Kunstwissenschaft«, es erschien als Artikel in den *Kunstwissenschaftlichen Forschungen*, 1, 1931, S. 7-32. Später wurde es als »Kunstgeschichte als Kunstgeschichte« abgedruckt in *Kunst und Wahrheit, Zur Theorie und Methode der Kunstgeschichte*, Mittenwald 1978, S. 49-80. Aus dem letzten Buch wird hier zitiert.

56 Sedlmayr, »Kunstgeschichte als Kunstgeschichte«, S. 60.

57 Außerdem könnte man an die Falsifikationstheorie Poppers denken. Auch Sedlmayrs Beziehungen zum Wiener Kreis müßten einmal untersucht werden. Sedlmayr faßt natürlich zusammen, was von zahllosen anderen auf viele Arten schon einmal vorgetragen wurde. In der Kunstwissenschaft ist es speziell Emil Utitz, der, obwohl von einer kunstwissenschaftlichen Fragestellung her, die spezifische Bedeutung des individuellen Kunstwerks betont: »Das Kunstwerk ist eine Einheit, in der seine Momente beschlossen liegen, und in der jedes Element von all jenen Bedingungen her gebildet ist. Wie aber diese Bedingungen als Bildfaktoren eingreifen, und warum sie gerade so eingreifen müssen, das kann verständlich gemacht werden, wenn wir das Wesen ihrer Gesetzlichkeit erkennen im Verhältnis zum Wesen der Kunst. (...) So hat jedes Kunstwerk seinen ureigenen ›Sinn‹, und dessen Notwendigkeit muß von ihm her verstanden werden nach Material, Seinsschicht, Kunstverhalten, Darstellungsweise, Darstellungswert und ihrem Funktionszusammenhang.« (Emil Utitz, *Grundlegung der allgemeinen Kunstwissenschaft*, Reprint München 1972 nach der Ausgabe von 1914 (I) und 1920 (II), II, S. 54. Siehe auch die Einleitung zu diesem Buch von Wolfhart Henckmann, S. XXVIII und Emil Utitz, »Über Grundbegriffe der Kunstwissenschaft«, *Kantstudien*, 34, 1929, S. 6-70, S. 53, 62, 68. Utitz weist Berührungspunkte mit Husserls Phänomenologie auf, und daher kann bei ihm die Betonung des Kunstwerks mit der Ontologie der Kunst zusammenfallen, wobei ein systematischer und ein historischer Ansatz letztlich deckungsgleich sind.

Anmerkungen zum dritten Kapitel

S. 72-76. Die Entwicklung der Kunst ist Teil des ›Bildungsgang(es)‹ der Völker, darum ist Kunst nicht immer und zu allen Zeitpunkten in der Geschichte eines Volkes vorhanden. Trotzdem ist es so, daß die Kunst mehr als irgend etwas anderes den Charakter, die Seele eines Volkes widerspiegelt. Völker haben also nicht immer eine blühende Kunst, und die Entwicklung der Kunst verläuft durch die Völker hin, denn sie ist Teil der ›fortschreitenden Humanität‹. (I, 53) Wie hegelianisch Schnaase denkt, geht z.B. auch hervor aus seiner Meinung, daß Völker entgegengesetzte Auffassungen von Kunst haben können, und daß es dann die Aufgabe eines dritten Volkes ist, »beides zusammen zu fassen, die Harmonie, in der Beziehung, welche durch den Gegensatz jener beiden Völker herausgehoben war, wieder herzustellen und sich an der Totalität des menschlichen Wesens zu erfreuen.« (I, 49) Europa zeigt das Bild einer Vermischung der romanischen und germanischen Völker; der einzigartige Beitrag des italienischen Volkes zur Kultur entstand gerade, weil dieses Volk eine Mischung beider ist. (VII, 3) Die Unterschiede zwischen der germanischen und der romanischen Kunst sieht Schnaase folgendermaßen: Die germanischen Völker betrachten die Kunst mehr vom Standpunkt des Nutzens und der Wahrheit aus; die Kunst ist für sie Dienerin der Religion, oder ein Mittel, um zur Erkenntnis zu gelangen. Die romanischen Völker jedoch suchen in der Kunst einen ästhetischen Genuß. Die erste Gruppe will, daß die Kunst die Wirklichkeit darstellt, auch in ihren weniger schönen Aspekten, die zweite idealisiert. Aber beide Völker ergänzen einander, wodurch eine fruchtbare Wechselwirkung entsteht. (VIII, S. 76) Schnaases Auffassungen über die Rolle des Volkscharakters in der Kunstgeschichte sind im Grunde nicht schlüssig. Kunst formt mehr als irgend etwas anderes die Seele, das Wesen des Volkes; aber daneben kennt sie bei allen Völkern auch eine eigene, autonome Entwicklung, und die Völker tragen in bestimmten Momenten zu dieser Entwicklung bei, wenn ihr Wesen benötigt wird.

121 Carl Schnaase, *Niederländische Briefe,* Stuttgart und Tübingen 1834. Siehe auch Wilhelm Waetzoldt, *Deutsche Kunsthistoriker,* Berlin 1965², S. 82ff.

122 Bücher wie Franz Kuglers *Pommersche Kunstgeschichte,* Stettin 1840 und Wilhelm Lübkes *Die mittelalterliche Kunst in Westfalen,* Leipzig 1853 (S. 27) sind eher eine Ausnahme als die Regel. Kuglers *Pommersche Kunstgeschichte* erschien als erster Teil des 8. Jahrganges der Zeitschrift *Baltische Studien,* Stettin 1840, S. 1-266. Dieses Buch war anfänglich als eine Art Reiseführer oder ein Verzeichnis der pommerschen Denkmäler gedacht, aber es erzählt wie ein historisch fortschreitendes Stück Kunstgeschichte. Kugler will die Kunst in Pommern als einen Teil der allgemeinen Kunstgeschichte und Kulturgeschichte behandeln. Das spezifisch Pommersche ist »minder geschmeidig organisiert« als die Art der übrigen Völker (VIII), aber das will nicht heißen, daß Pommern überhaupt keine poetischen Seiten hat. Kugler verweist auf die Poesie und Liedkunst Pommerns; besonders die Volkslieder haben einen natürlichen Humor, der typisch ist für die Pommern. In der Baukunst ist im romanischen (den Kugler den byzantinischen nennt) und im gotischen Stil gewiß ein eigener Charakter zu entdecken. Außerdem geht Kugler auf die natürlichen Umstände ein, die das Bauen in Backstein mit sich brachten.

123 Ich denke hier an die Veröffentlichung von Paul de la Garde, Julius Langbehn, Chamberlain, Gobineau u.ä. Siehe auch Leon Poliakov, *De Arische mythe,* (dt.: Der arische Mythos), Amsterdam 1979, ursprüngl. *Le mythe arien,* Paris 1971, und Karl Dietrich Bracher, *Die deutsche Diktatur,* Frankfurt/M. 1979, S. 6-16 und 28-35.

124 Alois Riegl, *Das holländische Gruppenporträt,* Wien 1931 (ursprüngl. 1902).

125 Riegel, a.a.O., S. 19.

126 Riegel, a.a.O., S. 274.

127 Friedrich Ratzel, *Anthropo-Geografie, oder Grundzüge der Anwendung der Erdkunde auf die Geschichte,* Stuttgart 1882 und 1891 (I,II).

128 Ratzel, a.a.O., I, S. 321ff. und S. 433.

129 Ebenda, S. 434ff.

130 Ebenda, S. 467.

131 Ebenda, S. 469.

132 Wilhelm Wundt, *Völkerpsychologie, Eine Untersuchung der Entwicklungsgesetze von Sprache, Mythos und Sitte,* III, Die Kunst, Leipzig 1908; Wilhelm Wundt, *Elemente der Völkerpsychologie, Grundlinien einer psychologischen Entwicklungsgeschichte der Menschheit,* Leipzig 1912; siehe auch August Schmarsow, »Kunstwissenschaft und Völkerpsychologie«, *Zeitschrift für Ästhetik und allgemeine Kunstwissenschaft,* 2, 1907, S. 305ff. und 469-500. Siehe zu Völkerpsychologie

im Allgemeinen Eno Beuchelt, *Ideengeschichte der Völkerpsychologie,* Meisenheim am Glan 1974 (Kölner Beiträge zur Sozialforschung und angewandten Soziologie, Band 13).

133 Wundt, *Elemente,* S. 468.

134 Wundt, *Völkerpsychologie,* S. 6-12.

135 Ebenda, S. 111.

136 Strzygowski wiederholt in all seinen Publikationen immer wieder dieselben Thesen. Siehe von ihm u. a. *Kleinasien ein Neuland der Kunstgeschichte,* Leipzig 1903 oder *Die Baukunst der Armenier und Europa,* Wien 1918. In *Das indogermanische Ahnenerbe des deutschen Volkes und die Kunstgeschichte der Zukunft,* Wien 1941, hat er seine Einsichten zusammenfassend wiedergegeben. Über ihn siehe auch Anton Berger, *Strzygowski. Von ihm und über ihn,* Graz 1923, und, mehr auf seine Forschungsergebnisse (und deren Haltbarkeit) eingehend, Friedrich Wilhelm von Bissing, »Kunstforschung oder Kunstwissenschaft? Eine Auseinandersetzung mit der Arbeitsweise J. Strzygowskis«, *Abhandlungen der Bayerischen Akademie der Wissenschaften, Philosophisch-Historische Klasse,* NV 31/32, München 1950-51.

137 Das Interesse für das Dekorative, sowie auch für die religiös-geheimnisvollen Aspekte der Kultur sind kennzeichnend für das Wiener Milieu um 1900 (man denke an Itten und den Mazdaznan-Kult). Wer wird einmal eine Strzygowski-Biographie schreiben?

138 Wilhelm Worringer, *Griechentum und Gotik, vom Weltreich des Hellenismus,* München 1928, über Strzygowski: S. 6f.

139 Heinrich Wölfflin, *Kunstgeschichtliche Grundbegriffe, Das Problem der Stilentwicklung in der neueren Kunst,* München 1915. Ich zitiere hier aus der dritten Auflage von 1918.

140 Zwischen 1914 und 1936 hat sich Wölfflin in kleineren Veröffentlichungen immer wieder mit der Beziehung zwischen den formalen Merkmalen eines Kunstwerks und dem Volkscharakter beschäftigt. Diese Aufsätze wurden unter dem Titel »Nationale Charaktere« zusammengefaßt in Heinrich Wölfflin, *Gedanken zur Kunstgeschichte, Gedrucktes und Ungedrucktes,* Basel 1947 (1940), auf S. 109-135. Siehe zu Wölfflin auch Hans Körner, »›Grundbegriffe der Kunstgeschichte‹. Heinrich Wölfflins Münchener Vorträge im Wintersemester 1914/15«, *Kritische Berichte,* 16, 1988, 4, S. 65-74.

141 Wölfflin, *Grundbegriffe,* S. 6.

142 Ebenda, S. 10.

143 Ebenda, S. 7-8.

144 Ebenda, S. 254.

145 Ebenda, S. 254.

146 Reiner Hausherr (siehe Anm. 117) nennt als erste Erwähnung des Wortes ›Kunstgeographie‹ die Publikation von Hugo Henniger, *Kunsthistorischer Atlas der K. K. Reichshauptstadt und Residenzstadt Wien,* Bd. XV, Wien 1916. Henniger nimmt hier eine Einteilung der Haustypen vor.

147 Kurt Gerstenberg, *Deutsche Sondergotik. Eine Untersuchung über das Wesen der deutschen Baukunst im Mittelalter,* ursprünglich München 1914, zweite Aufl. Darmstadt 1969.

148 Gerstenberg, *Sondergotik,* Vorwort.

149 Kurt Gerstenberg, *Ideen zu einer Kunstgeographie Europas,* Leipzig 1922, S. 4.

150 Ebenda, S. 20.

151 August Grisebach, *Die alte deutsche Stadt in ihrer Stammeseigenart,* Berlin 1930. Ausdrücklich auf Wölfflin beruft sich auch F. H. Günther, *Rasse und Stil,* München 1926, und ders., *Rassenkunde des deutschen Volkes,* München 1926. In dem letztgenannten Buch schreibt Günther (S. 95): »Der Übergang von einer ›klassischen‹ Kunst zur Kunst des Barocks, jener kunstgeschichtliche Übergang des 16. Jahrhunderts, welchen (der nordisch-dinarische) Wölfflin in seinen *Kunstgeschichtlichen Grundbegriffen* so klar (...) geschildert hat, läßt sich bei rassenkundlicher Betrachtung unmittelbar begreifen durch ein Einströmen dinarischen Wesens in eine bisher auf das nordliche gerichtete Kunst.« Siehe auch Meinhold Lurz, a.a.O., S. 42-45.

152 Grisebach, a.a.O., S. VII. Das Thema der Stämme ist in diesen Jahren aktuell durch das breit angelegte Werk des Literaturhistorikers Josef Nadler *Literaturgeschichte der deutschen Landschaften und Stämme,* das zwischen 1912 und 1918 erschienen war. Pinder ist teilweise von Nadler beeinflußt. Grisebach hat am Anfang eines Kapitels ein Zitat von Nadler aufgenommen (S. 32). Der Stammbegriff Nadlers ist jedoch derart vage, unhistorisch und geografisch unscharf, daß man damit nicht wirklich arbeiten kann. Ernsthafte Impulse Nadlers für die kunstgeschichtliche Praxis seiner Zeit konnte ich nicht finden.

S. 72-76. Die Entwicklung der Kunst ist Teil des ›Bildungsgang(es)‹ der Völker, darum ist Kunst nicht immer und zu allen Zeitpunkten in der Geschichte eines Volkes vorhanden. Trotzdem ist es so, daß die Kunst mehr als irgend etwas anderes den Charakter, die Seele eines Volkes widerspiegelt. Völker haben also nicht immer eine blühende Kunst, und die Entwicklung der Kunst verläuft durch die Völker hin, denn sie ist Teil der ›fortschreitenden Humanität‹. (I, 53) Wie hegelianisch Schnaase denkt, geht z.B. auch hervor aus seiner Meinung, daß Völker entgegengesetzte Auffassungen von Kunst haben können, und daß es dann die Aufgabe eines dritten Volkes ist, »beides zusammen zu fassen, die Harmonie, in der Beziehung, welche durch den Gegensatz jener beiden Völker herausgehoben war, wieder herzustellen und sich an der Totalität des menschlichen Wesens zu erfreuen.« (I, 49) Europa zeigt das Bild einer Vermischung der romanischen und germanischen Völker; der einzigartige Beitrag des italienischen Volkes zur Kultur entstand gerade, weil dieses Volk eine Mischung beider ist. (VII, 3) Die Unterschiede zwischen der germanischen und der romanischen Kunst sieht Schnaase folgendermaßen: Die germanischen Völker betrachten die Kunst mehr vom Standpunkt des Nutzens und der Wahrheit aus; die Kunst ist für sie Dienerin der Religion, oder ein Mittel, um zur Erkenntnis zu gelangen. Die romanischen Völker jedoch suchen in der Kunst einen ästhetischen Genuß. Die erste Gruppe will, daß die Kunst die Wirklichkeit darstellt, auch in ihren weniger schönen Aspekten, die zweite idealisiert. Aber beide Völker ergänzen einander, wodurch eine fruchtbare Wechselwirkung entsteht. (VIII, S. 76) Schnaases Auffassungen über die Rolle des Volkscharakters in der Kunstgeschichte sind im Grunde nicht schlüssig; Kunst formt mehr als irgend etwas anderes die Seele, das Wesen des Volkes; aber daneben kennt sie bei allen Völkern auch eine eigene, autonome Entwicklung, und die Völker tragen in bestimmten Momenten zu dieser Entwicklung bei, wenn ihr Wesen benötigt wird.

121 Carl Schnaase, *Niederländische Briefe*, Stuttgart und Tübingen 1834. Siehe auch Wilhelm Waetzoldt, *Deutsche Kunsthistoriker*, Berlin 1965[2], S. 82ff.

122 Bücher wie Franz Kuglers *Pommersche Kunstgeschichte*, Stettin 1840 und Wilhelm Lübkes *Die mittelalterliche Kunst in Westfalen*, Leipzig 1853 (S. 27!) sind eher eine Ausnahme als die Regel. Kuglers *Pommersche Kunstgeschichte* erschien als erster Teil des 8. Jahrganges der Zeitschrift *Baltische Studien*, Stettin 1840, S. 1-266. Dieses Buch war angänglich als eine Art Reiseführer oder ein Verzeichnis der pommerschen Denkmäler gedacht, aber es erzählt wie ein historisch fortschreitendes Stück Kunstgeschichte. Kugler will die Kunst in Pommern als einen Teil der allgemeinen Kunstgeschichte und Kulturgeschichte behandeln. Das spezifisch Pommersche ist »minder geschmeidig organisiert« als die Art der übrigen Völker (VIII), aber das will nicht heißen, daß Pommern überhaupt keine poetischen Seiten hat. Kugler verweist auf die Poesie und Liedkunst Pommerns; besonders die Volkslieder haben einen natürlichen Humor, der typisch ist für die Pommern. In der Baukunst ist im romanischen (den Kugler den byzantinischen nennt) und im gotischen Stil gewiß ein eigener Charakter zu entdecken. Außerdem geht Kugler auf die natürlichen Umstände ein, die das Bauen in Backstein mit sich brachten.

123 Ich denke hier an die Veröffentlichung von Gestalten wie Paul de la Garde, Julius Langbehn, Chamberlain, Gobineau u. ä. Siehe auch Leon Poliakov, *De Arische mythe*, (dt.: Der arische Mythos), Amsterdam 1979, ursprüngl. *Le mythe arien*, Paris 1971, und Karl Dietrich Bracher, *Die deutsche Diktatur*, Frankfurt/M 1979, S. 6-16 und 28-35.

124 Alois Riegl, *Das holländische Gruppenporträt*, Wien 1931 (ursprüngl. 1902).

125 Riegel, a.a.O., S. 19.

126 Riegel, a.a.O., S. 274.

127 Friedrich Ratzel, *Anthropo-Geografie, oder Grundzüge der Anwendung der Erdkunde auf die Geschichte*, Stuttgart 1882 und 1891 (I, II).

128 Ratzel, a.a.O., I, S. 321ff. und S. 433.

129 Ebenda, S. 434ff.

130 Ebenda, S. 467.

131 Ebenda, S. 469.

132 Wilhelm Wundt, *Völkerpsychologie, Eine Untersuchung der Entwicklungsgesetze von Sprache, Mythos und Sitte*, III, Die Kunst, Leipzig 1908; Wilhelm Wundt, *Elemente der Völkerpsychologie, Grundlinien einer psychologischen Entwicklungsgeschichte der Menschheit*, Leipzig 1912; siehe auch August Schmarsow, »Kunstwissenschaft und Völkerpsychologie«, *Zeitschrift für Ästhetik und allgemeine Kunstwissenschaft*, 2, 1907, S. 305ff. und 469-500. Siehe zu Völkerpsychologie

im Allgemeinenen Eno Beuchelt, *Ideengeschichte der Völkerpsychologie,* Meisenheim am Glan 1974 (Kölner Beiträge zur Sozialforschung und angewandten Soziologie, Band 13).

133 Wundt, *Elemente,* S. 468.

134 Wundt, *Völkerpsychologie,* S. 6-12.

135 Ebenda, S. 111.

136 Strzygowski wiederholt in all seinen Publikationen immer wieder dieselben Thesen. Siehe von ihm u. a. *Kleinasien ein Neuland der Kunstgeschichte*, Leipzig 1903 oder *Die Baukunst der Armenier und Europa*, Wien 1918. In *Das indogermanische Ahnenerbe des deutschen Volkes und die Kunstgeschichte der Zukunft*, Wien 1941, hat er seine Einsichten zusammenfassend wiedergegeben. Über ihn siehe auch Anton Berger, *Strzygowski. Von ihm und über ihn*, Graz 1923, und, mehr auf seine Forschungsergebnisse (und deren Haltbarkeit) eingehend, Friedrich Wilhelm von Bissing, »Kunstforschung oder Kunstwissenschaft? Eine Auseinandersetzung mit der Arbeitsweise J. Strzygowskis«, *Abhandlungen der Bayerischen Akademie der Wissenschaften, Philosophisch-Historische Klasse*, NV 31/32, München 1950-51.

137 Das Interesse für das Dekorative, sowie auch für die religiös-geheimnisvollen Aspekte der Kultur sind kennzeichnend für das Wiener Milieu um 1900 (man denke an Itten und den Mazdaznan-Kult). Wer wird einmal eine Strzygowski-Biographie schreiben?

138 Wilhelm Worringer, *Griechentum und Gotik, vom Weltreich des Hellenismus*, München 1928, über Strzygowski: S. 6f.

139 Heinrich Wölfflin, *Kunstgeschichtliche Grundbegriffe, Das Problem der Stilentwicklung in der neueren Kunst*, München 1915. Ich zitiere hier aus der dritten Auflage von 1918.

140 Zwischen 1914 und 1936 hat sich Wölfflin in kleineren Veröffentlichungen immer wieder mit der Beziehung zwischen den formalen Merkmalen eines Kunstwerks und dem Volkscharakter beschäftigt. Diese Aufsätze wurden unter dem Titel »Nationale Charaktere« zusammengefaßt in Heinrich Wölfflin, *Gedanken zur Kunstgeschichte, Gedrucktes und Ungedrucktes*, Basel 1947 (1940), auf S. 109-135. Siehe zu Wölfflin auch Hans Körner, »›Grundbegriffe der Kunstgeschichte‹. Heinrich Wölfflins Münchener Vorträge im Wintersemester 1914/1915«, *Kritische Berichte*, 16, 1988, 4, S. 65-74.

141 Wölfflin, *Grundbegriffe*, S. 6.

142 Ebenda, S. 10.

143 Ebenda, S. 7-8.

144 Ebenda, S. 254.

145 Ebenda, S. 254.

146 Reiner Hausherr (siehe Anm. 117) nennt als erste Erwähnung des Wortes ›Kunstgeographie‹ die Publikation von Hugo Henniger, *Kunsthistorischer Atlas der K. K. Reichshauptstadt und Residenzstadt Wien*, Bd. XV, Wien 1916. Henniger nimmt hier eine Einteilung der Haustypen vor.

147 Kurt Gerstenberg, *Deutsche Sondergotik. Eine Untersuchung über das Wesen der deutschen Baukunst im Mittelalter*, ursprünglich München 1914, zweite Aufl. Darmstadt 1969.

148 Gerstenberg, *Sondergotik*, Vorwort.

149 Kurt Gerstenberg, *Ideen zu einer Kunstgeographie Europas,* Leipzig 1922, S. 4.

150 Ebenda, S. 20.

151 August Grisebach, *Die alte deutsche Stadt in ihrer Stammeseigenart*, Berlin 1930. Ausdrücklich auf Wölfflin beruft sich auch F. H. Günther, *Rasse und Stil*, München 1926, und ders., *Rassenkunde des deutschen Volkes*, München 1926. In dem letztgenannten Buch schreibt Günther (S. 95): »Der Übergang von einer ›klassischen‹ Kunst zur Kunst des Barocks, jener kunstgeschlichtliche Übergang des 16. Jahrhunderts, welchen (der nordisch-dinarische) Wölfflin in seinen *Kunstgeschichtlichen Grundbegriffen* so klar (...) geschildert hat, läßt sich bei rassenkundlicher Betrachtung unmittelbar begreifen durch ein Einströmen dinarischen Wesens in eine bisher auf das nordliche gerichtete Kunst.« Siehe auch Meinhold Lurz, *a.a.O.*, S. 42-45.

152 Grisebach, *a.a.O.*, S. VII. Das Thema der Stämme ist in diesen Jahren aktuell durch das breit angelegte Werk des Literaturhistorikers Josef Nadler *Literaturgeschichte der deutschen Landschaften und Stämme*, das zwischen 1912 und 1918 erschienen war. Pinder ist teilweise von Nadler beeinflußt. Grisebach hat am Anfang eines Kapitels ein Zitat von Nadler aufgenommen (S. 32). Der Stammbegriff Nadlers ist jedoch derart vage, unhistorisch und geografisch unscharf, daß man damit nicht wirklich arbeiten kann. Ernsthafte Impulse Nadlers für die kunstgeschichtliche Praxis seiner Zeit konnte ich nicht finden.

Anmerkungen zum dritten Kapitel

153 Griesebach, a.a.O., S. 136.

154 Heinrich Wölfflin, *Italien und das deutsche Formgefühl*, München 1931.

155 Ebenda, S. 217.

156 Heinrich Wölfflin, »Zum Thema: Nationale Kunst« in *Gedanken zur Kunstgeschichte, Gedrucktes und Ungedrucktes*, Basel 1947 S. 129-131: »Leonardos Abendmahl oder Raffaels Schule von Athen sind rein italienische Bilder, ganz national und ganz unübertragbar, aber weder Leonardo noch Raffael haben je daran gedacht, in ihrer Kunst Italiener sein zu wollen. Und Dürers Hieronymus im Gehäus ist sicher abseits von aller bewußten Deutschtümelei entstanden.« (S. 131)

157 Paul Pieper, *Kunstgeographie, Versuch einer Grundlegung*, Berlin 1936 (Neue deutsche Forschungen Abt. Kunstwissenschaft und Kunstgeschichte, I). Pieper nimmt zu Nadler eine kritische Haltung ein (S. 27).

158 Pieper, a.a.O., S. 51ff.

159 Pieper, a.a.O., S. 71. Später hat Pieper eingesehen, daß seine Theorie unhaltbar ist. Wie kann eine Methode jemals auf der Grundlage von noch nicht einmal zwei Jahrhunderten Kunstgeschichte allgemeine Gültigkeit erlangen? Das ist auch die wichtigste Kritik, die Hausherr (siehe Anm. 117) an der Methode der Kunstgeographie geäußert hat: die Perioden, die zugrunde gelegt werden, sind viel zu kurz, und auch die Anzahl der analysierten Kunstwerke ist zu gering. Die geographischen Gebiete sind nicht gut abgesteckt; der Einfluß von Städten, Arbeitsstätten, umherreisenden Künstlern und vorhandenen Traditionen wird zu wenig reflektiert. Für eine Kritik, Übersicht und Zusammenfassung der kunstgeographischen Methode siehe auch Heinrich Lützeler, *Kunsterfahrung und Kunstwissenschaft*, Freiburg 1975, S. 1446ff.

160 *Actes du XIIIe Congrès International d'histoire de l'art*, Stockholm 1933, S. 29, 32-33.

161 *Actes*, S. 151-2.

162 *Actes*, I, S. 152-158.

163 *Actes*, II, S. 155ff.

164 *Actes*, I, S. 94-100. Zielt Vogelsang hier ab auf Horst Gersons *Ausbreitung und Nachwirkung der holländischen Malerei des 17. Jahrhunderts*, Haarlem 1942?

165 Actes, II, S. 86-88.

166 L.H. Heydenreich in: *Zeitschrift für Kunstgeschichte*, 2, 1933, S. 410-414.

167 A.E. Brinckmann, *Geist der Nationen, Italiener, Franzosen, Deutsche*, Hamburg 1948 (ursprüngl. Hamburg 1938 und 1940).

168 Brinckmann, a.a.O., S. 171. Die typologische Arbeitsweise bei der Beschreibung der Charaktere der europäischen Völker ist nicht nur deutschen Kunsthistorikern vorbehalten, wie der Leser vielleicht denken könnte. So veröffentlicht der Spanier Salvador de Madariaga *Anglais, Francais, Espagnols*, Paris 1930 (auch bei Brinckmann erwähnt). Madariaga schrieb sein Buch, als er Direktor der Abrüstungskommission des Völkerbundes war. Er war der Auffassung, daß die Kenntnis der verschiedenen nationalen Charaktere von großer politischer Wichtigkeit sei. Er unterscheidet in seinem Buch zwischen »l'homme de l'action«, »l'homme de la pensée« und »l'homme de la passion«, und die stehen (das ist keine Überraschung mehr) in derselben Reihenfolge für die Engländer, die Franzosen und die Spanier. (Siehe das Schema in seinem Buch auf S. 30.) Ebenfalls geschrieben aus politischer Sorge über die schlechten Beziehungen zwischen Deutschland und den Siegern von 1918 ist Karl Vosslers *Die romanischen Kulturen und der deutsche Geist*, München 1926. Vossler leitet die Charaktere von ›Romanen‹ und Deutschen ab von der Art der Beziehung, die sie zu den Römern hatten. Die Deutschen kamen in Berührung mit der römischen Kultur, bevor sie eine eigene Kultur hatten. Letzten Endes betrachtet Vossler die Gegensätze zwischen Romanen und Deutschen als zwei Seiten einer Harmonie, und er tritt für das Zusammengehen der Völker ein. Phänomenologisch angelegt ist das Buch Eduard Wechsslers, *Esprit und Geist, Versuch einer Wesenskunde der Deutschen und der Franzosen*, Bielefeld und Leipzig 1927. Auch Wechssler leitet die Unterschiede zwischen Deutschen und Franzosen letztlich vom Altertum her: die Deutschen sind die Erben der dionysischen, jungen griechischen Kultur, die Franzosen die der späten hellenistischen und der römischen apollinischen Kultur. Auch Wechssler hofft auf das Zusammengehen dieser zwei Aspekte. An sich hat dieses Zurückführen des Deutschen auf das Griechische eine lange Tradition, man denke nur an Johann Gottlieb Fichtes *Reden an die deutsche Nation* von 1808, worin Deutsch und Griechisch als Sprachen verglichen werden, und wo die Ursprünglichkeit der deutschen Sprache (im Gegensatz zum Französischen) als Zeichen der Kraft und Jugendlichkeit der deutschen Nation galt. Huizingas *Nederlands beschaving in de l7de eeuw* erschien ursprünglich 1933 in Jena als *Holländische Kultur des siebzehnten Jahrhun-*

derts, Ihre sozialen Grundlagen und nationale Eigenart und paßt durchaus in die Reihe der Publikationen über die nationalen Charaktere, wenn auch das Niveau und die Art der Fragestellung bei Huizinga natürlich nicht vergleichbar sind.

Wir führen dieses Thema noch etwas weiter. Es ist auffallend, daß die Diskussion über die nationalen Charaktere im Krieg, und auch noch danach, einen anderen Tonfall bekommt: das ›Europäische‹ wird jetzt bejubelt, als Gegensatz zum barbarischen Kommunismus der Sowjetunion. Siehe die Beobachtungen über Wort und Begriff ›Europa‹ in Viktor Klemperer, *LTI (Lingua Tertii Imperii), Notizbuch eines Philologen*, Leipzig 1975, S. 192ff. Nach dem Krieg gab Brinckmann sein *Geist der Nationen* erneut heraus, ohne die Nazi-Phrasen, welche die frühere Einleitung verunziert hatten, aber dafür mit dem Ausdruck der Hoffnung auf ein zukünftiges starkes Europa. Diese Gedanken äußerte er auch in einer Broschüre, *Europageist und Europäer*, Hamburg 1948. Interessant ist, daß Brinckmann in dem Buch und in der Broschüre die Gefühle nach 1918 (eine Niederlage) und nach 1945 (wieder eine Niederlage) im selben Lichte darstellt. Brinckmann hofft auf eine politische Vereinigung Europas, die auf die kulturelle Einheit folgen müsse. In Wirklichkeit ist dies derselbe Tonfall wie nach 1918: ein ›geistiges‹ Deutschland bzw. Europa müssen antreten gegen die brutalen Mächte Entente bzw. USA-Sowjetunion.

169 Brinckmann kann das Buch natürlich auch geschrieben haben, um Geld zu verdienen. Er stellte seine leichte Feder öfter in den Dienst kommerzieller Ziele. So schrieb er für die Wanderer-Werke einen Reisebericht seiner Erlebnisse am Mittelmeer, und in diesem Reisebericht nahm das Auto dieser Firma einen hervorragenden Platz ein. Werner Weisbach las aus dieser Broschüre vor, wenn er seine Gäste amüsieren wollte (Werner Weisbach, *Geist und Gewalt*, Wien – München 1956, S. 334f.) Weisbach schreibt, daß Brinckmann vor 1933 ein liberaler Mann war, der seine demokratische und pazifistische Haltung nicht verbarg. Nach der Machtübernahme vollführte er eine völlige Wendung, um sich bei den neuen Machthabern beliebt zu machen. So erkämpfte er als Professor im Alter von mehr als fünfzig Jahren eine Sportmedaille, weil die Nazis das gern sahen. Wirklich peinlich war seine Haltung zu seinem Vorgänger in Berlin, Adolph Goldschmidt. Noch im Januar 1933 wurde Goldschmidt zu seinem 70. Geburtstag von Hindenburg das ›Adlerschild‹ verliehen, die höchste Auszeichnung, die die Deutsche Republik kannte. Auf dem Internationalen Kunsthistorischen Kongreß dieses Jahres in Stockholm war Goldschmidt der Ehrenpräsident. Das hielt Brinckmann nicht davon ab, ihm den Zutritt zum Institut zu verbieten, wo Goldschmidt auch nach seiner Emeritierung ein Arbeitszimmer hatte. Nicht einmal seine Bücher und seinen persönlichen Besitz durfte er abholen. 1935 war Brinckmann plötzlich nicht mehr so genehm, und er wurde durch Pinder aus München ersetzt. Brinckmann wurde ›abgeschoben‹ an die Universität in Frankfurt am Main. Dort angekommen, entpuppte er sich wieder als Liberaler und als Gegner der Nazis. Hans Wingler hat unter ihm Kunstgeschichte studiert, und er äußert sich voller Achtung über Brinckmann. Wingler verdankt Brinckmann sein Interesse für moderne Architektur und Formgebung (Hans Wingler, »Ein Sohn aus bürgerlicher Familie«, *Zwischen Widerstand und Anpassung, Kunst in Deutschland 1933-1945*, Kat. Akademie der Künste Berlin 1978, S. 69-75; über Brinckmann S. 73). Diese Geschichte über das Verhältnis Brinckmann-Goldschmidt findet sich übrigens nicht in Goldschmidts Autobiographie. *Adolph Goldschmidt 1863-1944, Lebenserinnerungen,* Hrsg. und kommentiert von Marie Roosen-Runge-Mollow, Berlin 1989.

170 Paul Frankl, *Das System der Kunstwissenschaft*, Brünn und Leipzig 1938, III, »Der Ort«, S. 893-943.

171 Frankl, a.a.O., S. 908.

172 Ebenda, S. 918-9.

173 Ebenda, S. 930.

174 Ebenda, S. 939.

175 Ebenda, S. 15.

176 Dagobert Frey, »Die Entwicklung nationaler Stile in der mittelalterlichen Kunst des Abendlandes«, *Deutsche Vierteljahresschrift für Literaturwissenschaft und Geistesgeschichte*, 16, 1938, S. 1-75

177 Ebenda, S. 13.

178 Ebenda, S. 21.

179 Ebenda, S. 22.

180 Ebenda, S. 22.

181 Dagobert Frey, *Englisches Wesen in der bildenden Kunst*, Stuttgart und Berlin 1942.

182 Ebenda, S. VIII. Mit Sedlmayr ist nicht nur der Artikel von 1931 gemeint, sondern auch dessen »Vermutungen und Fragen zur Bestimmung der altfranzösischen Kunst«, *Festschrift Wilhelm Pinder*, Leipzig 1938, S. 9-28.

183 Ernst Kretschmer, *Körperbau und Charakter*, Berlin 1922 und ders., *Geniale Menschen*, Berlin 1929. Mit Spranger ist Eduard Spranger gemeint, »Wege und Ziele der Völkercharakterologie (1939), aufgenommen in den *Gesammelte(n) Schriften*, IV, Tübingen und Heidelberg 1974, S. 305-327 oder ders., »Probleme der Kulturmorphologie« (1936), *Ges. Schriften*, V, S. 129-172. Brinckmann zitiert Spranger ebenfalls.

184 Frey, *Englisches Wesen*, S. 7.

185 Ebenda, S. 8.

186 Das Buch behandelt ausführlich alle möglichen Aspekte der englischen Kunst bis zu Turner und den Präraffaeliten. Die englische Kunst ist formal eingestellt auf lineare, vertikale Formen mit einem Mangel an Proportionierung, Plastizität und Stabilität. Diese lineare Vorliebe führt zu einem Hang zum Beweglichen und Malerischen. Frey stellt einen Zusammenhang zwischen diesen formalen Merkmalen und einer englischen Charaktereigenschaft, dem Undynamischen, aber doch Kontrollierten: kurz, dem Hang zum Konventionellen.

187 Wilhelm Pinder, *Vom Wesen und Werden deutscher Formen, Geschichtliche Betrachtung*, 4 Teile, Leipzig 1935 und folgende. Die verschiedenen Teile heißen *Die Kunst der deutschen Kaiserzeit bis zum Ende der staufischen Klassik* (1935); *Die Kunst der ersten Bürgerzeit, bis zur Mitte des 15. Jahrhunderts* (1937); *Die deutsche Kunst der Dürerzeit* (1939); und posthum, als einziges vollendetes Kapitel des Bandes *Kunst der Fürstenzeit: Holbein der Jüngere und das Ende der altdeutschen Kunst* (1951). 1951 erschienen die drei vollständigen und der unvollständige Teil noch einmal im Seemann-Verlag. Seemann war damals schon nach Köln umgezogen. Parallel zu den Teilen erschienen Bildbände. Diese neue Auflage ist sehr schön gestaltet; offenbar war Pinders auf einigen Seiten lautstark artikulierter Nationalismus 1951 kein Problem mehr. Für die Firma Seemann (zusammen mit Menck in Frankfurt/M.) muß eine neue Auflage nach dem Kriege sehr gewinnbringend gewesen sein; dies spricht dafür, daß man offenbar vor dem Kriege hohe Auflagen erzielt hatte. Teil Eins hatte 1951 schon die fünfte Auflage erreicht, Teil Zwei die dritte, ebenso wie der dritte Teil. Die Einleitung zitiere ich aus der vierten Auflage des ersten Teils von 1940.

188 Georg Dehio, *Geschichte der deutschen Kunst*, Leipzig 1919-1926, siehe speziell Bd. I, S. V, VI und 3-7 und Bd. III, S. 177, 207, 286. S. 177: »Die Hinneigung des deutschen Kunstempfindens zum barocken Typus hat zur tiefsten Wurzel die Ehrfurcht vor dem Irrationalen. Der Deutsche ist erfüllt vom Gefühl der Unermeßlichkeit und Rätselhaftigkeit des Daseins (...). Darum liebt er in der Kunst das Dämmernde, Schwebende, Unbegrenzte; nicht das vollendete Sein, sondern das flutende Werden. Was ihn zum Klassischen hinzieht, ist der wahrheitssuchende Verstand; wo er sich der Urgewalt und Tiefe seines Instinkts überläßt, wird er gotisch, romantisch, barock, – was alles nur verschiedene Namen für dieselbe Sache sind.« Man kann sich fragen, ob dieser Hang zum Undefinierten, Verschmelzenden, Fließenden mit psychoanalytischen Begriffen gedeutet werden kann, wie es Klaus Theweleit bei seiner Interpretation konservativer Erinnerungen und konservativer Literatur und Denkschriften aus den zwanziger Jahren tat. (Klaus Theweleit, *Männerphantasien*, Reinbek bei Hamburg 1980.) Für eine Kritik an Dehio siehe Hans Kauffmann in *Deutsche Literatur-Zeitung*, 48, NF 4, 1927, 6, Spalte 266-272.

189 Pinder, *Vom Werden und Wesen*, I, Leipzig 1940^4, S. 9-58.

190 Ebenda, S. 6.

191 Ebenda, S. 8-10.

192 Über die Person und die historische Bedeutung Karls des Großen wurde nach 1933 in Deutschland sehr kontrovers gedacht. Gerade die Nazis konnten in dem französischen Karl dem Großen, dem ›Sachsenschlächter‹, keinen deutschen Kaiser sehen. Siehe zu diesem Thema K. F. Werner, *Das nationalsozialistische Geschichtsbild und die deutsche Geschichtswissenschaft*, Stuttgart 1967, S. 39ff.

193 Pinder, *Vom Wesen und Werden* I, S. 28.

194 Ebenda, S. 31.

195 Ebenda, S. 32.

196 Ebenda, S. 35.

197 Ebenda, S. 41-42.

198 Ebenda, S. 57.

199 Genau wie Heidegger sagt daß »die Kunst Geschichte (ist) in dem wesentlichen Sinne, daß Geschichte und zwar in der angezeigten Bedeutung gründet.« Martin Heidegger, »Der Ursprung des Kunstwerkes«, *Holzwege*, Frankfurt/M 1950, S. 64.

200 Mâles Auffassungen Leber die deutsche Kunst erschienen ursprünglich in der *Revue de Paris*, in den Lieferungen seit dem 15. Juli 1916. Sie wurden ins Deutsche übersetzt und erschienen als »Studien über die deutsche Kunst« in den *Monatshefte(n) für Kunstwissenschaft*, IX, 1916, S. 387-403; 429-447 und *ebenda*, X, 1917, S. 127-173. Außerdem erschienen sie einzeln, herausgegeben von Otto Grautoff, als *Studien über die deutsche Kunst*, Leipzig 1917. Grautoff war der Übersetzer. Die Redaktion der *Monatshefte* gab Paul Clemen, Kurt Gerstenberg, Cornelius Gurlitt, Geza Supka-Budapest, Jozef Strzygowski, A. Götze, O. Wolff, Rudolf Kautsch, H. A. Schmid und Arthur Haseloff Raum, um zu antworten. Siehe zu Mâle Heinrich Dilly, »Emile Mâle. 1862-1954«, Heinrich Dilly (Hrsg.) *Altmeister moderner Kunstgeschichte*, Berlin 1990, S. 133-151, und zu seiner politischen Haltung besonders S. 141-143.

201 Rudolf Kautsch in den *Monatshefte(n) für Kunstwissenschaft*, 10, 1917, S. 101. Offenbar denkt Kautsch hier an das damals gerade erschienene Buch von Kurt Gerstenberg, *Die deutsche Sondergotik*, München 1914.

202 Wilhelm Pinder, *Sonderleistungen der deutschen Kunst*, Berlin 1942, ursprünglich eine Rede, die er am 29. Januar 1942 auf dem »Friedrichstag der Preussischen Akademie der Wissenschaften« hielt; Wilhelm Pinder, *Sonderleistungen der deutschen Kunst,* München 1944.

203 *Sonderleistungen* (1944), S. 133.

204 Bernd Faulenbach, *Ideologie des deutschen Weges,* München 1980.

205 Ebenda, S. 6, 7, 31ff, 294.

206 Ebenda, S. 31.

207 Ebenda, S. 34.

208 Zur ›Ostpolitik‹ in der Kunstgeschichte (speziell zur Rolle Freys als Professor in Breslau) siehe Ingrid Schulze, *Der Mißbrauch der Kunstgeschichte durch die imperialistische deutsche Ostpolitik*, Leipzig 1970 und Harald Justin, *Tanz mir den Hitler, Kunstgeschichte und (faschistische) Herrschaft*, Münster 1982. Ein besonderes Thema ist das Schwärmen der deutschen Konservativen für Rußland und das Slawische, wie wir es bei dem Dostojewski-Übersetzer A. Moeller van den Bruck beobachten können, oder bei dem ›National-Bolschewisten‹ Ernst Niekisch.

209 Faulenbach, *Ideologie,* S. 81.

210 Ebenda, S. 295f.

Anmerkungen zum vierten Kapitel

1 Unmittelbar nach dem Krieg wurden alle Professoren der Berliner Universität entlassen. Manche wurden nach einer Überprüfung wieder angestellt, andere nicht. Pinder wird nicht erneut angestellt. Aber man versucht durchaus, ihn wieder zu berufen. Parallel zu diesen Bemühungen bereitete der Seemann-Verlag in Leipzig 1946 eine neue Ausgabe von *Vom Werden und Wesen* vor, aber sie wurde von der Obrigkeit – sprich: den Russen – verboten. Siehe Gerhard Strauß, »Neubeginn ab 1945« in *Erbe als Gegenwartsaufgabe. Arbeiten des Bereichs Kunstwissenschaft*, Humboldt-Universität Berlin, Sektion Ästhetik und Kunstwissenschaft, April 1975, S. 197-210, S. 202.

2 Siehe Anm. 187 von Kapitel III.

3 Siehe den obengenannten Artikel von Gerhard Strauß, S. 200: »In Berlin meldete Brinckmann 1934 das Institut als ›judenrein‹. Nachdem durch ihn die, sagen wir, ›Schmutzarbeit‹ geleistet worden war, kam 1935 Pinder als Ordinarius hierher und wurde schnell zum Liebling der ›besseren‹ Gesellschaft, deren Damen oft Blumen am Katheder des Hörsaales niederlegten.« Für einen Eindruck von Pinders Wirkung auf seine Zuhörer und Leser siehe Hans Sedlmayr, »Ein Entdecker der Kunstwissenschaft. Wilhelm Pinder zum 100. Geburtstag«, *Rheinischer Merkur* Nr. 25, 23. Juni 1978 und auch Edith Hofmann, »Obituary on Wilhelm Pinder«, *Burlington Magazine*, vol. 89, Juli 1947, S. 198: »He could not only see more than most; but he was also able to communicate what he saw. This was the basis of his greatness as a teacher. Perhaps most important of all: he could communicate his enthousiasm.«

4 Für die Angaben zu den Auflagen siehe Timm Starl, »Die Bildbände der Reihe ›Die blauen Bücher‹, Zur Entstehungs- und Entwicklungsgeschichte einer Bildbandreihe, Bibliographie

1907-1944« und ders. »Die Bildbände der Reihe ›Die blauen Bücher‹, Bibliographie 1945-1980, Namenregister & Titelregister«, *Fotogeschichte*, 1, 1981, 1, S. 73-82 und aus demselben Jahrgang 2, S. 68-74.

5 Die Blauen Bücher wurden von Karl Robert Langewiesche in Königstein im Taunus herausgegeben. Ich konnte nicht die Jahreszahlen aller Publikationen ermitteln (Starl gibt nur die Erscheinungsjahre der Blauen Bücher an). Die *Innenräume* erschienen 1924, *Rembrandts Selbstbildnisse* 1943.

6 Diese erschienen im Deutschen Kunstverlag in Berlin 1925 und 1939; 1927, und eine dritte Auflage bereits 1935; 1941; 1949 (?).

7 Heinrich Dilly, »Lichtprojektion – Prothese der Kunstbetrachtung«, *Kunstwissenschaft und Kunstvermittlung*, Irene Below Hrsg., Giessen 1975, S. 153-173.

8 Dilly, a.a.O., S. 167.

9 Willibald Sauerländer, »Die Naumburger Stifterfiguren«, *Die Zeit der Staufer*. Kat. Stuttgart 1979, V, S. 169-247, S. 176.

10 »Was im Zeitalter der technischen Reproduzierbarkeit des Kunstwerks verkümmert, das ist seine Aura. Der Vorgang ist symptomatisch; seine Bedeutung weist über den Bereich der Kunst hinaus. Die Reproduziertechnik, so liesse sich allgemein formulieren, löst das Reproduziete aus dem Bereich der Tradition ab. Indem sie die Reproduktion vervielfältigen, setzt sie an die Stelle seines einmaligen Vorkommens sein massenweises. Und indem sie der Reproduktion erlaubt, dem Aufnehmenden in seiner jeweiligen Situation entgegenzukommen, aktualisiert sie das Reproduzierte.« Walter Benjamin, »Das Kunstwerk im Zeitalter seiner technischen Reproduzierbarkeit«, *Gesammelte Schriften*, I, 2, S. 473-508, S. 477.

11 Otto Pächt, »Das Ende der Abbildtheorie«, *Methodisches zur kunsthistorischen Praxis*, München 1977, S. 121-129, ursprüngl. 1930-31, erschien in den *Kritische(n) Berichten zur kunsthistorischen Literatur*.

12 Gert Selle, *Die Geschichte des Design in Deutschland von 1870 bis heute, Entwicklung der industriellen Produktkultur*, Köln 1978, S. 38.

13 Karl Robert Langewiesche, *Aus Fünfundzwanzig Jahren*, Königstein i. Taunus und Leipzig 1919.

14 Langwiesche, a.a.O., S. 84.

15 Über den Werkbund und die hinter ihm stehenden Männer siehe u. a. Lucius Burckhardt (Hrsg.), *Der Werkbund in Deutschland, Oesterreich und der Schweiz, Form ohne Ornament*, Stuttgart 1978; Joan Campell, *The German Werkbund, The Politics of Reform in the applied Arts*, Princeton 1978; Theodor Heuss, *Friedrich Naumann. Der Mann, Das Werk, Die Zeit*, Stuttgart und Tübingen 1949; Richard Nürnberger, »Imperialismus, Sozialismus und Christentum bei Friedrich Naumann«, *Historische Zeitschrift*, 170, 1950, pp. 525-548; Gert Selle, *Jugendstil und Kunstindustrie, zur Oekonomie und Ästhetik um 1900*, Ravensburg 1974; Gert Selle, *Kultur der Sinne und Aesthetische Erziehung, Alltag, Sozialisation, Kunstunterricht in Deutschland vom Kaiserreich zur Bundesrepublik*, Köln 1981.

16 Langewiesche, a. a. O., S. 109, 113, 114.

17 Zum Thema ›Nationalsozialismus und Bildende Kunst‹ gibt es eine vielfältige Literatur, wobei das Buch von Berthold Hinz, *Die Malerei im deutschen Faschismus, Kunst und Konterrevolution*, Amsterdam und München 1974, zu recht das bekannteste ist. Speziell auf die Kunstpolitik gehen ein: Hildegard Brenner, *Die Kunstpolitik des Nationalsozialismus*, Reinbek bei Hamburg 1963 und Paul Ortwin Rave, *Kunstdiktatur im Dritten Reich*, Hamburg 1949, und Otto Thomae, *Die Propaganda-Maschinerie. Bildende Kunst und Öffentlichkeit im Dritten Reich*, Berlin 1978.

18 Zu den politischen Hintergründen des Umzuges des Bauhauses siehe Karl-Heinz Hüter, *Das Bauhaus in Weimar. Studie zur gesellschaftspolitischen Geschichte einer deutschen Kunstschule*, Berlin (DDR) 1976.

19 Alfred Rosenberg, *Der Mythos des 20. Jahrhunderts*, ursprüngl. München 1930, hier wird zitiert aus München 1935. Siehe außerdem auch F. H. Günther, *Rasse und Stil*, München 1926 und ders., *Rassenkunde des deutschen Volkes*, München 1926 und Fritz Kern, *Stammbaum und Artbild der Deutschen und ihrer Verwandten, Ein kultur- und rassengeschichtlicher Versuch*, München 1927.

20 Rosenberg, *a.a.O.*, S. 81ff.

21 Ebenda, S. 302

22 Paul Schultze-Naumburg, *Kulturarbeiten*, München 1902.

23 Für ein ausgewogenes Urteil über Schultze-Naumburg siehe Julius Posener, *Berlin auf dem Wege zu einer neuen Architektur. Das Zeitalter Wilhelms II.*, München 1979, S. 191-222 und Norbert Borrmann, *Paul Schultze-Naumburg, Maler, Publizist, Architekt 1869-1949*, Essen 1989. Schultze-Naumburg war übrigens in den zwanziger Jahren in Weimar Professor an der Kunstakademie und Berater von Frick.

24 Paul Schultze-Naumburg, *Kunst und Rasse*, ursprüngl. München 1928, ich zitiere hier aus München und Berlin 1938.

25 Ebenda, S. 79.

26 Ebenda, S. 112.

27 Brenner, *a.a.O.*, S. 83

28 Siehe für die Bedingungen der akademischen Kunstgeschichte unter dem Faschismus Heinrich Dilly, *Deutsche Kunsthistoriker 1933-1945*, München/Berlin 1988 und die *Chronik des Kunsthistorischen Seminars der Universität Hamburg 1919-1949*, Hamburg 1981 (herausgegeben von dem Kunstgeschichtlichen Seminar der Universität Hamburg).

29 Rave, *a.a.O.*, S. 46, 50 und 50.

30 Die Rede wurde später mit demselben Titel gedruckt, in der Sammlung Wilhelm Pinder, *Reden aus der Zeit*, Leipzig 1934, S. 26-69. Aus einem Brief von Prof. Dr. J.A. Schmoll gen. Eisenwerth entnehme ich, daß Pinder 1934 für die moderne Kunst eingetreten ist bei einer Vorlesung im Festsaal des Schloßes Dachau, wahrscheinlich auf Betreiben von Rudolf Hess. Dies war vor geladenen Gästen, auch der Partei. In diesem Vortrag soll Pinder die Expressionisten als »urdeutsch« verteidigt haben. Diese Rede trug Pinder die besondere Feindschaft des Amtes Rosenberg ein und auch, was ihn vor allem schmerzte, seines ehemaligen Mitdozenten Prof. Dr. A. Stange. Prof. Schmoll schrieb mir auch daß er Sommer 1936 an einer Exkursion mit Pinder im norddeutschen Gebiet teilnahm. »Unvergessen ist für mich als Teilnehmer, daß er im Dom zu Gustrow lange Zeit an Barlachs Ehrenmal, dem ›Schwebenden Engel‹, verweilte und über dieses und andere Werke Barlachs sehr ernste, würdige Worte sprach. Dabei ließ er einfließen, daß der Künstler neuerdings (d.h. von Nazis) als ›undeutsch‹ kritisiert wurde. (...) Pinder hat auch in Vorlesungen öfter von der Verkennung des deutschen Charakters der Werke von Expressionisten, insbesondere Noldes, Barlachs, Schmitt-Rottluffs usw. gesprochen. Er tat dies insbesondere bei der Behandlung spätgotischer Holzskulpturen (...) in denen er Vorläufer der Expressionisten sah. Das waren immer wieder Versuche Pinders, gegen die Aktion ›Entartete Kunst‹ Einspruch zu erheben. (Briefe vom 9.10.1985 und 14.10.1991). Siehe auch J.A. Schmoll gen. Eisenwerth, »Frühe Wege zur Kunstgeschichte«, Martina Sitt (Hrsg.), *Kunsthistoriker in eigener Sache. Zehn autobiographische Skizzen,* Berlin 1990, S. 275-301, S. 287.

31 Pinder, *Reden aus der Zeit*, S. 29.

32 Ebenda, S. 38.

33 Ebenda, S. 40-41.

34 Dieses Argument wurde auch von anderen angewandt, u. a. von Gropius in einem Brief aus dem Jahre 1934. Zitiert bei Walter Scheiffele, »Das neue Bauen unter dem Faschismus«, *Kunst Hochschule Faschismus, Dokumentation der Vorlesungsreihe an der Hochschule der Künste Berlin*, Berlin 1984, S. 226-245, S. 230 und 243.

35 Pinder, *Reden*, S. 50.

36 Ebenda, S. 51.

37 Ebenda, S. 54.

38 Ebenda, S. 55.

39 Ebenda, S. 60.

40 Ebenda, S. 61.

41 Ebenda, S. 62.

42 Ebenda, S. 66.

43 Ebenda, S. 67.

44 Noch viel ausdrücklicher setzt sich Hans Weigert für das Bauhaus und für den Funktionalismus ein, in seinem *Die Kunst von heute als Spiegel der Zeit*, Leipzig 1934. Weigert bezeichnet diesen Stil als den ausgesprochensten »Arbeitsstil« und »Stil der Gegenwart«, und er behauptet, der Stil sei eine typisch deutsche Erfindung, die man auch bei den Niederländern antrifft (S. 114f.) Weigert bedauert, daß dieser Stil von den neuen Machthabern so kritisiert wird, und daß die Nazis so wenig Verständnis zeigen, daß sie »schwächliches Epigonentum« propagieren. Zu einer wirklichen Revolution ge-

hört eine neue Kunst, was die Nazis jetzt tun, kann man höchstens als deutsch-national, also als reaktionär bezeichnen. (S. 118) Er empfiehlt den Machthabern, sich an Mussolinis Kunstpolitik ein Beispiel zu nehmen, wo das Moderne bewußt neben das beschützte Alte gestellt wird.

45 Karl Kurt Eberlein, *Was ist deutsch in der deutschen Kunst?*, Leipzig 1934.

46 Ebenda, S. 18.

47 Ebenda, S. 41 und 33.

48 Wilhelm Pinder schreibt seine Kritik für die *Zeitschrift für Kunstgeschichte*, 2, 1933, S. 405-407. Das Zitat steht auf S. 406. Die Kritik ist auf den 7. Dezember 1933 datiert, also ist Eberleins Buch offenbar bereits vor dem 1. 1. 1934 erschienen.

49 Ebenda, S. 406.

50 Erschienen in dieser Reihenfolge am 1. 12. 1933, 15. 1. 1934, 2. 12. 1934 und nochmals 2. 12. 1934.

51 Wilhelm Pinder, »Vom Wikingertum unserer Kultur im Spiegel der neueren deutschen Kunstentwicklung«, *Kunst der Nation*, 1. 7. 1934. Die Rede von 1933 erschien ebenfalls in gekürzter Fassung in derselben Zeitschrift, 15. 3. 1934.

52 A. William König im Namen der Redaktion am 1. 1. 1935.

53 Angaben über Georg Kolbe sind entnommen dem Katalog *Skulptur und Macht, Figurative Plastik im Deutschland der dreißiger und vierziger Jahre*, Akademie der Künste Berlin, 1983, S. 163f.

54 Otto Thomae, *Die Propagandamaschinerie*, S. 286-287.

55 Kat. *Skulptur und Macht*, S. 9-10.

56 Ebenda, S. 11. Siehe für die Ereignisse in München auch Peter-Klaus Schuster (Hrsg.), *Die ›Kunststadt‹ München 1937. Nationalsozialismus und ›Entartete Kunst‹*, München 1987. Dr. Wolfgang Pinder erzählte mir daß sein Vater damals das Haus der Deutschen Kunst kennzeichnete als »Pompei Hauptbahnhof«.

57 Wilhelm Pinder, *Georg Kolbe – Werke der letzten Jahre*, Berlin 1937. Wilhelm Pinder, *Georg Kolbe – Zeichnungen*, Berlin 1942. Pinders Begeisterung für Kolbe stimmt nicht ganz überein mit seinem Ablehnen der Kunst Rodins, von dem Kolbe beeinflußt war. J.A. Schmoll gen. Eisenwerth, *Rodin-Studien. Persönlichkeit – Werke – Bibliographie*, München 1983 (Studien zur Kunst des neunzehnten Jahrhunderts, Forschungsunternehmen der Fritz Thyssen Stiftung, Band 31), S. 7, 357-359. Siehe über Kolbe auch Arie Hartog (u.a., Hrsg.) *Entartete Beeldhouwkunst. Duitse beeldhouwers 1900-1945.* Zwolle 1991, S. 222-4. (Dt: Entartete Plastik. Deutsche Plastiken 1900-1945). Pinders Begeisterung für Kolbe stimmt nicht ganz überein mit seinem Ablehnen der Kunst Rodins, von dem Kolbe beeinflußt war. J.A. Schmoll gen. Eisenwerth, *Rodin-Studien. Persönlichkeit – Werke – Wirkung – Bibliographie, München 1983* (Studien zur Kunst des neunzehneten Jahrhunderts, Forschungsunternehmen der Fritz Thyssen Stiftung, Band 31), S. 7, 357-359.

58 Georg Kolbe, *Auf Wegen der Kunst*, Berlin 1949 (posthum herausgegeben von Ivo Becker).

59 Andreas Hüneke, »Die versuchte Ehrenrettung des Expressionismus als deutsche Kunst«, Kat. *Zwischen Widerstand und Anpassung, Kunst in Deutschland 1933-1945*, Akademie der Künste Berlin 1978, S. 51-55, besonders S. 53.

60 Das Bauhaus betrachtet Pinder durchaus als nördlich, *Reden*, S. 53. Auch nach 1933 bleibt der Funktionalismus in Deutschland. Von NS-Institutionen wie ›Schönheit der Arbeit« wird der Funktionalismus umgedeutet als nationales, nüchternes, einfaches »Volksdesign«, schreibt Joachim Petsch, *Eigenheim und gute Stube. Zur Geschichte des bürgerlichen Wohnens,* Köln 1989, S. 195, als Gegensatz zu dem modischen und oft wechselnden kapitalistischen Design.

61 Wilhelm Pinder, *Wesenszüge deutscher Kunst*, Leipzig 1940. Das kleine Format läßt vermuten, daß das Buch speziell für Soldaten gedacht war; es paßt in eine Brusttasche.

62 »Kulturpolitik und Kunstwissenschaft«, *Das schwarze Korps*, 12. Dezember 1940, S. 12.

63 Ebenda.

64 Ebenda.

65 Zu der panischen Angst, welche eine Erwähnung im *Schwarzen Korps* auslöste, siehe das Tagebuch von Erich Ebermayer, *Denn heute gehört uns Deutschland... persönliches und politisches Tagebuch*, Hamburg und Wien 1959, S. 517ff. und Elisabeth Heisenberg, *Das politische Leben eines Unpolitischen*, München 1983, S. 62ff.

66 Das durchschnittliche Nazi-Parteimitglied, die Parteiführung und auch Hitler selbst hielten wenig von den Intellektuellen. Siehe z.B. *Das 3. Reich und seine Denker* von L. Poliakov und J. Wulf,

Berlin 1959, S. 52f. Über den Intellektuellenhaß siehe auch Georg Kotowski, »Nationalsozialistische Wissenschaftspolitik«, *Nationalsozialismus und die deutsche Universität*, F. U. Berlin 1966, S. 209-223.

67 Einige kleine Zeitschriftenartikel, die ich nicht mehr alle auffinden kann, werden vernachlässigt.

68 Kurt Töpner, *Gelehrte Politiker und politisierende Gelehrte, Die Revolution von 1918 im Urteil deutscher Hochschullehrer*, Göttingen 1970, S. 17-20; Wolfgang Abendroth, »Das Unpolitische als Wesensmerkmal der deutschen Universität«, *Universitätstage 1966, Nationalsozialismus und die deutsche Universität, Freie Universität*, Freie Universität Berlin 1966, S. 189-208. Herbert Döring, »Deutsche Professoren zwischen Kaiserreich und Drittem Reich«, *Neue politische Literatur*, 19, 1974, S. 340-352. Klaus Schwabe, *Wissenschaft und Kriegsmoral. Die deutschen Hochschullehrer und die politischen Grundfragen des Ersten Weltkrieges*, Göttingen 1969; Klaus W. Wippermann, »Die Hochschulpolitik in der Weimarer Republik. Die politische Stellung der Hochschullehrer zum Staat«, *Politische Studien*, 20, 1969, pp. 143-158.

69 Zu den Umständen der Einführung des »lex Arons« 1898 siehe Hans Peter Bleuel, *Deutsche Bekenner, Professoren zwischen Kaiserreich und Diktatur*, Bern, München und Wien 1968, S. 50-53.

70 Werner Weisbach, *Geist und Gewalt*, Wien und München 1956, S. 163-165. Bleuel, *a.a.O*, S. 90f.

71 Max Weber, *On Universities; The Power of the State and the Dignity of the Academic Calling in Imperial Germany*, London und Chicago 1973 (Reprint aus *Minerva*, vol. 11, no. 4, Okt. 1973), ders., *Gesammelte Aufsätze zur Wissenschaftslehre*, Tübingen 1922, darin: »Wissenschaft als Beruf« von 1919 (S. 524-555) und ders., *Gesammelte politische Schriften*, Tübingen 1980, darin »Politik als Beruf« von 1919, S. 505-560.

72 Weber, »Wissenschaft als Beruf«, S. 554.

73 Charles E. MacClelland, *State, Society and Universitiy in Germany 1700-1914*, Cambridge Mass. 1980, S. 253ff., 266, 323. Den deutschen Universitäten standen 1931 im Grunde weniger Mittel zur Verfügung als 1914, und das bei einer verdoppelten Anzahl an Studenten! Nach 1933 wurde die Situation anfänglich noch prekärer, weil hunderte Professoren und Privatdozenten ihres Lehrauftrages enthoben wurden. Die Studentenzahlen sanken jedoch in den dreißiger und vierziger Jahren. Nach 1945 ist die Situation wiederum katastrophal: ebenso wie 1918 melden sich große Zahlen von Studenten an (Veteranen), und es gibt nicht genug Personal (1933; Kriegsopfer). 1953 ist an den deutschen Universitäten das zahlenmäßige Verhältnis von Lehrkräften und Studenten noch ungünstiger als 1931! So wird auch verständlich, warum der alte Pinder nach 1945 von zwei Universitäten (Hamburg und Göttingen) Angebote erhielt: es herrscht in diesen Jahren ein schrecklicher Mangel an Professoren. Der fünfundsechzigjährige Dagobert Frey wird 1951-1952 noch für kurze Zeit Professor in Stuttgart.

74 MacClelland, *a.a.O.*, S. 254; siehe auch Johannes Conrad, »Einige Ergebnisse der deutschen Universitätsstatistik«, *Jahrbücher für Nationalökonomie und Statistik*, 3, 32, 1906, S. 433-492.

75 Siehe auch Hans Herzfeld, »Der Nationalstaat und die deutsche Universität«, *Universitätstage 1966*, F. U. Berlin 1966, S. 23, S. 18: »Das Verhältnis der Universität zum Staat der Weimarer Epoche ist vor uns bis zu dem Jahre 1933 dadurch bestimmt gewesen, daß in breiten, ja überwiegenden Teilen der deutschen Wissenschaft seit 1918 ein Prozess der negativen Politisierung vorherrschte, der mit dem großen Anspruch auf Autorität der Wissenschaft vorgetragen, doch in einem gegenüber der sich entwickelnden Gegenwart einer modernen Zeit unleugbar versagenden Traditionalismus der Anhänglichkeit an eine in Versinken begriffenen Epoche wurzelte.« Und in derselben Sammlung Kurt Sontheimer, »Die Haltung der deutschen Universitäten«, S. 24-42: »Ihre Flucht ins Überparteiliche-Nationale ließ sie die demokratischen Grundlagen des politischen Lebens mißachten und verurteilte sie letzten Endes zu Handlangern der antidemokratischen und nationalistischen Bewegung, anstatt deren kritischer und aufklärerischer Gegener zu sein«. (33) und: »Die Pflege vaterländischen Geistes, die Verachtung oder zumindestens Geringschätzung von Demokratie und Republik trug ab 1930 ihre Früchte. Die deutschen Universitäten fielen dem Nationalsozialismus relativ leicht anheim, weil ihre unkritische, bloß patriotische nationale Gesinnung fast alles legitimierte, was mit dem entschiedenen Anspruch, das Weimarer Parteiensystem zu zerstören und Deutschland wieder zu innerer und äußerer Stärke emporzuführen, auftrat.« (35).

76 Ludwig Curtius, *Deutsche und antike Welt, Lebenserinnerungen*, Stuttgart 1950, S. 347.

77 Ebenda, S. 372.

78 Ebenda, S. 323.

79 Ebenda, S. 326.

80 Ebenda, S. 382.
81 Ebenda, S. 521.
82 Die ›Gelehrtenautobiographie‹ halte ich für ein Genre, das mehr Aufmerksamkeit verdient. (Siehe Ingrid Bode, *Die Autobiographien zur deutschen Literatur, Kunst und Musik 1900-1965*, Stuttgart 1966 und Peter Sloterdijk, *Literatur und Lebenserfahrung, Autobiographien der zwanziger Jahre*, München und Wien 1978.) Besonders in den fünfziger und sechziger Jahren erlebte das Genre eine Blütezeit, als zahllose führende Gelehrte (Weisbach, Driesch, von Müller, Curtius, Sauerbruch, Fechter, Heisenberg, Rothacker) das Ende ihrer Karriere erreicht hatten und gewissermaßen Rechenschaft ablegen wollten zu ihrer Einstellung während des Nationalsozialismus.
83 Eduard Spranger, *Gesammelte Schriften*, X, Heidelberg und Tübingen 1973, S. 347.
84 Eduard Spranger, »Hochschule und Staat« (1927), *Ges. Schriften*, X, S. 189-224.
85 Ebenda, S. 201.
86 Siehe Helmut Schelsky, *Einsamkeit und Freiheit*, Düsseldorf 1971², und Kapitel I dieser Studie.
87 Spranger, »Hochschule und Staat«, S. 208.
88 Ebenda, S. 213.
89 Ebenda, S. 217.
90 Ebenda, S. 220.
91 Ebenda, S. 220.
92 Weisbach, *a.a.O.*, S. 343.
93 Ebenda, S. 367.
94 Spranger, *Ges. Schriften*, X, S. 353-355. Siehe auch Bodo Scheurig, *Deutscher Widerstand 1938-1944, Fortschritt oder Reaktion?*, München 1984.
Im Bundesarchiv zu Koblenz werden die »Protokolle der Mittwochsgesellschaft« aufbewahrt. Die Mittwochsgesellschaft kam alle zwei Wochen im Hause eines der Mitglieder zusammen. Der Gastgeber hielt einen kurzen Vortrag; danach wurde gegessen. Jeder Vortrag wurde vom Vortragenden persönlich in den ›Protokollen‹ festgehalten. Die Mittwochsgesellschaft war 1859 gegründet worden, und sie bestand jeweils aus 16 Mitgliedern die durch Zuwahl ergänzt wurden. Die letzte Zusammenkunft war am 26. Juli 1944, als Popitz im Gefängnis saß und Beck umgebracht worden war. Spranger wollte die Zusammenkunft ursprünglich nicht stattfinden lassen. Jessen, Popitz, Beck und von Hassel bildeten eine feste Gruppe. In ihrer Umgebung gab es eine zweite Gruppierung mit Spranger, Sauerbruch, Lietzmann und Heisenberg, die über die Pläne der ersten Gruppe informiert war. Die übrigen Mitglieder der Gesellschaft, unter ihnen Pinder, unterhielten zu den Obengenannten keine festen Beziehungen und waren wahrscheinlich auch nicht informiert. Pinder hielt an den folgenden Tagen Vorträge zu folgenden Themen: am 12. 5. 1937 »Der Zusammenhang zwischen Macht und Kultur«; am 20. 4. 1938 »Die Rolle der österreichischen Kunst innerhalb der gesamtdeutschen«; am 19. 4. 1939 »Die Krisis der Baukunst um 1800«; am 21. 6. 1939 »Rembrandts Selbstporträts«; am 8. 5. 1940 »Das Innsbrucker Maximiliangrab«; am 12. 3. 1941 »Sonderleistungen der deutschen Kunst«; am 10. 6. 1942 »Deutsche Landschaftsmaler der Dürerzeit«; am 20. 1. 1943 »Der Wandel des Sinnes der Kunst durch ihre Geschichte«. Sie sind nachzulesen in obengenannten »Protokollen«; Bundesarchiv R 106/19 fol. 116-120, 175-179, 259-263, 318-321, 378-381 und R 106/20 fol. 35-36, 57-59. Von dem Vortrag 'Rembrandts Selbstporträts« existiert kein Protokoll. Pinder hat es sich mit diesen Vorträgen nicht sehr schwer gemacht; alles, was er vorbringt, kommt auch in seinen veröffentlichten Werken vor. Seine randgeschriebenen Notizen sind in großer Hast aufgezeichnet, nahezu unlesbar und voller Streichungen. Siehe über die letzten Jahre der Mittwochsgesellschaft Klaus Scholder (Hrsg.), *Die Mittwochsgesellschaft. Protokolle aus dem geistigen Deutschland 1932-1944,* Berlin 1982. Die Mittwochsgesellschaft war Gegenstand einer Reportage von Klaus Scholder und Dieter Vervuurt, »Zwischen Geist und Gewalt – die Berliner Mittwochsgesellschaft«. Diese Dokumentation wurde 1985 für den SFB angefertigt und am 20. 1. 1985 auf NDR III gesendet. Über die Mittwochsgesellschaft und ihre Beziehung zu der Verschwörung vom 20. Juli 1944 siehe außerdem Hermann Oncken, *Geschichte der Mittwochsgesellschaft, Festvortrag gehalten bei der tausendsten Sitzung am 19. Juni 1940*, Berlin 1940; Paul Fechter, *Menschen und Zeiten*, Gütersloh 1948 S. 365-417; Ferdinand Sauerbruch, *Das war mein Leben*, Bad Wörrishofen 1951, S. 530 ff, 550 ff und Elisabeth Heisenberg, *Das politische Leben eines Unpolitischen, Erinnerungen an Werner Heisenberg*, München 1983, S. 124 ff.
95 Spranger, *Gesammelte Schriften*, X, S. 273-321, »Die Universität Berlin nach Kriegsende«, ursprüngl. 1955 erschienen.

96 Eugen Fisher und Wilhelm Krüger, *Rekoratsreden Friedrich Wilhelm Universität, Berlin am 1. April 1935*, Berlin 1935, S. 6 (Krüger): Die Studenter haben die Universität verändert, nicht die Professoren. »Denn daraus erklärt es sich, daß sich der Nationalsozialismus bei dem nach der Revolution vom 30. Januar begonnenen Umformungsprozeß häufig mehr der Studentenschaft bediente als der Professorenschaft.« Siehe außerdem Edward G. Hartsthorne, *The German Universities and National Socialism*, London 1937, S. 65; Ernst Nolte, »Zur Typologie des Verhaltens der Hochschullehrer im Dritten Reich«, *Das Parlament*, 46, 1965, 17. 11. 65, S. 1-14; Gerhard Grimm, »Die deutschen Universitäten von 1939 bis 1945«, *Politische Studien*, 20 1969, S. 222-230; Karl Dietrich Bracher, *Die deutsche Diktatur*, Frankfurt/M und Berlin 1979, S. 179-182.

97 Grimm, *a.a.*O, S. 224; Bleuel, *a.a.*O., S. 215.

98 Christian von Ferber, *Die Entwicklung des Lehrkörpers der deutscher Universitäten und Hochschulen 1864-1954*, Göttingen 1956, Bd. III der Reihe *Untersuchungen zur Lage der deutschen Hochschullehrer*, Hrsg. Helmuth Plessner, S. 143-146 und K. D. Bracher, »Die Gleichschaltung der deutschen Universität«, *Universitätstage 1966*, Berlin 1966, S. 135.

99 Das Gesetz vom 14. April 1933, »Gesetz zur Wiederherstellung des Berufsbeamtentums«; siehe auch Georg Kotowski, *a.a.O.*, S. 218.

100 Wolfgang Fritz Haug, *Der hilflose Anti-Faschismus. Zur Kritik der Vorlesungsreihen über Wissenschaft und Nationalsozialismus*, Frankfurt 1970[3].

101 Siehe dazu das Buch von Ingrid Schulze, *Der Mißbrauch der Kunstgeschichte durch die imperialistische deutsche Ostpolitik*, Leipzig 1970 und, großenteils auf diesem Werk beruhend: Harald Justin, *Tanz mir den Hitler, Kunstgeschichte und (faschistische) Herrschaft*, Münster 1982.

102 Hans Sedlmayr, »Vermutungen und Fragen zur Bestimmung der alt-französischen Kunst«, *Festschrift Pinder*, Leipzig 1938, S. 9-28. Dem geht eine Einleitung voraus, in der Sedlmayr schreibt, daß es ihm infolge der jüngsten politischer Ereignisse (der Annexion Österreichs) nicht möglich gewesen sei, den ursprünglich geplanten Artikel zu schreiben, daß er nur Fragmente verfassen konnte. »Daß aus dieser Überzeugung (daß Österreich zu Deutschland und zur deutschen Kunst gehört) heute die Wirklichkeit des einigen Reiches geworden ist, daß wir Ihren Geburtstag im Lichtschein dieses noch kaum begreiflichen Ereignisses feiern, ist für Sie, das weiß ich, ein Glück, vor dem jedes andere Geschenk bedeutungslos wird. Ich weiß auch sehr gut, daß das meine Sie nicht annähernd so sehr erfreuen kann wie die Tatsache, daß ich es Ihnen als »Reichsdeutscher«, als Vertreter der jüngsten und nun ältesten reichsdeutschen Universität, bringe. Das eine wie das andere verdanken wir Adolf Hitler. Mit seinem Namen beglückwünsche ich Sie von Herzen zu diesem Höhepunkt Ihres Lebens und Ihres Wirkens. Es konnte für Wilhelm Pinder keinen schöneren sechzigsten Geburtstag geben. Heil Hitler! Ihr treuer Hans Sedlmayr. Wien, am Tage des Großdeutschen Reichs, dem 9. April 1938.« (S. 10)

103 Werner Weisbach, *a.a.O.*, S. 334-335. Von diesen Dingen ist nichts bei Goldschmidt zu lesen, *Adolph Goldschmidt 1863-1944 Lebenserinnerungen,* Hrsg. und kommentiert von Marie Roosen-Runge-Mollwo, Berlin 1989. Brinckmann und Pinder hatten untereinander auch kein gutes Verhältnis. Feindlichkeiten zwischen beiden Männern fingen schon 1930 an, so schreibt jedenfalls A.E. Brinckmann selbst, »Geist im Wandel«, *Hamburger Akademische Rundschau,* 3, 1949, 2, S. 142-147.

104 Martin Heidegger, *Die Selbstbehauptung der deutschen Universität*, Rede gehalten bei der feierlichen Übernahme des Rektorats der Universität Freiburg im Breisgau am 27. 5. 1933, Breslau 1933. Siehe über Heidegger und den Faschismus Victor Farias, *Heidegger und der Nationalsozialismus,* Frankfurt/M 1989 und Bernd Martin (Hrsg.), *Martin Heidegger und das ›Dritte Reich‹. Ein Kompendium,* Darmstadt 1989.

105 Heidegger, *Die Selbstbehauptung*, S. 21.

106 *Bekenntnis der Professoren an den deutschen Universitäten und Hochschulen zu Adolf Hitler und dem nationalsozialistischen Staat*, Dresden 1933. Es gibt von dieser Veranstaltung in Leipzig ein Foto. Heidegger schaut in die Luft, Pinder, neben ihm, ins Leere. Über die Hintergründe dieser Veranstaltung ausführlich Farias, *Heidegger, S. 219-225.*

107 *Bekenntnis*, S. 7-8.

108 Armin Hermann, *Werner Heisenberg 1901-1976*, Reinbek bei Hamburg 1976, S. 49f. Zu Heisenbergs Einstellung gegenüber den Nazis siehe das Gespräch, das er mit einem jungen Nazi-Studenten führte: Werner Heisenberg, *Der Teil und das Ganze, Gespräche im Umkreis der Atomphysik*, München 1979, S. 195-213.

109 *Bekenntnis*. S. 13-14.
110 Ebenda, S. 14.
111 Ebenda, S. 14.
112 Ebenda, S. 14. Zur Verteidigung Heideggers muß gesagt werden, daß er bald von den Nazis enttäuscht war. Er hat auf vielen Gebieten versucht, die Selbständigkeit der Universität aufrecht zu erhalten. Schließlich wurde er gezwungen, als Rektor zurückzutreten (Ende Februar 1934), bevor das Jahr vorbei war. Siehe Alastair Hamilton, *The Appeal of Fascism. A Study of Intellectuals and Fascism 1919-1945*, London 1971, S. 146-149.
113 *Bekenntnis*, S. 18-20.
114 Ebenda, S. 18.
115 Ebenda, S. 18.
116 Ebenda, S. 19.
117 Ebenda, S. 19.
118 Ebenda, S. 19. Pinder vergleicht dieses Treffen mit den Wachposten, die bei der Feldherrenhalle in München aufgestellt sind. »Hier stehen Tag für Tag und lacht für Nacht, sommers und winters, zwei junge Deutsche je zwei Stunden in straff zusammengerissener Haltung; der Platz wird niemals leer, und nachts schon habe ich diese jungen Menschen kontrolliert. Als alter Infanterist weiss ich: Wir alten Soldaten, wir hätten gemogelt, aber diese hier stehen zwei Stunden straff, auch dann wenn kein Mensch sie sieht! Das ist unser Symbol.« Diese militärisch geordneten Treffen als Vorzeichen eines neuen Stils erscheinen auch bei Hubert Schrade, »Der Sinn der künstlerischen Aufgabe und politischer Architektur«, *Nationalsozialistische Monatshefte*, 5, Juni 1934, S. 508ff. und ders., *Schicksal und Notwendigkeit der Kunst*, Leipzig 1936: Nazi-Massentreffen, Wachposten, Gedenkveranstaltungen u. ä. bilden die Grundlage der neuen Kunst. Über Schrade siehe Dolf Seeliger, *Die braune Universität, Deutsche Hochschullehrer gestern und heute*, München 1966, III, S. 84-91.
119 *Bekenntnis*, S. 19.
120 Walter Benjamin. »Das Kunstwerk etc.«, *a.a.O.* (Anm. 10 dieses Kapitels)
121 Ebenda, S, 508.
122 Wilhelm Pinder, »Pflicht und Anspruch der Wissenschaft«, ursprüngl. 1935 erschienen in der *Zeitschrift für deutsche Bildung*, später aufgenommen in Pinders *Gesammelte Aufsätze*, Leipzig 1938, S. 212-218.
123 Ebenda, S. 212.
124 Ebenda, S. 212.
125 Ebenda, S. 217.
126 Ebenda, S. 217.
127 Ebenda, S. 217. Ich konnte diesen Ausspruch bei Rothacker nicht finden; auch bei Wilhelm Perpeet, *Erich Rothacker*, Bonn 1968, findet sich kein einziger Hinweis auf eine derartige Haltung. Vielleicht hat sich Rothacker mündlich gegenüber Pinder so geäußert? Sie kannten sich.
128 Pinder, »Pflicht und Anspruch«, S. 217-218.
129 Ebenda, S. 218.
130 *Deutsche Wissenschaft, Arbeit und Aufgabe*, Leipzig 1939.
131 Ebenda, S. 9.
132 Ebenda, S. 13.
133 Ebenda, S. 13.
134 Buchbesprechung Pinders in der *Völkischen Kultur*, 2, 1934, S. 37-42, S. 41: »Ein klarer Verstand wird weiterhin den tiefen Unterschied nicht übersehen können zwischen solchen Künstlern, die der jüdische Kunsthandel vermied oder gar unterdrückte, die sich von Paris abwandten (...) uns solchen, die mit jüdischem Handel und jüdischer Presse gemeinsam auf den Pfaden Frankreichs gingen, und endlich solchen, die man als wirklich Verworfene bezeichnen darf.«
135 Manuskript aus dem Nachlaß Wilhelm Pinders.
136 Manuskript, S. 20.
137 Weisbach, a. a. O., S. 335 und 428, siehe auch Anm. 169 zu Kap. III
138 Manuskript, S. 20.
139 Aufschlußreich für die damalige Atmosphäre ist vielleicht das Gespräch, das Erich Ebermayer am 9. Mai 1933 mit Pinders Sohn Eberhard führte: »Die beiden Söhne des Leipziger (sic) Kunsthistorikers Wilhelm Pinder (...) sind geradezu besessene Nazis. Man kann mit ihnen überhaupt nicht

diskutieren, denn sie glauben eben. Und gegen Glauben gibt es keine Vernunftargumente. Sie rennen, strahlend vor Glück und Stolz, in der schmucken HJ-Uniform herum. Als ich heute (...) mit Eberhard Pinder den Versuch eines Gesprächs machte und es wagte (...) zu äußern, daß vielleicht unsere ganze Kultur, der Besitz an geistigen und künstlerischen Werten der letzten fünfhundert Jahre, im Strudel dieser Zeit untergehen würde, da meinte der siegehafte Knappe naiv und ein bischen unverschämt: »Und wenn schon, mein Lieber! Gar so wichtig ist diese Kultur wirklich nicht! Denn nach dem Wort des Führers entsteht ja das Tausendjährige Reich. Und es wird sich seine neue Kultur schaffen!« Erich Ebermayer, *Denn heute gehört uns Deutschland,* Hamburg und Wien 1959, S. 75f.

140 Dr. Tillmann Pinder erzählte mir, daß sein Vater die Drohungen zur Zeit des Putsches gegen die SA 1934 sehr ernst nahm. Ein Student von ihm hat damals einen Tag und eine Nacht lang in SS-Galauniform im Hause der Familie Pinder Wache gehalten, um eventuelle Angriffe abzuwehren. Es ist niemand gekommen. Diese Geschichte wurde mir auch von Prof. Dr. J.A. Schmoll gen. Eisenwerth bestätigt.

141 In Zeitungen standen ab und zu Artikel, in denen Pinder mit Äußerungen zitiert wurde, die das Regime unterstützten. Ingrid Schulze zitiert z. B. einen Artikel aus dem *Völkischen Beobachter* Nr. 177, vom 26. 6. 1934, in dem steht, daß er sein Herz und seine Arbeit »in den Dienst des neuen Staates gestellt« hat, und daß er hofft, diesem Staat »noch weiterhin junge Seelen zuzuführen«. (Schulze, *a.a.O.*, S. 7f. und auch bei Justin, *a.a.O.*, S. 19 und 82) Trotz vieler Nachforschungen ist es mir nicht gelungen, dieses Zitat im *Völkischen Beobachter* zu finden, an diesem Tag steht darin nichts über Pinder. Bei den Artikeln aus dem Nachlaß Wilhelm Pinders, die Dr. Tillmann Pinder mir zeigte, war auch ein Ausschnitt aus einer nicht genau identifizierbaren Zeitung vom Ende April 1945, als die Russen vor Berlin standen. Darin wird Pinder zitiert, daß er noch immer auf einen Sieg hoffe. Horst Janson, gefragt bei einer Gastvorlesung in Groningen 1981, hatte Pinder als hundertprozentigen Nazi in Erinnerung.

142 K. D. Bracher, *Die deutsche Diktatur*, Frankfurt/M., Berlin und Wien 1979, S. 34f.; K. D. Bracher, *Die nationalsozialistische Machtergreifung*, Köln und Opladen 1962, S. 18-27, S. 226-271, S. 371ff.; Heide Gerstenberger, *Der revolutionäre Konservatismus, Ein Beitrag zur Analyse des Liberalismus*, Berlin 1969, S. 129-130; Martin Greiffenhagen, *Das Dilemma des Konservatismus in Deutschland*, München 1971, S. 287 und 297; W. Struve, *Elites against Democracy*, Princeton 1973, S. 227ff.; Joachim Petzold, *Wegbereiter des deutschen Faschismus. Die Jungkonservativen in der Weimarer Republik*, Köln 1978, S. 350-364.

143 G. Kotowski, *a.a.O.*, S. 220: »Tiefe Ernüchterung hatte auch denjenigen Teil der Professoren erfasst welcher anfangs die nationale Revolution, die noch nicht als nationalsozialistische verstanden worden war, prinzipiell begrüßt hatte – immer in der Hoffnung, der Schlamm der ersten Monate und Jahre werde sich allmählich doch setzen. Selbst einzelne nationalsozialistische Wissenschaftler, auch solche, welche erst während des Dritten Reichs eingeschleust worden waren, empfanden sich als Gegner des Regimes. Sogar aktive Widerstandskämpfer stammen aus ihren Reihen«.

144 Tim Mason, *The Nature of Fascism*, London 1968, S. 170-171; 193; 194.

145 Theodor Geiger, *Die soziale Schichtung des deutschen Volkes, Soziographischer Versuch auf statistischer Grundlage*, Stuttgart 1932.

146 Ebenda, S. 105. Zu den »Mittelstandstheorien« siehe auch R. Kühnl, *Formen bürgerlicher Herrschaft, Liberalismus – Faschismus*, Reinbek bei Hamburg 1971, speziell S. 89ff. und Pierre Ayçoberry, *The Nazi Question, an Essay on the Interpretation of National Socialism*, ursprüngl. Paris 1979, New York 1981, S. 69-88 und 161-171; Annette Leppert-Fögen, *Die deklassierte Klasse, Studien zur Geschichte und Ideologie des Kleinbürgertums*, Frankfurt/M., 1974.

147 Hans Lieber, »Die deutsche Lebensphilosophie«, *Universitätstage 1966*, Berlin 1966, S. 97-98.

148 Christian Graf von Krokow, *Die Entscheidung. Eine Untersuchung über Ernst Jünger, Carl Schmitt, Martin Heidegger*, Stuttgart 1958.

149 Kurt Lenk, *Volk und Staat, Strukturwandel politischer Ideologien im 19. und 20. Jahrhundert*, Stuttgart 1971, S. 29 und 35. Siehe auch Georg Lukács, *Die Zerstörung der Vernunft*, Darmstadt 1974^2, S. 79: »Seit Schopenhauer und besonders seit Nietzsche zersetzt der irrationalistische Pessimismus die Überzeugung, daß eine objektive Außenwelt vorhanden ist, daß ihre unbegangene und gründliche Erkenntnis einen Ausweg aus jener Problematik, die die Verzweiflung hervorruft, weisen könnte. Die *Erkenntnis* der Welt verwandelt sich hier immer stärker in eine – steigend willkürliche – *Weltauslegung.*«

Anmerkungen zum vierten Kapitel/zu den Anlagen

150 Greiffenhagen, *a.a.O.*, und Gerhard Schulz, *Aufstieg des Nationalsozialismus, Krise und Revolution in Deutschland*, Frankfurt/M und Berlin 1975, S. 283.

151 Greiffenhagen, *a.a.O.*, S. 249.

152 Hermann Rauschning, *Die Revolution des Nihilismus*, Zürich 1938[4]. Rauschning sieht eine Föderation von Staaten als das zukünftige Ideal eines konservativen Europas an. Dies ist auch das Zukunftsbild Johan Huizingas in seiner *Geschonden Wereld*, Haarlem 1945[2] (dt.: »Geschändete Welt«), S. 196-198. Auch Huizinga gehört zu der Kategorie, die ich als »kulturelle Konservative« bezeichnen würde, wenn auch im niederländischen Kontext ein Konservativer etwas völlig anderes ist als im deutschen. Bei Huizinga geht es letzten Endes um Werte, die hochgehalten werden müssen, und dies sind die Werte der Vergangenheit, die durch eine unglückliche politische Entwicklung verloren zu gehen drohen.

153 Rauschning, *a.a.O.*, S. 84.

154 Ebenda, S. 150-151.

155 Ebenda, S. 105. Peter Sloterdijk, *Kritik der zynischen Vernunft*, Frankfurt/M. 1983, interpretiert es noch stärker: er spricht von »nihilistische(m) Antinihilismus« (II, S. 750, 765, 785) Damit meint er, daß man zur Zeit der Weimarer Republik und danach die Sinnlosigkeit der Ideale, die zum Ersten Weltkrieg geführt hatten, zwar einsah, aber daß man zugleich mit dieser Erkenntnis nicht leben konnte. Um diese Leere auszufüllen, wurden neue Ideale geschaffen. »...die deutschen Kriegsopfer waren *sinnlos*. Doch diese Sinnlosigkeit muß überwunden werden, weil man es will. Man überwindet Sie, indem man fordert, daß es einen Sinn geben muß – und wenn man ihn persönlich mit Gewalt herbeiführt. *Nihilistischer Antinihilismus.*« (S. 759)

156 Gottfried Benn, *Der neue Staat und die Intellektuellen*, Stuttgart/Berlin 1933, S. 22. Benn hielt Vorträge im Rundfunk, um den Emigranten zu versichern, daß sie falsch gehandelt hätten, als sie Deutschland verließen. Später wurden diese Vorträge in Buchform publiziert. Diese Passage stammt aus der Rede »Antwort an die literarischen Emigranten«

157 Ernst Bloch, »Ontologien der Fülle und Vergänglichkeit«, *Erbschaft dieser Zeit*, Frankfurt/M. 1962, S. 302-311, S. 310-311.

Anmerkungen zu den Anlagen

1 Gemeint ist hier der Bamberger Dom.

2 Pinder hat hier eine Reise vergessen. Kees Broos machte mich darauf aufmerksam daß Pinder 1941 zwei Vorträge in den Niederlanden gehalten hat, in Den Haag und in Amsterdam. Das Thema war die Darstellung der Innenräume in der deutschen und der niederländischen Kunst. Pinders Auftreten fällt genau in die Zeit als in den Niederlanden eine große Propaganda-Offensive zu Gunsten der Deutsch-Niederländischen Verständigung gestartet wurde. Bei seiner Vorlesung in Amsterdam war der »Reichskommissar« für die Niederlande, Seyss-Inquart, anwesend und an dem Abend wurde die Abteilung Amsterdam der »Nederlandsch-Duitsche Kultuurgemeenschap« gegründet. Berichte über Pinder in den Niederlanden im *Algemeen Handelsblad*, 7., 11., 14. und 17.5.1941. Pinder ist ziemlich ungenau in der Angabe seiner Reisen, wie auch hervorgeht aus einem Vergleich mit den Daten die von Waltraud Irmscher vorgelegt werden in ihrer Dissertation, *Der ideologische Gehalt der Geschichtsauffassung Wilhelm Pinders*, Berlin 1976, Anlage 2, S. 119-121. Sie hat die Daten Pinders Personalakten entnommen, die im Archiv der ehemaligen Humboldtuniversität aufbewahrt wurden.

3 Später mit Feder unterstrichen.

4 Ebenso.

5 Unklar, mit Feder korrigiert »5«?

6 Die Numerierung ist in Handschrift hinzugefügt.

7 Hier stand erst »meinen«.

8 Dieser Satz war erst anders formuliert. Da stand »Wissenschaft hat sich nach der Geschichte zu richten und Politik wäre es, Straßburg für französich zu erklären fast ein halbes Jahrteusend vor der Annektion durch Ludwig XIVI«.

9 Gestrichen: »Erst als diese sich nicht erfüllten, habe ich mich innerlich abgewendet.«

10 Gestrichen: »rosiger sehen«.

11 Gestrichen: »der«.

12 Gestrichen: »Noch am Ende des Jahres hat sich Professor Berliner«.
13 Gestrichen: »habe ich mich erkundigt«.
14 Gestrichen: »angeblich«.
15 Gestrichen: »oder Angestellten«.
16 Diese Schriftstück ist von mir teilweise gekürzt.
17 Hier folgt im Original ein langer Auszug dieses Zeitungsartikels. Eckstein ist Pinder gegenüber sehr kritisch und stempelt ihn ab als verdrossenen Nazi. Herr Theo Deisel meint ironisch daß Pinder damals Leute wie Eckstein gebraucht hätte, die ihn in aller Öffentlichkeit als einen überzeugten Nationalsozialisten dargestellt hätten.
18 Herr Deisel hat mir in einem Brief (14.10.1991) beschrieben wie Pinder dies tat: bei den »Törichten Jungfrauen« von Martin Schongauer kommentierte Pinder die Gestalten mit »kleiner Kopf, Sitz des Geistes; kleine Brustpartie, Sitz des Herzens und riesiger Unterleib, das ist das typische Zeichen der SS (Gelächter) ... äh, des Meisters M.S.«, indem er eindringlich auf die einzelnen Partien auf dem gezeigten Lichtbild hinwies
19 Die vierbändige Reihe *Vom Wesen und Werden deutscher Kunst* erschien ab 1935. Die Schrift *Wesenszüge deutscher Kunst*, die 1940 im *Schwarzen Korps* angegriffen wurde, erschien 1940 und ist die Einleitung des 1. Teils *Vom Wesen und Werden.* 1942 erschienen die *Sonderleistungen der deutschen Kunst*, aber ich habe nie Kritik zu diesem Buch gefunden. Eben die vielen Veröffentlichungen Pinders in den Kriegsjahren lassen eher darauf deuten daß von einem gewissen Zeitpunkt an die Kritik von nationalsozialistischer Seite ausblieb. Deisels Chronik ist etwas durcheinander und die geschilderten Auseinandersetzungen zwischen Pinder und dem Regime sind, meine ich, eher Ende der dreißiger, anfang der vierziger Jahre zu datieren als später. Im Juni 1943 wird z.B. die Presse aufgefordert, Pinders 65. Geburtsag gut zu beachten. »Gerade im Krieg gilt es die Bedeutung, welche Pinder dem Reichsgedanken eingeräumt hat, zu betonen«. Zitiert in Thomae, *Propagandamaschinerie* S. 484.
20 Man kann doch das publizierte *Bekenntnis der Professoren an den deutschen Universitäten zu Adolf Hitler und dem nationalsozialistischen Staat*, Dresden 1933, kaum ein Gerücht nennen. Das Buch war jedoch – weil es um den Austritt Deutschlands aus dem Völkerbund ging – nicht sosehr an die deutsche Öffentlichkeit gerichtet als an die ausländischen Universitäten zugeschickt. Die Universitätsbibliothek Groningen besitzt z.B. seit 1933 ein Exemplar.

Bibliographie

Wolfgang Abendroth, K.D. Bracher, Hans Herzfeld, Georg Kotowski, Hans Lieber und Kurt Sontheimer, *Universitätstage 1966 Freie Universität Berlin, Nationalsozialismus und die deutsche Universität*, Berlin 1966

Actes du XIIIe Congrès international d'histoire de l'art, Stockholm 1933

Anonym, »Kulturpolitik und Kunstwissenschaft«, *Das Schwarze Korps*, 12. 12. 1940, S. 12.

Frederick Antal, *Raffael zwischen Klassizismus und Manierismus. Eine sozialgeschichtliche Einführung in die mittelitalienische Malerei des 16. und 17. Jahrhunderts*, Giessen 1980

Alfred Arnold, *Wilhelm Wundt. Sein philosophisches System*, Berlin (DDR) 1980

Art Journal, Themanummer »The Crisis in the Discipline«, 42/4, Winter 1982

Christoph Asendorf, *Batterien der Lebenskraft. Zur Geschichte der Dinge und ihrer Wahrnehmung im 19. Jahrhundert*, Giessen 1984 (Werkbund Archiv 13)

Pierre Ayçoberry, *The Nazi Question. An Essay on the Interpretation of National Socialism*, New York 1981

Kurt Badt, »Die Idee der Welt und das Selbst als fundamentale Wesenheiten bildender Kunst«, *Kunsttheoretische Versuche, Ausgewählte Aufsätze* (Lorenz Dittmann Hrsg.) Köln 1968, S. 29-37

Franklin L. Baumer, »Intellectual History and its Problems«, *Journal of Modern History*,21, 1949, 3, S. 191-204

H. Beck und Horst Bredekamp, Kat. *Kunst um 1400 am Mittelrhein*, Liebighaus Frankfurt/M 1975

Bekenntnis der Professoren an den deutschen Universitäten und Hochschulen zu Adolf Hitler und dem nationalsozialistischen Staat, Dresden 1933

Hermann Beenken, »Konsequenzen und Aufgaben der Stilanalyse«, *Zeitschrift für Ästhetik und allgemeine Kunstwissenschaft*, 18, 1924, S. 417-437

Hans Belting, »Stil als Erlösung. Das Erbe Wilhelm Pinders in der deutschen Kunstgeschichte«, *Frankfurter Allgemeine Zeitung*, 2.9.1987, S. 35

Joseph Ben-David und Randall Collins, »Social Factors in the Origins of a new Science: the Case of Psychology«, *American Sociological Review*, 31, 4, 1966, S. 451-465

Otto Benesch, »Max Dvořák. Ein Versuch zur Geschichte der historischen Geisteswissenschaften«, *Repertorium für Kunstwissenschaft*, 44, 1924, S. 159-197

Walter Benjamin, *Gesammelte Schriften*, Frankfurt/M 1974

Gottfried Benn, *Der neue Staat und die Intellektuellen*, Stuttgart und Berlin 1933

Anton Berger, *Strzygowski – Von ihm und über ihn*, Graz 1923

Eno Beuchelt, *Ideengeschichte der Völkerpsychologie,* Meisenheim am Glan 1974 (Kölner Beiträge zur Sozialforschung und angewandten Soziologie, Band 13)

A.M. Bevers, *Dynamik der Formen bei Georg Simmel. Eine Studie über die methodische und theoretische Einheit eines Gesamtwerkes,* Berlin 1985 (Sozialwissenschaftliche Abhandlungen der Görresgesellschaft, Band 13)

Wolfgang Beyrodt, »Wilhelm von Bode, 1845-1929«, Heinrich Dilly (Hrsg.) *Altmeister moderner Kunstgeschichte*, Berlin 1990, S. 19-37

Friedrich Wilhelm von Bissing, »Kunstforschung oder Kunstwissenschaft? Eine Auseinandersetzung mit der Arbeitsweise J. Strzygowski's«, *Abhandlungen der Bayerischen Akademie der Wissenschaften, Philosophisch-Historische Klasse*, NF 31-32, München 1950-1951

Hans-Peter Bleuel, *Deutschlands Bekenner. Professoren zwischen Kaiserreich und Diktatur*, Bern, München und Wien 1968

Ernst Bloch, *Erbschaft dieser Zeit*, Frankfurt/M 1962

Josine Blok, »Sexual Asymmetry. A Historiographical Essay«, *Sexual Asymmetry. Studies in Ancient Society* (Josine Blok and Peter Mason ed.), Amsterdam 1987, S. 1-59

Wilhelm Bode, *Geschichte der deutschen Plastik (Geschichte der deutschen Kunst*, II), Berlin 1885

Wilhelm Bode, *50 Jahre Museumsarbeit*, Leipzig 1922

Wilhelm Bode, *Mein Leben*, Berlin 1930

Ingrid Bode, *Die Autobiographien zur deutschen Litteratur, Kunst und Musik 1900-1965*, Stuttgart 1966

Norbert Borrmann, *Paul Schultze-Naumburg, Maler, Publizist, Architekt 1869-1949*, Essen 1989

Pierre Bourdieu, *Die politische Ontologie Martin Heideggers*, Frankfurt/M 1976

K.D. Bracher, W. Sauer, G. Schulz, *Die nationalsozialistische Machtergreifung*, Köln und Opladen 1962[2]

Karl Dietrich Bracher, *Die deutsche Diktatur. Entstehung, Struktur, Folgen des Nationalsozialismus*, Frankfurt/M, Berlin und Wien 1979[6]

Horst Bredekamp (Hrsg.), *Aby Warburg. Akten des internationalen Symposions Hamburg 1990*, Hamburg 1991

Hildegard Brenner, *Die Kunstpolitik des Nationalsozialismus*, Reinbek bei Hamburg 1963

A.E. Brinckmann, *Spätwerke großer Meister*, Frankfurt/M 1925

A.E. Brinckmann, *Geist der Nationen. Italiener – Franzosen – Deutsche*, Hamburg 1948

A.E. Brinckmann, *Europageist und Europäer*, Hamburg 1948

A.E. Brinckmann, »Geist im Wandel«, *Hamburger Akademische Rundschau*, 3, 1949, 2, S. 142-147

Ilse N. Bulthof, *Wilhelm Dilthey, A Hermeneutic Approach to the Study of History and Culture*, Den Haag 1980

Lucius Burckhardt (Hrsg.), *Der Werkbund in Deutschland, Österreich und der Schweiz. Form ohne Ornament*, Stuttgart 1978

Hans Berthold Busse, *Kunst und Wissenschaft. Untersuchungen zur Ästhetik und Methodik der Kunstwissenschaft bei Riegl, Wölfflin und Dvořák*, Mittenwald 1981

Joan Campell, *The German Werkbund. The Politics of Reform in the Applied Arts*, Princeton 1978

Ernst Cassirer, *Philosophie der symbolischen Formen*, Berlin 1923-1929

Chronik des Kunsthistorischen Seminars der Universität Hamburg 1919-1949, Hamburg 1981

Ludwig Coellen, *Über die Methode der Kunstgeschichte. Eine geschichtsphilosophische Untersuchung*, Dresden und Darmstadt 1924

Johannes Conrad, »Einige Ergebnisse der deutschen Universitätsstatistik«, *Jahrbücher für Nationalökonomie und Statistik*, 32, 3, 1906, S. 433-492

Benedetto Croce, »Zur Theorie und Kritik der Geschichte der bildenden Kunst«, *Wiener Jahrbuch für Kunstgeschichte* 4, 1926, S. 1-52

Ludwig Curtius, *Deutsche und antike Welt, Lebenserinnerungen*, Stuttgart 1950

Edgar Dacqué, *Urwelt, Sage und Menschheit. Eine naturhistorische-metaphysische Studie*, München 1925

Georg Dehio, *Handbuch der deutschen Kunstdenkmäler*, Berlin 1905-1912

Georg Dehio, *Geschichte der deutschen Kunst*, Berlin und Leipzig 1919-1926

Susanne Deicher, »Produktionsanalyse und Stilkritik, Versuch einer Neubewertung der kunsthistorischen Methode Wilhelm Vöges«, *Kritische Berichte*, 19, 1991, 1, S. 65-83

Peter Demetz, »Der Roman der guten Gesellschaft«, *Theodor Fontane* (Wolfgang Preisendanz Hrsg.), Darmstadt 1973, S. 233-265

Max Dessoir, »Kunstgeschichte und Kunstsystematik«, *Zeitschrift für Ästhetik und allgemeine Kunstwissenschaft*, 21, 1927, S. 131-142

Max Dessoir, Buchbesprechung W. Pinders Das Problem der Generation, *Zeitschrift für Ästhetik und allgemeine Kunstwissenschaft*, 23, 1929, S. 348-350

Deutsche Wissenschaft, Arbeit und Aufgabe, Leipzig 1939

Heinrich Dilly, »Lichtbildprojektion – Prothese der Kunstbetrachtung«, *Kunstwissenschaft und Kunstvermittlung* (Irene Below Hrsg.), Giessen 1975, S. 153-173

Heinrich Dilly, *Kunstgeschichte als Institution. Studien zur Geschichte einer Disziplin*, Frankfurt/M 1979

Heinrich Dilly, *Deutsche Kunsthistoriker 1933-1945*, München/Berlin 1988

Heinrich Dilly, »Emile Mâle, 1862-1954«, Heinrich Dilly (Hrsg.) *Altmeister moderner Kunstgeschichte*, Berlin 1990, S. 133-151

Wilhelm Dilthey, *Gesammelte Schriften*, Leipzig und Berlin 1924 ff.

Lorenz Dittmann Hrsg., *Kategorien und Methoden der deutschen Kunstgeschichte 1900-1930*, Stuttgart 1985

Herbert Döring, »Deutsche Professoren zwischen Kaiserreich und Drittem Reich«, *Neue politische Literatur*, 19, 1974, S. 340-352

Alfred Doren, »Karl Lamprechts Geschichtstheorie und die Kunstgeschichte«, *Zeitschrift für Ästhetik und allgemeine Kunstwissenschaft*, 11, 1917, S. 353-389

H.W. von der Dunk, *Conservatisme*, Bussum 1976

Sybille Dürr, *Geschichte des kunstgeschichtlichen Instituts der Universität München*, München 1990 (Magisterarbeit, Manuskript)

Max Dvořák, »Über die dringendsten methodischen Erfordernisse der Erziehung zur kunstgeschichtlichen Forschung«, *Die Geisteswissenschaften*, 1914, 34-35, S. 932-936; 958-961

Max Dvořák, *Kunstgeschichte als Geistesgeschichte*, München 1924

Max Dvořák, *Das Rätsel der Brüder van Eyck*, München 1925

Max Dvořák, *Gesammelte Aufsätze zur Kunstgeschichte*, München 1929

Karl Kurt Eberlein, Buchbesprechung W. Pinders Das Problem der Generation, *Historische Zeitschrift*, 137, 1928, S. 257-266

Karl Kurt Eberlein, *Was ist deutsch in der deutschen Kunst?*, Leipzig 1934

Erich Ebermayer, *Denn heute gehört uns Deutschland. Persönliches und politisches Tagebuch*, Hamburg und Wien 1959

Hans Eckstein, »Hitlers Kunsthistoriker«, *Neue Zeitung*, 17. 12. 1945

Herbert von Einem, »Revision der Kunstgeschichte?«, *Kritische Berichte zur kunstgeschichtlichen Literatur*, 4, 1931-1932, S. 185-192

Herbert von Einem, »Aufgaben der Kunstgeschichte in der Zukunft«, *Zeitschrift für Kunstgeschichte*, 5, 1936, S. 1-7

L.K.A. Eisenga und J.F.H. van Rappard, »Wilhelm Wundt, de onbegrepen vader van de wetenschap psychologie«, *Intermediair*, 15, 22, 1. 6. 1979, S. 17-25

Norbert Elias, *Über den Prozeß der Zivilisation*, Bern 1969[2]

Erbe als Gegenwartsaufgabe. Arbeitstagung des Bereichs Kunstwissenschaft April 1975 Humboldt-Universität Berlin, Sektion Ästhetik und Kunstwissenschaft, Berlin (DDR) 1975

R.J.W. Evans, *Rudolf II and his World. A Study in Intellectual History 1576-1612*, Oxford 1984

Victor Farias, *Heidegger und der Nationalsozialismus*, Frankfurt/M 1989

Bernd Faulenbach, *Ideologie des deutschen Weges. Die deutsche Geschichte in der Historiographie zwischen Kaiserreich und Nationalsozialismus*, München 1980

Paul Fechter, *Menschen und Zeiten. Begegnungen aus fünf Jahrzehnten*, Gütersloh 1948

Christian von Ferber, *Die Entwicklung des Lehrkörpers der deutschen Universitäten 1864-1954* (Untersuchungen zur Lage der deutschen Hochschullehrer Bd. III), Göttingen 1956

Silvia Ferretti, *Cassirer, Panofsky and Warburg. Art and History*, New Haven and London 1989

Konrad Fiedler, *Schriften zur Kunst*, reprint der Ausgabe München 1913-1914, München 1971

Eugen Fischer und Wilhelm Krüger, *Rektoratsreden Friedrich Wilhelm Universität Berlin am 1. April 1935*, Berlin 1935

Pierre Francastel, *L'histoire de l'art. Instrument de la propagande germanique*, Paris 1945

Paul Frankl, »Die Rolle der Ästhetik in der Methode der Geisteswissenschaften«, *Zeitschrift für Ästhetik und allgemeine Kunstwissenschaft* 21, 1927, S. 145-159

Paul Frankl, *Das System der Kunstwissenschaft*, Brünn und Leipzig 1938

Dagobert Frey, »Die Entwicklung nationaler Stile in der mittelalterlichen Kunst des Abendlandes«, *Deutsche Vierteljahresschrift für Literaturwissenschaft und Geistesgeschichte*, 16, 1938, S. 1-75

Dagobert Frey, »Neue Aufgaben der Kunstwissenschaft«, *Geistige Arbeit*, 7, 2, 20. 1. 1940, S. 1-2

Dagobert Frey, *Englisches Wesen in der bildenden Kunst*, Stuttgart und Berlin 1942

Dagobert Frey, »Zur wissenschaftlichen Lage der Kunstgeschichte«, *Kunstwissenschaftliche Grundfragen, Prolegomena zu einer Kunstphilosophie*, reprint der Ausgabe Wien 1946, Darmstadt 1972, S. 23-80

Dagobert Frey, »Geschichte und Probleme der Kultur- und Kunstgeographie«, *Archeologia geographica*, 3-4, 1952-1953, S. 90-105

Walter Friedländer, »Die Entstehung des antiklassischen Stils in der italienischen Malerei um 1520«, *Repertorium für Kunstwissenschaft*, 46, 1925, S. 49-86

Lili Fröhlich-Bum, *Parmigianino und der Manierismus*, Wien 1921

Joseph Gantner, *Revision der Kunstgeschichte, Prolegomena zu einer Kunstgeschichte aus dem Geiste der Gegenwart*, Wien 1932

Theodor Geiger, *Die soziale Schichtung des deutschen Volkes. Soziographischer Versuch auf statischer Grundlage*, Stuttgart 1932

Horst Gerson, *Ausbreitung und Nachwirkung der holländischen Malerei des 17. Jahrhunderts*, Haarlem 1942

Kurt Gerstenberg, *Deutsche Sondergotik. Eine Untersuchung über das Wesen der deutschen Baukunst im späten Mittelalter*, Darmstadt 1969[2]

Kurt Gerstenberg, *Ideen zu einer Kunstgeographie Europas*, Leipzig 1922

Heide Gerstenberger, *Der revolutionäre Konservatismus. Ein Beitrag zur Analyse des Liberalismus*, Berlin 1969

Annemarie Gethmann-Siefert, »Martin Heidegger und die Kunstwissenschaft«, *Heidegger und die praktische Philosophie* (Hrsg. von Annemarie Gethmann-Siefert und Otto Pöggeler), Frankfurt/M 1988, S. 251-285

Silvana Giordani, *Nikolaus Pevsner come storico dell'architettura,* Bologna 1989 (Manuskript)

Hermann Glaser, *Sigmund Freuds zwanzigstes Jahrhundert. Seelenbilder einer Epoche,* München 1976

Adolph Goldschmidt 1863-1944 Lebenserinnerungen, Hrsg. und kommentiert von Marie Roosen-Runge-Mollwo, Berlin 1989

E.H. Gombrich, *Aby Warburg, an intellectual Biography,* London 1970

Martin Greiffenhagen, *Das Dilemma des Konservatismus in Deutschland,* München 1971

Gerhard Grimm, »Die deutschen Universitäten von 1939 bis 1945«, *Politische Studien,* 20, 1969, S. 222-230

August Grisebach, Buchbesprechung W. Pinders Das Problem der Generation, *Repertorium für Kunstwissenschaft,* 49, 1928, S. 247-250

August Grisebach, *Die alte deutsche Stadt in ihrer Stammeseigenart,* Berlin 1930

E. Günther Gründel, *Die Sendung der jungen Generation: Versuch einer umfassenden revolutionären Sinndeutung der Krise,* München 1932

F. Hans Günther, *Rassenkunde des deutschen Volkes,* München 1926

F. Hans Günther, *Rasse und Stil,* München 1926

Marlite Halbertsma, »Hans Jaffé, zijn visie op moderne kunst en moderne kunstgeschiedenis«, *Jong Holland,* 2, 1988, 4, S. 22-31

Marlite Halbertsma, »Wilhelm Pinder«, *Altmeister moderner Kunstgeschichte* (Heinrich Dilly Hrsg.), Berlin 1990, S. 235-251

Marlite Halbertsma, »Veranderingen, tegenstellingen, verschillen. Lotgevallen van de kunstgeografie«, *Kunstlicht,* 1990, 4, S. 7-12

Richard Hamann, *Frührenaissance der italienischen Malerei,* Jena 1909

Richard Hamann, »Die Methode der Kunstgeschichte und die allgemeine Kunstwissenschaft«, *Monatshefte für Kunstwissenschaft,* 9, 1919, S. 64-78; 103-114; 141-154

Richard Hamann, *Deutsche Malerei vom Rokoko bis zum Expressionismus,* Leipzig o.J.

Richard Hamann, *Die deutsche Malerei vom 18. bis zum Beginn des 20. Jahrhunderts.* Leipzig und Berlin 1925

Richard Hamann, »Nachruf auf Wilhelm Pinder«, *Jahrbuch der deutschen Akademie der Wissenschaften zu Berlin, 1946-1949,* Berlin 1950, S. 213-216

Richard Hamann und Jost Hermand, *Stilkunst um 1900,* München 1973

Richard Hamann und Jost Hermand, *Expressionismus,* Berlin (DDR) 1975

Alastair Hamilton, *The Appeal of Fascism. A Study of Intellectuals and Fascism 1919-1945,* London 1971

Joan Hart, »Reinterpreting Wölfflin: Neo-Kantianism and Hermeneutics«, *Art Journal,* 42-4, Winter 1982, S. 292-300

Kristiana Hartmann, *Deutsche Gartenstadtbewegung. Kulturpolitik und Gesellschaftsreform,* München 1976

Arie Hartog (u.a., Hrsg.) *Entartete Beeldhouwerkunst. Duitse beeldhouwers 1900-1945,* Zwolle 1991.

Edward G. Hartsthorne, *The German Universities and National Socialism,* London 1937

Wolfgang Fritz Haug, *Der hilflose Anti-Faschismus. Zur Kritik der Vorlesungsreihen über Wissenschaft und Nationalsozialismus an den deutschen Universitäten,* Frankfurt 1970[3]

R. Hausherr, »Kunstgeographie. Aufgaben, Grenzen, Möglichkeiten«, *Rheinische Vierteljahresblätter*, 34, 1970, S. 158-171
Georg Wilhelm Hegel, *Ästhetik*, Stuttgart 1977
Martin Heidegger, *Die Selbstbehauptung der deutschen Universität. Rede gehalten bei der feierlichen Übernahme des Rektorats der Universität Freiburg in Breisgau am 27. 5. 1933*, Breslau 1933
Martin Heidegger, *Sein und Zeit*, Tübingen 1949
Martin Heidegger, *Holzwege*, Frankfurt/M 1950
Ernst Heidrich, *Die alt-deutsche Malerei*, Jena 1909
Ernst Heidrich, *Beiträge zur Geschichte und Methode der Kunstgeschichte*, Basel 1917
Renate Heidt, *Erwin Panofsky, Kunsttheorie und Einzelwerk*, Wien 1977
Werner Heisenberg, *Der Teil und das Ganze, Gespräche im Umkreis der Atomphysik*, München 1969
Elisabeth Heisenberg, *Das politische Leben eines Unpolitischen. Erinnerungen an Werner Heisenberg*, München 1983[2]
Eberhard Hempel, »Ist eine strenge Kunstwissenschaft möglich?« *Zeitschrift für Kunstgeschichte*, 3, 1934, S. 155-163
Hugo Henniger, *Kunsthistorischer Atlas der K.K. Reichshauptstadt und Residenzstadt Wien*, Bd. XV, Wien 1916
Eike Henning, *Bürgerliche Gesellschaft und Faschismus in Deutschland. Ein Forschungsbericht*, Frankfurt/M 1977
Jost Hermand, *Literaturwissenschaft und Kunstwissenschaft*, Stuttgart 1971[2]
Jost Hermand, *Stile, Ismen, Etiketten. Zur Periodisierung der modernen Kunst*, Wiesbaden 1978
Jost Hermand, *Synthetisches Interpretieren. Zur Methodik der Literaturwissenschaften*, München 1978[6]
Armin Hermann, *Werner Heisenberg 1901-1976*, Reinbek bei Hamburg 1976
Theodor Heuss, *Friedrich Naumann. Der Mann, das Werk, die Zeit*, Stuttgart und Tübingen 1949
L.H. Heydenreich, Besprechung des kunsthistorischen Kongresses in Stockholm, *Zeitschrift für Kunstgeschichte*, 2, 1933, S. 410-414
Berthold Hinz, »Der Bamberger Reiter«, *Das Kunstwerk zwischen Wissenschaft und Weltanschauung*, (M. Warnke Hrsg.), Gütersloh 1970, S. 26-47
Berthold Hinz, »Zur Dialektik des bürgerlichen Autonomiebegriffs«, *Autonomie der Kunst. Zur Genese und Kritik einer bürgerlichen Kategorie*, Frankfurt/M 1972, S. 173-199
Berthold Hinz, *Die Malerei im deutschen Faschismus, Kunst und Konterrevolution*, Amsterdam und München 1974
Margarete Hoerner, »Der Manierismus als künstlerische Anschauungsform«, *Zeitschrift für Ästhetik und allgemeine Kunstwissenschaft*, 22, 1928, S. 200-210
Edith Hoffmann, »Obituary on Wilhelm Pinder«, *Burlington Magazine*, 89, 1947, S. 198
Konrad Hoffmann, »Kunstwerk als politischer Begriff. Zu Heideggers ›Zeitlichkeit‹«, *Kritische Berichte*, 18, 1990, 4, S. 6-13
Werner Hofmann, »Was ist deutsch an der deutschen Kunst?«, *Anhaltspunkte. Studien zur Kunst und Kunsttheorie*, Frankfurt/M 1989, S. 79-91
Werner Hofmann, »Wissenschaft und Ideologie«, *Universität, Ideologie, Gesellschaft*, Frankfurt/M 1968, S. 63-66
Werner Hofmann, G.C. Syamken, Martin Warnke, *Die Menschenrechte des Auges – Über Aby Warburg*, Frankfurt/M 1980

Hugo von Hofmannsthal, *Das Schrifttum als geistiger Raum der Nation*, München 1927

Michaell Ann Holly, *Panofsky and the Foundations of Art History,* Ithaca und London 1984

O. Holtze, Besprechung von W. Pinders Das Problem der Generation, *Zeitschrift für bildende Kunst*, 61, 1927-1928, S. 107-109

Karl Hoppe, »Das Problem der Generation in der Literaturwissenschaft«, *Zeitschrift für Deutschkunde*, 1930, S. 726-748

David Couzens Hoy, »History, Historicity and Historiography in *Being and Time«, Heidegger and Modern Philosophy, Critical Essays* (Michael Murray ed.), New Haven und London 1978, S. 329-355

Sibylle Hübner-Funk, »Ästhetizismus und Soziologie bei Georg Simmel«, *Ästhetik und Soziologie um die Jahrhundertwende: Georg Simmel* (Hanne Böhringer und Karlfried Gründer Hrsg.), Frankfurt/M 1976, S. 44-71

Andreas Hüneke, »Die versuchte Ehrenrettung des Expressionismus als deutsche Kunst«, Kat. *zwischen Widerstand und Anpassung, Kunst in Deutschland 1933-1945*, Akademie der Künste Berlin 1978, S. 51-55

Karl-Heinz Hüter, *Das Bauhaus in Weimar. Studie zur gesellschaftspolitischen Geschichte einer deutschen Kunstschule*, Berlin (DDR) 1976

Johan Huizinga, *Holländische Kultur des siebzehnten Jahrhunderts, Ihre soziale Grundlagen und nationale Eigenart*, Jena 1933

Johan Huizinga, *Geschonden wereld*, Haarlem 1945[2]

J.H. Huizinga, *Verzamelde werken*, Haarlem 1960

Georg G. Iggers, *Deutsche Geschichtswissenschaft, Eine Kritik der traditionellen Geschichtsauffassung von Herder bis zur Gegenwart*, München 1971

Georg G. Iggers, *Neue Geschichtswissenschaft*, München 1978

Waltraud Irmscher, *Der ideologische Gehalt der Geschichtsauffassung Wilhelm Pinders und seiner Stellung innerhalb der bürgerlichen Kunstwissenschaft,* Phil. Diss. Berlin (DDR) 1976 (Manuskript)

Hans Jaeger, »Generationen in der Geschichte, Überlegungen zu einer umstrittenen Konzeption«, *Geschichte und Gesellschaft*, 3, 1977, S. 429-452

Hans Jaffé, Kat. *Europa 1907*, Stedelijk Museum Amsterdam 1957

Johannes Jahn, *Die Kunstwissenschaft der Gegenwart in Einzeldarstellungen*, Leipzig 1924

Judith Janoschka-Bendl, *Methodologische Aspekte des Idealtypus. Max Weber und die Soziologie der Geschichte*, Berlin 1965

Hans Jantzen, »Deutsche Kunstgeschichtswissenschaft 1933 bis 1942«, *Forschungen und Fortschritte*, 18, 35-36, 10-20 Dez. 1942, S. 341-348

Hans Jantzen, »In Memoriam W. Pinder«, *Jahrbuch der Bayerische Akademie der Wissenschaften 1944-1948*, München 1948, S. 178-179

Hans Robert Jauss, *Literaturgeschichte als Provokation*, Frankfurt 1971

Karl Joël, »Der säkulare Rhythmus der Geschichte«, *Jahrbuch für Soziologie*, 1, 1925, S. 137-166

Helmut Johach, *Handlender Mensch und objektiver Geist. Zur Theorie der Geist- und Sozialwissenschaften bei Wilhelm Dilthey*, Meissenheim am Glan 1974

Harald Justin, *Tanz mir den Hitler. Kunstgeschichte und (faschistische) Herrschaft*, Münster 1982

Ekkehard Kämmerling (Hrsg.), *Bildende Kunst als Zeichensystem. I. Ikonographie und Ikonologie, Theorien, Entwicklung, Probleme*, Köln 1979

Gerd-Klaus Kaltenbrunner, »Von Dostojewsky bis zum Dritten Reich. Arthur Moeller van den Bruck und die »Konservative Revolution««, *Politische Studien*, 20, 1969, S. 184-200

Paul Kammerer, *Das Gesetz der Serie. Eine Lehre von den Wiederholungen im Lebens- und im Weltgeschehen*, Stuttgart und Berlin 1919

Hans Kasdorff, *Ludwig Klages – Werk und Wirkung*, Bonn 1969

Hans Kauffmann, Besprechung von G. Dehio's Geschichte der deutschen Kunst, *Deutsche Literaturzeitung* 48, NF 4, 1927, 6, Sp. 266-272

Rudolf Kautsch, Besprechung von E. Mâles Studien über die deutsche Kunst, *Monatshefte für Kunstwissenschaft*, 10, 1917, S. 101

Eckhart Kehr, *Der Primat der Innenpolitik. Gesammelte Aufsätze zur preußisch-deutschen Sozialgeschichte im 19. und 20. Jahrhundert*, Frankfurt/M 1970

Harald Keller, »Kunstgeschichte und Milieutheorie«, *Eine Gabe der Freunde für Carl Georg Heise*, Berlin 1950, S. 31-54

Fritz Kern, *Stammbaum und Artbild der Deutschen und ihrer Verwandten. Ein kultur- und rassenengeschichtlicher Versuch*, München 1927

Ludwig Klages, »Aus einer Seelenlehre des Künstlers« *Blätter für die Kunst*, 2, 1894-1895, S.137-144

Ludwig Klages, »Vom Schaffenden«, *Blätter für die Kunst. Eine Auslese aus den Jahren 1892-1898*, Berlin 1899, S. 143-147

Ludwig Klages, *Sämtliche Werke*, Bonn 1969 ff.

Klemens von Klemperer, *Germany's New Conservatism. Its History and Dilemma in the 20th Century*, Princeton 1968

Victor Klemperer, *LTI (Lingua Tertii Imperii). Notizbuch eines Philologen*, Leipzig 1975

Rüdiger Klessmann, *Gemälde Galerie Berlin*, Gütersloh, Berlin und Wien 1972

Georg Kolbe, *Auf Wegen der Kunst*, Berlin 1949

W.R.H. Koops, E.H. Kossmann, Gees van der Plaat, *Johan Huizinga 1872-1972, papers Delivered to the Johan Huizinga Conference Groningen 11-15 Dezember 1972*, Den Haag 1973

Hans Körner, »›Grundbegriffe der Kunstgeschichte‹. Heinrich Wölfflins Münchener Vorträge im Wintersemester 1914/1915«, *Kritische Berichte*, 16, 1988, 4, S. 65-74

Gerhard Kratsch, *Kunstwart und Dürerbund. Ein Beitrag zur Geschichte der Gebildeten im Zeitalter des Imperialismus*, Göttingen 1969

Franz Xaver Kraus, *Geschichte der christlichen Kunst*, Freiburg im Br. 1897

Friedrich Kreis, *Der kunstgeschichtliche Gegenstand. Ein Beitag zur Deutung des Stilbegriffes*, Stuttgart 1928

Ernst Kretschmer, *Körperbau und Charakter. Untersuchungen zum Konstitutionsproblem und zur Lehre von den Temperamenten*, Berlin 1922[2]

Ernst Kretschmer, *Geniale Menschen*, Berlin 1929

In Memoriam Ernst Kretschmer, Spezialnummer *Zeitschrift für Psychotherapie und medizinische Psychologie*, 15, 2, 1965

Christian Graf von Krockow, *Die Entscheidung. Eine Untersuchung über Ernst Junger, Carl Schmitt, Martin Heidegger*, Stuttgart 1959 (Göttinger Abhandlungen zur Soziologie, 3)

W.E. Krul, *Historicus tegen de tijd. Opstellen over leven en werk van J. Huizinga*, Groningen 1990

R. Kühnl, *Formen bürgerlicher Herrschaft. Liberalismus – Faschismus*, Reinbek bei Hamburg 1971

Franz Kugler, *Pommersche Kunstgeschichte*, Stettin 1840

Franz Kugler, *Handbuch der Kunstgeschichte*, Stuttgart 1861[4]
Thomas Kuhn, *The Structure of Scientific Revolutions*, Chicago 1963
Udo Kultermann, *Kleine Geschichte der Kunsttheorie*, Darmstadt 1987
Udo Kultermann, *Geschichte der Kunstgeschichte. Der Weg einer Wissenschaft*, Frankfurt/M., Berlin und Wien 1981
E. Kummer, *Deutsche Literaturgeschichte des 19. Jahrhunderts dargestellt nach Generationen*, Dresden 1909
Jenö Kurucz, *Struktur und Funktion der Intelligenz während der Weimarer Republik*, Köln 1967
Arnold Labrie, *›Bildung‹ en politiek 1770-1830. De ›Bildungsphilosophie‹ van Wilhelm von Humboldt bezien in haar politieke en sociale context*, Amsterdam 1986
Edwin Lachnit, »Julius von Schlosser. 1866-1938«, Heinrich Dilly (Hrsg.) *Altmeister moderner Kunstgeschichte*, Berlin 1990, S. 151-165
E. Lämmert e.a., *Germanistik – eine deutsche Wissenschaft*, Frankfurt 1970[4]
Karl Lamprecht, *Moderne Geschichtswissenschaft, Fünf Vorträge*, Freiburg 1905
Karl Lamprecht, *Einführung in das historische Denken*, Leipzig 1913[2]
Franz Landsberger, Besprechung W. Pinders Das Problem der Generation, *Kritische Berichte zur kunstgeschichtlichen Literatur*, 1, 1927-1928, S. 33-37
Karl Robert Langewiesche, *Aus 25 Jahren. Buchhändlerische Erinnerungen 1891-1916*, Königstein i. T. und Leipzig 1919
Lars Olof Larsson, »Nationalstil und Nationalismus in der Kunstgeschichte der zwanziger und dreißiger Jahre«, *Kategorien und Methoden der deutschen Kunstgeschichte 1900-1930* (Lorenz Dittmann Hrsg.), Stuttgart 1985, S. 169-185
Max Lautner, *Wer ist Rembrandt? Grundlagen zu einem Neubau der holländischen Kunstgeschichte*, Breslau 1891
Thomas Leakey, *A History of Psychology*, Englewood Cliffs N.J., 1980
Kurt Lenk (Hrsg.), *Volk und Staat. Strukturwandel politischer Ideologien im 19. und 20. Jahrhundert*, Stuttgart, Berlin, Köln und Mainz 1971
Wolf Lepenies, »Der andere Fanatiker. Historisierung und Verwissenschaftlichung der Kunstauffassung bei Johann Joachim Winckelmann«, *Ideal und Wirklichkeit der bildenden Kunst im späten 18. Jahrhundert* (Herbert Beck e.a.), Berlin 1984, S. 19-31
Annette Leppert-Fögen, *Die deklassierte Klasse. Studien zur Geschichte und Ideologie des Kleinbürgertums*, Frankfurt/M 1974
Thomas Lersch, »Schlosser schreibt Vossler, Notizen zu einer Gelehrtenfreundschaft«, *Kritische Berichte*, 17, 1989, 1, S. 39-56
Thomas Lersch, »Der Taufstein der Anti-Kunst: Wilhelm Pinder schüttelt den Flaschentrockner (26. Juni 1914)«, *Kunstchronik* 42, 1989, 12, S. 691-703
Hans-Joachim Lieber, *Kulturkritik und Lebensphilosophie. Studien zur Deutschen Philosophie der Jahrhundertwende*, Darmstadt 1974
Dagmar Editha Lies, *Plastik als Gestaltung. Wilhelm Pinders Aussagen zur deutschen Plastik in den Jahren 1914-1930*, Bonn 1980
Karl Löwith, »Max Webers Stellung zur Wissenschaft«, *Max Heber, Sein Werk und seine Wirkung* (Dirk Käsler Hrsg.), München 1972, S. 310-338
Karl Löwith, *Nietzsches Philosophie der ewigen Wiederkehr*, Hamburg 1978
Alfred Lorenz, *Musikgeschichte im Rhythmus der Generationen*, Berlin 1928
Ottokar Lorenz, *Die Geschichtswissenschaft in Hauptrichtungen und Aufgaben, 2. Teil: L. von Ranke. Die Generationslehre und der Geschichtsunterricht*, Berlin 1891
Hermann Lübbe (Hrsg.) *Spengler heute*, München 1980
Wilhelm Lübke, *Die mittelalterliche Kunst in Westfalen*, Leipzig 1853

Wilhelm Lübke, *Grundriß der Kunstgeschichte*, Stuttgart 1860
Wilhelm Lübke, *Geschichte der Plastik*, Leipzig 1880[2]
Wilhelm Lübke, *Geschichte der deutschen Kunst von den frühesten Zeiten bis zur Gegenwart*, Stuttgart 1890
Georg Lukács, *Die Zerstörung der Vernunft*, Darmstadt 1974[2]
Meinhold Lurz, *Heinrich Wölfflin. Biographie einer Kunsttheorie*, Worms 1981
Charles E. MacClelland, *State, Society and University in Germany 1700-1914*, Cambridge Mass., 1980
Salvador de Madariaga, *Anglais, Français, Espagnols*, Paris 1930
Emile Mâle, »Studien über die deutsche Kunst«, *Monatshefte für Kunstwissenschaft*, 9, 1916, S. 387-403, 429-447; 10, 1917, S. 127-173
Emile Mâle, *Studien über die deutsche Kunst* (Otto Grautoff Hrsg.), Leipzig 1917
Karl Mannheim, »Das konservative Denken«, *Archiv für Sozialwissenschaft und Sozialpolitik*, 57, 1927, 1, S. 68 ff. und 2, S. 470 ff.
Karl Mannheim, »Das Problem der Generation«, *Wissenssoziologie*, Berlin und Neuwied 1964, S. 509-565
Karl Mannheim, *Mensch und Gesellschaft im Zeitalter des Umbaus*, Leiden 1935
Karl Mannheim, »The problem of the Intelligentsia«, *Essays on the Sociology of Culture*, London 1956, S. 91-171
Bernd Martin (Hrsg,) *Martin Heidegger und das ›Dritte Reich‹. Ein Kompendium*, Darmstadt 1989
Tim Mason, *The Nature of Fascism*, London 1968
Dieter Mayer, *Linksbürgerliches Denken. Untersuchungen zu Kunsttheorie, Gesellschaftsauffassung und Kulturpolitik in der Weimarer Republik*, München 1981
Nikolaus Meier, »Heinrich Wölfflin. 1864-1945«, Heinrich Dilly (Hrsg.) *Altmeister moderner Kunstgeschichte*, Berlin 1990, S. 63-81
John Milner, *Vladimir Tatlin and the Russian Avant-Garde*, New Haven und London 1983
Kurt Mitschells, »Die Bedeutung von Rechts und Links in der Bildkunst im Lichte der Kunsttheorie von Heinrich Wölfflin und der Raumsymbolik bei Ludwig Klages«, *Zeitschrift für Menschkunde*, 30, 1966, S. 260-280
Moderne Vergangenheit 1800-1900, Kat. Künstlerhaus Wien und Groninger Museum 1981-1982
Heino R. Möller, »Kunst als Ideologie«, *Visuelle Kommunikation. Beiträge zur Kritik der Bewustseinsindustrie*, Köln 1974, S. 59-97
Arthur Moeller van den Bruck, *Das dritte Reich*, Hamburg 1931[3]
Armin Mohler, *Die konservative Revolution in Deutschland 1918-1932*, Stuttgart 1972[2]
W. Mommsen, *Max Weber. Gesellschaft, Politik und Geschichte*, Frankfurt 1974
J.J.A. Mooij, *Idee en verbeelding. Filosofische aspecten van de literatuurbeschouwing*,, Assen 1981
Michael Müller, *Die Verdrängung des Ornaments. Zum Verhältnis von Architektur und Lebenspraxis*, Frankfurt/M 1977
Hans von Müller, *Die namhafteren deutschen Dichter und Denker seit Reimarus und Günther in Altersgruppen geordnet*, Berlin 1917
Josef Nadler, *Literaturgeschichte des Deutschen Volkes. Dichtung und Schrifttum der deutschen Stämme und Landschaften*, Berlin 1939[4]
Carl Neumann, »Zur Theorie der Geschichte und Kunstgeschichte«, *Historische Zeitschrift*, 116, 1916, S. 484-494
M. van Nierop, *Martin Heideggers Ontologie van het kunstwerk*, Amsterdam 1977 (Filosofische Reeks nr. 3, 1977)

Friedrich Nietzsche, *Also sprach Zarathustra, Gesammelte Werke* 7, München o.J.
Herman Nohl, *Stil und Weltanschauung*, Jena 1920
Ernst Nolte, »Zur Typologie des Verhaltens der Hochschullehrer im Dritten Reich«, *Aus Politik und Wissenschaft, Beilage zur Wochenzeitung Das Parlament*, 46, 7. 11. 1965, S. 1-14
Richard Nürnberger, »Imperialismus, Sozialismus und Christentum bei Friedrich Naumann«, *Historische Zeitschrift*, 170, 1950, S. 525-548
Willi Oelmüller, *F.T. Vischer und das Problem der nachhegelschen Ästhetik*, Stuttgart 1959
Hermann Oncken, *Geschichte der Mittwochsgesellschaft. Festvortrag gehalten bei der tausendsten Sitzung am 19. Juni 1940*, Berlin 1940
José Ortega y Gasset, *El Tema de nuestro Tempo*, Madrid 1923
José Ortega y Gasset, *Die Aufgabe unserer Zeit*, Zürich 1928
José Ortega y Gasset, *De taak van onze tijd*, Den Haag 1964
Otto Pächt; *Methodisches zur kunsthistorischen Praxis, Ausgewählte Schriften*, München 1977
Erwin Panofsky, »Zur Problem der Beschreibung und Inhaltsdeutung von Werke der bildenden Kunst«, *Logos*, 21, 1932, S. 103-120; auch aufgenommen in Ekkehard Kämmerling (Hrsg.), *a.a.O.*, S. 185-207
Erwin Panofsky, *Aufsätze zu Grundfragen der Kunstwissenschaft*, Berlin 1974
Walter Passarge, *Die Philosophie der Kunstgeschichte in der Gegenwart*, Berlin 1930
Wilhelm Perpeet, *Erich Rothacker*, Bonn 1968
J. Petersen, *Die Wesensbestimmung der Romantik. Eine Einführung in die moderne Literaturwissenschaft*, Leipzig 1926
J. Petersen, »Die literarischen Generationen«, Emil Ermatinger (Hrsg.), *Philosophie der Literaturwissenschaften*, Berlin 1930, S. 130-188
Joachim Petsch, *Eigenheim und gute Stube, Zur Geschichte des bürgerlichen Wohnens*, Köln 1989
Joachim Petzoldt, *Wegbereiter des deutschen Faschismus. Die Jungkonservativen in der Weimarer Republik*, Köln 1978
Nikolaus Pesvner, »Manierismus und Gegenreformation«, *Repertorium für Kunstwissenschaft*, 46, 1925, S. 243-262
Paul Pieper, *Kunstgeographie Versuch einer Grundlegung*, Berlin 1936 (Neue deutsche Forschungen, Abt. Kunstwissenschaft und Kunstgeschichte, Bd. 1)
Wilhelm Pinder, *Einleitende Voruntersuchung zu einer Rhythmik romanischer Innenräume in der Normandie*, Straßburg 1904
Wilhelm Pinder, *Zur Rhythmik romanischer Innenräume in der Normandie. Weitere Voruntersuchungen*, Straßburg 1905
Wilhelm Pinder, *Deutsche Dome des Mittelalters*, Düsseldorf und Leipzig 1910
Wilhelm Pinder, *Mittelalterliche Plastik Würzburgs. Ein Versuch einer lokalen Entwicklungsgeschichte vom Ende des 13. bis zum Anfang des 15. Jahrhunderts*, Würzburg 1911 und Leipzig 1924[2]
Wilhelm Pinder, *Deutscher Barock. Die großen Baumeister des 18. Jahrhunderts*, Düsseldorf und Leipzig 1912
Wilhelm Pinder, *Deutsche Burgen und feste Schlösser aus allen Ländern deutscher Zunge*, Königstein i. T. und Leipzig 1913
Wilhelm Pinder, *Große Bürgerbauten aus vier Jahrhunderten deutscher Vergangenheit*, Königstein i. T. und Leipzig 1915
Wilhelm Pinder, *Die deutsche Plastik vom ausgehenden Mittelalter bis zum Ende der Renaissance*, Berlin-Neubabelsberg 1914-1928

Wilhelm Pinder, »Die dichterische Wurzel der Pietà«, *Repertorium für Kunstwissenschaft*, 42, 1920, S. 146-163
Wilhelm Pinder, *Die Pietà*, Leipzig 1922
Wilhelm Pinder, *Der Naumburger Dom und der Meister seiner Bildwerke*, Berlin 1924
Wilhelm Pinder, *Der deutsche Park, vornehmlich des 18. Jahrhunderts*, Königstein i. T. und Leipzig 1926
Wilhelm Pinder, »Kunstgeschichte nach Generationen«, *Zwischen Philosophie und Kunst, Johannes Volkelt zum 100. Lehrsemester*, Leipzig 1926, S. 1-17
Wilhelm Pinder, *Das Problem der Generation in der Kunstgeschichte Europas*, Berlin 1926, 1928^2 und München 1961
Wilhelm Pinder, *Der Bamberger Dom und seine Bildwerke*, Berlin 1927
Wilhelm Pinder, »Zur Physiognomik des Manierismus«, *Festschrift Klages*, Leipzig 1932, S. 148-156
Wilhelm Pinder, *Deutsche Barockplastik*, Königstein i. T. und Leipzig 1933
Wilhelm Pinder, »Das deutsche Statuenportal des hohen Mittelalters«, *Actes du XIIIe Congrès International d'histoire de l'art*, Stockholm 1933, S. 152-158
Wilhelm Pinder, Buchbesprechung von K. Eberleins Was ist deutsch in der deutschen Kunst, *Zeitschrift für Kunstgeschichte*, 2, 1933, S. 485-487
Wilhelm Pinder, »Vom Vikingertum unserer Kultur im Spiegel der neueren deutschen Kunstentwicklung«, *Kunst der Nation*, 2, Nr. 13, 1. 7. 1934, S. 1
Wilhelm Pinder, Buchbesprechung, *Völkische Kultur*, 2, 1934, S. 37-42
Wilhelm Pinder, *Reden aus der Zeit*, Leipzig 1934
Wilhelm Pinder, *Vom Wesen und Werden deutscher Formen. Geschichtliche Betrachtungen*, 4 dln., Leipzig 1935 ff.
I: *Die Kunst der deutschen Kaiserzeit, bis zum Ende der staufischen Klassik* (1935, 1940^4)
II: *Die Kunst der ersten Bürgerzeit, bis zur Mitte des 15. Jahrhunderts* (1937)
III: *Die deutsche Kunst der Dürerzeit* (1939)
IV; *Die Kunst der Fürstenzeit. Holbein der Jüngere und das Ende der altdeutschen Kunst* (Köln 1951)
Wilhelm Pinder, *Protokolle der Mittwochsgesellschaft*, Vorträge zwischen 1937 und 1943, Manuskript im Bundesarchiv Koblenz unter Nummer R 106/19 fol. 116-120, 175-179, 259-263, 318-321, 378-381 und R 106/20 fol. 35-36 und 57-59
Wilhelm Pinder, *Georg Kolbe. Werke der letzten Jahre*, Berlin 1937
Wilhelm Pinder, »Zur Topographie des Humors. Ein kleiner Beitrag zur deutschen Stammeskunde«, *Sonntagsbeilage Berliner Börsen-Zeitung*, 21. 3. 1937
Wilhelm Pinder, *Gesammelte Aufsätze aus den Jahren 1907-1935*, Leipzig 1938
Wilhelm Pinder, *Wesenszüge deutscher Kunst*, Leipzig 1940
Wilhelm Pinder, *Deutsche Wasserburgen*, Königstein i. T. und Leipzig 1940
Wilhelm Pinder, *Das Straßburger Münster*, Berlin 1941
Wilhelm Pinder, *Georg Kolbe – Zeichnungen*, Berlin 1942
Wilhelm Pinder, *Sonderleistungen der deutschen Kunst*, Berlin 1942
Wilhelm Pinder, *Rembrandts Selbstbildnisse*, Königstein i. T. und Leipzig 1943
Wilhelm Pinder, *Sonderleistungen der deutschen Kunst*, München 1944
Wilhelm Pinder, *Von den Künsten und der Kunst*, Berlin und München 1948
Wilhelm Pinder, *Drei Kaiserdome. Mainz, Worms, Speyer*, Königstein i. T. o. J.
Wilhelm Pinder, *Innenräume deutscher Vergangenheit aus Schlössern und Burgen, Klöstern, Bürgerbauten und Bauernhäuser*, Königstein i. T. o. J.
Wilhelm Pinder, *Der Bamberger Dom in 45 Bildern*, Königstein i. T. o. J.

Wilhelm Pinder spricht über Kunstgeschichte, Grundzüge seiner Methode und Lehre, Göttingen 1957 (Text des gleichnamigen Filmes, herausgegeben vom Institut für den wissenschaftlichen Film der Reihe »Filmdokumente zur Zeitgeschichte«, no. G1/1955)

Michael Podro, *The Critical Historians of Art*, New Haven und London 1982

Leon Poliakov, *De arische mythe*, Amsterdam 1979

Leon Poliakov und J. Wulf, *Das 3. Reich und seine Denker*, Berlin 1959

Julius Posener, *Berlin auf dem Wege zu einer neuen Architektur. Das Zeitalter Wilhelms II.*, München 1979

Hans Prinzhorn, *Bildnerei der Geisteskranken. Ein Beitrag zur Psychopathologie der Gestaltung*, Reprint Berlin 1968 von Heidelberg 1922

Siegfried Graf Pückler-Limpurg, *Die Nürnberger Bildnerkunst um die Wende des 14. und 15. Jahrhunderts*, Straßburg 1904

Friedrich Ratzel, *Anthropogeographie oder Grundzüge der Anwendung der Erdkunde auf die Geschichte*, Stuttgart 1882 (I) und 1891 (II)

Hermann Rauschning, *Die Revolution des Nihilismus. Kulisse und Wirklichkeit im 3. Reich*, Zürich 1938[4]

Paul Ortwin Rave, *Kunstdiktatur im 3. Reich*, Hamburg 1949

Frank Reijnders, *Kunst-Geschiedenis, Verschijnen in Verdwijnen* Amsterdam 1984

Alois Riegl, *Spätrömische Kunstindustrie*, Wien 1927

Alois Riegl, *Das holländische Gruppenporträt*, Wien 1931

Berthold Riehl, *Geschichte der Stein- und Holzplastik in Ober-Bayern vom 12. bis zur Mitte des 15. Jahrhunderts*, München 1904

Fritz Ringer, *The Decline of the German Mandarins. The German Academic Community 1890-1933*, Cambridge Mass. 1969

Franz Roh, Buchbesprechung von W. Pinders Das Problem der Generation, *Cicerone*, 19, 1928, S. 521-522

Alfred Rosenberg, *Der Mythos des 20. Jahrhunderts*, München 1935

H. Rosemann, »Nachruf für Wilhelm Pinder«, *Göttinger Universitätszeitung*, 13, 6.6.1947

Erich Rothacker, *Logik und Systematik der Geisteswissenschaften (Handbuch der Philosophie* II), München und Berlin 1927

Erich Rothacker, *Heitere Erinnerungen*, Bonn 1963

Hermann Rudolph, *Kulturkritik und konservative Revolution. Zum kulturell-politischen Denken Hofmannsthals und seinem problemgeschichtlichen Kontext,* Tübingen 1971 (Studien zur deutschen Literatur, Band 23)

Ferdinand Sauerbruch, *Das war mein Leben*, Bad Wörishofen 1951

Willibald Sauerländer, »Alois Riegl und die Entstehung der autonomen Kunstgeschichte am Fin de Siècle«, *Fin de Siècle. Zur Literatur und Kunst der Jahrhundertwende*, Frankfurt/M 1977, S. 125-143

Willibald Sauerländer, »Die Naumburger Stifterfiguren«, *Kat. Die Zeit der Staufer*, Stuttgart 1979, V, S. 169-247

Sandro Scarrochia, *Studi sul Alois Riegl,* Bologna 1986 (Richerche dell'Istituto per i beni artistici culturali della Regione Emilia-Romagna, Bd. 12)

Walter Scheidt, *Lebensgesetze der Kultur. Biologische Betrachtungen zum »Problem der Generation« in der Geistesgeschichte*, Berlin 1929

Walter Scheiffele, »Das neue Bauen unter dem Faschismus«, *Kunst Hochschule Faschismus Dokumentation der Vorlesungsreihe an der Hochschule der Künste Berlin*, Berlin 1984, S. 226-245

Max Scheler, *Der Formalismus in der Ethik und die materiale Wertethik*, Bern 1954[4]

Helmut Schelsky, *Einsamkeit und Freiheit*, Düsseldorf 1971[2]

Bodo Scheurig, *Deutscher Widerstand 1938-1944, Fortschritt oder Reaktion?*, München 1984

Hannelore und Heinz Schlaffer, *Studien zum ästhetischen Historismus*, Frankfurt 1975

Julius Schlosser, *Die Kunstliteratur*, Wien 1924

Julius Schlosser, *Die Wiener Schule der Kunstgeschichte*, Innsbruck 1934

Julius Schlosser, »»Stilgeschichte« und »Sprachgeschichte« der bildenden Kunst, ein Rückblick«, *Sitzungsberichte der bayerischen Akademie der Wissenschaften, Philosophisch-Historische Abteilung*, München 1935, Nr. 1

August Schmarsow, *Die Kunstgeschichte an unseren Hochschulen*, Berlin 1891

August Schmarsow, *Das Wesen der architektonischen Schöpfung*, Leipzig 1893

August Schmarsow, »Der Wert der Dimensionen im menschlichen Raumgebilde«, *Berichte über die Verhandlungen der sächsischen Akademie der Wissenschaften, Philologisch-Historische Klasse*, Leipzig 1896, S. 44-61

August Schmarsow, *Unser Verhältnis zu den bildenden Künsten. Sechs Vorträge über Kunst und Erziehung*, Leipzig 1903

August Schmarsow, *Grundbegriffe der Kunstwissenschaft am Übergang vom Altertum zum Mittelalter kritisch erörtert und in systematischem Zusammenhange dargestellt*, Leipzig und Berlin 1905

August Schmarsow, »Kunstwissenschaft und Völkerpsychologie«, *Zeitschrift für Ästhetik und allgemeine Kunstwissenschaft*, 2, 1907, S. 305 ff.; 469-500

August Schmarsow, »Kunstwissenschaft und Kulturphilosophie mit gemeinsamen Grundbegriffen«, *Zeitschrift für Ästhetik und allgemeine Kunstwissenschaft*, 13, 1918, S. 165-190; 225-258

J.A. Schmoll gen. Eisenwerth, »Simmel und Rodin«, *Ästhetik und Soziologie um die Jahrhundertwende* (Hanne Böhringer und Karlfried Gründer Hrsg), Frankfurt/M 1975, S. 18-39

J.A. Schmoll gen. Eisenwerth, *Rodin-Studien. Persönlichkeit – Werke –Wirkung – Bibliographie,* München 1983 (Studien zur Kunst des 19. Jahrhunderts, Forschungsunternehmen der Fritz Thyssen Stiftung, Band 31

J.A. Schmoll gen. Eisenwerth, »Frühe Wege zur Kunstgeschichte«, Martina Sitt (Hrsg.), *Kunsthistoriker in eigener Sache. Zehn autobiographische Skizzen*, Berlin 1990, S. 275-301

Carl Schnaase, *Niederländische Briefe*, Stuttgart und Tübingen 1834

Carl Schnaase, *Geschichte der bildenden Künste bei den Alten*, Düsseldorf 1860[2]

Carl Schnaase, *Geschichte der bildenden Künste im Mittelalter*, Düsseldorf 1874[2]

Klaus Scholder (Hrsg.), *Die Mittwochsgesellschaft. Protokolle aus dem geistigen Deutschland 1932-1944,* Berlin 1982

Wilhelm von Scholz, *Der Zufall, eine Vorform des Schicksals. Die Anziehungskraft des Bezüglichen*, Stuttgart 1924

Hubert Schrade, »Der Sinn der künstlerischen Aufgabe und politischer Architektur«, *Nationalsozialistische Monatshefte*, 5, 1934, S. 308 ff.

Hubert Schrade, *Schicksal und Notwendigkeit der Kunst*, Leipzig 1936

Hans Schrader, Buchbesprechung von W. Pinders Das Problem der Generation, *Deutsche Literaturzeitung*, 49, 1928, 1, S. 373-382

H.E. Schröder, *Ludwig Klages. Die Geschichte seines Lebens*, Bonn 1966 und 1972

Hendrik Schulte Nordholt, *Het beeld der Renaissance, een historiografische studie*, Amsterdam 1948

Paul Schultze-Naumburg, *Kulturarbeiten*, München 1902 ff.

Paul Schultze-Naumburg, *Kunst und Rasse*, München 1938

G. Schulz, *Aufstieg des National-Sozialismus. Krise und Revolution in Deutschland*, Frankfurt und Berlin 1972
Ingrid Schulze, *Der Mißbrauch der Kunstgeschichte durch die imperialistische deutsche Ostpolitik*, Leipzig 1970
Detlev W. Schumann, »Cultural Age-groups in German Thought«, *Publications of the Modern Language Associations of America*, 51, 1936, S. 1180-1207
Peter-Klaus Schuster (Hrsg.), *Die ›Kunststadt‹ München. Nationalsozialismus und ›Entartete Kunst‹*, München 1987
Klaus Schwabe, *Wissenschaft und Kriegsmoral. Die deutschen Hochschullehrer und die politischen Grundfragen des Ersten Weltkrieges*, Göttingen 1969
Hans Sedlmayr, *Die Architektur Borrominis*, reprint von München 1930^2, Hildesheim und New York 1973
Hans Sedlmayr, *Epochen und Werke, Gesammelte Schriften zur Kunstgeschichte*, Mittenwald 1977
Hans Seldmayr, »Zu einer strengen Kunstwissenschaft«, *Kunstwissenschaftliche Forschungen* 1, 1931, S. 732, auch aufgenommen als »Kunstgeschichte als Kunstgeschichte« in *Kunst und Wahrheit. Zur Theorie und Methode der Kunstgeschichte*, Mittenwald 1978, S. 49-80
Hans Sedlmayr, »Vermutungen und Fragen zur Bestimmung der altfranzösischen Kunst«, *Festschrift Wilhelm Pinder*, Leipzig 1938, S. 9-28
Hans Sedlmayr, »Ein Entdecker der Kunstwissenschaft, Wilhelm Pinder zum 100 Geburtstag«, *Rheinischer Merkur*, Nr. 25, 23. 6. 1978, S. 27
Dolf Seeliger, *Die braune Universität Deutsche Hochschullehrer gestern und heute*, München 1966
Gert Selle, *Jugendstil und Kunstindustrie. Zur Oekonomie und Ästhetik um 1900*, Ravensburg 1974
Gert Selle, *Die Geschichte des Design in Deutschland von 1870 bis heute. Entwicklung der industriellen Produktkultur*, Köln 1978
Gert Selle, *Kultur der Sinne und ästhetische Erziehung. Alltag, Sozialisation, Kunstunterricht in Deutschland vom Kaiserreich zur Bundesrepublik*, Köln 1981
John Shearman, *Mannerism*, Harmondsworth 1967
Skulptur und Macht. Figurative Plastik im Deutschland der 30er und 40er Jahre, Kat. Akademie der Künste, Berlin 1983
Peter Sloterdijk, *Literatur und Lebenserfahrung. Autobiographien der zwanziger Jahre*, München und Wien 1978
Peter Sloterdijk, *Kritik der zynischen Vernunft*, Frankfurt/M 1983
Kurt Sontheimer, *Antidemokratisches Denken in der Weimarer Republik. Die Politischen Ideen des deutschen Nationalismus zwischen 1918-1933*, München 1978
Oswald Spengler, *Der Untergang des Abendlandes. Umrisse einer Morphologie der Weltgeschichte*, München 1972
Eduard Spranger, *Gesammelte Schriften*, Tübingen und Heidelberg 1973 ff.
Joan Stambough, *Nietzsche's Thougt of Eternal return*, Baltimore 1972
Timm Starl, »Die Bildbände der Reihe ›Die blauen Bücher‹. Zur Entstehungs- und Entwicklungsgeschichte einer Bildbandreihe. Bibliographie 1907-1944«, *Fotogeschichte*, 1, 1981, 1, S. 73-78
Timm Starl, »Die Bildbände der Reihe ›Die blauen Bücher‹. Bibliographie 1945-1980 Namenregister-Titelregister«, *Fotogeschichte*, 1, 1981, 2, S. 68-82
Fritz Stern, *Kulturpessimismus als Politische Gefahr*, Bern und Stuttgart 1963

Gerhard Strauss, »Neubeginn ab 1945«, *Erbe als Gegenwartsaufgabe...* Berlin (DDR) 1975, S. 197 ff.
Walter Struve, *Elites against Democracy. Leadership Ideas in Bourgeois Political Thought in Germany 1890-1933*, Princeton 1973
Josef Strzygowski, *Kleinasien, ein Neuland der Kunstgeschichte*, Leipzig 1903
Josef Strzygowski, *Die Baukunst der Armenier und Europa*, Wien 1918
Josef Strzygowski, *Die Krisis der Geisteswissenschaften vorgeführt am Beispiele der Forschung über bildende Kunst*, Wien 1923
Josef Strzygowski, *Das indogermanische Ahnenerbe des deutschen Volkes und die Kunstgeschichte der Zukunft*, Wien 1941
Robert Suckale, »Wilhelm Pinder und die deutsche Kunstwissenschaft nach 1945«, *Kritische Berichte*, 14, 1986, 4, S. 5-18
Karl M. Swoboda, *Neue Aufgaben der Kunstgeschichte*, Brünn 1935
E.R.M. Taverne, »Oproep voor een revisie van de beoefening van de kunstgeschiedenis in Nederland«, Akt. 8, 1984, 4, S. 4-14
Klaus Theweleit, *Männerphantasien*, Hamburg 1980
Otto Thomae, *Die Propaganda-Maschinerie. Bildende Kunst und Öffentlichkeit im Dritten Reich*, Berlin 1978
Hans Tietze, *Die Methode der Kunstgeschichte*, Leipzig 1913
Hans Tietze, *Lebendige Kunstwissenschaft. Zur Krise der Kunst und der Kunstwissenschaft*, Wien 1925
Kurt Töpner, *Gelehrte Politiker und politisierende Gelehrte. Die Revolution von 1918 im Urteil deutscher Hochschullehrer*, Göttingen 1970
Christian Töwe, *Die Formen der entwickelnden Kunstgeschichtsschreibung zugleich ein Beitrag zur Deutung des Entwicklungsbegriffes* (Neue Deutsche Forschungen, Abt. Kunstwissenschaft und Kunstgeschichte, Bd. 5), Berlin 1939
Emil Utitz, *Grundlegung der allgemeinen Kunstwissenschaft*, Reprint München 1972 nach der Ausgabe von Stuttgart 1914 (I) und 1920 (II)
Emil Utitz, »Über Grundbegriffe der Kunstwissenschaft«, *Kantstudien*, 34, 1929, S. 6-70
Wilhelm Vöge, *Die Anfänge des monumentalen Stils im Mittelalter*, Straßburg 1894
Walter Vogel, »Über den Rhythmus im geschichtlichen Leben des abendländischen Europas«, *Historische Zeitschrift*, 129, 1924, S. 1-68
Heinrich Vogeler, Kat. Staatliche Kunsthalle Berlin und Kunstverein Hamburg, Hamburg 1981
Karl Vossler, *Die romanischen Kulturen und der deutsche Geist*, München 1926
Wilhelm Waetzoldt, *Deutsche Kunsthistoriker*, Berlin 1965[2]
Martin Warnke, »Aby Warburg. 1866-1929«, Heinrich Dilly (Hrsg.) *Altmeister moderner Kunstgeschichte*, Berlin 1990, S. 117-133
Max Weber, *Gesammelte Aufsätze zur Wissenschaftslehre*, Tübingen 1922
Max Weber, *On Universities: The Power of the State and the Dignity of the Academic Calling in Imperial Germany*, London und Chicago 1973
Max Weber, *Gesammelte politische Schriften*, Tübingen 1980
Eduard Wechssler, *Esprit und Geist. Versuch einer Wesenskunde der Deutschen und der Franzosen*, Bielefeld und Leipzig 1927
Eduard Wechssler, »Generation als Jugendgemeinschaft«, *Geist und Gesellschaft* (Festschrift Breysig), Berlin 1927, 1, S. 66-102
Eduard Wechssler, *Die Generation als Jugendreihe und ihr Kampf um die Denkform*, Leipzig 1930
Eduard Wechssler, *Jugendreihen des deutschen Menschen 1733-1933*, Leipzig 1934

Hans Weigert, *Die Kunst von heute als Spiegel der Zeit*, Leipzig 1934

Hans Weigert, *Die heutigen Aufgaben der Kunstwissenschaft*, Berlin 1935

Werner Weisbach, »Der Manierismus«, *Zeitschrift für bildende Kunst*, 54, 1919, S. 161-183

Werner Weisbach, *Und alles ist zerstoben. Erinnerungen aus der Jahrhundertwende*, Zürich 1937

Werner Weisbach, *Geist und Gewalt*, Wien und München 1956

Georg Weise, »Le Manierisme: histoire d'un terme«, *L'information d'histoire de l'art*, 7, 1962, S. 113-125

K.F. Werner, *Das Nationalsozialistische Geschichtsbild und die deutsche Geschichtswissenschaft*, Stuttgart 1967

Franz Wickhoff, *Die Wiener Genesis*, Wien 1895

Wien und die Entwicklung der kunsthistorischen Methode, Akten des XXV. Internationalen Kongresses für Kunstgeschichte, Wien 1983, Band 1; Sektion 1 unter Leitung von Leopold D. Ettlinger, Red. Stefan Krenn u.a., Wien, Köln und Graz 1984

Johann Joachim Winckelmann, *Geschichte der Kunst des Altertums*, Reprint Darmstadt 1972 von Wien 1934

Wilhelm Windelband, *Geschichte und Naturwissenschaft*, Straßburg 1904[3]

Hans Wingler, »Ein Sohn aus bürgerlicher Familie«, *Zwischen Widerstand und Anpassung – Kunst in Deutschland 1933-1945*, Kat. Berlin Akademie der Künste 1978, S. 69-75

Klaus W. Wippermann, »Die Hochschulpolitik in der Weimarer Republik. Die politische Stellung der Hochschullehrer zum Staat«, *Politische Studien*, 20, 1969, S. 143-158

Heinrich Wölfflin, *Kunstgeschichtliche Grundbegriffe Das Problem der Stilentwicklung in der neueren Kunst*, München 1918[3]

Heinrich Wölfflin, *Italien und das deutsche Formgefühl*, München 1931

Heinrich Wölfflin, *Kleine Schriften*, Basel 1946

Heinrich Wölfflin, *Gedanken zur Kunstgeschichte, Gedrucktes und Ungedrucktes*, Basel 1947

Heinrich Wölfflin 1864-1945 Autobiographie, Tagebücher und Briefe, Hrsg. von Joseph Gantner, Basel/Stuttgart 1982

Karl Woermann, *Geschichte der Kunst aller Zeiten und Völker*, Leipzig 1904-1922

Richard Wohl, *The Generation of 1914*, Cambridge Mass. 1979

Wilhelm Worringer, *Formprobleme der Gotik*, München 1920

Wilhelm Worringer, *Griechentum und Gotik. Vom Weltreich des Hellenismus*, München 1928

Wilhelm Wundt, *Grundriß der Psychologie*, Leipzig 1901[4]

Wilhelm Wundt, *Grundzüge der physiologischen Psychologie*, Leipzig 1903

Wilhelm Wundt, *Völkerpsychologie Eine Untersuchung der Entwicklungsgesetze von Sprache, Mythos und Sitte*, III, *Die Kunst*, Leipzig 1908[2]

Wilhelm Wundt, *Elemente der Völkerpsychologie Grundlinien einer Psychologischen Entwicklungsgeschichte der Menschheit*, Leipzig 1912

Hans Zehrer, »Die Revolution der Intelligenz«, *Die Tat*, 21, 1929, S. 486-507

Hans Zerrahn, »Heideggers Nazismus, van Goghs Schuhe: Politisierung der Kunstgeschichte?« *Kritische Berichte* 19, 1991, 3, S. 50-54

Kitty Zijlmans, *Kunst/Geschiedenis/Kunstgeschiedenis,* Leiden 1990 (Dt: Kunst/Geschichte/Kunstgeschichte)

Register

Abbildungsnachweis

Foto Marburg: Abb. 1-6, 8-12; Marlite Halbertsma, Wilhelm Pinder en de Duitse kunstgeschiedenis, Groningen 1985, S. 407: Abb. 7.

Abbildungen

1 Anbetung der Könige, Würzburg, Dom

2 Mangold von Neuenburg, gest. 1303, Würzburg, Dom

3 Gottfried III von Hohenlohe, gest. 1322, Würzburg, Dom

Volks-Mission
1921

Seite gegenüber:
4 Kruzifix aus der Neumünsterkrypta, Würzburg

5 Otto von Wolfskehl, gest. 1345, Würzburg, Dom

6 Wolfram von Grumbach-Wolfskehl, gest. 1333, Würzburg, Dom

7 Maria mit Kind, ursprünglich in der Deutschhauskirche in Würzburg, Leipzig, Grassimuseum

8 Albert von Hohenlohe,
gest. 1372, Würzburg, Dom

9 Gerhard von Schwarzburg,
gest. 1400, Würzburg, Dom

10 Johann von Brunn, gest. 1440, Würzburg, Dom

11 Jakob Kaschauer, Freisinger Madonna, München, Nationalmuseum

12 Nikolaus Gerhart, Zwei Büsten von der Straßburger Kanzel